Michael Stolleis
Konstitution und Intervention

Studien zur Geschichte des öffentlichen Rechts im 19. Jahrhundert

Suhrkamp

Die Deutsche Bibliothek – CIP-Einheitsaufnahme
Ein Titeldatensatz für diese Publikation
ist bei Der Deutschen Bibliothek erhältlich.

suhrkamp taschenbuch wissenschaft 1526
Erste Auflage 2001

Druck: Nomos Verlagsgesellschaft, Baden-Baden
Printed in Germany
Umschlag nach Entwürfen von
Willy Fleckhaus und Rolf Staudt

1 2 3 4 5 6 - 06 05 04 03 02 01

Inhalt

1. Einleitung

Das 19. Jahrhundert wird weiterhin eine der großen Herausforderungen für die Geschichtswissenschaften bleiben. Dies gilt auch für die Rechts- und Verfassungsgeschichte sowie für die Geschichte der Rechtswissenschaft. Es ist in Deutschland, wie in Europa insgesamt, ein besonders dramatisches Jahrhundert – rechnen wir etwa von der Französischen Revolution bis zum Ausbruch des Ersten Weltkriegs. Dieses weit verstandene »Jahrhundert« von 125 Jahren nimmt seinen Ausgangspunkt noch in der agrarischen und feudalen Welt des 18. Jahrhunderts, führt aber dann in einem Triumphzug von Wissenschaft und Technik bis zur Industrieproduktion des 20. Jahrhunderts. Es enthält die politischen und gesellschaftlichen Umwälzungen der napoleonischen Kriege, den Kampf um politische Mitbestimmung des Bürgertums durch Verwandlung des Absolutismus in konstitutionelle Monarchien, die revolutionären Erschütterungen zur Erreichung von Freiheitsrechten und Nationalstaaten, die große »Soziale Frage« von der Entstehung eines Proletariats bis zur voll ausgebildeten Arbeiterbewegung. Aus diesen Stichworten ergeben sich kaskadenartig weitere, die wir mit dem 19. Jahrhundert verbinden: Die Entwicklung der Literatur zwischen Goethezeit und Expressionismus, den musikalischen Bogen von Mozart über Wagner bis Schönberg, den Denkweg der Philosophie von Kant und Hegel bis Nietzsche.

In der Rechtswissenschaft, deren Entwicklung ein Teil der hier vereinten Studien gewidmet ist, heißt die Figur am Eingangsportal Carl Friedrich von Savigny, während man am anderen Ende, etwa um 1910, eine Fülle spezialisierter und hervorragender Gelehrter nennen könnte, kaum aber einen Namen, der das juristische 19. Jahrhundert symbolhaft beschließt. Die Herausforderung, die das 19. Jahrhundert für die rechtshistorische Forschung darstellt, liegt darin, daß es immer noch eine Entdeckungsreise in reiche und unbekannte Quellenbestände ist, gleich, von welcher Seite man sich nähert. Das Jahrhundert birgt die Entstehung und schrittweise Verwandlung der Historischen Schule von Savigny und Eichhorn bis zu Otto von Gierke. Seit den zwanziger Jahren bildet sich aus, was Wissenschafts- und Gesetzespositivismus genannt wird. Das römische Recht, in Deutschland seit Jahrhunderten als »geltendes Recht« angesehen, wird nun einerseits durch neue Funde spektakulär bereichert und historisch erforscht, aber die Pandektenwissenschaft entwickelt es gleichzeitig als »heute geltendes römisches Recht« fort, und die Gerichte wenden es an. Im öffentlichen Recht werden die neuen Verfassungen kommentiert und zu einem »gemeinen deutschen Staatsrecht« zusammengeführt. Mit dem neuen Ideal des Rechtsstaats entsteht seit der Mitte des Jahrhunderts auch das Verwaltungsrecht. Der Staat wird rechtlich durchgeformt und kontrollierbar gemacht. Im Strafrecht beginnt die Epoche mit der von Kant inspirierten rechtsstaatlichen Bändigung und Begrenzung des Strafrechts (Feuerbach), und es endet mit einem sozialpolitisch orientierten Zweckprogramm staatlichen Strafens. Überall verlangt man »schneidige Begriffe« (F. v. Liszt) und kohärente Systeme. Es herrscht ein Optimismus der Ordnung, und diese wird mehrheitlich als gute Ordnung empfunden.

Für die juristische Wissenschaftsgeschichte schließlich bietet das 19. Jahrhundert eine breite Perspektive: Die deutsche Rechtswissenschaft wird, vielleicht zum einzigen Mal, international attraktiv. Das mag daran liegen, daß sie wegen der relativ späten Nationalstaatsbildung länger als in anderen Ländern an den gemeineuropäischen Traditionen festhielt, aber gleichzeitig mit der Historischen Schule ein Programm aufwies, das für die jungen Juristen aus vielen kleineren europäischen Staaten, die ebenfalls auf der Suche nach einer eigenständigen nationalen Rechtswissenschaft waren, anziehend wirkte. Daß sie die gemeineuropäische Tradition produktiv verwandelte und dank der Universitätsreform Humboldts viele Freiräume gewährte, steigerte diese Attraktivität.

Trotz einer Fülle von Einzelstudien und zusammenfassenden Darstellungen sind die hiermit angedeuteten Zusammenhänge noch keineswegs überall erforscht. So sind die Gerichtsakten zur schwer überschaubaren Rechtsprechung in den deutschen Bundesstaaten kaum erschlossen.[1] Zahllose Gelehrtenbriefe sind unveröffentlicht.[2] Das gesamte von der »Industriellen Revolution« ausgelöste Recht und die sie begleitende »Normierung« blieben mehr oder weniger seitab lie-

1 F. Ranieri (Hrsg.), Gedruckte Quellen der Rechtsprechung in Europa (1800-1945), 2 Halbbände, Frankfurt/M. 1992; B. Dölemeyer (Hrsg.), Repertorium ungedruckter Quellen zur Rechtsprechung. Deutschland 1800-1945, 2 Halbbände, Frankfurt/M. 1995.

2 L. Jelowik (Hrsg. u. Bearb.), Briefwechsel Karl Josef Anton Mittermaier – Hermann Fitting, Frankfurt/M. 2000; B. Dölemeyer / A. Mazzacane (Hrsg.), Juristische Briefwechsel des 19. Jahrhunderts: Briefwechsel Karl Josef Anton Mittermaier – Rudolf von Gneist, Frankfurt/M. 2000.

gen, weil sich die Rechtsgeschichte traditionell stark auf das Bürgerliche Recht und Strafrecht konzentrierte.[3] Erst jetzt kommt eine große Quellensammlung zur Sozialpolitik der zweiten Hälfte des 19. Jahrhunderts zum Abschluß.[4] Schließlich gibt es kaum europäisch vergleichende Studien, die sich etwa der parallelen Entwicklung der nationalen Gesetzgebung, der Rechtsvergleichung, des Völkerrechts oder der technischen Normierung widmen. Wichtiger ist jedoch: Die Fragestellungen der älteren Referenzwerke sind zeitgebunden und bedürfen der Erneuerung. Sie stammen zum Teil noch aus der Perspektive des 19. Jahrhunderts, sie konservieren den alten Gegensatz zwischen Romanisten und Germanisten, und sie stehen oft noch im Bann des geltenden Rechts, das als perspektivischer Fluchtpunkt benutzt wird, den der Betrachter einnimmt, ohne sich Rechenschaft zu geben, daß ihm hierbei anachronistische Fehlschlüsse unterlaufen könnten.

Die hier versammelten Studien sind in den letzten zwei Jahrzehnten entstanden. Ihre Anlässe waren unterschiedlich, aber sie folgen doch dem Grundgedanken, daß die Geschichte des öffentlichen Rechts sich nicht auf eine Dichotomie zwischen politischer Tat und reinem Gedanken festlegen lassen darf. Es fehlt nicht an Beispielen, daß die politische Tat, etwa die Revolution samt Verfassungsgebung und Reformgesetzgebung, dem Gedanken zuvorkommt und ihn anschließend bestimmt. Analysiert man genauer, entdeckt man ebenso häufig die Priorität des Gedankens, der lange vor der Tat entsteht und reift. Der Gedanke, indem er gedacht und geschrieben und gelesen wird, hat gewissermaßen schon die Welt verändert, bevor der reale Vorgang ans Licht tritt. Es erscheint müßig, den prinzipiellen Vorrang der einen oder anderen Seite beweisen zu wollen. Stets wird man auf Verschränkungen stoßen. Gedanken ohne Chance der Realisierung laufen ebenso ins Leere wie unbegriffene Fakten und Taten, die

3 Hierzu wird die Selbständige Wissenschaftliche Nachwuchsgruppe (Leitung: M. Vec) im Max-Planck-Institut für europäische Rechtsgeschichte (Frankfurt/M.) demnächst Ergebnisse vorlegen.

4 Quellensammlung zur Geschichte der Deutschen Sozialpolitik 1867 bis 1914, begr. von Peter Rassow, im Auftrage der Historischen Kommission der Akademie der Wissenschaften und der Literatur hg. von K. E. Born, H. J. Henning, F. Tennstedt. Vgl. hierzu die eingehende Besprechung von G. A. Ritter, »Sozialpolitik im Zeitalter Bismarcks«, in: Historische Zeitschrift 265 (1997), 683-720.

erst dann, wenn sie begriffen und gedeutet werden, ihre Übertragbarkeit auf andere Gehirne gewinnen. In diesem Sinne geht es im folgenden um den etwa ein Jahrhundert umfassenden Prozeß der Umwandlung der feudalen Agrarverfassung – am bayerischen Beispiel – in die moderne Eigentumsgesellschaft. Hier kommen in besonders eindrucksvoller Weise Modernisierungsschübe aus allen Richtungen: Die herkömmliche Produktionsweise war seit der Mitte des 18. Jahrhunderts agrarwissenschaftlich überholt, sie verhinderte betriebswirtschaftlich notwendige Investitionen, sie widersprach mit ihrer Trennung von Ober- und Untereigentum dem Zug zu einer einheitlichen Staatsbürgergesellschaft, und sie war mit den »Verfassungsidealen der Bürgerlichen Revolution« unvereinbar. Von überall her kamen Energien, die auf Veränderung drängten. Die Reformen waren intellektuell vorbereitet worden. Man propagierte Agrarreformen, Abschaffung der Leibeigenschaft und der Grundzinse sowie einen einheitlichen Eigentumsbegriff, der die Durchsetzung des neuen Wortes »Staatsbürger« begleitete. Vielleicht wäre dies alles auch ohne die 1789 in der französischen Nationalversammlung proklamierte »abolition du régime féodal« auf dem Weg der Evolution vorangekommen, man weiß es nicht, aber mit Sicherheit hat jene Proklamation ungeheures Aufsehen in Europa erregt und alle Reformer zur Nachahmung angeregt. Gleichzeitig verloren alle diejenigen an Terrain, die den bisherigen Zustand zu erhalten suchten. Sie sahen, daß der Gedanke Tat werden konnte und daß es kein Zurück mehr gab.

Ein anderes Beispiel ist die Emanzipation der jüdischen Minderheit. Sie wird vorgedacht in der Aufklärung (Lessing, Dohm, Mendelssohn), vorangetrieben durch die Französische Revolution und die konstitutionelle Bewegung, wieder zurückgeworfen in der Restaurationsphase, um in der Jahrhundertmitte, sozusagen im Windschatten der Revolutionen, erneut Fortschritte zu machen – Fortschritte, die seit etwa 1890 durch das Auftreten eines nunmehr biologisch begründeten Rassismus wieder auf eine Weise bedroht wurden, von deren Gefährlichkeit sich die Zeitgenossen noch kein rechtes Bild machen konnten. Diese mäanderhaft vorankommende Emanzipation läßt sich exemplarisch an dem hier genauer betrachteten Fall des Staats-, Verwaltungs- und Kirchenrechtlers Edgar Loening ablesen, dessen Vater Zacharias Löwenthal nicht nur den »Struwwelpeter« von Heinrich Hoffmann, sondern auch Marx und Engels verlegte und den Verlag Rütten & Loening begründete. Ein weiterer Sohn,

Richard Loening, wurde Professor für Strafrecht in Jena, die Tochter Lilly heiratete Otto von Gierke. Querverbindungen gab es auch zu den Juristenfamilien Dernburg und Lenel, die einen ähnlichen Weg genommen hatten.

Diese Geschichte ist auch eine der Revolution von 1848; denn der Verleger Dr. Löwenthal warb als Volksredner für eine »social-demokratische Republik«, sein Verlag wurde verboten, er selbst zwischen 1835 und 1852 mehrfach ausgewiesen. Wie viele andere seiner Generation hoffte er auf ein geeintes, freieres und sozial gerechteres Gemeinwesen – ohne gekrönte Häupter. Dieses Ziel erwies sich 1848 als unerreichbar. Die nationale Einheit scheiterte, weil der preußische König die Krone nicht aus den Händen des Volkes anzunehmen wagte, weil sie ihm »aus Dreck und Letten gebacken« erschien,[5] ebenso wie er die Verfassung als »papiernen Wisch« zu bezeichnen beliebte. Politische Freiheit und Bürgerrechte sowie soziale Gerechtigkeit kamen bekanntlich später und in anderer Form, als man 1848 gedacht hatte. Das klägliche Ende der Nationalversammlung, sichtbar an der Auflösung des Stuttgarter »Rumpfparlaments« unter Einsatz von Militär, führte einerseits zu einer politischen Depression des Bürgertums, andererseits aber auch zu einem neuen Verständnis für »Realpolitik« (August Ludwig von Rochau), für das Machbare und für die Notwendigkeit von Kompromissen.

Die rasch sich ausbreitenden Eisenbahnen, die telegrafische Kommunikation und andere Errungenschaften, die Europa zusammenrücken ließen, wurden begleitet von einem Wandel der philosophischen und rechtstheoretischen Grundbefindlichkeit. Die idealistische Philosophie, insbesondere die »Hegelsche Schule«, war um die Jahrhundertmitte an ihr Ende gekommen. Ihr Vokabular verlor an Kurs und wurde durch Optionen für das Reale, Begreifbare, Positive und naturwissenschaftlich Erforschbare ersetzt. Ebenso wie sich die romantische Literatur zu derjenigen des Biedermeier und des Realis-

5 Gemeint ist also der niedere Stoff Lehm im Gegensatz zum Gold. Die Version »Dreck und Lettern« (E. R. Huber, Dokumente zur Deutschen Verfassungsgeschichte, Bd. I, Nr.104, der sich auf E. Brandenburg, Die Reichsgründung, 1. Bd., 2. Aufl. Leipzig 1922, S.279, stützt) beruht auf einem Lesefehler. Dies wird auch durch einen gleichzeitigen Brief Friedrich Wilhelms IV. an den General Carl Graf von der Groeben bestätigt, wo ebenfalls von »Dreck und Letten« die Rede ist. Die Signatur der Briefstelle an den Gesandten Bunsen vom Dezember 1848 im Geheimen Staatsarchiv Preußischer Kulturbesitz, Bestand Brandenburg-Preußisches Hausarchiv, lautet: Rep. 50 J Nr. 244a Bl. 122R.

mus umformte, sahen sich auch die Philosophen mit den Erfolgen der »realen« Wissenschaften und der »reellen« Ökonomie konfrontiert. Die Rechtswissenschaft setzte – vor und nach der Verflüchtigung der nationalen Verfassungsträume – mehr und mehr auf das »positive Recht«, und das bedeutete auf dem Kontinent vor allem Gesetzgebung. Immer intensiver beobachtete man die ausländische Gesetzgebung, sammelte und verglich die konkreten Problemlösungen. Im Zentrum standen dabei die Heidelberger »Kritische Zeitschrift für Rechtswissenschaft und Gesetzgebung des Auslandes« (1829-1856) und ihr rastloser Sammler und Korrespondent Carl Joseph Anton Mittermaier.[6]

Die Arbeit des Sammelns und Vergleichens zeigt auch an, daß es einheitliche geistige Grundlagen des Rechts nicht mehr gab. Die ehemals tragenden religiösen und idealistischen Gedankengebäude des 18. und frühen 19. Jahrhunderts waren inzwischen zerfallen. Gewiß gab es während des ganzen 19. Jahrhunderts noch Versuche, die ehemals tragenden Balken dieser Gebäude in Form des Naturrechts zu erhalten, aber das geistige Klima der zweiten Hälfte des 19. Jahrhunderts war für das metaphysisch fundierte Naturrecht nicht mehr günstig, ja es breitete sich eine ausgesprochene Naturrechtsfeindlichkeit aus (Karl Bergbohm). Weg von der Spekulation, lautete die Losung, und hin zum positiven Recht, das alleine eine verläßliche Grundlage für eine »wissenschaftliche« Bearbeitung zu bieten schien, welche den Kriterien der konkurrierenden Naturwissenschaften standhalten konnte. Gesetzgebung konnte national und international registriert und verglichen werden. Man hoffte, aus dem disparaten Material allmählich Universalien des Rechts herausarbeiten zu können. An die Stelle naturrechtlicher Spekulation sollte deshalb Rechtsvergleichung treten.

Hier, wie auf anderen Feldern des 19. Jahrhunderts, standen Nationalismus und Internationalismus nebeneinander und stützten sich gegenseitig. Die Anstrengungen für die innere Selbstfindung der Na-

6 H. Mohnhaupt, Rechtsvergleichung in Mittermaiers »Kritische Zeitschrift für Rechtswissenschaft und Gesetzgebung des Auslandes« (1829-1856), in: M. Stolleis (Hrsg.), Juristische Zeitschriften. Die neuen Medien des 18.-20. Jahrhunderts, Frankfurt/M. 1999, 277-301; ders., »Historische Vergleichung im Bereich von Staat und Recht vom späten 18. bis zur Mitte des 19. Jahrhunderts«, in: H. Mohnhaupt, Historische Vergleichung im Bereich von Staat und Recht. Gesammelte Aufsätze, Frankfurt/M. 2000, 401-435.

tion ließen sich durchaus mit dem Blick über die Grenzen vereinbaren. Der Zeitgeist des Wettbewerbs, der die Rechtsvergleichung entstehen ließ, war kämpferisch nationalistisch, aber auch ungewöhnlich neugierig auf die Fortschritte anderer Länder. Die erste Weltausstellung, die 1851 in London stattfand, vereinigte 17000 Aussteller, wurde von 6 Millionen Menschen besucht und erwirtschaftete einen stattlichen Überschuß. Sie war eine nationale Leistungsschau auf internationaler Ebene, die erste in einer nun folgenden langen Serie. Damit erfüllte auch die Rechtsvergleichung, die sich Lehrstühle und Zeitschriften schuf, ihre Aufgabe der Beobachtung, der Registrierung und kritischen Kommentierung ausländischer Gesetzesprodukte. Im vorliegenden Band wird der Blick auf das Seitengebiet der Rechtsvergleichung des öffentlichen Rechts gelenkt, das traditionell etwas im Schatten der größeren Schwester, der Vergleichung des Zivilrechts, stand.

In die Gründerzeit des Nationalstaats führt dann der Blick auf die Gesetzgebung nach der Reichsgründung von 1871. Sie diente der »inneren Reichsgründung durch Rechtsvereinheitlichung«. Der neue Staat war mit erheblichen Zugeständnissen an den politischen Liberalismus geschaffen worden. Diese mußten nun gesetzgeberisch abgearbeitet werden, vor allem beim Abbau von Diskriminierungen, bei der Freizügigkeit, beim Grunderwerb für alle sowie bei der generellen Einführung der Gewerbefreiheit. Außerdem brauchte ein Bundesstaat, wie er nun entstand, einheitliche Maße und Gewichte, eine neue Währung, neue Institutionen und Kontrollinstanzen. Diese Phase der Liberalisierung und der normierenden Vereinheitlichung reichte von 1867 bis 1878, also vom Norddeutschen Bund bis zum Bruch Bismarcks mit der nationalliberalen Partei.

Letzteres war ein von vielerlei Rücksichten bestimmter Entschluß. Bismarck zielte auf Bekämpfung der »Reichsfeinde« im Inneren, also auf den »ultramontan« gelenkten politischen Katholizismus auf der einen, die international orientierte Sozialdemokratie auf der anderen Seite. Außerdem wollte er auf Drängen der neuen Verbände von Landwirtschaft und Schwerindustrie eine Abwendung vom Freihandel und dessen Ersetzung durch interventionistische Schutzzölle. Diese berühmte Wendung seiner Politik von 1878, hin zu einem bis dahin unbekannten »Staatssozialismus«, war mit den Nationalliberalen nicht zu machen.

Das Stichwort des »Staatssozialismus« deutete auf die »positive« Auseinandersetzung mit der Sozialen Frage. Sie sollte, so die Kaiserliche Botschaft von 1881, die »negative« Unterdrückung der Arbeiterbewegung ergänzen, sollte die für staatliche Unterstützung dankbare Arbeiterschaft von ihrer Partei trennen. Trotz dieses letztlich nicht tragfähigen politischen Kalküls arbeitete nun die Gesetzgebungsmaschinerie am Sachproblem ungenügender Sicherung der Lohnabhängigen in Krisenfällen des Lebens. Sie produzierte in einem schwierigen und von Stockungen und Rückschlägen bedrohten Verfahren zwischen 1883 und 1889 die europaweit ersten Sozialversicherungsgesetze (Krankenversicherung, Unfallversicherung, Alters- und Invaliditätsversicherung). Deutschland, damals weder in der Industrieproduktion führend noch sonstwie erfahren auf dem Feld der gesetzgeberischen Bewältigung der Sozialen Frage, setzte sich wohl deswegen an die Spitze, weil der deutsche Liberalismus schwächer ausgebildet war als in anderen Staaten, oder anders: weil die patriarchalisch-wohlfahrtsstaatliche Traditionslinie des 18. Jahrhunderts nie völlig verschwunden war. Bismarck hat an das Vorbild des spätabsolutistischen Wohlfahrtsstaats ausdrücklich erinnert.

Mit der obrigkeitlichen Lösung eines Kernproblems der Arbeiterschaft, nämlich der Absicherung gegen die Lebensrisiken Krankheit, Unfall, Alter und Invalidität, war im Grunde die wichtigste Entscheidung für die künftige Rolle des Staates in der entstehenden Industriegesellschaft gefallen. Der Staat war von da an nicht mehr der karikierte »Nachwächterstaat« (Ferdinand Lassalle), sondern sozial- und wirtschaftspolitisch aktiver Interventionsstaat. Während der liberale Staat sich auf die Gefahrenabwehr beschränken und die freie Gesellschaft im übrigen ihrer eigenen Dynamik überlassen wollte, übernahm der Interventionsstaat wieder die Verantwortung für Funktionsfähigkeit und Wohlstand der Gesellschaft. Das verschaffte ihm, wie wir heute am Anfang des 21. Jahrhunderts viel deutlicher sehen, einen unerhörten Zuwachs an Macht. Auf der anderen Seite wurde er dadurch in neuer Weise schwach und anfällig, angewiesen auf die Gesellschaft, die er hoheitlich zu steuern hatte. Seither interveniert der Staat in die Gesellschaft, vor allem durch seine ständig tätige Gesetzgebung. Aber die Gesellschaft interveniert in gleicher Weise in den Staat. Sie bedient sich dabei der Parteien und der auf Interessenwahrung ausgerichteten Verbände. Letztere bildeten sich im letzten Drittel des 19. Jahrhunderts auf allen Gebieten, auf denen der Gesetzgebungsstaat tätig war, sei es zur Gefahrenabwehr, sei es zur Verteilung von Leistungen in Form von Schutzzöllen oder Subventionen.

Mit der Entgegensetzung von »Konstitution und Intervention« soll deshalb angedeutet werden, daß das 19. Jahrhundert – jedenfalls in der Relation zwischen Staat und Gesellschaft – eine Ellipse mit zwei Brennpunkten bildet. In der ersten Hälfte ging es darum, die monarchische Gewalt in Rechtsschranken einzuschließen, die Ständegesellschaft in eine bürgerliche Gesellschaft mit tendenzieller Gleichheit zu verwandeln und dieser Entfaltungschancen zu eröffnen. Dabei erschien zunächst wichtiger, vom Staat Zurückhaltung bei den notwendigen Eingriffen in die Meinungs- und Pressefreiheit, Versammlungs- und Vereinigungsfreiheit sowie in die Eigentumsgarantie zu verlangen. Das bestimmende Wort der ersten Jahrhunderthälfte lautete deshalb »Constitution«. Der ebenfalls in einer modernen Verfassungsordnung angelegte Wunsch nach politischer Durchdringung des Staates und nach Parlamentarisierung der Regierung war im europäischen Vergleich viel weniger entwickelt. Die Monarchien mit ihrem staatsrechtlichen Hausgut blieben intakt, ja sie gewannen am Ende des 19. Jahrhunderts noch einen Abglanz von Gottesgnadentum hinzu. Die Parlamente und Parteien wurden deshalb auch kaum als die zentralen Plattformen des politischen Geschehens betrachtet; sie erschienen eher als Störenfriede, die dem Monarchen oder seinem Regierungschef die Regierungsarbeit schwermachten. Das hat sich in der Weimarer Republik fatal ausgewirkt, und es ist untergründig bis in die Parteienkritik der Gegenwart spürbar, auch wenn das Grundgesetz in seinem Art. 21 die Konstitutionalisierung der Parteien vollzogen hat.

In der zweiten Jahrhunderthälfte, nach der politischen Enttäuschung von 1848/49, ist es zunächst das Wort »Rechtsstaat«, das die Szene beherrscht. In weiterem Sinn meint es nicht nur Rechtsschutz, sondern auch Kodifikation des Zivilrechts, Strafrechts und Prozeßrechts auf Reichsebene, Schaffung des Reichsgerichts und der Verwaltungsgerichtsbarkeit. Von »Intervention« oder »Interventionsstaat« ist zwar keine Rede. Das sind Neologismen des 20. Jahrhunderts. Doch ist es historisch nicht unangemessen, mit diesem Terminus rückblickend diejenige Tendenz zu bezeichnen, die mit den Schutzzöllen, mit der Sozialversicherung und mit der allmählichen Nutzung der Steuern zu Lenkungszwecken ab 1878 einen ganz entscheidenden Richtungswechsel bewirkt. Es ist, in aller Kürze ausgedrückt, der Übergang zur Industriegesellschaft. Sie hält sich nicht, wie die liberale Wirtschaftsgesellschaft, den Staat auf Distanz, begrenzt ihn auf innere und äußere Gefahrenabwehr und verlangt im übrigen Freiheit. Sie wirkt vielmehr intensiv auf diesen Staat ein. Partei- und Verbandsfunktionäre bilden eine neue professionelle Elite, die sich der Regierungsposten und der Spitzen der Bürokratie bemächtigt und die mit Denkschriften und allen Formen des Lobbyismus den Staat zu lenken versucht. Umgekehrt beginnt von nun an der Strom der regulierenden Gesetzgebung zu fließen. Der Staat intensiviert seine Sicherheitsprüfungen von Industrieprodukten aller Art, er mischt sich ein in die technische Normierung, er unterstützt den Export durch Subventionen, Steuererleichterungen und durch Wirtschaftsdiplomatie, er beeinflußt die Arbeit der Berufsgenossenschaften, er redet bei der Höhe der Beiträge und der Leistungen von Krankenkassen und Rentenkassen mit, er regelt die Armenunterstützung, und er beginnt, kurz nach der Jahrhundertwende, mit ersten Maßnahmen der Jugendpflege, der Jugendgerichtsbarkeit und der Jugendfürsorge. In den Kommunen beginnt um 1900 im Zeichen des »Munizipalsozialismus« der Aufbau öffentlicher Infrastrukturleistungen, die Ernst Forsthoff 1938 in einer juristischen Adaptierung der Gedanken von Lorenz von Stein und Karl Jaspers »Daseinsvorsorge« genannt hat. Für alle diese Phänomene, die unser Leben heute noch bestimmen, sind die Grundlagen im letzten Drittel des 19. Jahrhunderts gelegt worden.

Die Aufsätze sind geringfügig überarbeitet und durch Hinweise auf neuere Literatur ergänzt worden. Die Fundstellen der Erstveröffentlichung finden sich am Ende des Bandes.

2. Verfassungsideale der Bürgerlichen Revolution

Verfassungen bilden heute die selbstverständliche Grundlage der öffentlichen Ordnung in den freiheitlichen Staaten der Welt. Sie konstituieren die Staatsgewalt, begründen ihre Legitimität, regeln die Balance der Staatsgewalten und der Staatsorgane, sie bilden den rechtlichen Maßstab für alles unter ihnen stehende Recht, und sie geben durch generelle Normen die Ziele der Politik an. Verfassungen enthalten traditionell Kataloge von Menschenrechten und Bürgerrechten, manchmal auch von Bürgerpflichten, sie garantieren die menschenwürdige freie Existenz des einzelnen und den dazu nötigen Rechtsschutz durch unabhängige Gerichte. Verfassungen verkörpern, in einem Wort, die Idee der von freien Bürgern selbstgeschaffenen Ordnung. Ihre Integrationswirkung ist hoch, so daß man heute in der Bundesrepublik Deutschland auf dem Hintergrund eines gebrochenen Nationalbewußtseins geradezu von »Verfassungspatriotismus« spricht.

Seit über 200 Jahren kreisen alle grundsätzlichen politischen Debatten um das magische Wort »Verfassung«. Dieses Wort hat die politische Phantasie vieler Generationen beflügelt. Der Wunsch nach einer Verfassung hat Revolutionen ausgelöst und Monarchien gestürzt, und ebenso sind Revolutionen durch Schaffung von Verfassungen beendet worden. »Verfassung« war das Synonym für »Recht« und »Rechtsschutz«, für »Bürgerrecht« und »politische Mitwirkung«, für Frieden und Freiheit sowie umgekehrt für das Ende von Unordnung oder Despotismus.

»Verfassung« ist ein positiv klingendes, zentrales Wort der politischen Semantik. Es hat mehrere deskriptive und normative Facetten. Wenn ich über »Verfassungsideale der Bürgerlichen Revolution« sprechen soll, dann meine ich damit die wichtigsten Leitbilder, die den politisch aktiven Personen und Gruppen von der Mitte des 18. bis zur Mitte des 19. Jahrhunderts vorschwebten, Leitbilder, die man auf dem Weg über eine Verfassung zu erreichen hoffte.

Bevor ich versuche, den historischen Weg durch die Jahrzehnte von 1750 bis 1850 zu skizzieren, möchte ich meinen Ausgangspunkt in der Gegenwart fixieren. Schon mehrfach ist die Beobachtung ausgesprochen worden, vielleicht gehe das Zeitalter der Verfassungen langsam seinem Ende entgegen. Was im 18. und 19. Jahrhundert geboren und mit großen Schwierigkeiten durchgesetzt wurde, ist heute sicherer Besitz – oder scheint es jedenfalls zu sein. Jede politische Macht unterwirft sich (wenigstens verbal) der Verfassung, der Weg an die politische Spitze führt nur über die Verfassung, und die Gerichte kontrollieren sehr detailliert die »Verfassungsmäßigkeit« staatlichen Handelns. Die Grundrechte sind zu Selbstverständlichkeiten geworden, man versteht sie als Rechtspositionen. Daß sie auch einmal politische Appelle und Ideale waren, ist fast vergessen. Die Verfassung, speziell in der Bundesrepublik Deutschland, ist heute die zentrale juristische Kodifikation, kaum jedoch zentraler Text der politischen Kultur. Politische Probleme werden fast immer in Rechtsprobleme übersetzt, um dem politischen Gegner die schlimmste Sünde vorwerfen zu können, die »Verfassungswidrigkeit«. Wer keine politischen Antworten mehr weiß oder dem politischen Kampf ausweichen will, droht mit dem Gang zum Bundesverfassungsgericht nach Karlsruhe. Dieses Verhalten wird in der Bundesrepublik zunehmend kritisiert, und mit Recht. Aber die darin sichtbar werdende Entwicklung zur »Verrechtlichung« und zur »Entpolitisierung« der Verfassung ist ein allgemeines Problem westlicher Verfassungsstaaten. Überall läßt sich beobachten, daß die Rechtsfunktion stärker und die politische Appellfunktion der Verfassungen schwächer geworden ist. Vielleicht ist es wirklich so: Die alten Ziele des »Dritten Standes« sind längst erfüllt und zum Besitz aller Menschen geworden, die früheren politischen Kämpfe sind nur noch Erinnerung, die Verfassung ist nicht mehr die »heilige Urkunde« des politischen Konsenses, sondern nur ein speziell qualifiziertes Gesetz, aus dem der Bürger seine Ansprüche ableiten und mit dem er seine Freiheit sichern kann.

Wenn diese Beobachtung richtig ist, dann könnte wirklich jene Epoche zu Ende gehen, in der die »Verfassung« den zentralen Punkt des staatlichen Lebens darstellte. Diese Prognose könnte vielleicht den Verfassungsrechtler beunruhigen; für den Historiker ist es ein normaler Vorgang von »rise and decline«. Die Idee der Verfassung ist aus bestimmten historischen Gründen geboren worden und hatte ihre Konjunktur vor allem im 19. Jahrhundert. Ebenso könnte sie aus historischen Gründen wieder an Kurs verlieren und in den Hintergrund treten, jedenfalls solange ruhige und freiheitliche Verhältnisse herrschen.

I. Der Absolutismus, die notwendige Vorstufe

Die Entstehung eines festen Katalogs von »Leitbildern« oder »Verfassungsidealen« hat sich im Absolutismus vollzogen. Die bürgerlichen Verfassungen waren Reaktionen auf den absolutistischen Staat. Alle ihre Forderungen und »Ideale« setzten voraus, daß im Absolutismus entsprechende Defizite bestanden. Über die Verfassungsideale der Bürgerlichen Revolution zu sprechen heißt deshalb, über den Absolutismus zu sprechen, auch wenn er nicht überall in gleicher Perfektion geherrscht hat. »Absolutismus« ist bekanntlich eine vage Abkürzung für sehr unterschiedliche Regierungsformen, wie sie sich in Europa vom 16. bis zum 18., zum Teil sogar noch im 19. Jahrhundert finden. Diese Abkürzung beruht auf einer sprachlichen Konvention der Historiker, die sich im wesentlichen darüber einig sind, daß »Absolutismus« eine relativ unbeschränkte Form der monarchischen Herrschaft darstellt, daß die Stände weitgehend ausgeschaltet waren und daß eine Konzentration der Souveränitätsrechte in der Hand des Monarchen angestrebt wurde. Das bedeutete: Zentralismus in Verwaltung, Heer und Diplomatie, zentralistisches Zeremoniell und patriarchale Ideologie, Einheit des Rechts, der Währung, der Maße und Gewichte. In diesem Sinn war der Absolutismus der große Überwinder des Mittelalters, die große Modernisierungs- und Egalisierungsmaschinerie. Der »Staat als Maschine« ist die Lieblingsmetapher der Zeit.[1] Spanien und Frankreich, Rußland und wohl auch das Schweden Karls XII. sind die Modelle im großen, Dänemark ab 1660 das Modell im kleinen Maßstab, Preußen wird das große deutsche Vorbild des 18. Jahrhunderts, viele kleine Territorien entwickeln sich ähnlich.

Aber Europa ist nicht insgesamt »absolutistisch«. Viele Länder, vor allem England, praktizieren eine gemäßigte Monarchie unter Mitwirkung der Stände, es gibt Wahlkapitulationen, Herrschaftsverträge und andere »Fundamentalgesetze«, die dem Monarchen entzogen sind. Polen ist eine Aristokratie mit schwachem Königtum, die Niederlande, Venedig und die Schweiz sind »Republiken« im weiteren Sinn, das heißt im Grunde Aristokratien im republikanischen Gewand.[2] Das gleiche gilt für die vielen anderen unabhängigen Stadt-

1 B. Stollberg-Rilinger, Der Staat als Maschine. Zur politischen Metaphorik des absoluten Fürstenstaats, Berlin 1986.

2 U. Scheuner, Nichtmonarchische Staatsformen in der juristischen und politi-

republiken in der Schweiz, in Italien und im Deutschen Reich. Alle diese nichtabsolutistischen Gebilde haben »Verfassungen«, das heißt, sie funktionieren nach Rechtssätzen, an die sich alle politisch Handelnden gebunden fühlen. So waren etwa Bern, Frankfurt, Augsburg und Nürnberg Aristokratien führender Geschlechter mit strengsten Regeln des Zugangs und mit differenzierter Binnenstruktur. So war auch das Heilige Römische Reich Deutscher Nation eine »monarchia mixta«, ein nichtabsolutistisches »irreguläres« Gebilde mit einer ebenso irregulären Verfassung.

Trotz dieser Vielfalt von absolutistischen und nichtabsolutistischen Herrschaftsformen bestand im 18. Jahrhundert eine gewisse Einheitlichkeit der Lebensverhältnisse, der ständischen Schichtung der Gesellschaft, des Denkens und Fühlens. Insofern spricht man mit Recht vom europäischen Ancien Régime und markiert den Trennungsstrich, den die amerikanische Unabhängigkeitserklärung und die Französische Revolution in Europa gezogen haben. Ich möchte diese Einheitlichkeit wenigstens andeuten, weil sie den Boden bildet, auf dem dann die »Verfassungsideale der Bürgerlichen Revolution« entstanden sind.

Die europäische Welt um etwa 1750 war agrarisch. Mehr als 90% der Bevölkerung lebten auf dem Land und vom Land. Es gab nur wenige Fabriken (Manufakturen) und schon gar keine Industrie außerhalb des Bergbaus und der Tuchproduktion. Die Entfernungen waren groß und wurden durch die Kapazitäten der Pferdekraft eingeteilt. Gewiß war es ein großer Unterschied, ob der eine als freier Bauer in Schweden oder als Leibeigener in Osteuropa, der andere als grundzinspflichtiger Bauer in Süddeutschland oder als Pächter einer Staatsdomäne in Frankreich lebte. Die Gemeinsamkeiten der Lebensweise aber waren stärker als solche Unterschiede. Das Feudalsystem existierte noch, das Abgabensystem war nicht nur drückend, es war ungerecht; die ständischen Schranken waren unüberwindlich. Die Gesellschaft war geschichtet: Ganz unten befanden sich die Leibeigenen, die Tagelöhner, die Dorf- und Landarmen, dann die abhängigen kleinen Bauern, dann die Handwerker und Kleinbürger. Darüber lag eine dünne Schicht des intellektuellen, aber materiell armen Bürgertums (Privaterzieher, Lehrer, Pfarrer, Professoren), die sogenannten »gebildeten Stände«, eng verbunden mit dem Beamtentum

schen Lehre Deutschlands im 16. und 17. Jahrhundert, in: R. Schnur (Hrsg.), Die Rolle der Juristen bei der Entstehung des modernen Staates, Berlin 1986, 737-773.

und dem (ebenfalls materiell knappen) Offiziersstand. Über ihnen finden sich, im späten 18. Jahrhundert stärker werdend, die Vertreter von Handel und Gewerbe, die großen Kaufleute, Fabrikunternehmer, in Frankreich die Steuereinnehmer und Bankiers. Alles dies, zusammengenommen, war der »Dritte Stand«, die Mehrheit der Nation. Demgegenüber waren die beiden anderen Stände, Adel und Geistlichkeit, eine verschwindende Minderheit, in Frankreich von 1789 zum Beispiel rund 200 000 Personen gegen 25 Millionen des Dritten Standes.[3]

Die europäische Welt des Ancien Régime war auch insofern relativ einheitlich, als die freie Entfaltung der Mehrheit der Bevölkerung fast überall durch rechtliche Schranken begrenzt war. Das tägliche Leben war bestimmt durch die Standesschranken, ausgedrückt in Gruß- und Anredeformen, Kleidung, Sitzordnung und vielen oft nur atmosphärischen Kleinigkeiten. Der Zugang zu fast allen Berufen war mit großen Hindernissen verstellt. Arbeitsplatz und Wohnort konnten nicht ohne weiteres verlassen werden. Die Zünfte achteten ängstlich darauf, »geschlossene Gesellschaften« zu bleiben. Leibeigene und Soldaten, Knechte und Mägde bedurften der Erlaubnis zur Eheschließung. Es gab Wohnverbote und Berufsverbote für Juden, von den religiösen und gesellschaftlichen Diffamierungen ganz abgesehen. Für Studenten gab es keine Freiheit der Universitätswahl, sondern landesherrliche Gebote, an der Heimatuniversität zu studieren. Grundstücke waren wegen ihrer vielfältigen Bindungen und Funktionen nicht frei verkäuflich, weder für den grundzinspflichtigen Bauern noch für den an Fideikommisse gebundenen Adel. Bestimmte Produktionszweige, besonders von Luxusgütern, waren staatlich monopolisiert. Das Marktprinzip funktionierte nur teilweise.

Aller Aufklärung zum Trotz waren auch die religiös-konfessionellen Trennungsmechanismen intakt, zum Beispiel im Universitätsbetrieb: Der Katholik hatte im Prinzip keine Chance an protestantischen Universitäten, der Protestant mußte zum Katholizismus konvertieren, bevor er einen Lehrstuhl in Würzburg, Ingolstadt oder Wien erhielt. Wer als Intellektueller in Konflikt mit der Geistlichkeit geriet, wie etwa Christian Thomasius, Christian Wolff oder Lessing, hatte sofort Existenzprobleme.

Etwa um die Jahrhundertmitte, von 1750 an, änderte sich jedoch

3 Emmanuel Joseph Sieyès, Was ist der Dritte Stand?, hg. v. Otto Dann, Essen 1988.

das geistige Klima. 1748 erschien Montesquieus »Esprit des lois«, 1751 begann die Enzyklopädie zu erscheinen. Die Aufklärung wurde »politischer«, »bürgerlicher« und kritischer gegenüber dem Staat. Dies bestätigen nicht nur die Literatur- und Geisteswissenschaften, die Rechtswissenschafts- und die Wirtschaftsgeschichte.[4] Auch in der politischen Geschichte gibt es Anzeichen für eine wachsende Opposition gegen das Ancien Régime und für ein stärkeres Selbstbewußtsein des Dritten Standes.

In der ökonomischen Theorie, die sich damals noch als Teil einer zusammenhängenden Gesellschaftstheorie versteht, wird nun davon gesprochen, der Staat solle die freien Kräfte nicht behindern, die Verwaltung solle nicht nur »Wohlfahrt«, sondern auch »Freiheit« als Ziel haben, und zwar, wie es zunächst heißt, »Freyheit der Commerzien und Gewerbe«. Deshalb wird auch in der Ausbildung getrennt zwischen einer »Commerzien-Wissenschaft, wie sie vor Staat und wie sie vor den Kaufmann gehöret«.[5] Staats- und Gesellschaftsinteressen treten allmählich auseinander, und von da ist es kein weiter gedanklicher Schritt mehr, Rechtsgarantien gegen Übergriffe des Staates in die ökonomische Entfaltungsfreiheit der Gesellschaft zu fordern.

Parallele Entwicklungen vollziehen sich außerhalb der Ökonomie. Den älteren Naturrechtstheoretikern des 17. und des frühen 18. Jahrhunderts war die Libertas naturalis noch als Gefahr erschienen. Sie war die ungebändigte Freiheit des Naturzustandes, die erst in der staatlichen Ordnung erträglich wurde. Nun, nachdem die Epoche der Bürgerkriege durch die »geometrische« Ordnung des Absolutismus ersetzt worden war, veränderte sich die Lage: Die Libertas naturalis trennte sich allmählich vom Status naturalis und erhielt antistaatlichen Charakter. Sie wurde damit zur individuellen Freiheit, die vom Staat zu respektieren war. Das Individuum, das einst beim souveränen Staat Schutz vor dem Kampf aller gegen alle gesucht hatte, suchte nun Schutz vor dem übermächtig gewordenen Staat.[6]

Im jüngeren Naturrecht der zweiten Hälfte des 18. Jahrhunderts wurden deshalb vor- und antistaatliche Freiheitsfelder abgesteckt, Freiheiten, die nun mit den Adjektiven »unveräußerlich«, »absolut«,

4 M. Stolleis, Geschichte des öffentlichen Rechts in Deutschland, Bd. 1, München 1988, 321 ff., 332, Anm. 218.

5 J. H. G. v. Justi, Die Grundfeste zu der Macht und Glückseligkeit der Staaten, 2 Bde., Königsberg/Leipzig 1760/61, Vorrede.

6 D. Klippel, Politische Freiheit und Freiheitsrechte im deutschen Naturrecht des 18. Jahrhunderts, Paderborn 1976.

»unbedingt«, »unverlierbar«, »unabänderlich«, »ursprünglich« und »heilig« versehen wurden.[7]

Aus diesen theoretischen Wurzeln entstanden, lange vor der Französischen Revolution, mehr oder weniger systematische Kataloge von absoluten Rechten. Sie begannen mit dem Recht auf die eigene Existenz, auf Leben und körperliche Unantastbarkeit. Eng verwandt damit ist die Bewegungs-, insbesondere die Auswanderungsfreiheit, das *ius emigrandi*. Sie fahren dann fort mit den Rechten der Glaubens- und Gewissensfreiheit, mit der Freiheit des Denkens und Sprechens, Schreibens und Druckens, mit den Rechten auf freie Berufswahl, auf freien Vertragsschluß sowie mit dem Schutz des Eigentums und des Erbrechts.

Weil die Vertragsfreiheit aber theoretisch auch das Recht umfaßte, auf diese Garantien wieder zu verzichten, akzentuierte man sehr stark ihre »Unveräußerlichkeit« und »Unzerbrechlichkeit«. Damit war auch die politische Richtung klar: Wenn der Staat die körperliche Integrität achten mußte und der einzelne auf sie nicht verzichten durfte, wurde die Folter legitimationsbedürftig. Wenn die persönliche Freiheit »angeboren« und »unveräußerlich« war, gab es keine Leibeigenschaft mehr. Wenn Religions- und Gewissensfreiheit galten, wurde die Macht der Kirchen reduziert. Wenn Gleichheit herrschte, jeder Mensch jeden Beruf ergreifen konnte und eine »allgemeine Gewerbefreiheit« eingeführt wurde, dann fielen alle Beschränkungen der Zünfte weg, die Judenemanzipation mußte vorankommen, und die ökonomischen Kräfte der Gesellschaft konnten sich entfalten. Wenn schließlich Eigentum und Erbrecht gegen Willkür gesichert waren, konnte der Mensch den Lohn seiner Arbeit genießen und an die nächste Generation übertragen.

Alle diese naturrechtlichen Positionen zielten also auf politisch kritisierte Punkte des Ancien Régime. Sie waren Antworten auf täglich erlebte Unfreiheiten, über die man räsonnierte. Raisonnement aber bedeutet, daß die Säure des Zweifels die Legitimation des Status quo angreift. Was sich vor dem Licht der Vernunft nicht rechtfertigen kann, muß verschwinden – so lautet das rationalistische Credo. Das Gebäude des Ancien Régime ist tatsächlich erst in Gedanken erschüttert und dann in der Realität zerstört beziehungsweise reformistisch verändert worden. Die »Verfassungsideale der Bürgerlichen Revolution« sind vor der Revolution durchdacht und ausgesprochen

7 Klippel (Anm. 6), 121 m. w. N.

worden. Je mehr der Staat die Aura der gottgewollten Ordnung verlor und als rational konstruierte Maschine verstanden wurde, desto mehr waren auch alle »Vernünftigen« – ohne Rücksicht auf Standesschranken – aufgerufen, über ihn nachzudenken und Verbesserungsvorschläge zu machen. Wenn der Staatszweck nun lautete, größtmögliche Glückseligkeit und Freiheit für alle zu erreichen, dann war nicht mehr einzusehen, warum nicht auch alle, die es betraf, darüber mitentscheiden sollten.[8]

Die gedankliche Entwicklung der »Verfassungsideale« steuerte also notwendig auf politische Mitbestimmung hin. Von daher änderten sich alle Perspektiven: Nicht mehr der Monarch repräsentierte die Nation, sondern die Nation schuf sich ihre Repräsentation selbst und degradierte den Monarchen zum »Staatsorgan« mit einer vom Volk abgeleiteten Legitimation. Die notwendigen Begrenzungen der Freiheitsrechte waren nun nicht mehr von außen auferlegt, sondern vom Willen aller getragen, um Kollisionen der Rechte zu vermeiden. Die Exekutive erschien nicht mehr als feindliche, repressive Polizei, sondern als ein vom Volkswillen gelenkter Apparat für Zwecke des Gemeinwohls. Das Heer war nicht mehr der bewaffnete Arm des Monarchen, sondern es waren die bewaffneten Bürger selbst. Die Justiz entschied im Namen des Volkes, die richterliche Gewalt war an das von allen gebilligte Gesetz gebunden. Die Steuern waren nun eine notwendige, gerecht auf alle Schultern verteilte Last.

Und damit, so schien es, war zum Greifen nah, was die Staatstheorie schon immer bewegt hatte, nämlich die Aufhebung des Gegensatzes zwischen Herrschern und Beherrschten durch »Identität« – oder im Repräsentativsystem durch Quasi-Identität –, die Vereinigung aller freien Bürger unter selbstgewählten Beschränkungen, schließlich die Beseitigung aller mit der »Natur des Menschen« unvereinbaren Ungerechtigkeiten. Die freie und öffentliche Diskussion schien die Garantie für die Auffindung der Wahrheit und für die Zerstörung alter Vorurteile zu sein. Religion, Gewissen und politische Meinung schienen frei von Bevormundung zu werden. Die ökonomischen Fesseln sollten entfallen, jeder Tüchtige sollte eine Chance erhalten. Leistung sollte über Privilegien siegen.

Es ist heute kaum mehr vorstellbar, welche Faszination diese »Verfassungsideale« ausübten, welche Begeisterung für Gerechtigkeit,

8 U. Scheuner, Die Staatszwecke und die Entwicklung der Verwaltung im deutschen Staat des 18. Jahrhunderts, in: G. Kleinheyer, P. Mikat, Beiträge zur Rechtsgeschichte, Festschr. f. H. Conrad, Paderborn 1979, 467-489.

Freiheit und Menschenliebe herrschte und welche Hoffnungen sich an diese »Morgenröte einer neuen Zeit« knüpften.[9] Alle schriftstellerischen Energien warfen sich auf das Problem der »Verfassung«. Über Fragen der Gewaltenteilung, der Menschen- und Bürgerrechte, über die Herrschaft des Gesetzes in Justiz und Verwaltung, über das Verhältnis von Parlament und Regierung, über Ein- und Zweikammersystem erschienen viele Tausende von Schriften in allen europäischen Ländern.[10] Die Verfassungsdebatte war so verbreitet und allgemein, daß die Kenntnis der »Verfassungsideale« bis in den letzten Winkel vorausgesetzt werden kann.

Mit dem »Régime de la terreur« schlug die Stimmung um. Edmund Burkes »Reflections on the Revolution in France« machten tiefen Eindruck, speziell in Deutschland, wo sie von Friedrich von Gentz übersetzt worden waren. Die Skepsis gegen die Aufklärung wurde intensiver und verwandelte sich zum Teil in Haß.[11] Mechanische Verwaltung und die Kodifikationen des Ancien Régime wurden mit Mißtrauen betrachtet. Fichte, Schelling und Hegel traten als »Überwinder« der Aufklärung auf. Die politischen Enttäuschungen der Revolution, der Zusammenbruch des Optimismus der Aufklärung und die Wiederkehr der politischen Unterdrückung bewirkten (oder begünstigten wenigstens) romantische Rückwendungen in die Geschichte und in unpolitische Bezirke der Seele und der Kunst. Was später »politische Romantik« genannt worden ist, war nicht viel mehr als pathetisch umformulierte Revolutionsangst, verbunden mit dilettantischen Wiederbelebungsversuchen ständischer Ideen und mittelalterlicher Wirtschaftsethik (A. Müller, F. Schlegel).[12] Der Anachronismus dieser Versuche wird deutlich, wenn man sich klarmacht, daß es die Zeit ist, in der die Industrielle Revolution beginnt und die ersten Versuche zur Organisation des Proletariats unternommen werden.

9 G. P. Gooch, Germany and the French Revolution, London 1920; F. Valjavec, Die Entstehung der politischen Strömungen in Deutschland 1770-1815, Wien 1951; R. C. Cobb, Reactions to the French Revolution, London 1972.

10 Zwischen August 1788 (Einberufung der Generalstände durch Ludwig XVI.) und Mai 1789 (Zusammentreten der Generalstände) sollen allein in Frankreich rund 50 000 Bücher und Broschüren erschienen sein.

11 J. Droz, Deutschland und die Französische Revolution, Wiesbaden 1955; K. Epstein, Die Ursprünge des Konservativismus in Deutschland. Der Ausgangspunkt: Die Herausforderung durch die Französische Revolution 1770-1806, Berlin 1973.

12 U. Scheuner, Der Beitrag der politischen Romantik zur politischen Theorie, Opladen 1980.

Erst die »Verfassungsideale« des liberalen Bürgertums auf der einen, die polizeiliche Unterdrückung und die Verteidigung des »monarchischen Prinzips« auf der anderen Seite ergeben zusammen das ganze Bild dieser Jahre nach 1815. Diese beiden Grundrichtungen bleiben erkennbar bis 1848, auch wenn in den dreißiger und vierziger Jahren Annäherungen stattfinden, wenn »Biedermeier« und »Justemilieu« eine gewisse temporäre Friedlichkeit suggerieren. Immer wieder treten die »Verfassungsideale« eruptiv hervor, bei der Julirevolution in Frankreich (1830) und den entsprechenden deutschen und belgischen Unruhen, beim Hambacher Fest von 1832, schließlich bei der Revolution von 1848 in Paris, Wien und Berlin. Das liberale Bürgertum hielt an seinen »Verfassungsidealen« fest, modifizierte sie zwar und wurde realistischer, aber insgesamt schwebte ihm doch eine konstitutionelle Monarchie mit gestaffeltem Wahlrecht und Zweikammersystem, mit Ministerverantwortlichkeit, Budgetrecht und dem Recht des Parlaments zur Gesetzesinitiative vor. Eine Verfassung sollte Menschen- und Bürgerrechte gewähren, eine liberale Verwaltung sollte sie praktizieren, das Heer sollte auf die Verfassung vereidigt und von allgemeiner Wehrpflicht getragen sein. Justiz und Verwaltung sollten getrennt sein, und die Justiz sollte das Recht haben, Gesetzesverstöße der Verwaltung zu ahnden. So etwa lassen sich, stark abstrahiert, die »Verfassungsideale« der fortschrittlicheren Elemente des liberalen Bürgertums beschreiben.

Es ist offensichtlich, daß die »Ideale« der politischen Gruppierungen insgesamt viel breiter angelegt waren. Selbst wenn man davon ausgeht, daß auf der einen Seite diejenigen unberücksichtigt bleiben können, die jede verfassungsmäßige Bindung des monarchischen Prinzips ablehnten, und wenn man auf der anderen Seite auch diejenigen, die für eine demokratische Republik votierten, beiseite läßt, weil beide Gruppierungen zu klein waren, so ist doch immer noch die breite mittlere Strömung »konstitutionelle Monarchie« sehr differenziert.[13] Das Besitz- und Bildungsbürgertum war sich zwar im allgemeinen einig, den vierten Stand durch Begrenzung des Wahlrechts von politischer Mitwirkung fernzuhalten, aber für den Staatsaufbau und die Zuordnung einzelner Organe gab es erhebliche Spielräume. Deshalb blieben am Ende doch nur die großen Formeln, die zu einem wenigstens verbalen Konsens führten: Rechtsstaat, Gewaltenteilung,

13 H. Boldt, Deutsche Staatslehre im Vormärz, Düsseldorf 1975; M. Stolleis, Geschichte des öffentlichen Rechts, Bd. 2, 1800-1914, München 1992; D. Langewiesche, Liberalismus in Deutschland, Frankfurt/M. 1988 m. w. Nachw.

politische Mitbestimmung durch eine »Volksvertretung« sowie Menschen- und Bürgerrechte. Schon die Frage nach dem Sitz der Souveränität – beim Monarchen, beim Staat oder beim Volk – trieb die Parteien wieder auseinander.

II. Verfassungsideale und politische Realität

Verfassungsideale und Verfassungswirklichkeit waren allerdings in der ersten Hälfte des 19. Jahrhunderts weit voneinander entfernt. Die Verfassungen eilten in einigen Fällen der Wirklichkeit voraus, in anderen Fällen hinkten sie hinter ihr her.[14] In jedem Fall liegen sie in der ersten Welle des sogenannten Frühkonstitutionalismus von 1790 bis 1820 außerordentlich dicht beisammen und setzen die europaweit diskutierten »Verfassungsideale« relativ homogen in Verfassungstexte um. Auch die gedankliche Gliederung weist starke Ähnlichkeiten auf; denn durchweg geht man den Weg, zuerst die Legitimationsbasis zu nennen (entweder die einseitige Gewährung durch den Monarchen, vertragliche Abmachungen zwischen dem Monarchen und den Ständen oder den Entschluß einer »Nationalversammlung«), dann die Grundrechte und Grundpflichten zu fixieren, dann die Staatsorganisation festzulegen und am Ende etwas zum »Schutz der Verfassung« zu sagen.

Dieses Schema ließe sich an der Serie der französischen Verfassungen zeigen, von der Déclaration des droits de l'homme et du citoyen von 1789, den Verfassungen von 1791 und 1793, 1814 und 1830. Das gleiche gilt von der polnischen Verfassung von 1791,[15] den Verfassungen der (niederländischen) Batavischen Republik von 1798[16] und des Königreichs Westfalen von 1810,[17] aber auch von den realistischen und langlebigen Verfassungen von Schweden aus dem Jahr 1809 und Norwegen von 1814.

In Deutschland gibt es nicht nur zeitliche, sondern auch geographische Verschiebungen von Süd nach Nord. Eine Revolution, ver-

14 E. Weis (Hrsg.), Reformen im rheinbündischen Deutschland, München 1984.

15 G. Ch. v. Unruh, Die polnische Konstitution vom 3. Mai 1791 im Rahmen der Verfassungsentwicklung der europäischen Staaten, in: Der Staat 1974, 185 ff.

16 K. F. Bauer, Der französische Einfluß auf die Batavische und die Helvetische Verfassung des Jahres 1798. Ein Beitrag zur französischen Verfassungsgeschichte, Diss. jur. Erlangen 1962.

17 H. Berding, Napoleonische Herrschafts- und Gesellschaftspolitik im Königreich Westfalen 1807-1813, Göttingen 1973.

gleichbar der französischen, hatte in Deutschland bekanntlich nicht stattgefunden. Die Bahn für neue Verfassungen wurde erst mit dem Zusammenbruch des alten Reiches und der Gründung des Rheinbundes 1806 frei. Die damals entstandenen Verfassungen oder »Verfassungsskizzen« wurden aber wegen der napoleonischen Kriege nicht wirksam. Erst mit dem Wiener Kongreß und der Bundesakte (Art. 13) kam die Bewegung wieder in Gang, allerdings jetzt schon ohne echte Mitwirkung des Volkes. Die Freiwilligen, die mit Begeisterung in die Freiheitskriege gezogen waren, hatten sich einen liberalen Nationalstaat und die Abschaffung des kleinstaatlichen Absolutismus erhofft. Als sie zurückkehrten, hatten sich die alten Mächte wieder regeneriert und waren entschlossen, nicht nur alle republikanischen und demokratischen Gedanken als »jakobinisch« zu unterdrücken, sondern auch echte Nationalrepräsentationen im Rahmen konstitutioneller Monarchien möglichst zu verhindern. Mit Nachdruck wurde deshalb das »monarchische Prinzip« beschworen.[18] Die Enttäuschung der politisch aktiven Bevölkerung war daher groß, insbesondere dort, wo Verfassungsversprechen gegeben worden waren, die jetzt nicht mehr eingehalten wurden, etwa in Preußen.

Die deutsche Entwicklung verläuft deshalb stockend, stets unter Pressionen und, wie gesagt, von Süden nach Norden. Bayern und Baden beginnen 1818, Württemberg folgt 1819, Hessen-Darmstadt 1820. Damit ist die Bereitschaft der Regierungen schon erschöpft. Aufgrund der Karlsbader Beschlüsse setzen überall Verfolgungen von Oppositionellen ein, Liberale werden entlassen, an eine Verwirklichung von »Verfassungsidealen« ist vorerst nicht zu denken. Erst die Julirevolution von 1830 setzt wieder entsprechende Energien frei. Nun erhalten Kurhessen und Sachsen ihre Verfassungen (1831), kurz darauf Hannover (1833), das aber schon 1837 wieder staatsstreichartig zu einem Neo-Absolutismus zurückkehrt.[19] Der allgemeine Protest hiergegen bleibt ohnmächtig. Erst recht lassen sich die größeren Mächte Preußen und Österreich in diesen Jahren nicht zu Verfassungen nötigen. Erst nach den Verwirrungen der Jahre 1848/49 werden Verfassungen oktroyiert, die allerdings von den ursprünglichen »Verfassungsidealen« weit entfernt sind.

Rückblickend erscheint die europäische »Verfassungsbewegung«

18 Stolleis (Anm. 13), 102 ff.

19 G. Dilcher, Der Protest der Göttinger Sieben. Zur Rolle von Recht und Ethik, Politik und Geschichte im Hannoverschen Verfassungskonflikt, Hannover 1988.

der ersten Hälfte des 19. Jahrhunderts wie ein unaufhaltsamer Strom, dem letztlich keine Gegenkraft gewachsen war. Natürlich haben dies die Regierungen damals nicht so gesehen; anders ist ihr heftiger Widerstand mit allen Mitteln des Polizei- und Strafrechts, der Zensur, der Beamtendisziplinierung und der Verteidigung von Standesprivilegien nicht zu erklären. Die herrschenden Schichten, wenn sie sich bedroht fühlen, sind »strukturell blind«, wie die Geschichte oft bewiesen hat und täglich noch beweist.

Der rückblickende Betrachter sieht dagegen, daß sich die »Verfassungsideale der bürgerlichen Revolution« so tief in das allgemeine politische Bewußtsein eingesenkt hatten, daß sie sich zu einem harten Faktum verdichtet hatten. Zur »Verfassung« gab es im 19. Jahrhundert keine wirkliche Alternative. Was diese Bewegung antrieb, war die in allen führenden politischen Köpfen der Zeit herrschende Vorstellung, ein geordnetes, zeitgemäßes Staatswesen bedürfe eines sakrosankten rechtlichen Rahmens mit ganz bestimmten verfassungspolitischen Mindeststandards. Die herrschenden Vorstellungen wurden auf diese Weise Realität, und sie schufen neue Realität.

Allerdings gelang die Verwandlung der »Verfassungsideale« jeweils nur in den entsprechenden Schwächeperioden des gegnerischen Lagers. So war der überwältigende Erfolg der Französischen Revolution nur möglich, weil sich das Ancien Régime als reformunfähig erwies und seine Legitimation verbraucht hatte. Auch in Deutschland stieß der »aufgeklärte Absolutismus« mit seinen bedeutenden Reformleistungen auf immer stärkere Widerstände, nachdem der Druck durch Napoleon verschwunden war: Einerseits traten die alten Reformgegner wieder auf, andererseits wollte auch das liberale Bürgertum nicht mehr in dieser Weise bevormundet werden. Es suchte politische Mitsprache, die aber der »aufgeklärte Absolutismus« gerade verweigerte. Die Regierungen des Vormärz, die sich an Österreichs und Preußens Politik orientierten, verfügten über die Machtmittel von Polizei und Zensur, das oppositionelle Bürgertum war äußerlich ohnmächtig, aber es beherrschte die öffentliche Meinung. Der deutsche »Vormärz« ist deshalb keineswegs idyllisches »Biedermeier«, sondern eine Epoche scharfer innenpolitischer Kämpfe und bitterer Gefühle.

So harmonisch wie die Schaffung des norwegischen Grundgesetzes in den fünf Wochen zwischen dem 10. April und dem 14. Mai 1814 in Eidsvoll[20] sind die Verfassungsberatungen nur selten verlaufen.

20 G. Ch. v. Unruh, Eidsvoll. Das norwegische Grundgesetz von 1814 als konsti-

Auch daß man sich am Ende die Hände reichte und sich zurief: »Einig und treu, bis das Dovre-Gebirge zusammenstürzt!«, ist wohl ein einmaliger Fall. Meistens haben sich die Monarchen und der Adel heftig gegen Zugeständnisse gewehrt und versucht, bei nächster Gelegenheit wieder Terrain zu gewinnen. Die preußischen Konservativen, die – trotz sinkender politischer Bedeutung – ihre Position im Herrenhaus bis 1917 bewahren konnten, sind hierfür das beste Beispiel.

Versucht man, die sehr komplexen historischen Beobachtungen des Jahrhunderts zwischen 1750 und 1850 auf einer abstrakteren Ebene zusammenzufassen, dann gehen dabei einerseits viel historische Farbe und Individualität verloren, andererseits bietet sich die Chance, verfassungsrechtliche Gemeinsamkeiten zu erkennen, die leicht übersehen werden, wenn das Detail dominiert.

1. Das welthistorische Jahr 1789 markiert den Bruch mit dem Ancien Régime. Insofern ist es tatsächlich in seiner Bedeutung kaum zu überschätzen. Akzentuiert man aber dieses Jahr zu stark, dann verdeckt man, daß die frühe »Verfassungsbewegung« schon um 1750 beginnt und über das Jahr 1789 hinweg bis mindestens 1848 reicht. Die das Jahrhundert von 1750 bis 1850 prägende Kontinuität ist die der bürgerlichen Emanzipation zwischen Ancien Régime und Industrieller Revolution.

2. Die »Verfassungsideale« dieser Epoche haben ihre älteren Wurzeln in der Lehre von der Bindung des Herrschers an göttliches Recht, Naturrecht und die »leges fundamentales«.[21] Gerade diese Fundamental- oder Grundgesetze sind direkte Vorformen der modernen »Verfassungen«, aber der entscheidende Unterschied liegt darin, daß sie die monarchische Gewalt als legitim voraussetzen und nur herrschaftsbegrenzend wirken, während moderne Verfassungen herrschaftsbegründenden Charakter haben.

Herrschaftsbegründend sind sie, weil inzwischen die naturrechtliche Figur des Gesellschaftsvertrages die ältere sakrale Herrschaftslegitimation abgelöst hatte. Der Vertrag setzt Gleichrangigkeit der Partner voraus, und er operiert typisch neuzeitlich mit (fiktiven) ratio-

tutionelles Modell, Kiel 1977 (= Berichte und Beiträge der Schleswig-Holsteinischen Landesbibliothek).

21 R. Vierhaus (Hrsg.), Herrschaftsverträge, Wahlkapitulationen, Fundamentalgesetze, Göttingen 1977; H. Mohnhaupt, Die Lehre von der »Lex Fundamentalis« und die Hausgesetzgebung der Europäischen Dynastien, in: J. Kunisch (Hrsg.), Der dynastische Fürstenstaat, Berlin 1982, 3-33.

nalen Willenserklärungen. Insofern ist auch das Naturrechtsdenken des 18. Jahrhunderts notwendige Voraussetzung für die Verfassungsbewegung des 19. Jahrhunderts, weil es die sakralen Grundlagen der Herrschaftslegitimation zerstörte.

3. »Verfassungsideale« sind vor allem die Grundrechte. Sie entstehen dort, wo Individuen und Gruppen mit der herrschenden Ordnung unzufrieden sind und versuchen, rechtlich geschützte Freiräume gegenüber der Staatsgewalt durchzusetzen. So werden die Religions- und Gewissensfreiheit, die Meinungs- und Pressefreiheit, die Auswanderungsfreiheit, die Gewerbefreiheit, die Bodenfreiheit, die Freiheit vor staatlicher Willkür und Rechtsschutz (rule of law, nulla poena sine lege), Gleichheit der Staatsbürger bei Steuerlast und Wehrpflicht stufenweise entwickelt, zu Katalogen zusammengefaßt, bis sie schließlich in die Grundrechtsteile der Verfassungen eingehen. Auch dieser Prozeß reicht von der Mitte des 18. Jahrhunderts bis in das 20. Jahrhundert.

4. Die »Verfassungsideale der Bürgerlichen Revolution« sind zum Teil Ausdruck einer ökonomischen Lage. Der Schutz von Freiheit und Eigentum, die Gewerbefreiheit und die Bodenfreiheit zielten auf ein neues Leitbild der Ökonomie. Es beruhte auf der Prämisse, »daß die Gesellschaft über natürliche Selbststeuerungsmechanismen verfügt, die automatisch zu Wohlstand und Gerechtigkeit führen, wenn sie nur ungehindert zum Zuge kommen können. Der Musterfall dieser Selbststeuerungsmechanismen ist der Markt.«[22] Damit der Markt funktioniert, muß der Staat nur noch die Rahmenbedingungen schaffen, das heißt den Frieden sichern und Rechtsschutz garantieren. Im übrigen soll das freie Spiel der Kräfte garantieren, daß das Gemeinwohl entsteht. An die Stelle der sichtbaren Hand des merkantilistischen Staates sollte so die »unsichtbare Hand« des Marktmechanismus treten.

5. In Parallele hierzu werden auch andere gesellschaftliche Sektoren in die Autonomie entlassen. Das Individuum folgt »seiner« Privat-Religion, spricht seine »private« Meinung aus, ergreift den Beruf »seiner Neigung« und verfolgt »gemeinschaftliche« Zwecke durch einen Verein und so weiter, das heißt, diese Sektoren werden nicht nur autonom, auch der Bezugspunkt ändert sich: Nicht mehr das patriarchalisch geführte »ganze Haus« (Otto Brunner) wie im Ancien Régime, sondern das freie Individuum entscheidet – und nur deshalb

22 D. Grimm, Deutsche Verfassungsgeschichte 1776-1866, Frankfurt/M. 1988, 27.

kann auch die Konstruktion individualrechtlich verstandener Grundrechte funktionieren.

6. Dadurch, daß die modernen Verfassungen tendenziell alle Schranken des Ständewesens beseitigen, soziale, ökonomische und politische Gleichheit einführen und grundrechtlich sichern sowie eine prinzipielle Differenz zwischen Staat und Gesellschaft festlegen, zeigen sie deutlich, wo die Trennungslinie zum Ancien Régime liegt. Der Staat ist nicht mehr die alte umfassende Respublica, sondern ein rechtlich geordneter Sektor mit begrenzten Aufgaben.

Für den Historiker ist klar, daß sich diese hier typisierten Vorgänge stufenweise und mit zeitlichen und regionalen Brechungen vollzogen haben. Überspitzt ausgedrückt: Im Detail ist alles ganz anders! Dennoch läßt sich die skizzierte Linie bis etwa 1850 gut belegen. Danach rücken Industrialisierung und Soziale Frage nach vorne, der Interventionsstaat drängt den Liberalismus wieder beiseite, und es kommt zur Ausbildung des modernen Parteien- und Verbändewesens. Der Staat erhält wieder die Gesamtverantwortung für die wirtschaftlichen und sozialen Verhältnisse, die ihm in der Zeit der »bürgerlichen Revolution« gerade abgesprochen worden war. Deshalb gibt es auch deutliche Verwandtschaften zwischen dem Wohlfahrtsstaat des 18. und dem des 20. Jahrhunderts.[23] Notwendigerweise mußten sich in diesem Kontext auch die »Verfassungsideale« ändern.

Bibliographischer Nachtrag:
D. Grimm, Deutsche Verfassungsgeschichte 1776-1866, Frankfurt/M. (edition suhrkamp NF Bd. 271) 1988.
H. Mohnhaupt/D. Grimm, Verfassung. Zur Geschichte des Begriffs von der Antike bis zur Gegenwart, Berlin 1995.

23 M. Stolleis, Die Entstehung des Interventionsstaates und das öffentliche Recht, in: Zeitschr. f. Neuere Rechtsgeschichte 1989, Heft 2/3 (in diesem Band Nr. 9).

3. Die Historische Schule und das öffentliche Recht*

I.

Die Frage, welche Beziehungen zwischen der Historischen Schule und dem öffentlichen Recht etwa vom Ende des Alten Reiches bis zur Pariser Julirevolution bestanden haben, enthält schon eine schiefe Metapher; denn es stehen sich keine eindeutig abgrenzbaren Bereiche gegenüber, deren »Beziehungen« nun aufzufinden wären. »Historische Schule« ist eine Abkürzung für heterogene Personen und Lehren vor allem des Privatrechts. Ebenso repräsentiert sich das »öffentliche Recht« jener Zeit – genauer: die Wissenschaft des öffentlichen Rechts – als komplexe Übergangserscheinung zwischen Reichspublizistik, spätabsolutistischem Landesstaatsrecht, aufgeklärter Wohlfahrtspolizei einerseits, konstitutionellem Rechtsstaat, Bundesstaatstheorien und neuem Administrativrecht andererseits. Offenbar beginnen auch die Zeitgenossen damals erst jene wie eine Verhexung wirkende kategoriale Zweiteilung der Rechtsordnung in Privatrecht und öffentliches Recht zu entwickeln, die in der hier gestellten Frage nach den Beziehungen von Historischer Schule *und* öffentlichem Recht verborgen zu sein scheint.[1] Für die Mehrzahl der Autoren zwischen 1800 und 1830 wird man annehmen dürfen, daß ihnen zwar die didaktische Sonderung der Materien an der Universität selbstverständlich, eine theoretische kategoriale Zweiteilung der Rechtsordnung aber noch relativ fremd war und daß sie unbefangen Gegenstände des Gemeinen Rechts, des Lehenrechts, Strafrechts, Kirchenrechts und des öffentlichen Rechts neben- und miteinander behandelten.

Soll also die eingangs gestellte Frage genauer gefaßt werden, so empfiehlt es sich, hinter den groben Etiketten »Historische Schule« und »öffentliches Recht« die Sachen und Personen sichtbar zu ma-

* Der folgende Text ist aus einem Vortrag entstanden, der am 23. Februar 1990 in Neapel gehalten wurde. Den Kollegen Aldo Mazzacane und Luigi Labruna danke ich für die kritische und anregende Diskussion der Thesen.

1 S. Gagnér, Über Voraussetzungen einer Verwendung der Sprachformel »Öffentliches Recht und Privatrecht« im kanonistischen Bereich, in: Deutsche Landesreferate zum 7. Internationalen Kongreß für Rechtsvergleichung, Uppsala 1966, hg. v. E. v. Caemmerer und K. Zweigert, Tübingen 1967, 23-57.

chen, die hier einander begegneten. Dazu müßte klarer werden, was die auf dem Feld des römischen und deutschen Privatrechts tätigen Protagonisten der Historischen Schule mit der Publizistik des Rheinbundes, des Deutschen Bundes und der Einzelstaaten miteinander zu tun hatten. Existierten hier in einem gemeinsamen politischen Kontext separate Wissenschaftskulturen nebeneinander, gab es Querverbindungen, jedenfalls methodischer Art?

Eine Antwort hierauf kommt ohne den Blick auf die ältere Reichs- und Territorialpublizistik nicht aus. Für sie ist seit jeher eine besondere Nähe zur »Historie« als charakteristisch angesehen worden. Seit der Entstehung einer allmählich Selbstbewußtsein gewinnenden Disziplin des *ius publicum* im 17. Jahrhundert gab es jene Nähe, ja sie war eine der Entstehungsbedingungen des Faches selbst; denn so wichtig auch im Kreis der sog. Staatswissenschaften die einzelnen Disziplinen sein mochten (Staatenkunde/Statistik, Natur- und Völkerrecht einschließlich des *ius publicum universale*, Staatsklugheit/*prudentia civilis*, Finanzwissenschaften, Polizeiwissenschaft), das klassische Fundament des ius publicum war die Geschichte.[2] Erst die methodische Maxime des frühen 17. Jahrhunderts, das Heilige Römische Reich Deutscher Nation sei mit dem römischen Reich der Antike nicht mehr vergleichbar – ungeachtet aller Translationstheorien[3] –, folglich müßten künftig die für die eigene Geschichte konstitutiven Rechtsquellen zugrunde gelegt werden,[4] ermöglichte den Neubeginn der Reichspublizistik auf der Basis der Reichsfundamentalgesetze und des Reichsherkommens.[5] Bis zum Ende des Reichs galt die Maxime als selbstverständlich, der »Publizist« habe theoretisch und praktisch aus der Geschichte zu ermitteln, was geltendes Recht sei. Die Reichsverfassung war alles andere als rational konstruiert, sie war vielmehr »monstro simile« (Pufendorf), in jeder Weise irregulär, ein verwinkeltes, nie exakt zu vermessendes Gebäude, das schon im letzten Jahrzehnt des 18. Jahrhunderts vor aller Augen zerfiel. Bei ihrer Analyse war nicht juristischer Scharfsinn oder die Erkenntnis ei-

2 N. Hammerstein, Jus und Historie. Ein Beitrag zur Geschichte des historischen Denkens an den deutschen Universitäten im späten 17. und im 18. Jahrhundert, Göttingen 1972.

3 W. Goez, Translatio Imperii, Tübingen 1958, insbes. 257 ff.

4 M. Stolleis, Geschichte des öffentlichen Rechts in Deutschland, Bd. 1, München 1988, 146 ff. m. w. Nachw.

5 B. Roeck, Reichssystem und Reichsherkommen. Die Diskussion über die Staatlichkeit des Reiches in der politischen Publizistik des 17. und 18. Jahrhunderts, Wiesbaden – Stuttgart 1984.

ner objektiven Rechtsidee gefragt, sondern positive Geschichtskenntnis. Heinrich von Coccejis Formel von 1695 traf die Sache genau: »Quod in caeteris Juris disciplinis ratio praestat, id in iure publico Germaniae historia.«[6] 1701 sagte Jacob Brunnemann ganz ähnlich: »Jus publicum Germaniae non fieri potest citra exactam notitiam historiae Germanicae«[7], und alle Hallenser und Göttinger Publizisten (Ludewig, Gundling, Thomasius, Mascov, Schmauss, Gebauer, Pütter) samt ihren Schülern wiederholten dies in wechselnden, teils feinsinnigen, teils derben Wendungen. Der ältere Moser sammelte in diesem Sinne sein ungeheures Material.[8] Die Reichsverfassung war selbst Geschichte, ihre Institutionen und das in ihnen herkömmliche Verfahren waren nur historisch zu erklären, und so lieferte die Geschichte nicht nur den Stoff des öffentlichen Rechts, sondern auch den normativen Geltungsgrund und die Interpretationsregeln.[9]

In modifizierter Weise galt dies auch für das Staatsrecht der einzelnen deutschen Territorien. Wo der Absolutismus sich durchsetzen und die geschichtliche Legitimation durch das rechtserzeugende Gebot des Souveräns hatte verdrängen können, wurde das historische Argument wohl etwas schwächer, verschwand aber doch niemals vollständig. Wo noch Landstände existierten, wo der Adel das Heft in der Hand hielt (Mecklenburg) oder wo traditionelles Stadtregiment galt, blieb die Geschichte als Verankerung des Status quo unverzichtbar und im Zentrum des Interesses. Der Zugang zum Archiv, in dem die verbrieften historischen Ansprüche ruhten, war gleichsam der Zugang zum Arkanbereich der Macht. Reichs- und Landesgeschichte waren deshalb die Basis des geltenden *ius publicum imperii/territoriale*. Von einer scharfen Trennung zwischen historischem und dogmatischem Argument konnte im Staatsrecht keine Rede sein. Notker Hammerstein hat deshalb mit Recht darauf aufmerksam gemacht, »wie nahe die historische Rechtsschule der älteren Publizistik steht, wenngleich sie selbst dies kaum mehr weiß«.[10] Auf eine Pointe

6 H. v. Cocceji, Juris publici prudentia compendio exhibita, Frankfurt/O. 1695, Monita ad L. (ectorem) Nr. 2.

7 J. Brunnemann, Jurisprudentia publica, Halle 1701, Monita ad L. (ectorem).

8 E. Schömbs, Das Staatsrecht Johann Jakob Mosers (1701-1785), Berlin 1968; zusammenfassend A. Laufs, Johann Jakob Moser, in: M. Stolleis (Hrsg.), Staatsdenker im 17. und 18. Jahrhundert, 2. Aufl. Frankfurt/M. 1987, 284; Stolleis (Anm. 4), 258 ff.

9 N. Hammerstein, Reichshistorie, HRG IV (1989), 27. Lief., Sp. 608-612.

10 N. Hammerstein, Jus und Historie (Anm. 2), 323, Anm. 57a. Ebenso schon K.

gebracht könnte man sagen, daß die Postulate der Historischen Rechtsschule im öffentlichen Recht schon lange akzeptiert waren und praktiziert wurden, bevor Savigny und Eichhorn mit ihren Gründungstexten hervortraten und eine »Schule« bildeten. Denn der zentrale Gedanke, die Rechtswissenschaft müsse »geschichtlich« sein, um als wissenschaftlich gelten zu können, sie müsse ihre Dogmatik historisch legitimieren, war das längst akzeptierte Arbeitsprogramm der älteren Publizistik vor 1806. Gewiß war das dogmatische Abstraktionsniveau des öffentlichen Rechts noch niedrig, so daß historischer Nachweis und Feststellung des geltenden Rechts nahezu zusammenfielen, aber die methodische Grundlinie war doch stets die einer notwendigen Verbindung von »Jus und Historie«, und zwar nicht erst seit den Innovationen des halleschen und göttingischen Studienmodells, sondern bereits seit den Anfängen des Fachs in Jena, Marburg, Gießen und Straßburg während der Verfassungskrise des Reichs vor Ausbruch des Dreißigjährigen Krieges.[11]

Die Reichspublizisten hatten angesichts des stufenweisen Zusammenbruchs der Reichsverfassung von 1799 an vor allem die politische Katastrophe vor Augen, die ihnen den Gegenstand ihrer Wissenschaft zu rauben drohte. Ihr Interesse lag begreiflicherweise darin, nicht selbst mit dem Reich unterzugehen, sondern die Notwendigkeit weiterer Pflege des öffentlichen Rechts unter veränderten politischen Bedingungen möglichst zwingend darzulegen. So forderte etwa Johann Ludwig Klüber ausdrücklich dazu auf, »die, seit dem westphälischen Frieden mühsam errungene, publizistische Kultur aufzufrischen, zu erhalten und zu erhöhen«,[12] und er betonte, nicht anders als zuvor Heinrich Cocceji und dessen zahlreiche Nachfolger: »Das Deutsche öffentliche Recht ist keine rationale, es ist eine theils historische theils positive Wissenschaft«, und er fügte mit Deutlichkeit gegen das Naturrecht hinzu: »Es sind also die rationalen Formen speculativer Wissenschaften hier nicht durchaus anwendbar.« Seine Lehrmethode, sagte er in knappster Form, sei die »dogmatisch-historische«.[13]

Das klingt nach Savignys Schulprogramm,[14] ist aber doch auch

Jelusic, Die historische Methode K. F. Eichhorns, Baden und Brünn 1936 (Nachdr. Aalen 1978), 7 ff., 144 f.

11 M. Heckel, Deutschland im konfessionellen Zeitalter, Göttingen 1983.

12 J. L. Klüber, Öffentliches Recht des Teutschen Bundes und der Bundesstaaten, 1817, Vorrede zur ersten Auflage, in 4. Aufl. Frankfurt/M. 1840, XXIII.

13 Klüber (Anm. 12), § 14.

14 Fr. C. v. Savigny, Vom Beruf unserer Zeit zur Gesetzgebung, Heidelberg 1814;

die allgemein verbreitete Perspektive und eine sowohl rechtswissenschaftliche wie politische Kompromißformel, auf die sich Konservative wie Savigny und Eichhorn mit Vertretern der liberalen konstitutionellen Monarchie einigen konnten. Man wollte die Erhaltung des historisch Gewordenen, also der Monarchie, zugleich aber deren rechtliche Begrenzung durch eine Konstitution sowie generell durch »rechtliche Zustände«. Weder politischer Radikalismus, den man nun stets assoziierte, wenn von »rationaler Speculation« die Rede war, noch Rückzug zu rein antiquarischer historischer Forschung waren mehrheitlich erwünscht, sondern wissenschaftliche Bearbeitung des »heute geltenden Rechts« und Berücksichtigung seines geschichtlichen Entwicklungsgangs. Weder Radikalismus noch Quietismus, sondern organisch-reformerische Fortentwicklung des geltenden Rechts war also die in einem breiten politischen Mittelfeld akzeptierte Parole.

Was das wissenschaftliche Programm anging, so schien die in der Formel »historisch-dogmatisch« enthaltene Gleichgewichtigkeit beider zu garantieren, daß man einerseits vor »spekulativer« Willkür und naturrechtlichen Abstraktionen durch Zugrundelegung der Geschichte geschützt war. Andererseits gestattete die dogmatische Komponente eine gewisse Gestaltungsfreiheit. Das Prinzip lautete, den Stoff aus den Händen der Historiker nicht unbearbeitet zu übernehmen, sondern von »toten« Bestandteilen zu reinigen und in systematischer Absicht zu bearbeiten, wobei man ganz im Einklang mit dem philosophischen Idealismus der Zeit die »leitenden Grundsätze«, »Institute« und »Ideen« als im rohen Stoff verborgen nur noch bewußt zu machen, ans Licht zu heben glaubte.

Die Parallelführung von politischen und wissenschaftlichen Optionen zeigt, daß die in der Formel »historisch-dogmatisch« enthaltene Schwebelage auch politisch konsequent war. Verließ man sich einseitig auf die Rationalität der Dogmatik, dann drohten revolutionäre Freiheits- und Gleichheitspostulate, lieferte man sich zu sehr der Geschichte aus, dann verfestigte man den Status quo des Ancien Régime. Deshalb sprach alles für eine Kombination von positiv akzep-

ders., Über den Zweck dieser Zeitschrift, in: Zeitschrift für geschichtliche Rechtswissenschaft, Bd. 1 (1815); vgl. dazu G. Marini, Savigny e il metodo della Scienza giuridica, Milano 1966; ders., Fr. C. v. Savigny, Napoli 1978; J. Rückert, Idealismus, Jurisprudenz und Politik bei Friedrich Carl von Savigny, Ebelsbach 1984, insbes. 331 ff.

tierter Geschichte mit dem Anspruch, das historische Material in »heute geltendes Recht« zu überführen.

Auf diese methodische und politische Hauptlinie konnten sich die Juristen jener Zeit weitgehend einigen, offenbar ohne wesentliche Unterschiede zwischen Privatrechtlern und Publizisten. Deshalb könnte sich auch der Gedanke aufdrängen, das Epochemachende der Historischen Schule bestehe lediglich darin, eine im öffentlichen Recht seit langem vertraute historisch-dogmatische Doppelperspektive mit neuem Elan im Privatrecht entfaltet zu haben. Dort – im Privatrecht – war in der Tat Bedarf für einen Neuansatz, wie ihn Savigny in »Besitz« und »System« sowie Eichhorn in seiner »Einleitung«[15] und seine Nachfolger im »Deutschen Privatrecht« praktiziert haben.[16] Dort konnte man hoffen, das rationalistisch-spekulative Element des Naturrechts zu »überwinden«, historischen Boden unter den Füßen zu gewinnen und bei der Bearbeitung des geltenden Rechts in der Weise »wissenschaftlich« zu werden, wie man sich dies auf dem Hintergrund des zeitgenössischen Wissenschaftsideals vorstellte.

Die Historische Schule gewissermaßen als Fortsetzerin des von Pütter abschließend formulierten methodischen Programms der historisch-dogmatischen Reichspublizistik,[17] während die Reichspublizistik selbst mit dem Ende des Reichs ein gewaltsames Ende fand? In dieser Weise vereinfacht, würde die These falsch; denn weder kann Savignys Programm ernsthaft als Derivat der Reichspublizistik bezeichnet werden, noch ist die Reichspublizistik nach 1806 wirklich »tot«, sie war allenfalls durch die sich überstürzenden äußeren Ereignisse zeitweise gelähmt.

Schon lange hatte die Reichsverfassung als altmodisch gegolten und war als »gotische Ruine« belächelt, gleichzeitig aber auch wegen ihrer friedensbewahrenden Funktion gepriesen worden. Die Diskrepanz des Reichs zur Welt des heraufziehenden National- und Verfassungsstaats wurde immer größer. Der junge Hegel stellte kurzerhand fest, das Gebäude der Reichsverfassung stehe »mit seinen Pfeilern,

15 K. F. Eichhorn, Einleitung in das deutsche Privatrecht, Göttingen 1823, 5. Aufl. 1845.

16 R. Hübner, K. F. Eichhorn und seine Nachfolger, in: Festschr. H. Brunner, Weimar 1910, 807-838; E. Landsberg, Geschichte der Deutschen Rechtswissenschaft, Bd. III/2, München 1910, 253 ff.

17 W. Ebel, Der Göttinger Professor Johann Stephan Pütter aus Iserlohn, Göttingen 1975; Ch. Link, Johann Stephan Pütter, in: Stolleis (Hrsg.), Staatsdenker im 17. und 18. Jahrhundert, 3. Aufl. München 1995, 310 ff.

seinen Schnörkeln ... isoliert vom Geiste der Zeit in der Welt«.[18] Es brach nun zusammen, beginnend mit dem Frieden von Lunéville von 1801, der seinerseits den Reichsdeputationshauptschluß von 1803 nach sich zog, das letzte Reichsgesetz überhaupt.[19] Die kleinen Reichsstände und Reichsstädte waren die Verlierer, große Gewinner die mit Napoleon verbündeten Mittelstaaten. 1805 verlor das Reich schon seinen Namen und wurde »Confédération germanique« genannt, 1806 entstand der Rheinbund, seine Mitglieder erklärten den Austritt aus dem Reichsverband, und eine Woche später legte Kaiser Franz II., von Napoleon bedrängt, die Kaiserkrone nieder. Die Reichsinstitutionen in Regensburg, Mainz, Wetzlar und Wien lösten sich auf.

Der junge Karl Friedrich Eichhorn (1781-1854), der eigentlich die Laufbahn eines Reichspublizisten hatte ergreifen wollen und der deshalb noch 1801 die traditionelle Informationsreise nach Wetzlar zum Reichskammergericht, zum Reichstag nach Regensburg und zum Reichshofrat nach Wien gemacht hatte,[20] mußte sich also umorientieren.

Der Reichspublizistik war damit geschehen, was den deutschen Öffentlich-Rechtlern inzwischen mehrfach geschah, aber im 18. Jahrhundert noch ganz undenkbar schien. Nicht nur die Reichsverfassung als übergreifendes politisches Schutzdach fehlte nun plötzlich, auch das positivrechtliche Fundament eines ganzen Wissenschaftszweiges, dessen Schriften nun, wie sich Karl Theodor Welcker später ausdrückte, »einen im Ganzen unpraktisch gewordenen Gegenstand« behandelten,[21] war verschwunden. Blickt man auf die Personen, so scheint eine ganze Gruppe wichtiger Autoren zu verstummen. Der jüngere Moser starb 1798, Pütter 1807, Häberlin 1808, Schlözer 1809. Gönner und Leist schrieben 1803 und 1804 noch letzte Lehrbücher des deutschen Staatsrechts, deren Realitätsgehalt sich von

18 G. W. F. Hegel, Erste Entwürfe einer Einleitung zur Verfassungsschrift, Vorrede 1799/1801, in: Werke in 20 Bänden, Bd. 1, Frankfurt/M. 1971, 453.

19 K. D. Hömig, Der Reichsdeputationshauptschluß vom 25. Februar 1803 und seine Bedeutung für Staat und Kirche, Tübingen 1969.

20 H.A. Zachariä, Johann Stephan Pütter und Karl Friedrich Eichhorn, in: Göttinger Professoren, Gotha 1872, 99 ff.; F. Frensdorff, ADB 6 (1877), 469-481; K. S. Bader, Eichhorn, NDB IV, Sp. 378 f.; J. F. v. Schulte, K. F. Eichhorn, Stuttgart 1884; W. Sellert, Karl Friedrich Eichhorn – »Vater der deutschen Rechtsgeschichte«, JuS 1981, 799 ff.

21 K. Th. Welcker, Hippolithus a Lapide und Monzambano, in: Rotteck/Welcker, Staatslexikon, Bd. 7, 2. Aufl. Altona 1847, 11.

Monat zu Monat verringerte.[22] Die Gegenwart war bestimmt von der Turbulenz der napoleonischen Kriege, die Zukunft Deutschlands war völlig ungewiß – schlechte Zeiten für öffentliches Recht, soweit es sich nicht um Tagespublizistik handelte. Worüber sollte man Vorlesungen halten und Bücher schreiben?[23]

Einen Anfang bildete dann der Rheinbund, zu dem sich in Süddeutschland und im Königreich Westfalen, zu dem auch Göttingen gehörte, eine eigene publizistische Literatur bildete.[24]

Zeitschriften wurden herausgegeben, man kommentierte die (nicht zu Ende geführten) Ansätze einer Verfassung und entwickelte ein hoffnungsfrohes Modernisierungsprogramm (Reform der Verwaltung und des öffentlichen Dienstes, Einführung von Code civil und Code de Commerce, Notariat und Grundbuchsystem, Reform von Straf- und Strafprozeßrecht), insgesamt eine Transformation des Spätabsolutismus in »konstitutionelle Zustände«.[25] Dennoch war die Basis des Ganzen schwankend. Klüber sagte 1817 im Rückblick, es »schienen die Teutschen den Glauben an ein wirklich geltendes öffentliches Recht, und mit ihm die Empfänglichkeit für wissenschaftliche Bearbeitung desselben, fast verloren zu haben«.[26] Nach etwa sieben Jahren war auch dieses Experiment beendet.

Der Wiener Kongreß beriet die Neuordnung Europas. Eine Wie-

22 J. C. Leist, Lehrbuch des deutschen Staatsrechts, Göttingen 1803; N. Th. Gönner, Teutsches Staatsrecht, Landshut 1804. Siehe auch R. Vierhaus, Göttingen im Zeitalter Napoleons, in: Göttinger Jahrbuch 27 (1979), 177-188.

23 Eine Parallele hierzu bildet das Lehenrecht. Vgl. dazu nunmehr R. Schulze, Der nexus feudalis im Vernunftrecht und in der Historischen Rechtsschule, ZRG GA 106 (1989), 68-114 (101 ff.); sowie ders., Lehnrecht und Privatrecht, in: Zur Entwicklung der Lehnsrechtslehre von Schilter bis Eichhorn, Frankfurt/M. 1983.

24 J. Zintel, Entwurf eines Staatsrechts für den Rheinbund, München 1807; J. N. F. Brauer, Beiträge zu einem allgemeinen Staatsrecht der Rhein-Bundesstaaten, Karlsruhe 1807; G. H. v. Berg, Abhandlungen zur Erläuterung der rheinischen Bundesakte, Hannover 1808; W. J. Behr, Systematische Darstellung des Rheinischen Bundes aus dem Standpunkte des öffentlichen Rechts, Frankfurt/M. 1808; K. S. Zachariä, Staatsrecht der rheinischen Bundesstaaten, Heidelberg 1810.

25 Hierzu, insbesondere zu Winkopp, die Frankfurter historische Dissertation von Gerhard Schuck, Rheinbundpatriotismus und politische Öffentlichkeit zwischen Aufklärung und Frühliberalismus: Kontinuitätsdenken und Diskontinuitätserfahrung in den Staats- und Verfassungsdebatten der Rheinbundpublizistik, Stuttgart 1994.

26 J. L. Klüber, Öffentliches Recht des Teutschen Bundes und der Bundesstaaten, Frankfurt/M. 1817, § 20.

dererrichtung des Alten Reiches schien ausgeschlossen.[27] Denkbar war lediglich – damals schon – eine »Konföderation« unter Achtung der einzelstaatlichen Souveränität, ein »völkerrechtlicher Verein« (Art. 2 Wiener Schlußakte vom 15. Mai 1820). Die gleichzeitig einsetzende politische Unterdrückung der National- und der Verfassungsbewegung im Namen der Legitimität und des monarchischen Prinzips spaltete die Publizistik in zwei Lager: die liberale, mehr oder weniger gemäßigte konstitutionelle Richtung einerseits und die Verteidiger des monarchischen Prinzips andererseits.[28]

Dieser Ausgangslage entsprechend entwickelte sich nach 1815 eine staatsrechtliche Literatur, die so zerrissen ist wie die politische Landschaft. Einige Autoren setzten die göttingische Tradition am Material des Deutschen Bundes fort, so der junge R. v. Mohl, K. S. Zachariä, vor allem aber Johann Ludwig Klüber, die beherrschende Figur des Staatsrechts vor 1848. Er publizierte die Akten des Wiener Kongresses und schrieb das maßgebende »Öffentliche Recht des Teutschen Bundes und der Bundesstaaten«. »Seine Gelehrsamkeit«, sagte später Robert von Mohl, »war die Arche, welche bei der über Deutschland hereingebrochenen Sündfluth das zur Fortpflanzung des nöthigen Wissens Nothwendige nach abgelaufenem Gewässer rettete ... Klüber verdanken wir den Zusamenhang mit unserer Geschichte und Achtung vor dem Grunde, auf dem wir stehen, freilich auch weiter zu bauen haben.«[29] Andere widmeten sich mit denselben methodischen Prinzipien dem Partikularstaatsrecht, kommentierten die bayerische, badische oder württembergische Verfassung, manche sogar schon mit kleinen angehängten Abschnitten über das dazugehörige »Administrativrecht«. Leuchtendes Beispiel dieser Richtung ist Robert von Mohls »Staatsrecht des Königreichs Württemberg« (1829-1831). Wieder andere, vor allem politische Köpfe wie Wilhelm Behr, Karl v. Rotteck und Karl Theodor Welcker, Johann Christoph v. Aretin und Karl Heinrich Ludwig Pölitz, führten die Tradition des kantischen Naturrechts, des allgemeinen Staatsrechts und der (nun so genannten) »Rechtsphilosophie« fort und entwickelten dort das

27 G. Walter, Der Zusammenbruch des Heiligen Römischen Reiches deutscher Nation und die Problematik seiner Restauration in den Jahren 1814/15, Heidelberg 1980.

28 M. Stolleis (Anm. 4), Bd. II, München 1992, 121 ff. Dort alle Nachweise der im folgenden genannten Schriften.

29 R. v. Mohl, Die Geschichte und Literatur der Staatswissenschaften, Bd. 2, Erlangen 1856, 479.

Verfassungsprogramm des Liberalismus. Ihre Gegner waren der reaktionäre Karl Ludwig von Haller,[30] dessen Position sogar in seinem eigenen Lager als indiskutabel galt, dann die sogenannte Politische Romantik (Adam Müller, Friedrich Schlegel, Friedrich v. Ancillon, Friedrich v. Gentz)[31] und als Staatsrechtler wohl nur Romeo Maurenbrecher[32] in Bonn.

Dem Urteil Ernst Landsbergs, es stehe in diesen Jahrzehnten »traurig ... um das positive deutsche Staatsrecht«,[33] muß man wohl zustimmen, vor allem wenn man beachtet, welche publizistische Stille an den politisch wichtigsten Universitäten herrscht, nämlich in Berlin und Wien. Preußen und Österreich waren keine Verfassungsstaaten, so daß schon das positivrechtliche Fundament einer Staatsrechtslehre fehlte. Allenfalls das Recht des Deutschen Bundes und der süddeutschen Verfassungsstaaten wäre ein möglicher Gegenstand gewesen. Ein an den Universitäten gepflegtes Verwaltungsrecht existierte noch nicht, allenfalls eine Polizeiwissenschaft älterer Prägung. In Wien wurde als Ersatz für Staatsrecht »Statistik« gelesen.[34] Der Kontakt zwischen Staatsrecht und politischer Realität war vielfach gestört, das politische Programm der konstitutionellen Bewegung wurde nur teilweise, das der Nationalbewegung überhaupt nicht eingelöst. Insgesamt kam die Materie nicht in jene Ruhelage, wie sie für eine wissenschaftliche Behandlung nötig ist. Die Bedingungen für das von der Historischen Schule erhoffte gemächliche Fortschreiten der Wissenschaft waren im öffentlichen Recht nicht gegeben. Die Zahl der ihrer Ämter enthobenen und ihrer Freiheit beraubten Öffentlich-Rechtler spricht eine deutliche Sprache. Ein hoher Grad an

30 K. L. v. Haller, Restauration der Staatswissenschaft oder Theorie des natürlich geselligen Zustands der Chimäre des künstlich bürgerlichen entgegengesetzt, I-VI, Winterthur 1816-1825. Eine trotz aller Zeitgenossenschaft und politischer Gegensätzlichkeit ausgewogene Würdigung bei R. v. Mohl (Anm. 29), 529-560.

31 U. Scheuner, Der Beitrag der deutschen Romantik zur politischen Theorie, Opladen 1980.

32 R. Maurenbrecher, Grundsätze des heutigen deutschen Staatsrechts, Frankfurt/M. 1837.

33 E. Landsberg, Geschichte der Deutschen Rechtswissenschaft, III/2, München 1910, 393.

34 F. Engel-Jánosi, Die Theorie vom Staat im deutschen Österreich 1815-1848, ZöR 2 (1921), 360 ff.; siehe auch R. Smend, Staatsrechtliche Abhandlungen, 2. Aufl., Berlin 1968, 330: »Eine Wissenschaft von Staat und Staatsrecht und ihre Pflege und Lehre gibt es im vormärzlichen Österreich nicht.«

persönlichem Risiko, die unausweichliche politische Affizierung der Materie und ihre damit verbundene Instabilität dürften viele wissenschaftlich begabte Juristen abgeschreckt haben, sich auf diesem Feld zu engagieren.

II.

Innerhalb der Historischen Schule ist ihr Mitbegründer Karl Friedrich Eichhorn ein besonders aufschlußreiches Beispiel für die Durchdringung älterer reichspublizistischer Traditionen mit dem nun propagierten Methodenideal. Er hatte, wie gesagt, noch die publizistische »peregrinatio« absolviert, und es ist mit Recht beobachtet worden, sein »Studium und akademische Vorbereitung (seien) noch ganz in den alten Bahnen, im Hinblick auf die Publizistik des scheinbar noch bestehenden alten deutschen Reichs verlaufen. Und dieses staatsrechtliche Interesse ist bei ihm nie erloschen.«[35] Eichhorns Staats- und Rechtsgeschichte sei neu, sagt Landsberg, durch ihren Geist, »der sich äußert sowohl in der Beibehaltung der alten politisch-publizistischen Elemente wie in der Erschließung der neuen privatrechtlichen Bestandteile«.[36]

Diese »beibehaltenen« historisch-publizistischen Elemente waren nun weniger die rationalistisch-utilitaristischen Seiten der Göttinger Schule, wie sie etwa bei Schlözer ausgeprägt waren,[37] sondern jene der alten Reichshistorie von Ludewig und Gundling bis zu Schmauss, Gebauer und Pütter, die nun nach 1815 eine patriotische Verstärkung erfuhren und durch die Metaphernwelt von »lebendiger Natur«, »Geist«, »Volk«, »Organismus«, »Wachstum«, »Entwicklung« etc. in verwandelter Gestalt erschienen. Sie gaben auch der bis 1822 geführten Staats- und Rechtsgeschichte ihren Duktus.[38] Das machte sie vorbildlich für das 19. Jahrhundert und hat sie zum ersten Werk der neuen Disziplin »Verfassungsgeschichte« gemacht. Dies gilt auch dann, wenn man Georg Waitz (1813-1886) zubilligt, die erste »Verfassungs-

35 Landsberg (Anm. 33), 260. Vgl. dazu nun K. Michaelis, Carl Friedrich Eichhorn (1781-1854). Ein Rechtshistoriker zwischen Revolution und Restauration, in: F. Loos (Hrsg.), Rechtswissenschaft in Göttingen, Göttingen 1987, 166-189 (171 ff.).

36 Landsberg (Anm. 33), 261. Hierzu auch Jelusic (Anm. 10), 118 ff.

37 M. Stolleis, Schlözer, HRG IV (1989), Sp. 1442.

38 Vgl. dazu Eichhorns Vorrede zu Bd. 4 der ersten Auflage der Staats- und Rechtsgeschichte von 1823 (auch in der 5. Aufl. von 1844).

geschichte« (8 Bde., 1844-1878) unter diesem Titel geschrieben zu haben, und wenn man versucht, die Verfassungsgeschichte mit und nach Waitz wissenschaftsgeschichtlich – unter Überspringung der Historischen Schule – mit der alten Reichshistorie zu verknüpfen.[39] Angesichts auch der engen Verbindung Eichhorns zur Reichshistorie des 18. Jahrhunderts wirken kategorische Unterscheidungen wenig überzeugend, die Übergänge sind fließend. In der Person Eichhorns wird sichtbar, was »Historische Schule des öffentlichen Rechts« heißen könnte, nämlich eine Vorstellung von der Historizität des geltenden öffentlichen Rechts, die, auf einer konservativen politischen Grundlage, das rationalistisch-legislatorische Element möglichst zugunsten organisch-autonomer Prozesse zurückdrängen möchte, aber gleichzeitig die politischen Veränderungen des Vormärz in der Weise einarbeitet, daß das historische Material nach dem normativen Grundriß der konstitutionellen Theorie dogmatisch genutzt wird.

Allerdings entfaltete sich diese Position im wesentlichen im Rahmen einer »Staats- und Rechtsgeschichte«, nicht im positiven Staatsrecht Preußens oder des Deutschen Bundes. Beschränkt man die Betrachtungen auf positives Staatsrecht, dann kann von einer »Historischen Schule des öffentlichen Rechts« nur in einem ganz begrenzten Sinne die Rede sein. Das historische Element trat hier mit dem Ende des Reiches schlagartig zurück. Mit der Deutschen Bundesakte (1815) und der Wiener Schlußakte (1820) sowie mit den neuen Verfassungen der süddeutschen Staaten von 1818/19 waren neue Grundlagen geschaffen worden. Sie wurden nicht primär an der Geschichte gemessen, sondern an Idealen des politischen Liberalismus einerseits und am monarchischen Prinzip andererseits.[40] Das historische Argument war hier relativ gewichtlos. Gerade die entschiedenen Liberalen witterten hinter jedem historischen Argument das Denken in legitimistischen Kategorien sowie die Versteinerung früherer »historischer« Zustände. Rotteck steigerte dieses Mißtrauen zu einem ideellen Krieg zwischen historischem Recht und Naturrecht. »Nicht auf dem rechtshistorischen Boden also, sondern auf dem vernunftrechtlichen«, so resümierte er, »muß der Streit geführt werden.«[41]

Wandert man im politischen Spektrum der Jahre 1815-1830 von

39 H. Boldt, Einführung in die Verfassungsgeschichte, Düsseldorf 1984, 130.

40 H. Boldt, Deutsche Staatslehre im Vormärz, Düsseldorf 1975, 15 ff.; D. Langewiesche, Liberalismus in Deutschland, Frankfurt/M. 1988, insbes. 20 ff.

41 K. v. Rotteck, Historisches Recht, in: Rotteck-Welcker, Staatslexikon, Bd.7, 2. Aufl. Altona 1847, 16-30 (29).

der Mitte hinüber zu den Konservativen, so scheint die Aufgeschlossenheit für das historische Denken und für die Anerkennung des historischen Arguments als Grundlage der staatsrechtlichen Begriffsbildung zu wachsen. Am unbefangensten applizierten die Autoren, die über die Bundesverfassung schrieben, die Methodik der Reichspublizistik auf den neuen Stoff. Das gleiche gilt für das alte Territorialstaatsrecht, dessen Darstellung sich methodisch relativ unverändert vom 18. in das 19. Jahrhundert überführen ließ, wenn man es nur inhaltlich den zeitgemäßen »konstitutionellen« Formen anpaßte.[42]

Je mehr sich auf der anderen Seite der politische und staatsrechtliche Liberalismus dieser Jahre[43] in Opposition zu den als unbefriedigend empfundenen Verfassungszuständen befand, desto eher entstanden Schwierigkeiten mit dem Element der historischen Begründung. Die politischen Absichten gingen nicht auf eine organische Fortentwicklung des geschichtlich Überlieferten, sondern auf seine Ersetzung durch ein neues »System«. Dies führte auf den konstruktiven Weg der kantischen Naturrechtslehren und legte die möglichst weitgehende Verdrängung oder jedenfalls Umgestaltung der Historie nahe. Trat noch das nationale Element hinzu, dann lautete das Ziel, in allen Partikularismen die immanent gemeinsamen »Ideen« zu entdecken und in übergreifende verfassungsrechtliche Normen zu gießen. So konnte ein gemeindeutsches Staatsrecht konstruiert, eine gemeinsame Klammer über dem als desolat empfundenen Deutschen Bund geschaffen werden. Auf Länderebene konnten so auch die »konstitutionellen Verfassungsmodelle«[44] im Reich der Gedanken entwickelt werden, sozusagen als konkretes, patriotisches und natürliches Staatsrecht.

In dieser Überwindung der faktischen Rechtszersplitterung durch eine aus dem historischen Material entwickelte »konstruierte« Einheit besteht auch die enge Parallele zwischen dem Staatsrecht zur Zeit des Deutschen Bundes und der Herausbildung des Deutschen Privatrechts im 19. Jahrhundert. Eichhorn selbst war von dieser Paralle-

42 Vgl. etwa Ch. E. Weiße, Lehrbuch des Königlich Sächsischen Staatsrechts, Bd. I, Leipzig 1824, Bd. II, 1827; Ch. W. Schweitzer, Das öffentliche Recht des Großherzogtums Sachsen-Weimar-Eisenach, I. Bd., Weimar 1825; K. E. Weiß, System des öffentlichen Rechts des Großherzogtums Hessen, 1. Bd., Darmstadt 1837; F. Milhauser, Das Staatsrecht des Königreichs Sachsen, Leipzig 1839; R. v. Mohl, Staatsrecht des Königreichs Württemberg, Bd. 1, Tübingen 1829, Bd. 2, 1831.

43 Zusammenfassend jetzt D. Langewiesche (Anm. 40), 20 ff.

44 Boldt (Anm. 40), 282 ff.

lität überzeugt. Er meinte in seiner (erst kürzlich publizierten) Staatsrechtsvorlesung vom Wintersemester 1821/22, »die rechtliche Natur aller Institute des Staatsrechts« lasse sich »auf die nämliche Weise darstellen wie die Institute des Privatrechts«; denn wie im Privatrecht gebe es auch für die öffentlichrechtlichen Grundgedanken eine »innere Gemeinschaft des Ursprungs und der Fortbildung«.[45]

Auf dieser Grundannahme beruhte die weitere konstruktive Arbeit. Um sie zu leisten, müsse man, wie sich Johann Caspar Bluntschli 1841 ausdrückte, »vorerst einzelne Staatsorganismen in ihrer Besonderheit scharf zeichnen, das Charakteristische einzelner Institute herausheben, ihren Entwicklungsgang durch die verschiedenen Lebensperioden der Völker verfolgen, ihre Beziehungen zum Leben und ihre Wirksamkeit darstellen, die Zustände verschiedener Zeiten und Völker vergleichen, das Gemeinsame festhalten, das Verschiedene trennen«.[46]

Auf die Frage nach den Beziehungen zwischen den methodischen Zielen der Historischen Schule und dem öffentlichen Recht bis 1830 kann man also in einem Sinn antworten, der die hier unausweichlich relevanten politischen Optionen miteinbezieht. Die Staatsrechtslehre bis zur französischen Julirevolution (1830) und zum Hambacher Fest (1832) zehrte erheblich von der reichspublizistischen, aber auch von der naturrechtlichen Tradition des 18. Jahrhunderts. Je mehr sie republikanisch und demokratisch dachte, desto eher hielt sie am rationalistischen Erbe des 18. Jahrhunderts fest. Je mehr sie zum Modell der konstitutionellen Erbmonarchie mit Zensuswahlrecht tendierte, desto mehr fanden das »organische«, evolutionäre Denken, die »politische Romantik« und der Geist der Historischen Schule im Sinne Savignys Nahrung. Die Staatsrechtslehre zwischen 1789 und 1830 war höchst empfänglich für die Schwankungen zwischen Revolutionsbegeisterung und Revolutionsfurcht, Napoleonbewunderung und Napoleonhaß, Reformeifer und patriotischen Einheits- und Freiheitsgefühlen, idealistischer Philosophie und vorsichtiger Sicherung des Bestehenden. Sie zeigt sich uns vielstimmig und zerklüftet wie die politische Landschaft selbst, aus der sie entstanden ist und auf die sie einzuwirken suchte.

45 R. Conradi, K. F. Eichhorn als Staatsrechtslehrer, Frankfurt/M. 1987, Anhang § 1.

46 J. C. Bluntschli, Die neueren Rechtsschulen der deutschen Juristen, Zürich und Frauenfeld 1841, 58.

4. Die bayerische Gesetzgebung zur Herstellung eines frei verfügbaren Grundeigentums

I.

Die Befreiung des Bodeneigentums von bestimmten Lasten, die Auflösung des Lehensverbandes und die Gesetzgebung zum Familienfideikommiß im Übergang vom 18. zum 19. Jahrhundert ist ein gemeineuropäischer Vorgang von großer Tiefenwirkung. Vor der Französischen Revolution einsetzend, erst rund hundert Jahre nach ihr beendet und schon wieder von rückläufigen Bewegungen durchkreuzt, umfaßt dieser Vorgang Probleme der Agrarreform, den wirtschaftlichen und sozialen Sturz grundbesitzender Schichten ebenso wie ihre geglückte Stabilisierung, die Abwicklung des obsolet gewordenen Lehensverbandes, die Abwerfung personaler Bindungen wie der Leibeigenschaft, der Fronen und Scharwerke, die Beseitigung von Verboten des Immobiliarerwerbs durch bestimmte Personen und Personenverbände (Amortisationsgesetzgebung, Judenemanzipation), die Teilung der Gemeindegründe, den Verkauf der Staatsdomänen und die Gutszertrümmerungen. All dies reicht weit hinaus über die unmittelbare Frage nach dem Eigentum und in die Geschichte des Erbrechts, des Schuld- und Hypothekenrechts hinein. »Bauernbefreiung« und »Bodenbefreiung« sind dabei nicht ohne weiteres trennbar. Die große sammelnde Darstellung von Hedemann,[1] die vor allem französisches, schweizerisches, österreichisches und preußisches Material bietet, hat sowohl den gesamteuropäischen Konnex dieser Frage wie auch ihre sachliche Aufsplitterung in die verschiedensten Rechtsgebiete deutlich gemacht. In jedem Land ereignet sich Vergleichbares, das »Mittelalter« geht zu Ende, die Hierarchie der Herrschaftsordnung, die zugleich eine Hierarchie der Grundbesitzrechte darstellte,[2] wird zerstört oder umgeschichtet. Unter dem Doppelaspekt des Satzes »Les hommes naissent et demeurent libres et

1 J. W. Hedemann, Die Fortschritte des Zivilrechts im XIX. Jahrhundert, 2. Teil, 1. Hälfte (Das materielle Bodenrecht), Berlin 1930; 2. Hälfte (Die Entwicklung des formellen Bodenrechts), Berlin 1935.

2 F. L. Ganshof, Was ist das Lehnswesen?, Darmstadt 1961, XIII.

égaux en droit« von 1789[3] und seiner bodenrechtlichen Ergänzung von 1791 »Le territoire de la France, dans toute son étendue, est libre, comme les personnes, qui l'habitent«[4] werden sowohl personale Herrschaftsverhältnisse aufgelöst als auch Bindungen des Menschen an den Boden und Bindungen des Bodens selbst beiseite geräumt.

Verschiebungen von so großen sozialen und wirtschaftlichen Ausmaßen können trotz vieler Gemeinsamkeiten nur schwer einheitlich erfaßt und beschrieben werden. Sie erschließen sich primär von den Quellen der Territorien her. Erst der Blick auf die wirtschaftlichen Voraussetzungen und politischen Kräfteverschiebungen einzelner Staaten erklärt die Phasenverschiebungen innerhalb des Gesamtvorgangs. Die Darstellung der bayerischen Gesetzgebung zur »Mobilisierung der Immobilien« wird dabei sowohl die Sonderentwicklung der bayerischen Bodenverfassung als auch die Verflechtung der Entwicklung mit Gesamteuropa, das heißt hier insbesondere mit Frankreich, Preußen und Österreich (Großherzogtum Toskana), im Auge behalten müssen.

Bayern war am Ende des 18. Jahrhunderts fast ausschließlich Agrarstaat,[5] und seine Agrarverfassung, wie sie sich etwa beim Regierungswechsel von 1799 darstellte, war »feudal« in dem Sinne, daß die Grundherrschaft zwischen dem Landesherrn, der Kirche und dem Adel aufgeteilt war und das freie bäuerliche Eigentum die Ausnahme bildete. Montgelas sagte in seinen »Denkwürdigkeiten« von den Bauern: »Le plus petit nombre d'entre eux est propriétaire des terres qu'ils exploitent. La plupart les tiennent en bail de la couronne, des seigneurs ou du clergé à titre de cens héréditaire (Erbrecht), à vie (Leibrecht), pendant la vie du seigneur (Freistift), tans qu'il plaît au propriétaire (Herrengunst).«[6]

Tatsächlich gab es im Jahre 1760 unter allen bäuerlichen Familien nur 7361 (6,36 %), die 1162,09 (3,9 %) Bauernhöfe als freies Eigentum innehatten. 93,64 % aller Bauern bearbeiteten also Land, das durch

3 Déclaration des droits de l'homme et du citoyen (1789), Art. 1.

4 Code rural (1791), I, 1.1.

5 Angaben bei W. Zorn, Gesellschaft und Staat im Bayern des Vormärz, in: W. Conze (Hrsg.), Staat und Gesellschaft im deutschen Vormärz 1815-1848, 2. Aufl., Stuttgart 1970, 115 f.; ders., Kleine Wirtschafts- und Sozialgeschichte Bayerns, München 1962, 37 ff.

6 G. Laubmann/M. Doeberl, Denkwürdigkeiten des Grafen Maximilian Joseph v. Montgelas über die innere Staatsverwaltung Bayerns (1799-1817), München 1908, 160.

Abgaben beschwert und wegen der Fessel des Obereigentums kaum belastbar oder veräußerbar war.[7]

Dieser Grundbesitz verteilte sich wie folgt: Das Haus Wittelsbach besaß an »Kastenamtsunterthanen, Grundunterthanen in kurfürstlichen Hofmarchen und Lehenunterthanen« 13 479 Familien (11,64 %), 4074,04 Höfe (13,67 %), die insgesamt zwischen 17,1 % und 19,7 % der Gesamtfläche einnahmen.[8] Geistliche Untertanen, das heißt solche des landständischen Prälatenstands (einschließlich der Kollegiatstifter, des Johanniterordens in Bayern, des Damenstifts und der Universität), der ausländischen Geistlichkeit, Hochstifte, Domkapitel, Klöster und ausländischen Kirchen, der nichtständischen Klöster und geistlichen Gemeinden, der Kirchen und der Pfarrer und Benefiziaten, waren 58 710 Familien (50,66 %) mit 16 618,98 Höfen (55,85 %).[9] Untertanen weltlicher Korporationen und Stiftungen waren lediglich 1690 Familien (1,51 %) mit 651,73 Höfen (2,15 %). Ebenso gering war die Zahl der Untertanen anderer weltlicher, bürgerlicher Grundherren, Dorfgemeinden oder einzelner Bauern: 1583 Familien (1,35 %) mit 194,89 Höfen (0,6 %). Die hinter der Geistlichkeit bedeutendste Gruppe der Grundherren schließlich wurde vom ständischen Ritter- und Adelsstand gebildet. Ihm waren untertan 32 974 Familien (28,48 %) mit 7106,20 Höfen (23,83 %), die ihrerseits 34,2 % der Gesamtfläche einnahmen.[10]

Doch sind diese Zahlen noch wenig aussagekräftig, wenn sie nicht in Verbindung gebracht werden mit solchen über die Höhe der bäuerlichen Lasten und über die Höhe des Einkommens insgesamt. Das Zahlenmaterial zu diesem Punkt ist sehr unterschiedlich, was bei der Verschiedenheit der regionalen Umstände und der herangezogenen

7 F. W. Henning, Dienste und Abgaben der Bauern im 18. Jahrhundert, Stuttgart 1969, 93, in Übereinstimmung mit L. Brentano, Alte und neue Feudalität, 2. Aufl., Leipzig 1924, 235, der 6,36 % freie Bauern annahm. Anders F. Lütge, Geschichte der deutschen Agrarverfassung, Stuttgart 1963, 164, der für Ober- und Niederbayern zusammen von 4 % freien Bauern ausgeht. Zur Lage vor 1745 vgl. Arthur Cohen, Die Verschuldung des bäuerlichen Grundbesitzes in Bayern (1598-1745), Leipzig 1906.

8 Nach Brentano (Anm. 7); entsprechend F. Lütge, Die bayerische Grundherrschaft, Stuttgart 1949, 30, der seine Angaben entnimmt bei J. v. Hazzi, Statistische Aufschlüsse über das Herzogthum Baiern, Nürnberg 1801-1808.

9 Lütge, Grundherrschaft (Anm. 8), 36. Zorn, Gesellschaft und Staat (Anm. 5), 118, gibt für den kirchlichen Grundbesitz in Altbayern einen Flächenanteil von 40 % an, während Lütge 56 % nennt.

10 Lütge, Grundherrschaft, 36; Brentano, a. a. O.

Unterlagen nicht erstaunlich ist. Die Forschungen von Friedrich Lütge haben gezeigt, daß die verschiedenen Lasten, wie Frondienste (Scharwerke), grundherrliche, zehnt-, gerichts-, lehens- und vogtherrliche Abgaben, nicht voneinander unabhängig waren, sondern sich knapp unterhalb einer Obergrenze einpendelten, an der sie den Bauern zu ruinieren begannen.[11] Lütges Urteil ist insgesamt, »daß die Belastungen der Bauern in Bayern höher sind als in allen sonstigen grundherrlichen Bereichen West- und Süddeutschlands«.[12] Da die Grundherrschaft gegenüber der Gutsherrschaft dominierte, waren die Fronverpflichtungen relativ unbedeutend, während die Abgaben, insbesondere die Laudemien und Leibgelder, den Hauptanteil der Lasten ausmachten.[13]

Die Rechtsformen, in denen sich das Geflecht von Abhängigkeiten zwischen Landesherrn, Adel und Geistlichkeit über wenigen freien Bauern zu den Grundholden, Lehensmännern, Zins- und Urbarsbauern bis hin zu den Leibeigenen verfestigt hatte, finden sich im Codex Maximilianeus von 1756 in einem von der aufklärerischen Reformgesetzgebung noch unberührten Zustand aufgezeichnet.[14] Bei fast allen diesen Formen war die Verfügungsmacht über die Grundstücke geteilt, das Grundstück hatte »mehrere Herren«.[15] Die dogmatischen Figuren des Ober- und Untereigentums (*dominium directum et utile*) waren im bayerischen Landrecht – wie im preußischen – in der Weise ausgeformt, daß Ober- und Untereigentümer nicht als nebeneinanderstehende Eigentümer abspaltbarer Eigentumselemente, sondern als Miteigentümer des gesamten Rechts und der Untereigentümer als ausschließlicher Inhaber des Nutzungs-

11 Lütge, Grundherrschaft, 156 f.

12 Lütge, Grundherrschaft, 164. Ein plastisches, wenn auch polemisches Bild gibt das Buch des bayerischen Aufklärers S. Rottmanner, Unterricht eines alten Beamten, an junge Beamte, Kandidaten und Praktikanten, Linz 1783.

13 Lütge, Grundherrschaft, 75 f.

14 Bayern hatte am Ende des 19. Jahrhunderts »unter allen deutschen Staaten die meisten Partikularrechte«, P. Roth, Bayrisches Civilrecht I, Tübingen 1871, 1. – Übersichten bei Roth, a. a. O., 16 f., und O. v. Völderndorff, Civilgesetzstatistik des Königreichs Bayern, Nördlingen 1880. Das folgende bezieht sich auf das Geltungsgebiet des Codex Maximilianeus.

15 W. X. A. Frh. v. Kreittmayr, Anmerkungen über den Codicem Maximilianeum Bavaricum Civilem, 2. Bd., München 1761, II, 2, § 2; Codex Maximilianeus Bavaricus Civilis, II, 2, § 2: »directum et utile wird genannt, wann die Sach mehr Herrn hat, und einem davon die Grund-Herrschaft, dem andern aber nur das nutzbare Eigenthum, wie z. E. bey Lehen Erb-Recht, Leibgeding, veranleiteter Freystift und anderen dergleichen Gütern zugehört.«

rechts angesehen wurden.[16] Im Unterschied zum Nutzungsberechtigten sah Kreittmayr den Dominus utilis in gewissen Handlungen, zum Beispiel in Lehen, Erbrechten und dergleichen »Grundgerechtigkeiten« als De-facto-Eigentümer an, »obwohl das Nutzungs-Recht an sich kein Dominium inferiert, sondern gar vielmal nur species servitutis ist ...«.[17]

Die Rechtsinstitute, in denen sich »Bindungen« des Eigentums niederschlugen, gruppierten sich auf der durch den Codex Maximilianeus fixierten Ebene in die verschiedenen bäuerlichen Leihen, in den Lehensverband und das Recht der Familienfideikommisse.

Die bäuerlichen Leihen lassen sich trennen in nichterbliche und erbliche. Als nichterbliche bäuerliche Leihen nannte der Codex Maximilianeus Leibrecht oder Leibgeding,[18] Neustift[19] oder Herrengunst.[20] Im Salzburgischen kamen Leibgeding und Neustift,[21] im Fürstentum Kempten die sogenannten Bodenzinsfelder, Ehrenschatzgüter, dritte Pfenniggüter und leibfällige Güter vor,[22] im Fürstentum Würzburg die Zinsgüter[23] und im Fuldaischen die Laßgüter.[24] Diese Gruppe nichterblicher bäuerlicher Leihformen wurde bei der bayerischen Ablösungsgesetzgebung des Jahres 1848 einheitlich behandelt, nämlich durch unentgeltliche Aufhebung aller dieser Formen des Obereigentums (Art. 16 des Grundentlastungsgesetzes vom 4. Juni 1848).

Die erblichen Leihverhältnisse waren meist Erbzinsgüter,[25] daneben auch Bauernlehen.[26] Auch diese Gruppe wurde von der Ablösungsgesetzgebung einheitlich erfaßt (Art. 21 des Grundentlastungsgesetzes vom 4. Juni 1848).

16 P. Roth (Anm. 14), II, 48, 499 f.
17 Kreittmayr, Anmerkungen (Anm. 15), II, 2, § 2.
18 Codex (Anm. 15), IV, 7, § 29; Kreittmayr (Anm. 15), Anmerkungen IV, 7, § 29.
19 Codex, IV, 7, § 30; Kreittmayr, Anmerkungen IV, 7, § 30.
20 Codex, IV, 7, § 31; Kreittmayr, Anmerkungen IV, 7, § 31.
21 G. M. v. Weber, Darstellung der sämmtlichen Provinzial- und Statutar-Rechte des Königreichs Bayern V, Augsburg 1844, 115 f. (§ 52).
22 Weber, Provinzialrechte IV, Augsburg 1841, 110.
23 Anonym, Ueber Zinsgüter nach dem Würzburger Landrechte, Blätter für Rechtsanwendung 13 (1848), 273.
24 P. Roth, Bayrisches Civilrecht II, Tübingen 1872, 501.
25 Roth (Anm. 24), 500, Anm. 6: »Dieß war die in den Bayrischen Statuten fast durchgängig ausgebildete Form ...«, m. w. Nachw. Siehe auch Klein-Bruckschwaiger, Erbleihe, HRG I (1971), Sp. 968.
26 Weber, Provinzialrechte (Anm. 21) V, 117; IV, 110; I, 794, 1012, für Salzburg, Kempten, Bamberg und Bayreuth.

Die genannten Rechtsfiguren waren wirtschaftlich von verschiedenem Gewicht, je nach ihrer Entfernung zum Volleigentum. So galten von den vier wichtigsten (Leibrecht, Erbrecht, Neustift, Herrengunst oder veranleitete Freistift) – aus bäuerlicher Perspektive – als die »schlechtesten« Besitzrechte »Freistift« und »Leibrecht«, da das erste in seiner Dauer von der Willkür des Obereigentümers, das zweite von der Lebenszeit des Berechtigten abhing. Bei der Neustift war das Recht mit der Lebenszeit des Grundherrn verknüpft. Weitaus am günstigsten war daher das vererbliche Besitzrecht, das in der Familie des Grundholden verblieb und dadurch in unmittelbare Nähe des Volleigentums rückte.

Neben diesen Formen bäuerlichen gebundenen Bodeneigentums standen als weitere bedeutsame und teilweise miteinander verflochtene Komplexe der Lehensverband und das Recht der Familienfideikommisse. Es waren dies nicht ausschließlich ständisch begrenzte Rechtsformen des Adels, da es auch Bauernlehen, die den Fideikommissen nahestehenden bäuerlichen Erbgüter sowie das bäuerliche Anerbenrecht gab, doch haben sie zweifellos ihren Schwerpunkt beim Adel. Zieht man noch die (nicht sehr verbreitete) Real-Leibeigenschaft hinzu, dann ist damit der Kreis von Rechtsformen zur Bindung des Bodeneigentums umrissen, wie er 1756 fixiert wurde und im wesentlichen bis 1799 unverändert erhalten geblieben ist.

II.

Bis zum Regierungswechsel von 1799, der den schon lange erwarteten und von den aufgeklärten Reformern vorbereiteten Einschnitt bildete, hatte sich nicht nur rechtlich, sondern auch in der agrarischen Praxis wenig verändert, wie die Aktenbestände über die einschlägigen Regierungstätigkeiten dieser Zeit zeigen.[27] Der einzige, nach älteren Vorbildern[28] unter Karl-Theodor unternommene Re-

27 Generalregister des Hauptstaatsarchivs München: 14-18 (Amortisationsgesetzgebung); 1059-1113 (Lehenswesen); 1114-1117 (Leibeigenschaft); 1271-1283 (Scharwerke); 442 (neuburgische Fideikommisse 1756-1787); 882-893 (grundherrliche und Grunduntertanensachen); 8-13 (Allodialwesen).

28 Schon im 16. Jahrhundert hatten die Räte Albrechts V. die Verwandlung der Leibrechts- und Freistiftgüter in Erbrechtsgüter vorgeschlagen, allerdings nicht, um die Bauern zu befreien, sondern um die Einkünfte des Landesherrn zu erhöhen. Dazu S. Riezler, Zur Würdigung Herzog Albrechts V. von Bayern,

formversuch von 1779 ist schon von den Zeitgenossen als gescheitert angesehen worden.

Durch Mandat vom 3. Mai 1779 bot Karl-Theodor den Urbarsbauern[29] auf den kurfürstlichen Domänen, soweit sie ihr Land noch nicht auf Erbrechtsbasis besaßen, die Umwandlung ihrer Besitzrechte (Leibrecht und Freistift) in Erbrecht an.[30] Gleichzeitig wurde die Höhe der Laudemien auf 5 % bis 7,5 % begrenzt und ihre Zahlung auf 20 Jahresraten, die sogenannte Maierschaftsfrist, verteilt. Das Motiv dieses Angebots war der »physiokratische« Gedanke der Verbesserung der Landwirtschaft, die Einsicht, wie die Präambel des Mandats sagte, daß die Grundholden »sich um deswillen so hart behausen und außer Stand gehalten werden, auf die Besserung des Guts etwas zu verwenden, weil dieselben gleich bei Anstand des Gutes auf die erlangten Maierschaften, als Laudemien, Mortuarien, Leibgelder – so viele Barschaft verwenden müssen, daß sie demnächst der Mittel, Gebäude, Viehstand, Ackergerät und den sonstigen Gutsbeschlag in bessern Stand zu bringen, größtenteils entblößt sind«.[31] Doch weigerten sich, mit wenigen Ausnahmen,[32] sowohl die Gutsherren, das Beispiel des Landesherrn nachzuahmen, als auch die Bauern, die das Angebot wohl kaum in seiner Tragweite erfassen konnten.[33] Hinzu kam die Indolenz einer korrupten Verwaltung: »... die Erfahrung lehrte«, sagte ein Zeitgenosse,[34] »dass selbst kurfürstliche Staatsdiener und Kollegien die verschiedensten Anstände an der Ausführung des Edikts nahmen, weil es ihrem Eigennutzen, ihrer Sportelsucht und Wohldienerei nicht entsprach.«

München 1894, 12; L. Brentano, Warum herrscht in Altbayern bäuerlicher Grundbesitz?, in: Alte und neue Feudalität (Anm. 7), 237.

29 Aktenmaterial bei F. Lütge, Die landesherrlichen Urbarsbauern in Ober- und Niederbayern, Jena 1943.

30 G. Döllinger, Sammlung der im Gebiete der inneren Staats-Verwaltung des Königreichs Bayern bestehenden Verordnungen, 20 Bde., 1835 ff., V, 32 ff.

31 Döllinger, a. a. O.

32 M. Doeberl, in: Laubmann/Doeberl (Anm. 6), XXXIII, nennt die Landwirte Rottmanner, die Grafen Preysing und Leiblfing.

33 Doeberl, a. a. O.; Lütge, Grundherrschaft (Anm. 8), 32 f. Montgelas, Denkwürdigkeiten (Anm. 6), 160, stellte rückblickend fest, »cette opération très avantageuse au cultivateur ... ne fut cependant pas appréciée à sa juste valeur. L'habitant des campagnes, toujours méfiant, crut y voir une nouvelle charge permanente. Il n'étoit pas assez avancé encore pour le prix d'un capital disponible qu'il pouvoit employer à l'amélioration de son fond ...«

34 A. Kopf, Die Grundherrlichkeit in den älteren Bestandteilen des Königreichs Bayern, Landshut 1809.

Doch wurden in den letzten Jahren der Regierung unter Karl-Theodor die publizistischen Aktivitäten der Agrarreformer lebhafter.[35] Auch der junge Montgelas stand mit diesen Kreisen in Verbindung. Eberhard Weis hat in seiner Montgelas-Biographie einen Plan von 1778 (!) ans Licht gebracht, der bereits eine Beseitigung sämtlicher Bodenlasten ins Auge faßte.[36] Verfasser dieses Plans waren Freiherr v. Hompesch, der Finanzminister Karl-Theodors, Graf Arco, ein Mitglied der Landschaftsverordnung, und der 18- oder 19jährige Montgelas, der wohl auch später für die Niederschrift sorgte. Man dachte an eine schlagartige Ablösung aller in Bayern bestehenden Grundlasten. Dazu wäre die enorme Summe von 80 Millionen fl. notwendig gewesen, die der Staat niemals hätte aufbringen können. Daher schlug das Gremium, berichtet Weis,[37] »die Errichtung einer Bank durch den Staat vor, eine ›hypothèque nationale‹. Man wollte für 80 Millionen fl. Anweisungen ausgeben, mit denen man an einem Tage alle Feudalrechte zurückgekauft ›und allen Bauern dieselben Rechte als Grundeigentümer verliehen hätte wie sie der Adel besitzt‹, hätte also das Obereigentum der Grundherren abgelöst. Jedem Inhaber solcher Anweisungen hätten jährlich 5 % Zinsen zugestanden. Die Zinsen wären durch die Bank zu zahlen gewesen, der ihrerseits das Geld aus den Erträgnissen der abgelösten Feudalrenten zugeflossen wäre, die nun in den Besitz des Fürsten (Souveräns) übergegangen wären.« Endziel dieses handstreichartigen Verfahrens wäre die einheitliche gleiche Besteuerung aller, die Entlastung der Bauern und damit letztlich die Expropriierung der Grundherren gewesen.

Wenn dieser Plan auch nicht in Einzelheiten durchdacht war,[38] so umriß er doch klar das eigentliche Problem der Agrarverfassung, die Notwendigkeit der Abwerfung einer Hierarchie von Herrschaftsrechten und Bodenlasten und den Übergang zu einer »unternehme-

35 K. Einhorn, Wirtschaftliche Reformliteratur in Bayern vor Montgelas (Forsch. z. Gesch. Bayerns, 16), München 1908; für die folgende Zeit aufschlußreich H. Haushofer, Max Schönleutner und die Entstehung der Schule der rationellen Landwirtschaft in Bayern, in: Zeitschr. f. Agrargesch. u. Agrarsoziologie 6 (1958), 33, sowie ders., Dr. Rottmanner und seine Bibliothek. Ein Beitrag zur Kenntnis der Bildungsquellen der süddeutschen Aufklärung, a. a. O., 1 (1953), 119.

36 E. Weis, Montgelas, 1759-1799, Zwischen Revolution und Reform, München 1971, 293 ff.

37 Weis, 295.

38 Weis, 296, macht mit Recht darauf aufmerksam, daß der Plan »größte Risiken und Unsicherheiten, vielleicht auch Unmöglichkeiten« in sich barg.

risch« orientierten Produktion. Der Plan zeigte außerdem, daß der Wunsch nach Reformen in den Spitzen der Verwaltung lebendig war. Dieser Wunsch, genährt durch ein praxisbezogenes aufklärerisches Engagement der Publizistik für »Landescultur«,[39] durch die Einwirkung der vorrevolutionären französischen Diskussion von Montesquieu bis zu den Enzyklopädisten und durch die Fortschritte der Naturwissenschaften, fand gerade in der Bürokratie, die damals und später[40] in einem gewissen Gegensatz zum landeingesessenen Adel stand, seine Anhänger. Schon seit der Mitte des Jahrhunderts kamen bodenreformerische Anregungen aus der Toskana, und seit 1789 rückte schlagartig Frankreich in den Mittelpunkt.

»In merkwürdiger Einigkeit«, sagte Doeberl, »wurde von den bayerischen Predigern wirtschaftlicher Aufklärung, wie Kollmann und Rottmanner, die gesamte grundherrliche und landwirtschaftliche Verfassung einer vernichtenden Kritik unterzogen und ... nach dem Vorbilde der toskanischen Agrarreform freies Eigentum und freie Kultur gefordert«.[41] In der Tat boten sich die toskanischen Reformen, eingeleitet von Maria Theresia,[42] fortgeführt von den Großherzögen Leopold I. und besonders Ferdinand III.,[43] als ein vor den Toren Bayerns liegendes Beispiel an. Versuche zur Regulierung der

39 J. v. Hazzi sprach von einer »wahren Kulturwut«, vgl. L. Fick, Die bäuerliche Erbfolge im rechtsrheinischen Bayern, Stuttgart 1895, 35; Doeberl, in: Laubmann/Doeberl (Anm. 6), XXXV.

40 Hierzu grundsätzlich H. H. Hofmann, Adelige Herrschaft und souveräner Staat. Studien über Staat und Gesellschaft in Franken und Bayern im 18. und 19. Jahrhundert, München 1962, 146 ff.; bezeichnend auch der von Zorn, Gesellschaft und Staat (Anm. 5), 132, mitgeteilte Ausspruch des Ministers Graf Alois Rechberg von 1821: »Diese Bureaukraten-Kaste ist der wahre Fluch unseres Staates und unzerreißbar ist das Netz, in dem sie den Monarchen gefangen hält, um ihn zu bevormundschaften . . . Von dieser demoralisierenden Kaste überschwemmt zu werden, ist eine reelle Gefahr. Sie sind liberal in Bezug auf die Regierenden und die ärgsten Despoten gegen die Regierten. Der Dünkel, mit dem sie den Adel behandeln, ist empörend.«

41 Doeberl, in: Laubmann/Doeberl (Anm. 6), XXXIII.

42 Detaillierte Nachweise bei A. F. W. Crome, Die Staatsverwaltung von Toskana unter der Regierung Seiner Königlichen Majestät Leopold II., Bd. I, II Leipzig 1795, Bd. III (Gesetzessammlung), Leipzig 1797. Zur Agrarreform insbes. I, 204 ff., 217 ff.

43 A. Zobi, Storia civile della Toscana dal 1737 al 1848, 5 Bde., Florenz 1850-1852; A. v. Reumont, Geschichte Toscanas seit dem Ende des florentinischen Freistaats, Gotha 1876/77; K. R. v. Wurzbach, Die Großherzoge von Toscana, Wien 1883; R. Trifone, Fedecommessi in storia del diritto italiano, 1914; L. Salvatorelli, Geschichte Italiens, Berlin 1942, 529.

Bodenlasten, Beseitigung der Einstandsrechte und der Scharwerke (Robotpatente) – alles war hier etwa zwei Jahrzehnte vor den bayerischen Reformen in Gang gebracht worden.

Daß Frankreich ab 1789 dann alles Interesse auf sich zog, ist selbstverständlich. Mit dem berühmten Dekret vom 4. August 1789 zur Zerschlagung der Feudalherrschaft war das Signal gesetzt, das die erste Phase der Revolution beherrschte: »L'Assemblé nationale détruit entièrement le régime féodal, et décrète que, dans les droits et devoirs tant féodaux que censuels, ceux qui tiennent à la main-morte réelle ou personelle, et à la servitude personelle et ceux qui les représentent, sont abolis sans indemnité, et tous les autres déclarés rachetables.«[44] Die Art. 543, 544 des Code civil, deren Entstehung nunmehr von Arnaud eingehend untersucht worden ist,[45] zogen hieraus die Konsequenzen und setzten an die Stelle des Ober- und Untereigentums das einfache »droit de propriété«.

Der Einfluß Frankreichs auf Bayern[46] wirkte aus mehreren Gründen besonders stark. Die linksrheinische Pfalz als französisches Vorfeld, die Konfrontation der bayerischen Reformer, die in Zweibrücken den Thronwechsel in München erwarteten, mit den Ideen und Realitäten der Französischen Revolution, Bayerns außenpolitische Situation schließlich als bedeutendster Mittelstaat[47] zwischen Österreich und Preußen drängten fast automatisch zum Arrangement mit Frankreich. Die spezifische konservative Struktur des Landes nötigte aber umgekehrt die aufklärerisch gesinnten Teile der Bürokratie zu besonderer Vorsicht bei der Applizierung französischer Vorbilder auf die heimischen Verhältnisse.

Die Reaktion Montgelas' auf die Französische Revolution zeigt diese Ambivalenz deutlich. Er versuchte, jenseits aller »Exzesse«, die positiven Errungenschaften der Revolution herauszuarbeiten und gegen Jakobinismus einerseits und Reaktion andererseits zu verteidigen.[48] Sein erster greifbarer Reformvorschlag – nach jenem National-

44 Hedemann (Anm. 1), II/1, 18; E. Hinrichs, Die Ablösung von Eigentumsrechten. Zur Diskussion über die droits féodaux in Frankreich am Ende des Ancien Régime und in der Revolution, in: Eigentum und Verfassung. Zur Eigentumsdiskussion im ausgehenden 18. Jahrhundert (Veröff. d. Max-Planck-Inst. f. Gesch., Bd. 37), Göttingen 1972, 112 ff.

45 A.-J. Arnaud, Les origines doctrinales du Code civil français, Paris 1969, 179 ff.

46 Zur Wirkung der französischen Eigentumstheorien in Deutschland allgemein G. Birtsch, in: Eigentum und Verfassung (Anm. 44), 179-192.

47 Zahlenangaben bei Zorn, Gesellschaft und Staat (Anm. 5), 113 f.

48 Vgl. insbes. die Briefe an seinen Freund Seinsheim, bei Weis (Anm. 36), 217 ff.

bankprojekt von 1778 – ist das sogenannte Ansbacher Mémoire für den Herzog vom 30. September 1796.[49] Es ist Montgelas' innenpolitisches Reformprogramm und enthält daher notwendig auch Gedanken zur Agrarreform. Montgelas empfiehlt »la suppression ou du moins règlement des corvées, le banissement de l'arbitraire dans la perception des lods et ventes, Laudemium, ainsi que dans celle autres droits et redevances seigneurales. Cet article est d'autant plus important, il exige une discussion d'autant plus approfondie qu'il s'agit de concilier l'intérêt du contribuable, la faveur qu'on ne peut refuser aux progrès de l'agriculture, avec ce qu'on doit au droit sacré de la propriété.«[50] Weiter deutet er die Abschaffung der Fideikommisse und Majorate an, die Abschaffung der Niedergerichtsbarkeit und die Reform des Zivil- und Strafrechts.

Ein Jahr später werden diese Punkte nochmals berührt in den Reformvereinbarungen zwischen Herzog Max Joseph von Zweibrücken und Herzog Wilhelm von Birkenfeld-Gelnhausen, dem sogenannten Ansbacher Hausvertrag vom 30. Juni 1797,[51] der wiederum von Montgelas entscheidend geprägt worden war.[52] Insgesamt sind die Vorschläge hier viel vorsichtiger und bruchstückhafter als im Mémoire von 1796, doch fixieren sie auch andere Details: Einziehung der an Günstlinge Karl-Theodors verschleuderten Staatsdomänen, gleiche Besteuerung für alle und Einbehaltung der heimgefallenen Lehen.

Als letztes Beispiel für die Intensität, mit der in Bayern am Ende der Regierungszeit Karl-Theodors die Reform der Agrarverfassung angestrebt wurde, sei eine Denkschrift von 1798 genannt, die ebenfalls Eberhard Weis in der Korrespondenz der Herzöge Max und Wilhelm gefunden hat.[53] Der Verfasser ist nicht bekannt, Weis vermutet ihn aber im Kreis »der aufgeklärten Agrarreformer um Simon Rottmanner ... und den langjährigen Bekannten und Berater von Montgelas, Pfarrer Bermiller«.[54] Die Denkschrift schlägt unter anderem vor, »der Landesherr sollte mit gutem Beispiel vorangehen und auf

49 Weis, 266 ff.; ders., Montgelas' innenpolitisches Reformprogramm, in: Zeitschr. f. Bayer. Landesgesch. 33 (1970), 219.
50 Weis, Zeitschr. f. Bayer. Landesgesch. 33 (1970), 249.
51 Zur Datierung vgl. H. Rall, Pfalzbayerns Probleme im Urteil der Zweibrücker Reformer, eine Studie zur Entstehung des Ansbacher Hausvertrages, in: Zeitschr. f. Bayer. Landesgesch. 18 (1955), 409; Weis, 287.
52 Weis (Anm. 36), 287.
53 Weis, 297 ff.
54 Weis, 298.

seinen Dominal- oder Privatgütern auf die Scharwerke, außer in Fällen äußerster Landesnot, verzichten. Die Scharwerke für die Landstände sollten ebenfalls aufhören oder wenigstens in jährliche Geldabgaben umgewandelt werden«, die ungemessenen Scharwerke sollen gemessene werden; weiter die Abschaffung der Zehnten wenigstens bei Neukultivierungen, die Abschaffung der Leibeigenschaft, die Umwandlung der unfreien Grundleiheformen in Erbgerechtigkeit, schließlich die Aufteilung der großen Bauerngüter, Aufteilung der Gemeindegründe und anderes mehr.

Der bis 1799 aufgestaute Reformeifer entlud sich in den ersten Jahren der neuen Regierung trotz kompliziertester außenpolitischer Verwicklungen und Belastungen in einer Welle innenpolitischer Gesetzgebung[55], die der Regierung Montgelas' später den geläufigen Vorwurf der mechanischen und hastigen Vielregiererei eingetragen hat. Eines der Hauptaktivitätsgebiete war – für das Agrarland Bayern naheliegend – die Reform der »Landescultur« im weitesten Sinne, von der Amortisationsgesetzgebung über die Abschaffung der Leibeigenschaft und der Fronen zur Kapitalisierung und Ablösung der verschiedensten Bodenlasten bis zur Lehens- und Fideikommißgesetzgebung.

Montgelas konnte 1817 im innenpolitischen Teil seiner Memoiren, der König Max auch vorgelegt worden ist,[56] Bilanz ziehen. Er habe erreicht, sagte Montgelas, »que les charges publiques devoient être également supportées par tous les citoyens dans la véritable proportion de leurs facultés«,[57] er wies die Kritik an der Verfassung von 1808, die sich an ihr wie an allen menschlichen Einrichtungen entzündet habe, zurück und betonte ihren Zusammenhang mit den Organischen Edikten, denen man verdanke »l'abolition de tous les privilèges, constitutions, dignités héréditaires, corporations d'Etat des provinces particulières«, die Abschaffung der Leibeigenschaft, die Verwandlung der ungemessenen Scharwerke in gemessene und die Möglichkeit der Ablösung. An Erleichterungen für die Bauern nannte Montgelas weiter die Beseitigung des Heimfallrechts, die Schaffung freier bäuerlicher Eigentümer durch Domänenverkauf, die Reduzierung der Zehntpflichten, die Aufteilung der Bauerngüter und

55 Zum Regierungswechsel 1799 umfassend H. H. Hofmann (Anm. 40), 211 ff. Siehe auch R. Graf du Moulin-Ekart, Bayern unter dem Ministerium Montgelas' 1777-1817, München 1895, pass.

56 Weis, 266 f.

57 Laubmann/Doeberl (Anm. 6), 69.

der Gemeindegründe, und er schließt selbstbewußt, dies sei das bis zum 2. Februar 1817 (dem Datum seiner Entlassung) Erreichbare gewesen, »pour améliorer l'état légal du cultivateur«.[58] Gleichzeitig hob er aber lobend hervor, die Verfassung habe auch die Rechte des Adels, speziell die grundherrliche Gerichtsbarkeit und die Bodenlasten, nicht angetastet.

III.

Die Reformgesetzgebung Bayerns, die mit der Jahrhundertwende einsetzte, ist trotz aller geistigen Vorbereitung und der in den Denkschriften skizzierten Grundrisse nicht aus einem einzigen festen Schema entwickelt worden, sondern schritt, einer ungefähren Gesamtvorstellung folgend, von Einzelanlässen gelenkt voran. Dabei spielte für die Reformer die Abschätzung dessen, was Adel und König an Eingriffen in die hergebrachte Struktur tolerieren würden, bei der Einleitung des jeweils nächsten Schrittes eine wichtige Rolle. Die »Verbesserung der Landescultur« als Hauptmotiv, die Ausschaltung intermediärer Gewalten, die der vollen Souveränität im Wege standen, schließlich aufklärerisch-humanitäre Antriebe, die hier – ähnlich wie bei der Strafrechtsreform – zur Beseitigung »menschenunwürdiger« Zustände führen sollten, verbanden und überkreuzten sich bei den verschiedenen Maßnahmen.

Die Gesetze wirkten demgemäß in drei Richtungen. Sie beseitigten personale Abhängigkeiten wie die Leibeigenschaft und den Dienstzwang. Sie beseitigten Bindungen des Bodeneigentums, sie beseitigten schließlich »öffentlichrechtliche« Herrschaftsrechte der Bodeneigentümer (Polizeigewalt im weitesten Sinne und Niedergerichtsbarkeit) und überführten diese Rechte auf den Staat. Wenn auch im folgenden die Befreiung von Bindungen des Bodeneigentums im Mittelpunkt steht, so müssen doch die beiden anderen Komplexe stets mitbedacht werden, da erst die Gesamtheit dieser Bindungen den Ansatz der Reformgesetze voll verständlich macht. Die öffentliche Meinung sah die hier getrennten Reformansätze jedenfalls einheitlich: »Weg mit euern Privilegien, Gedingen und Observanzen«, hieß es in der Allgemeinen Literaturzeitung von 1796, »welche dem Endzwecke aller Staatsverfassungen und der allgemei-

58 Laubmann/Doeberl (Anm. 6.), 161.

nen Glückseligkeit gerade entgegen sind. Privilegierte Unterdrücker des Volkes führen immer Recht und Eigenthum im Munde, und vertheidigen die Heiligkeit der Leibeigenschaft und Knechtschaft und der Monopolien, in deren Genuß und Besitz sie sich befinden. Sehet in die ältern Zeiten zurück; ihr werdet kein ausschließendes Braurecht, keinen Bierzwang, keine Frohne, keinen Dienstzwang, keine Gerichtsbarkeit, keine Vogtey, kein Vorkaufsrecht, keine Laudemien, und keine Emphyteusis auffinden können.«[59] Es ist dies die Gesamtheit dessen, was in Frankreich von dem Kampfruf »abolition du régime féodal« getroffen wurde.

1. Erstes Beispiel für die Überschneidung der Materien ist die Abschaffung der *Leibeigenschaft*, die von der bereits zitierten anonymen Denkschrift von 1798 zu den »schreyendsten Mißbräuchen« gezählt worden war.[60] In den hier verfolgten bodenrechtlichen Zusammenhang gehört die Leibeigenschaft insoweit, als sie in ihrer absterbenden Form am Ende des 18. Jahrhunderts zu denjenigen Rechtsfiguren zählt, die einer freien Verfügung über den Boden durch diejenigen entgegenstehen, die den Boden tatsächlich kultivieren. Leibeigenschaft ist in einem weiteren Verständnis Grundherrschaft. Dies gilt besonders für die Form der dinglichen oder Realleibeigenschaft, in die nach bayerischem Landrecht eintrat, wer ein seit mehr als 30 Jahren mit Realleibeigenschaft behaftetes Gut übernahm, davon wußte oder wegen notorischen Herkommens wissen mußte.[61] Verließ er das Gut, dann endete auch die Leibeigenschaft.[62]

Da der Codex Maximilianeus hier in einem Punkt[63] vom bisheri-

59 Mit diesem Zitat leitete der anonyme Autor des Buches »Bemerkungen über Laudemial- und andere grundherrliche Rechte in Baiern«, Frankfurt und Leipzig 1799, seine Ausführungen programmatisch ein. Er gehörte zum Kreis der landwirtschaftlichen Aufklärer in Bayern (Rottmanner, v. Hazzi).

60 Weis (Anm. 36), 297, 299. Vgl. Krüll, Handbuch des kgl.-baier. gemeinen bürgerlichen Rechts I, Landshut 1807, 255: »Mit dem Geiste, welcher Baierns jüngste Gesetzgebung überall belebt, und sich in der schönsten Annäherung zum Ideale des Rechts äußert, ist die Leibeigenschaft unverträglich.« – Die allgemeine Polemik gegen die Leibeigenschaft hatte bereits vor der Reformgesetzgebung zu zahlreichen freiwilligen Entlassungen durch den Adel geführt. A. Sandberger, Entwicklungsstufen der Leibeigenschaft in Altbayern seit dem 13. Jahrhundert, in: Zeitschr. f. Bayer. Landesgesch. 25 (1962), 90 f.

61 Codex (Anm. 15), I, 8, § 8; Kreittmayr, Anmerkungen (Anm. 15), I, 8, § 8.

62 Codex, I, 8, § 20.

63 Leibeigenschaft der Kinder aus Ehen, in denen ein Teil leibeigen war. Sand-

gen Herkommen abwich und dadurch eine Diskussion zwischen Hofkammer und Hofkastenamt in Gang kam,[64] rückte nun auch die Abschaffung des Instituts generell ins Gesichtsfeld. Während der Regierungszeit Karl-Theodors geschah jedoch aus verschiedenen Gründen nichts. Erst 1799, ein halbes Jahr nach Antritt der neuen Regierung, kam die Reform aufgrund eines Einzelfalls[65] in Gang. Der Kurfürst erklärte, er sei nun »auch auf dieses ganze Leibeigenschaftswesen aufmerksam und zu seiner gänzlichen Abänderung oder Aufhebung derselben geneigt gemacht«.[66] Eine Untersuchung ergab, daß in mehr als der Hälfte aller Gerichte und Kastenämter die Leibeigenschaft nie vorhanden gewesen oder jedenfalls verschwunden war.[67] Wo sie noch bestand, galt die bayerische Leibeigenschaft als relativ milde. Da auch der finanzielle Verlust bei einer entschädigungslosen Beseitigung der Leibzinse gering war – sie bestanden teils in Geld, teils in Naturalien wie Ostereiern, Martinsgänsen, Pfingstkäse, Fastnachtshühnern und dergleichen[68] –, war die einfache Streichung des Instituts, zusammen mit dem Gesindedienstzwang,[69]

berger (Anm. 60), 86, unter Hinweis auf eine Denkschrift von Aretin aus dem Jahre 1776.

64 Sandberger (Anm. 60), 84 f.

65 Sandberger, 89.

66 Sandberger, a. a. O.

67 Sandberger, 91; H. Lieberich, Die Leibeigenschaft im Herzogtum Baiern, in: Mitt. f. Archivpflege v. 1. Februar 1948, Nr. 28, Bd. I, 741-761 (746 ff.), erwähnt, daß die Realleibeigenschaft besonders vom Hochstift Regensburg beansprucht worden sei. Doeberl, in: Laubmann/Doeberl (Anm. 6), XXX, teilt mit, im Landgericht Dingolfing seien fast alle Untertanen leibeigen gewesen. J. Pezzl, Reise durch den bayerischen Kreis, Salzburg 1784, 139 ff., berichtet unzutreffend vom Bestehen der Leibeigenschaft nur noch aus dem sog. Pfaffenwinkel. Siehe auch W. Müller, Entwicklung und Spätformen der Leibeigenschaft am Beispiel der Heiratsbeschränkungen: die Ehegenossame im alemann.-schweiz. Raum, Sigmaringen 1974.

68 Codex (Anm. 15), I, 8, § 13.

69 Bayern hat sich in der Frage des Dienstzwangs schon früh von anderen Gebieten, etwa Preußen, unterschieden. Das Bayerische Landrecht von 1553 (V, 12, 8) schränkte den Dienstzwang ein. Die Landes- und Polizeiordnung von 1616 (IV, 12, 12) wiederholte dies und betonte sogar den Vorrang des Elternrechts auf Dienste der Kinder vor dem Herrschaftsrecht. Wollten die Kinder außer Hauses arbeiten, dann mußten sie ihre Dienste zunächst dem Grundherrn anbieten, der den üblichen Lohn zu zahlen hatte. Der Codex Maximilianeus (IV, 6, § 2) verschärfte die Rechtslage wieder zuungunsten der Dienstleute, was aber bald als Mißbrauch empfunden und durch Erlaß der Generallandesdirektion v. 28. November 1801 auf den Stand von 1616 zurückgeführt wurde.

durch die Konstitution von 1808[70] wirtschaftlich unschwer möglich. Daß dieser Aufhebungsakt Verfassungsrang erhielt, läßt sich äußerlich durch den Hinweis auf das unmittelbare Vorbild der Verfassung des Königreichs Westfalen[71] erklären. Der tiefere Grund ist die allgemeine Überzeugung, dieses Institut sei historisch überständig und eine permanente Herausforderung an den aufgeklärten Zeitgeist. Die Aufhebung war ein Politikum. Sie betraf einen Punkt, an dem die kritische öffentliche Meinung mit einer Stimme sprach. Da die wirtschaftlichen Auswirkungen der Aufhebung unbedeutend, der publizistische Effekt aber bedeutend waren, wurde die Aufhebung der Leibeigenschaft mit Selbstverständlichkeit ein Punkt der Verfassung.

Das drei Monate später folgende Organische Edikt »Über die Aufhebung der persönlichen und dinglichen Leibeigenschaft ...« hatte nur noch verdeutlichenden Charakter.[72] Bei der Frage der Realleibeigenschaft machte es einen scharfen Trennungsstrich, auf den auch Kreittmayr aufmerksam gemacht hatte,[73] zwischen »Verbindlichkeiten, welche aus der Leibeigenschaft fließen« (die nun aufgehoben waren), und denen, »welche auf dem Gute haften«, also Grundlasten waren und folglich weiterbestanden.[74] Der Gutsherr verlor das Mortuarium, die »Abzugsgelder bei der Verheurathung des Grundholden, und andere gleichartige Abgaben«.[75] Dagegen verblieben ihm, wie das Edikt sagte,[76] »das Dominium directum, – die jährlichen Abgaben nehmen die Natur und den Namen einer jährlichen Grundabgabe ... an, – die bedungenen Dienste werden wie andere Gilt- oder Grund-Frohnen beurtheilt und unterliegen gleichen Bestimmungen«.

Der Trennungsstrich zwischen Lasten aus der Leibeigenschaft und

Das Mandat v. 28. November 1804, RBl. 1804, St. LII, näherte den Dienstzwang, »wo er noch besteht«, dem freien Arbeitsverhältnis an, bis dann § 10 des Edikts über die Aufhebung der Leibeigenschaft von 1808 den Dienstzwang ersatzlos abschaffte.

70 Tit. I, § 3, sowie Edikt über die Aufhebung der Leibeigenschaft v. 31. August 1808, RBl. 1808, 1933.

71 Verfassung v. 15. 11. 1807, Art. 13: »Alle Leibeigenschaft, von welcher Natur sie seyn und wie sie heißen möge, ist aufgehoben.«

72 Edikt (Anm. 70), bei Döllinger (Anm. 30), III, 259; Weber (Anm. 21), I, 205.

73 Kreittmayr, Anmerkungen (Anm. 15), I, 8, § 13.

74 § 6 d. Edikts.

75 § 8 II d. Edikts.

76 § 9 d. Edikts.

Grundlasten war allerdings für die Bedürfnisse der Praxis nicht scharf genug; denn dem Gutsherrn war die Möglichkeit belassen worden, den grundherrlichen Ursprung eines Mortuariums nachzuweisen und es auf diese Weise, trotz Aufhebung der Leibeigenschaft, sich weiterzuerhalten. Diese Möglichkeit scheint Rechtsbeugungen durch Umfälschung von Rechtstiteln begünstigt zu haben.[77] Erst 1848 sind derartige Restbestände der Leibeigenschaft dann entschädigungslos beseitigt worden.[78]

2. Eng verwandt mit den Fragen der Leibeigenschaft und des Gesindedienstzwangs waren die bei den bayerischen Bauern »besonders verhaßten«[79] *Fronen und Scharwerke.*[80] Nach Zahl und wirtschaftlicher Bedeutung standen die gerichts- und grundherrlichen Scharwerke an der Spitze.[81] Ihnen folgten die landesherrlichen, leibherrlichen und vogtherrlichen. Sie lasteten als dingliche Verpflichtung auf dem Grundstück.[82]

Soweit sie Hilfeleistungen an die Obrigkeit waren, insbesondere die Gerichts-Scharwerke, müssen sie hier trotz ihrer erheblichen wirtschaftlichen Bedeutung beiseite bleiben, da sie nicht eigentlich Bindungen des Grundeigentums darstellen. Man erfaßt mit dem Blick auf die grundherrlichen sogenannten Gilt-Scharwerke[83] also nur einen kleinen Ausschnitt. Diese waren, wie Kreittmayr sagte,[84] »hier zu Land ... nicht so stark in usu, wie die Gerichts-Scharwerk« und gingen ihnen auch in Kollisionsfällen nach.[85] Anspruchsberechtigter der Gilt-Scharwerke war der Obereigentümer, der gerade in Bayern oft nicht identisch mit dem Inhaber der Gerichtsherrschaft war.

Die gesetzgeberische Veränderung des damit umrissenen Zustandes zwischen 1756 und 1808 ging nur schleppend vor sich. Lütge hat

77 Vgl. den Bericht des Abg. Dr. Schwindl anläßlich des Ablösungsgesetzes von 1848, Verhandl. d. Kammer d. Abg., 1848, Beil. Bd. II, 59.

78 § 3 Grundlastenablösungsgesetz v. 4. Juni 1848; dazu J. Pözl, in: C. F. Dollmann, Die Gesetzgebung des Königreichs Bayern ..., 1. Teil, 1. Bd., Erlangen 1855, 187.

79 Lütge, Grundherrschaft (Anm. 8), 35, 128 ff. m. w. Nachw.

80 Codex (Anm. 15), II, 11; Kreittmayr, Anmerkungen (Anm. 15), II, 11.

81 Lütge, Grundherrschaft (Anm. 8), 116.

82 Codex, II, 11, 5; Lütge, Grundherrschaft, 116: »der dingliche Charakter ... steht außer jedem Zweifel.«

83 Codex, II, 11, § 16; Kreittmayr, Anmerkungen (Anm. 15), II, 11, § 16.

84 Kreittmayr, Anmerkungen, II, 11, § 16.

85 Codex, II, 11, § 16.

diese Feststellung mit einer Kritik am Regierungssystem Karl-Theodors verbunden: »Im letzten Jahrzehnt des 18. Jahrhunderts machten der Kurfürst und die Regierung zwar einige Ansätze zur Beseitigung der Scharwerke, vor allem der ungemessenen, aber auch diese Ansätze führten zu keinen wirklichen Ergebnissen – ein Schicksal, das für die meisten (auch gesetzgeberischen) Maßnahmen in Bayern in dieser Zeit typisch erscheint. Mangel an Entschlußkraft, Unfähigkeit, die Konsequenzen des Gewollten zu bedenken und in die Tat umzusetzen, und der passive Widerstand der an Sporteln, Taxen (und damit an unklaren Verhältnissen) interessierten unteren Beamten sind die Hauptgründe für das Scheitern dieser Ansätze.«[86]

Immerhin hatte der Landesherr, soweit er selbst Scharwerksberechtigter war, schon seit 1665/66 mit der Umwandlung der Leistungen in Zinsen und deren Ablösung durch eine einmalige Kapitalzahlung begonnen[87] und dadurch auch eine Anzahl privater Grund- und Gerichtsherren zur Nachahmung veranlaßt. Idealistische Motive einer »Bauernbefreiung« spielten dabei keine Rolle, vielmehr ging es um die Kapitalisierung der unrentablen und eine stete Quelle von Streitigkeiten bildenden Scharwerke. Was dem Bauern als Dienstpflicht genommen wurde, belastete ihn als Geldzahlungspflicht auf der anderen Seite.

Die Zeit von 1799 bis 1808 brachte für Altbayern[88] nur unbedeutende Veränderungen und Erleichterungen.[89] Auch hier bildete erst die Konstitution von 1808 mit der Abschaffung der leibeigenschaftli-

86 Lütge, Grundherrschaft (Anm. 8), 123 f.

87 Lütge, Grundherrschaft, 121 f. m. w. Nachw.

88 Anders in Pfalz-Neuburg. Vgl. Deputationsabschied v. 5. Oktober 1799 (Neue Mayr'sche Generaliensammlung, I, 116 ff.; teilweise auch bei J. B. Welsch, Ueber Stetigung und Ablösung der bäuerlichen Grundlasten, Landshut 1848, 5), der z. B. Naturalscharwerke auf fünf Jahre begrenzte.

89 Durch VO v. 21. September 1799, RBl. 1799, St. XLV (die Zitierung »RBL.« wird entgegen den mehrfachen Umbenennungen am Anfang des 19. Jahrhunderts hier einheitlich verwendet), wurden die vorher notwendigen gutsherrlichen und agnatischen Konsense bei Ablösungen der Natural-Fronen beseitigt; die VO v. 30. Juli 1802, RBl. 1802, St. XLV, befreite die Bader, Wundärzte und Hebammen von der Handfrone; die VO v. 30. Juli 1804, RBl. 1804, St. XXXII, erlaubte zwar die Umwandlung von Jurisdiktionsfrondiensten in eine jährliche Abgabe, untersagte aber deren Verkauf. – Obwohl auch die Ansicht der Regierung auf Aufhebung der Fronen ging, mußte sie aus Rücksicht auf den gutsherrlichen Adel dem Druck der Bauern entgegenwirken. Die VO v. 24. Oktober 1801, RBl. 1801, St. XLIV, verbot die eigenmächtige Verweigerung der Scharwerke.

chen Fronverpflichtungen[90] und der Möglichkeit der Umwandlung ungemessener Fronen in gemessene sowie deren Ablösung[91] den eigentlichen Einschnitt. Doch muß beachtet werden, daß das Problem der Fronen schon seit 1803 erheblich entschärft war, da durch die Säkularisation der Landesherr nunmehr Empfangsberechtigter der Klosterscharwerke geworden war und deren Umwandlung in Scharwerksgelder begünstigte. Damit war, wie auch Lütge sagt, »ein erheblicher Teil der Scharwerksverpflichtungen der bayerischen Bauern in Fortfall gekommen«.[92]

3. Wirtschaftlich wichtiger als die Beseitigung der Leibeigenschaft, der Fronen und Scharwerke war der umfangreiche Komplex der *Ablösung der Grundlasten*. Die ersten Maßnahmen der Regierung Montgelas waren vorsichtig und belegen nochmals den Gesamteindruck, daß die Reformen je nach Gelegenheit und auf eine Weise vorangetrieben wurden, die jedenfalls die Rechte des Adels schonte.[93]

Durch die Säkularisation der geistlichen Güter waren unter anderem die Grundholden der ständischen Klöster, bei denen die ungünstigen Besitzrechte »Freistift« und »Leibrecht« überwogen, dem Zugriff des Staates erreichbar geworden. Ihnen bot man die Möglichkeit, gegen ein Ablösungskapital von 600 fl.[94] den ganzen Hof als freies Eigentum zu erwerben, Dominium directum und Dominium utile konsolidierten sich im Volleigentum, Leibgelder und Laudemien verwandelten sich in Bodenzinse.[95] Bald darauf dehnte man diese Regelung auf die Untertanen der nichtständischen Klöster aus,[96] ebenso auf die ehemals fürstlichen Untertanen der Kammern von

90 §§ 4-10 d. Edikts über die Aufhebung der Leibeigenschaft v. 31. August 1808, RBl. 1808, 1933.

91 § 86 d. Edikts über den Adel v. 28. Juli 1808, RBl. 1808, 1581.

92 Lütge, Grundherrschaft (Anm. 8), 131.

93 Ausgesprochen günstig für die Grundholden allerdings der Deputationsabschied Pfalz-Neuburg v. 5. Oktober 1799 (Anm. 88).

94 VO v. 23. Juli 1803, RBl. 1803, 501 f.

95 VOen v. 21. Juni 1803, Döllinger (Anm. 30), V, 325 (aufgehoben durch § 20 d. VO v. 19. Juni 1832, inhaltlich aber durch § 21 aufrechterhalten, Döllinger, V, 347), v. 22. Juli 1803, RBl. 1803, St. XXX, und v. 21. August 1803, RBl. 1803, St. XXXIV. Vgl. dazu auch I. Bog, Neue Quellen zur Agrarverfassung geistlicher Herrschaften, in: Zeitschr. f. Agrargesch. u. Agrarsoziologie 9 (1961), 56-64.

96 VO v. 21. März 1804, RBl. 1804, St. XIII. Am 1. August 1804 wurde das Ablösungsgeschäft der Klosteruntertanen den Rentämtern übertragen, RBl. 1804, St. XXXII.

Passau, Freising und Augsburg.[97] 1806 schließlich wurden die Vorteile der Ablösung nochmals allgemein »angerühmt«.[98]

Günstigere Bedingungen waren also bis dahin nur für die wohlhabenderen, dem Landesherrn seit jeher – oder neuestens durch die Säkularisation – zugehörigen Grundholden geschaffen worden. Die bäuerlichen Verhältnisse unter adeliger Grundherrschaft blieben unverändert. Die Regierung begnügte sich zunächst noch damit, die Gutsherren zu ermahnen, sich bei »Einheischung der Abgaben aller Exzesse zu enthalten«.[99]

Wo Eigentumsverschiebungen vorkamen, ging die Tendenz der Regierung dahin, die vielfältigen zersplitterten Formen der Bodenbelastungen unter der einheitlichen Figur des »Bodenzinses« zusammenzufassen. Dies läßt sich beobachten beim Verkauf der Klostergüter, bei denen die bestehenden Bodenzinse, Reichnisse und die alten Holzrechte nunmehr als »Bodenzinse« zusammengefaßt zu Lasten des Erwerbers weiterbestanden.[100] In gleicher Weise verfuhr man beim Verkauf von Ackerland des Staates, auf das ein geringer Korn-Bodenzins gelegt wurde,[101] sowie bei Staatswaldungen.[102] Daß man in diesen Jahren die Kornbodenzinse auch möglichst schnell durch eine einmalige Zahlung abzulösen suchte, hängt mit den zu Anfang des Jahrhunderts ständig fallenden Getreidepreisen zusammen, die befürchten ließen, die Erträge der Kornbodenzinse könnten auf Dauer zu niedrig werden.[103]

Die gleiche Tendenz – das sei vorweg erwähnt – zeigte sich im Le-

97 VO v. 13. September 1804, RBl. 1804, 823. Vgl. auch die VO v. 7. Oktober 1813, RBl. 1813, 1275-1277, über die Umwandlung der Leibrecht-Staatsgüter im Iller- und Oberdonaukreis in bodenzinsiges Eigentum. Starb der Leibrechter ohne Erben, dann wurde sein Gut als unbelastetes Staatseigentum veräußert. Hinterließ er Erben, dann verblieb diesen das Gut, aber belastet mit einem Bodenzins.

98 VO v. 30. September 1806, RBl. 1806, 396.

99 VO v. 24. Oktober 1801, RBl. 1801, St. XLIV. Dazu, daß dies die Illusion der Bauern wachrief, die Lasten seien bereits ganz beseitigt, H. H. Hofmann (Anm. 40), 218. Siehe auch oben Anm. 89 am Ende.

100 VO v. 27. Januar 1804, RBl. 1804, St. VII (Sonderregeln bei Teilverkäufen, VO v. 17. Juli 1805, RBl. 1805, St. XXVI); zu den Reichnissen vgl. VO v. 27. Juni 1803, RBl. 1803, St. XVII; zu den Holzrechten VO v. 23. Januar 1805, RBl. 1805, St. IV.

101 VO v. 23. Januar 1805, RBl. 1805, St. V; Berechnung der Bodenzinse in VO v. 1. Juni 1807, RBl. 1807, 955.

102 VO v. 26. April 1805, RBl. 1805, St. XVIII, § 6.

103 G. K. L. Seuffert, Statistik des Getreide- und Viktualien-Handels im König-

hensrecht. Da das Lehensverhältnis in seiner Endphase ein rein ökonomisches Verhältnis geworden war, stand der Umwandlung, wenigstens der ausgeschiedenen Lehen, in einen Bodenzins nichts mehr im Wege.[104] Ober- und Untereigentum vereinigten sich dabei, und der Lehensherr erhielt einen kontinuierlichen Bodenzins. Was dem Staat durch die Auflösung des Lehensverbandes auf der einen Seite verlorenging, kam auf der anderen über die Ablösungssummen und die Bodenzinse wieder herein. Die zwischen 1799 und 1813 allein aus der Ablösung staatseigener Grundlasten erzielte Summe von 762 029 fl. diente der Abdeckung der Schulden – ein nicht unbedeutendes Gegengewicht gegen die ständigen Belastungen des Staatshaushalts durch die Napoleonischen Kriege.[105]

4. Wie die Frage der Leibeigenschaft mit den Grundlasten zusammenhing, so die Frage der Grundlasten, wie soeben schon angedeutet, mit dem *Lehensverband*. Diese Beobachtung bestätigt wiederum, daß zwar aus juristischer, nicht jedoch aus ökonomischer Sicht genaue Unterscheidungen zwischen den einzelnen Figuren getroffen werden können.

Wenn sich auch die gesetzgeberischen Maßnahmen Bayerns zur Umwandlung des Lehensrechts im wesentlichen in den Jahren 1808 bis 1848 finden, ist es doch notwendig, einen Blick auf die Vorgeschichte bis zum Jahre 1808 zu werfen. Schon in den Jahren vor 1808 zeigen sich sowohl der Wille der Regierung Montgelas, die im Lehenswesen konservierten Restbestände nichtstaatlicher »öffentlicher« Gewalten durch Privatisierung und Umwandlung in ein ablösbares Zinsverhältnis beiseite zu räumen, als auch die Zähigkeit jenes »Wu-

reich Bayern, München 1857; A. D. Damianoff, Die Zehentregulierung in Bayern, Stuttgart 1896, 24; W. Zorn, Kleine Wirtschafts- und Sozialgeschichte Bayerns (Anm. 5), 38 f.

104 RBl. 1808, 1896-1899. Das Lehensedikt vom 7. Juli 1808 sah die einverständliche Umwandlung aller gemeinen Lehen (Beutel- und Zinslehen), landesherrlicher und privater, in andere Grundvertragsformen bis zum 1. Januar 1810 vor. Lag bis zu diesem Zeitpunkt keine Einigung vor, dann sollten Bodenzinse daraus werden. Diese Regelung wurde fortgeführt durch eine VO v. 6. Juni 1815, RBl. 1815, 481-489, die für diejenigen Lehen, bei denen bis zum 1. Januar 1817 eine gütliche Umwandlung nicht gelungen war, die Allodifizierung durch Barablösung oder durch Errichtung eines Bodenzinsvertrages vorsah.

105 Nachlaß Montgelas, Geh. Staats-Archiv München, Nr. 270, Aufstellung über »Veräußerte Staatsrealitäten seit dem Regierungsantritt Max Josephs bis zum Jahre 1813«. Der genannten Summe stand ein Verlust von Einnahmen aus Grundgerechtigkeiten und Lehensverband von insgesamt 17 376 fl. gegenüber.

stes elender Formen«[106] und der wirtschaftlichen Widerstände, die die Auflösung des Lehensverbandes für Vasallen und Lehensherren zu einer gleichermaßen unerfreulichen Operation machten.

Bei Regierungsantritt Montgelas' im Jahre 1799 war der Rechtszustand, den Kreittmayr 1756 im Codex Maximilianeus für das Lehensrecht fixiert hatte,[107] noch unangetastet. Der erfolglose Bodenreformversuch Karl-Theodors[108] hatte nur die landesherrlichen Urbarsbauern betroffen. Noch galt also die grundsätzliche Zweiteilung in Ritter- und Beutellehen,[109] die Unterscheidung von Freilehen und Zinslehen.[110] Weiter galt die Unterscheidung der Feuda hereditaria und der Feuda ex pacto,[111] der Mann- und Weiberlehen,[112] der Feuda empta,[113] Feuda pignatoria,[114] der geistlichen und weltlichen Reichs- und Landlehen.[115] Als Lehensgegenstand war theoretisch alles möglich, sagte Kreittmayr, »was nur soweit in commercio humano ist, daß das Dominium utile rei von einem auf den andern gebracht werden kann«,[116] also neben den weitaus überwiegenden Grundstücken auch Mobilien,[117] Rechte,[118] Ämter,[119] Regalien,[120] Niedergerichtsbarkeit,[121] ausnahmsweise sogar Geld.[122]

Was die Wirkungen anging, war das Lehensverhältnis nun schon fast ganz auf den ökonomischen Kern eines gebundenen Bodenei-

106 Ch. A. G. Goede in der Vorrede zu K. W. Paetz, Lehrbuch des Lehenrechts, 2. Aufl., Göttingen 1837, VII.
107 Zum Verhältnis des bayerischen und gemeinen Lehensrechts H. Germer, Das Lehnrecht bei Kreittmayr im Vergleich zum gemeinen Lehnrecht, jur. Diss. (Masch.-Schr.), München 1951.
108 Oben S. 52 ff.
109 Kreittmayr, Anmerkungen (Anm. 15) V, 18, §§ 3, 4.
110 Kreittmayr, a.a.O.
111 Kreittmayr, Anmerkungen V, 18, § 6.
112 Kreittmayr, Anmerkungen V, 18, § 7.
113 Kreittmayr, Anmerkungen V, 18, § 8.
114 Kreittmayr, a.a.O.
115 Kreittmayr, Anmerkungen V, 18, § 10; F. X. v. Moshamm, Grundsätze des Lehenrechtes, Landshut 1814, 32 ff.
116 Kreittmayr, Anmerkungen V, 18, § 13; B. Schneiderfritz, Die letzte Phase des bayerischen Lehenswesens im beginnenden 19. Jahrhundert, jur. Diss., München 1967, 10, 64 f.
117 Kreittmayr, a.a.O.
118 Kreittmayr, a.a.O.
119 Kreittmayr, a.a.O.
120 Kreittmayr, a.a.O.
121 Kreittmayr, a.a.O.
122 Kreittmayr, a.a.O.

gentums reduziert. Moshamm stellte mit Recht fest, das Lehenswesen sei »aus einer Staatsanstalt zu einem besonders modificierten Systeme vom Eigenthume« herabgesunken.[123] Nur die Pflicht bei Ritterlehen, im Kriegsfall Pferde stellen zu müssen,[124] erinnerte an frühere Rechtszustände. Im übrigen hieß es schon bei Kreittmayr: »Die Hauptwürkung eines Lehens bestehet auf Seiten des Lehenherrn in dem Dominio directo, oder Grund- und Obereigenthum des Lehenguts, und auf Seiten des Vasalli in dem Dominio utili, oder sogenannten Unter- und nutzbaren Eigenthum.«[125] Den Nutzungseigentümer trafen die Lasten des Grundstücks, wie »Grundzinsen, Steuern, Anlagen, Scharwerken, Zehenden und dergleichen«,[126] daneben rudimentäre Treupflichten[127] und schließlich – die Zinslehen, die jährlich prästiert wurden, ausgenommen – die bei allen personalen Veränderungsfällen zu zahlenden Laudemien,[128] zu denen noch Schreib- und Siegelgelder kamen.[129]

Der wirtschaftliche Druck, der durch die Summe dieser Abgaben erzeugt wurde, war gerade in Bayern besonders hoch, wie die Arbeiten von Lütge und Henning[130] gezeigt haben. Die neben die eigentlichen Lasten des Lehens tretenden »öffentlichen« Lasten waren nach dem zeitgenössischen Urteil Eichhorns »fast allenthalben zu einer Höhe gestiegen, auf welcher sie nur unter der Voraussetzung erhalten werden können, daß die freieste Verfügung über das Eigenthum und die Entfernung jedes Hindernisses seiner Benutzung, den höchsten Ertrag aus dem Boden zu ziehen möglich mache«.[131] Erst dadurch wurde die Unbeweglichkeit des Lehensverbandes, insbesondere die jeglicher Mobilität und Investitionsfreiheit entgegenstehenden le-

123 Moshamm (Anm. 115), 9. In diesem Sinne schon Kreittmayr, Anmerkungen V, 18, § 24. Vgl. auch das Zitat aus der bayerischen Ständeversammlung, Kammer der Reichsräte, von 1827, das Lehnwesen gleiche einem »beinahe leblosen Körper, den man nur in finanzieller Berücksichtigung bis zu gänzlich erschöpfter Benützung fortexistieren lasse« (H. v. Aufseß, Das Lehnwesen, Nürnberg 1828).

124 Kreittmayr, Anmerkungen V, 18, § 24.

125 Kreittmayr, Anmerkungen V, 18, § 21.

126 Kreittmayr, Anmerkungen V, 18, § 22.

127 Evtl. Unterstützung des Lehensherrn und Unterlassung peinlicher oder anrüchiger Klagen gegen ihn (Kreittmayr, a.a.O.).

128 Kreittmayr, Anmerkungen V, 18, §§ 47 ff., Nr. 15.

129 Kreittmayr, a.a.O., Nr. 21.

130 Lütge, Grundherrschaft (Anm. 8), 113 ff.; Henning (Anm. 7), 93 ff.

131 K. F. Eichhorn, Ueber die Allodification der Lehen, Göttingen 1828, 8.

hensrechtlichen Konsense und Retraktrechte[132], in der öffentlichen Meinung diskreditiert. Während nach gemeinem Recht bei Personenwechsel auf der Vasallen- und Herrenseite der Konsens des Partners notwendig war, hielt das bayerische Landrecht den Konsens des Vasallen bei Personenwechsel auf der Herrenseite für überflüssig.[133] Der Vasall wiederum mußte bei allen Belastungen und wesentlichen Veränderungen des Gutes den schriftlichen Konsens des Lehensherrn einholen.[134]

Dieser Zustand wurde bald als schädlich für die Landwirtschaft erkannt. Die Reformpläne vor 1799[135] und die Einflüsse der Französischen Revolution hatten schon im sogenannten Ansbacher Hausvertrag von 1796 zu der Erklärung geführt, man wolle alle (kurfürstlichen) Lehen einziehen und nach dem Aussterben der Berechtigten nicht mehr ausgeben.[136] Die kurpfalzbaierische Fideikommißpragmatik von 1804 blieb auf dieser Linie.[137]

Allerdings ging man im Jahre 1799 trotz der vielen Vorüberlegungen an eine Totalreform des Lehenswesens nicht sofort heran. Sechs Tage nach Regierungsantritt wurde nur das Übel der Vererblichkeit von Ämtern und der Exspectanzen auf Lehen beseitigt.[138] Im übrigen begnügte man sich in den ersten Jahren mit der Allodifizierung der Beutellehen, um ein »dem Aufschwunge der National-Industrie im Wege stehendes Hinderniß hinweg zu räumen«,[139] sowie mit organisatorischen Maßnahmen,[140] deren wichtigste die Aufhebung des Le-

132 Eichhorn, 7; Schneiderfritz (Anm. 116), 69 Anm. 5 m. w. Nachw.
133 Kreittmayr, Anmerkungen (Anm. 15) V, 18, §§ 29 ff.
134 Kreittmayr, Anmerkungen V, 18, §§ 29 ff.
135 Oben II.
136 Art. 10 des Ansbacher Hausvertrages, bei G. K. v. Mayr, Sammlung der Churpfalzbaierischen allgemeinen und besonderen Landesverordnungen ..., Bd. I, München 1800, 141 ff. Zu diesem Vertrag H. Rall, in: Zeitschr. f. bayer. Landesgesch. 18 (1955); Weis (Anm. 36), 291.
137 Art. 10 b Kurpfalzbaierische Fideikommißpragmatik v. 20. Oktober 1804, RBl. 1805, 161 f.
138 Mandat v. 21. Februar 1799. Dieser Punkt war bereits Gegenstand eines erfolglosen Reformversuchs unter Karl-Theodor (L. Häusser, Geschichte der rheinischen Pfalz, 1845, Nachdruck Heidelberg 1924, II, 928) und wurde später nochmals im Ansbacher Hausvertrag fixiert; Rall (Anm. 136), 428; Weis (Anm. 36), 291. Daß die öffentliche Meinung dabei auf seiner Seite war, hob Montgelas ausdrücklich hervor (Laubmann-Doeberl, Denkwürdigkeiten (Anm. 6), 14).
139 VO v. 5. Juli 1802, RBl. 1802, 541.
140 Mandate v. 20. Juli 1799 (Ausschreibung eines Hauptlehensfalls), v. 14. August

henshofes und die Konzentration der Verwaltung bei der Generallandesdirektion waren.

Erst ab 1803 richteten sich die Maßnahmen mit größerer Bestimmtheit auf die Beendigung des Lehenswesens. Die Unterwerfung der Reichsritterschaft als Etappe auf dem Weg zur inneren Souveränität[141] bildete den eigentlich politischen Hintergrund dieser erst in zweiter Linie bodenrechtlich gemeinten Maßnahmen. Wie bei der Aufhebung der Leibeigenschaft wandte man sich zunächst den Lehensverhältnissen des Landesherrn zu und bestimmte für diese »nach dem Abgang der Berechtigten« die Einziehung und verbot die Wiederverleihung.[142]

Für den nächsten Schritt, die Gesamtreform des Lehenswesens, kam dann ein äußeres Ereignis zu Hilfe, das Ende des Alten Reichs. Die Entdeckung der »traurigen Wahrheit«, wie die Rheinbundstaaten erklärten, »daß das Band, welches bisher die verschiedenen Glieder des deutschen Staatskörpers miteinander vereinigen sollte, für diesen Zweck nicht mehr hinreiche, oder vielmehr, daß es in der That schon aufgelöst sey«,[143] führte eine Woche später zur Niederlegung der Kaiserkrone und damit auch zur Auflösung des Lehensbandes zwischen dem Kaiser und dem bayerischen Kurfürsten.[144] Das ent-

1799 (Formulare für Ritter- und Beutellehenkataster), v. 21. Dezember 1799 (Brandversicherung von Lehensgebäuden), v. 17. März 1800 (Aufforderung zur Lehen-Empfängnis und Entrichtung von Lehensgebühr), v. 13. März 1802 (Aufhebung des Lehenspropstamtes zu Burghausen), v. 30. April 1830 (Zuständigkeit der General-Landes-Direktion für Lehensgeschäfte), v. 29. Januar 1803 (Veräußerung von Lehen nur mit Konsens der G.-L.-Direktion), v. 8. Juli 1803 (Zuständigkeit des Provinzial-Hofgerichts für streitige Lehenssachen), v. 3. Oktober 1803 (Aufhebung des obersten Lehenshofes), v. 18. Oktober 1803 (organisatorische Neuordnung des Lehenswesens) und v. 16. Dezember 1803 (Behandlung der Aktiv- und Passivlehen der aufgehobenen Klöster, Stiftungen und Propsteien).

141 Dazu umfassend H. H. Hofmann (Anm. 40), 219 ff.

142 Mandat v. 20. Oktober 1804, RBl. 1805, St. V.

143 Austrittserklärung der Rheinbundstaaten v. 1. August 1806, bei E. R. Huber, Dokumente zur deutschen Verfassungsgeschichte I, Stuttgart 1961, 32 f.

144 Erklärung über die Niederlegung der Kaiserkrone v. 6. August 1806, bei Huber, Dokumente I, 35, sowie Art. 34 der Rheinbundakte, Huber, Dokumente I, 31. Die Rheinbundstaaten verzichteten untereinander auf die Geltendmachung der Lehensherrschaft im Gebiet der Bundesgenossen. Zeitgenössische Kommentare dazu bei E. A. Haus, Über die Lehenherrlichkeit eines Souverains des Rheinischen Bundes im Gebiete der andern, Würzburg 1807; A. Hunger, Über die Erlöschung der auswärtigen Lehen in den Staaten der Rheinischen Confoderation, Landshut 1808; Günther, De mutata feudorum extra

scheidende reichsstaatsrechtliche Hindernis für eine Reform des Lehenswesens war damit entfallen.

Mit der vollen Souveränität übernahm der bayerische König auch die Lehensherrschaft aller Reichslehen und derjenigen Lehen, deren Lehensherr außerhalb Bayerns saß.[145] Durch öffentliche Aufforderung zur Mutung vor den bayerischen Behörden wurde der Lehensverband mit dem Reich und mit außerbayerischen Lehensherren entflochten.[146] Der parallele Vorgang hierzu ist die kurz darauf erfolgte Abwerfung aller Lehensbande, die den bayerischen König als passiv beteiligten Vasallen an der Entfaltung seiner vollen Souveränität hinderten.[147] Es wurden daher »die Vasallenverhältnisse des Königs gegen Unterthanen und andere Staaten als aufgelöst und alle Passivlehen der Klöster oder anderer Besitzungen als allodifiziert erklärt« und die Betroffenen anschließend entschädigt.[148]

Die möglichste Konzentrierung der Lehensverhältnisse auf den Landesherrn und die Abwerfung der Lehensbande nach außen waren die Voraussetzungen, die in den Jahren 1803 bis 1807 geschaffen werden mußten, um zu einer einheitlichen Neuregelung zu kommen. Da seit dem Herbst 1807 bereits intensive Vorbereitungen für den Erlaß der Konstitution und das dazugehörige Organische Edikt über die Lehensverhältnisse[149] im Gange waren, haben die lehensrechtlichen Regelungen des Jahres 1807[150] notwendig transitorischen Charakter. Das Edikt von 1808, das erst 1828 revidiert werden sollte, bildete den eigentlichen Einschnitt. Durch den Druck der außenpolitischen

curtem ratione inter principes foederi rhenano adscriptos, Dresden 1810; Ph. J. Mayr, Handbuch des gemeinen und Bayerischen Lehnrechts, Landshut 1831, § 6.

145 VO v. 31. Dezember 1806, die der Königl. Souveränität unterworfene Ritterschaft und ihre Hintersassen betr., RBl. 1807, 214. Dazu H. H. Hofmann (Anm. 40), 220 ff., sowie R. Vierhaus, Eigentumsrecht und Mediatisierung. Der Kampf um die Rechte der Reichsritterschaft 1803-1815, in: Eigentum und Verfassung (Anm. 44), 229-257.

146 VO v. 26. Juni 1806, RBl. 1807, 1122 (regensburgische Vasallen); v. 21. Februar 1806, RBl. 1806, 79 (österr. Vasallen in Bayern); v. 12. September 1806, RBl. 1806, 345 (oberpfälzische, bambergische, sulzburgische und seligenportsche Lehen); v. 12. Juni 1807, RBl. 1807, 1089 (Aufruf zur Lehensmutung).

147 VO v. 17. April 1807, RBl. 1807, 1345.

148 VO v. 15. Januar 1808, RBl. 1808, 199.

149 Edikt v. 7. Juli 1808, die Lehen-Verhältnisse im Königreiche Baiern betr., RBl. 1808, 3, 2626.

150 Übersicht bei Döllinger (Anm. 30), Register 1799-1825, o. O. o. J., Stichw. »Lehenrecht«.

Lage wurde der Zusammenstoß der alten Feudalordnung mit den revolutionären Prinzipien Ende des Jahres 1807 plötzlich akut. Montgelas kam es innenpolitisch darauf an, den Druck Napoleons auf die inneren Verhältnisse mit den reformerischen Kräften Bayerns zu verbinden, dabei aber einen revolutionären Umschlag zu verhüten.

5. Bevor die Ereignisse vom Herbst 1807 bis zur Konstitution von 1808 ins Auge gefaßt werden, bedarf die Situation vor 1808 noch der Ergänzung durch die Schilderung kleinerer Sektoren bodenrechtlicher Bindungen und des Fideikommißrechts.

Es handelt sich dabei zunächst um drei weitere Normkomplexe der sogenannten Landeskulturgesetzgebung, die sämtlich die Zerkleinerung großer und rechtlich gebundener Flächen bewirken sollten. »Was in Hinsicht auf die Kultur öder Gründe, Anlegung neuer Kolonien, Aufhebung der Gebundenheit der Güter, Begünstigung der Gutszertrümmerungen und Arrondierungen... schon gegen das Ende des verflossenen, und vorzüglich im Anfange des laufenden Jahrhunderts in Bayern geschehen ist«, sagte eine patriotische Stimme des Jahres 1847,[151] sei der Beweis, »wie weit die bayerische Regierung den Nachbarländern nicht nur, sondern fast allen Staaten Europas vorangeeilt war«.

a) Seit den Verwüstungen des Dreißigjährigen Krieges war die *Kultivierung der »öden Gründe«* ein Gegenstand kurfürstlicher Reformbemühungen gewesen. Während des ganzen 18. Jahrhunderts versuchte man durch Entlastung von Bodenabgaben und Steuern, durch Verteilung großer Güter auf arme Häusler und durch Lockerung der Amortisationsgesetzgebung gegenüber landbauwilligen Klöstern neues Ackerland zu gewinnen.[152] Gleichzeitig drohte man, unkultiviertes Land als derelinquiert zu betrachten und durch Zwangsakt an Neubauern zu verteilen.[153]

b) Auf der gleichen Linie bewegte sich die seit 1762 betriebene *Aufteilung der Gemeinde-Gründe* (Allmenden), die, wie das Mandat sag-

151 J. B. Welsch, Ueber Stetigung und Ablösung der bäuerlichen Grundlasten, Landshut 1848, 3 f.

152 Mandat v. 30. Juli 1723, in: J. N. Fritz, Sammlungen der neuest und merkwürdigsten Churbaierischen Generalien und Landesverordnungen, München 1771, 83; Generalmandat v. 24. März 1762, Mayr'sche Sammlung von 1771, 453; Mandat v. 5. Juni 1772, Mayr (Anm. 136), II, 879; Mandat zur Verbesserung der Landwirtschaft v. 26. Mai 1775, Mayr, II, Nr. 128; Mandat v. 7. November 1783, Mayr, II, 1013; Mandat v. 10. November 1790, Mayr, IV, 204.

153 Z. B. Generalmandat v. 24. März 1762 (vorige Anm.).

te, »nach dem Beyspiel anderer auswärtiger Landen« durch Überführung in Privateigentum intensiver genutzt werden sollten.[154] Doch wagte man zu diesem Zeitpunkt noch keine schlagartige Gesamtaufteilung, sondern schlug eine schrittweise Einengung der Gemeinde-Gründe durch Teilkultivierung vor. Die folgenden Mandate wurden dann allerdings in diesem Punkt immer dringender und drohten schließlich auch mit Zwangsaufteilung, falls sich die Gemeinden nicht zu einer gütlichen Aufteilung der Allmende entschließen könnten.

Die Regierung Montgelas hat diese Bemühungen energischer weitergeführt und zahlreiche Gemeindegründe – unter Aussparung entsprechender Anteile für die Schule, den Pfarrer und die Schäfereiberechtigten – in Privateigentum überführt.[155] Dieses Eigentum war »frei« von allen Stiften, Gilten, Laudemien und Bodenzinsen,[156] freilich nicht von der Grundsteuer.

Bis zum Jahre 1808 läßt sich in dieser Frage ein gewisser Optimismus beobachten, mit der möglichst schnellen Verteilung der Gemeindegründe sei das Wichtigste getan. Bis 1805 waren bereits 232 866 Tagwerk verteilt und wieder landwirtschaftlich genutzt.[157] Dieser Optimismus bestimmte auch noch das Edikt über das Gemeindewesen vom 24. September 1808, das im Anschluß an die Konstitution ergangen war.[158] Gemeindegründe wurden dort als Ländereien beschrieben, »welche noch keine Cultur erhalten haben, oder auf den ersten Stufen derselben stehen« (§ 26), weshalb auch ihre Veräußerung zur Tilgung der Gemeindeschulden (§ 30) und ihre Verteilung an die Gemeindeglieder (§ 31) ohne besondere Kautelen erlaubt wurden.

c) Parallel mit der Erweiterung des Kulturlandes betrieb man die intensivere Nutzung des bereits vorhandenen. Einen Weg hierzu glaubte man in der Aufhebung der Gebundenheit der Güter und der

154 Mayr'sche Sammlung von 1771, 454. Das Motiv intensiverer Nutzung blieb auch später beherrschend. Vgl. etwa G. C. L. Krause, Ueber Gesetzgebung der Gemeinheitstheilung, oder: Erörterung der Prinzipien, auf welche die Gesetzgebung für die Gemeinheitstheilung und Ablösungen der passiven Berechtigungen beim Landbau nach den Forderungen der rationellen Wirthschaft begründet werden muss, Gotha 1832.

155 Übersicht bei Döllinger (Anm. 150), Stichw. »Gemeindegründe und deren Vertheilungen«.

156 VO v. 8. August 1803, RBl. 1803, St. XXXIII.

157 Doeberl, in: Laubmann/Doeberl, Denkwürdigkeiten (Anm. 6), XXXV.

158 Edikt über das Gemeindewesen v. 24. 9. 1808, RBl. 1808, 2405.

Propagierung der sogenannten *Güterzertrümmerung*[159] zu sehen. Während die Maßnahmen des späten 16. und frühen 17. Jahrhunderts gegen die Zerreißung der großen Höfe den Zweck verfolgten, die Abwanderung des Gesindes und dessen Selbständigmachung auf kleinen Höfen zu verhindern,[160] suchten die Güterzertrümmerungsverbote nach dem Dreißigjährigen Krieg von 1674[161] und 1681[162] nicht die Güter als landwirtschaftliche Einheit zu erhalten, sondern nur die Auseinanderentwicklung des starren Steuerkatasters und der sich stets verändernden Hofgrößen zu bremsen. Lujo Brentano hat nachgewiesen, daß in Bayern nicht ein bäuerliches Anerbenrecht oder eine besonders ausgeprägte idealistische Gesinnung der Bauern, sondern das Steuer- und grundherrliche Abgabensystem die Erhaltung des geschlossenen bäuerlichen Grundbesitzes herbeigeführt haben.[163] Solange dieses System erhalten blieb, mußten auch alle gutgemeinten Verordnungen zugunsten der Güterzertrümmerung wirkungslos bleiben.[164] Denn das Interesse der Bürokratie an der Erhaltung des Steuersystems und das Interesse des grundherrlichen Adels an der Erhaltung der Agrarverfassung sprachen gemeinsam gegen die Vermehrung des Kleinbauerntums durch Hofteilung. Fick sagte mit Recht: »Die Wogen der Kulturbewegung vermochten den rocher de bronce der Grundherrschaften und des gesamten Beamtentums nicht zu erschüttern.«[165] Wenn die Verordnungen etwa betonten, nach »staatswirtschaftlichen Ansichten« befördere »nichts die Vergrößerung des Produktionsfeldes und der zweckmäßigen Bevölkerung mehr als die Auflösung der Gebundenheit der Güter«, weswegen »die Zertrümmerung der Güter auf jede mögliche Art nach den bisherigen Normen befördert werden« solle,[166] wenn die Auflösung der Gebundenheit der Güter als »das Prinzip aller guten Kul-

159 K. Gerstorffer, Der Kampf um die Güterzertrümmerung in Bayern, Diss. Tübingen 1918.
160 L. Brentano, Vorwort zu L. Fick, Die bäuerliche Erbfolge im rechtsrheinischen Bayern, Stuttgart 1895, XXIV m. w. Nachw.
161 Nachweise bei Kreittmayr, Anmerkungen (Anm. 15) II, 2, § 14, Nr. 9.
162 S. vorige Anm.
163 Brentano (Anm. 160).
164 Fick (Anm. 160), 33 ff. Dort auch der Text der Verordnungen von 1762, 1772, 1805.
165 Fick, 35.
166 VO v. 27. Februar 1805, RBl. 1805, St. X; Fick, 34; Hedemann (Anm. 1), II/1, 37.

tur« empfohlen wurde,[167] wenn öffentliche Belobigungen für die Durchführung des »so wohltäthigen Güterzertrümmerungssystems« ausgesprochen wurden,[168] dann blieb dies doch mehr theoretische Deklaration als wirklich effektive Gesetzgebung.

Immerhin begann die Auflösung der Gebundenheit der Güter seit 1799[169] lebhaftere Formen anzunehmen, so daß 1801 ein »Güterhandlungsbureau« für Süddeutschland seine Arbeit aufnehmen konnte.[170] Gleichzeitig setzte eine Kette judenfeindlicher Maßnahmen ein, die zunächst in der Oberpfalz,[171] dann im ganzen Königreich den Güterhandel und die Güterzertrümmerung, in denen Juden beherrschend waren, untersagten.[172]

d) Eine weitere Intensivierung der Nutzung des vorhandenen Kulturlandes wurde möglich durch die *Aufteilung der Staatsdomänen* und ihre Übergabe an Bauern.[173] Doch blieb, solange Karl-Theodor

167 Landtagsabschied Pfalz-Neuburg v. 10. Juni 1802, RBl. 1802, 489.

168 RBl. 1806, St. XXIII; Fick, 36.

169 Mandat v. 5. Oktober 1799, RBl. 1801, St. III 4 (»Aufhebung der Gebundenheit der Güter«).

170 Laubmann/Doeberl, Denkwürdigkeiten (Anm. 6), XXXV.

171 Kurfürstl. Reskript v. 30. Mai 1799, Döllinger (Anm. 30), IV, 117 f. Die Begründung lautete, man habe den Akten entnehmen müssen, »welch große Betrüg, Wucherei und Bedrückungen der Unterthanen zu deren und des Staates empfindlichstem Nachtheil dabei vorgegangen, wozu nach sogar im Geheim von manchen subalternen Gerichtspersonen mitgewirket worden«.

172 Der Güterhandel durch Juden blieb bis weit in das 19. Jahrhundert ein oft behandeltes Thema. Das Reskript v. 15. Januar 1801 erneuerte das Verbot von 1799, dasjenige v. 4. August 1807 dehnte es auf das ganze Königreich aus. Gutachten aus den Jahren 1801, 1808, 1812 hielten diesen Standpunkt fest. Das Judenedikt v. 16. Juni 1813, RBl. 1813, 921 (Weber (Anm. 21) I, 417) erlaubte den Juden zwar den Zugang zu allen »bürgerlichen Nahrungszweigen«, verschloß ihnen aber auch wiederum einige, um sie »von ihren bisherigen ebenso unzureichenden als gemeinschädlichen Erwerbsarten abzuleiten« (§ 15). Das umschloß die Freiheit, »das volle und das Nuzeigenthum (Dominium plenum et utile) von Häusern, Feld- und andern liegenden Gründen zu erwerben, und dieses Eigenthum auf jede durch die Gesetze erlaubte Art zu benüzen. Das abgesonderte Obereigenthum (Dominium directum) über Gründe, deren Nuzeigenthum andern zusteht, so wie die gutsherrliche Rechte überhaupt zu erlangen und zu besizen, bleibt den Juden durchaus untersagt« (§ 16). Der Zweck war also der, Juden zwar an der Liberalisierung des Bodenmarktes – unter Ausschluß des Güterhandels – teilnehmen zu lassen, gleichzeitig aber den grundbesitzenden Adel vor unerwünschten Aufsteigern abzuschirmen. – Zu dieser Frage vertieft S. Schwarz, Die Juden in Bayern im Wandel der Zeiten, München und Wien 1963, 96 ff.

173 Zum Parallelvorgang in Österreich H. Conrad, Deutsche Rechtsgeschichte II,

regierte und kurpfälzische und bayerische Staatsgüter großzügig verschenkte,[174] Hauptsorge der Reformer, zunächst einmal der Verschleuderung des Staatsgutes entgegenzutreten. Im Ansbacher Hausvertrag von 1797[175] legten die Herzöge Max Joseph und Wilhelm daher den Grundsatz der Unveräußerlichkeit des Staatsguts, mit »einigen sachgemäßen Ausnahmen«,[176] nieder, ja sie erklärten sogar ihre Absicht, alle seit dem 13. März 1779 veräußerten Domänen, deren Besitzer keine begründeten Rechtstitel aufweisen konnten,[177] wieder einzuziehen.[178]

Der Wunsch nach Konzentration und Konsolidierung der Staatsfinanzen durch Erhaltung der Domänen geriet allerdings in Widerspruch mit dem gleichzeitig verfolgten Ziel, freies bäuerliches Eigentum zu schaffen. Da an eine Enteignung der großen Gutsherren nicht zu denken war, blieb nur die Preisgabe der Staatsgüter. Aus diesem Dilemma wies die Säkularisation des geistlichen Grundbesitzes plötzlich einen Ausweg. Sie erlaubte sowohl die Erhaltung des alten Staatsguts[179] als auch den Verkauf von Ackerland zu günstigen Bedingungen.[180] Die verschiedenen, auf diesen Grundstücken lastenden Dienste und Abgaben wurden zusammengefaßt in Korn- und Geldbodenzinse, die ihrerseits wieder ablösbar waren.[181] Die Verteilung des säkularisierten Bodens verstärkte schlagartig den Zufluß ungebundenen Bodeneigentums auf den Grundstücksmarkt. Die damit betrauten Behörden[182] erwirtschafteten zwischen 1799 und 1813, wie

Karlsruhe 1966, 222; für Preußen Hedemann (Anm. 1) II/1, 24, m. w. Nachw.

174 Rall (Anm. 136), 417; Weis (Anm. 36), 290 f.

175 Oben S. 57 ff.

176 M. v. Seydel, Bayerisches Staatsrecht I, München 1884, 275.

177 Weis (Anm. 36), 291.

178 Montgelas, Denkwürdigkeiten (Anm. 6), 85, erklärte, zum ersten Mal seien die Domänen als »réaliénables«, nach Zweibrücker Vorbild, erklärt worden.

179 Die »neu errichtete Domanial-Fideikommiß-Pragmatik des Churhauses Pfalzbaiern« v. 20. Oktober 1804, RBl. 1805, 161, 201, bestätigte den Grundsatz der Unveräußerlichkeit des Staatsgutes nochmals.

180 Doeberl, in: Laubmann-Doeberl (Anm. 6), XXXIV; neben niedrigen Bodenpreisen waren es insbesondere die langen Zahlungsfristen und die Möglichkeit, den Kaufpreis teilweise in Staatsobligationen zu bezahlen (VO v. 12. März 1813, RBl. 1813, 353). Auch Schenkungen kamen vor (VO v. 30. April 1804, RBl. 1804, St. XIX, die Regulierung des Bodenzinses bey den den Klostertagwerkern unentgeltlich überlassenen Gründen betr.).

181 Döllinger (Anm. 150), Stichw. »Bodenzinse« Nr. 1-8.

182 Vgl. die VO v. 6. März 1808, RBl. 1808, 630, Anweisung an die Rentämter über Formalien beim Verkauf von Staatsrealitäten; mit den VOen v. 8./25. August

sich aus dem Nachlaß Montgelas' ergibt, aus dem Verkauf von Gebäuden, Gütern, Einzelgrundstücken und Wäldern die Summe von 10 637 816 fl.[183] – ohne die auf diese Grundstücke gelegten Bodenzinse und die hierfür schon gezahlten Ablösungssummen. Alle diese Beträge flossen in die Schuldentilgungskasse des Staates.[184]

6. Anders als die Bindungen des *dominium utile* im Lehensverband und bei den bäuerlichen Besitzrechten, die vertikale Bindungen zwischen Ober- und Unterschicht darstellten und folglich vom Verlangen nach Rechtsgleichheit voll getroffen wurden, wirkten sich die Bindungen gerade des *Fideikommißrechts* primär in der Horizontalen derselben sozialen Schicht aus. Sie waren angreifbar nur als Hemmnisse der freien Dispositionsmöglichkeit. Daß diese Dispositionsmöglichkeit aber gleichzeitig dem Stifter des Fideikommisses zugebilligt werden mußte, führte in ein Dilemma und nahm dem Angriff auf die Fideikommisse bereits die Hälfte seiner Energie.

Das Recht der Familienfideikommisse, der in Erbfolgeordnung, Veräußerbarkeit und Belastbarkeit gebundenen und durch rechtsgeschäftlichen Einzelakt gestifteten Vermögen, reicht mindestens bis in das frühe 17. Jahrhundert zurück.[185] Zweck dieser Bindungen waren stets die Konsolidierung bestimmter Immobiliarmassen in Familienhand und damit Schutz vor Zersplitterung durch Rechtsgeschäft oder Erbfall. Fideikommisse können als eine typische Form gebundenen Bodeneigentums gelten, deren Funktion die Stabilisierung

1808, RBl. 1808, 1878, 2050, wurde eine Behörde zur Behandlung und Begutachtung von entbehrlichen Staatsrealitäten geschaffen.

183 Geh. Staatsarchiv München, Nachlaß Montgelas Nr. 270. Dieses Verzeichnis vom 4. März 1814 basiert wohl auf der Instruktion für die Rentämter zur Herstellung der Verzeichnisse der veräußerten Staatsrealitäten v. 14. Januar 1808, RBl. 1808, 407.

184 Vgl. die Staatsschuldenpragmatik v. 29. Oktober 1804, RBl. 1805, 201; Org. Edikt v. 20. August 1811 (Errichtung der Staatsschulden-Tilgungs-Kommission), VO v. 16. Oktober 1818, RBl. 1818, 1215 (Vorschriften über den Verkauf von Staatsrealitäten, insbesondere die Verwendung des Kaufschillings zum Schuldentilgungsfonds); §§ 8, 10 Staatsschuldengesetz v. 22. Juli 1819, RBl. 1819, 243. – Zur Schuldentilgung insgesamt F. Maier, Geschichtliche Darstellung des Staatsschuldenwesens des Königreichs Bayern, Erlangen 1839.

185 D. Costa, Entwicklungsgeschichte der deutschen Familienfideikommisse, München 1864; L. Pfaff/F. Hoffmann, Zur Geschichte der Fideikommisse, Wien 1884; Lewis, Das Recht des Familien-Fideikommisses, Berlin 1868; L. Hoffmann, Das Recht des Adels und der Fideikommisse in Bayern, München 1896. Übersicht über die Gesamtentwicklung bei A. Erler, HRG I, 1072.

und wirtschaftliche Fundamentierung des wohlhabenden Landadels waren.

Die bayerische Gesetzgebung zu den Fideikommissen, den sachlich dazugehörigen Stammgütern des Hochadels und den adeligen und bäuerlichen Erbgütern, erhielt, wie die anderen Gebiete des Bodenrechts, die entscheidenden Anstöße zwischen 1808 und 1818. Der Codex Maximilianeus hatte in 25 Paragraphen die möglichen Objekte eines Fideikommisses, die beteiligten Personen samt Rechten und Pflichten einschließlich der Sukzessionsordnung, die Formalitäten der Errichtung, der Aufhebung, die entsprechenden Klagen und die ausnahmsweise Veräußerung eines Fideikommißgutes geregelt.[186] Bemerkenswert ist, daß »weder Weibs-Personen noch Unadeliche davon ausgeschlossen« sein sollten,[187] und zwar sowohl als Aktiv- wie als Passivberechtigte.[188] Zwar handelte es sich, was die Familienfideikommisse Nichtadeliger anging, um Theorie. Kreittmayr behandelte diese Frage ironisch[189] und nur der Vollständigkeit halber, um seinen Grundsatz einzuhalten, daß »wer pacisciren kann, der kann auch fideicommissum conventionale machen und wer ein Testament oder Codicill machen kann, der mag per Actum ultimae voluntatis gleichfalls fideicommitiren«.[190] Adel und Nichtadel waren theoretisch gleichgestellt, wenn auch der Gesetzeszweck der »conservatio ac splendor Familiae«[191] eine faktische Beschränkung auf den Adel bedeutete.

Das erklärt bereits die Schärfe, mit der die Familienfideikommisse als eine der materialen Grundlagen feudaler Herrschaft in den Strom des Kampfes um Testierfreiheit und *égalité* gerieten. Wie die Ablösung der Grundlasten und des Lehensverbandes ist auch die Abschaffung der Fideikommisse und Majorate in Bayern schon vor Ausbruch der Französischen Revolution gelegentlich erörtert worden.[192]

186 Codex (Anm. 15) III, 10, §§ 1-25; zur Aufhebung eines Fideikommisses sind bemerkenswert Gutachten von N. Th. Gönner aus den Jahren 1792-1799, in: Rechtsfälle und Ausarbeitungen, Landshut 1801, Bd. I, 359-442.

187 Codex III, 10, § 5.

188 Codex III, 10, § 6.

189 Kreittmayr, Anmerkungen (Anm. 15) III, 10, § 5.

190 Codex III, 10, § 5.

191 Kreittmayr (Anm. 189). Ebenso der Vorspruch der Pragmatik wegen der Fidei-Commissen, Verzicht der adelichen Töchter anno 1672, in: J. N. Fritz, Sammlung (Anm. 152), 83.

192 Besonders im Hinblick auf das Fideikommißgesetz Maria-Theresias von 1747 und das Gesetz über Emphyteuse unter Großherzog Leopold von 1769. Vgl.

Nach 1792, als Frankreich alle fideikommissarischen Substitutionen beseitigt hatte,[193] schien es nur noch eine Frage der Zeit zu sein, wann der Funke auch in diesem Bereich überspringen würde. Montgelas nannte 1796 als festen Programmpunkt seiner künftigen Regierung die Absicht, »d'abolir les fideicommis et les majorats«.[194]

In den ersten Jahren seiner Regierung geschah in dieser Hinsicht allerdings nichts – im Gegenteil, das Haus Wittelsbach konstruierte nach älteren Vorbildern[195] seine eigenen Herrschaftsrechte über die bayerischen Erblande in der Form eines unteilbaren Familienfideikommisses, um der Verschleuderung vorzubeugen.[196] Daneben nahm es, das Institut des Familienfideikommisses als selbstverständlich voraussetzend, das Bestätigungsrecht für die Geschlechts-Fideikommisse der Mediatisierten in Anspruch[197] und unterstrich auch auf diese Weise die neugewonnene Souveränität.

Um so unvermittelter erschien daher die radikale Lösung des Jahres 1808: »Die dermaligen Fideikommisse Unserer adeligen Familien sind in allen ihren dermaligen rechtlichen Wirkungen aufgehoben, wenn sie auch in der Voraussezung anderer staatsrechtlichen Verhältnisse von Uns bereits bestätiget worden sind.«[198] Kurz darauf wurde diese Aufhebung auch auf die Fideikommisse Nichtadeliger erstreckt.[199]

Diese plötzliche Schwenkung der Politik und die naheliegende Vermutung, hier könne Art. 896 Code civil als Vorbild gewirkt haben, legen einen Blick auf die Entstehungsgeschichte der bayerischen Konstitution von 1808 nahe. In ihr liegt der Schlüssel auch für die Veränderungen auf den anderen bisher behandelten Rechtsgebieten.

A. F. W. Crome, Die Staatsverwaltung von Toskana unter der Regierung Seiner Kgl. Majestät Leopold II., Bd. I, Leipzig 1795, 206 ff.; R. Trifone, Fedecommessi in storia del diritto italiano, 1914. Siehe auch die Angaben in Anm. 35.

193 M. Garaud, La révolution et la propriété foncière, Paris 1959, 153 ff.; Hedemann (Anm. 1) II/1, 53 ff.

194 E. Weis, Zeitschr. f. bayer. Landesgesch. 33 (1970), 249; ders., Montgelas (Anm. 36), 276.

195 Rall (Anm. 136), 408; Weis (Anm. 36), 287 f.

196 Oben Anm. 179.

197 Mandat v. 19. März 1807, RBl. 1807, 465.

198 Edikt v. 28. Juli 1808, § 69, bei Döllinger (Anm. 30) V, 26. Siehe unten Anm. 257.

199 VO v. 5. Dezember 1808, RBl. 1808, 2887.

IV.

Seitdem Michael Doeberl 1924 die wichtigsten Aktenstücke zur Entstehungsgeschichte der Konstitution von 1808 publiziert hat,[200] ist klar, daß die Verfassung nicht einfach durch Machtspruch Napoleons dekretiert wurde, sondern als Produkt außenpolitischen Drucks und innerer Reformbereitschaft anzusehen ist, wobei die Rheinbundpolitik die inneren Antriebe überwog. Napoleons Absichten gingen 1807 noch dahin, durch Errichtung einer »Rheinbundverfassung« die verbündeten Staaten auch untereinander zu fesseln und in ihren inneren Einrichtungen anzugleichen, um sie aus den Reichstraditionen zu lösen und als Vorfeld Frankreichs geeigneter zu machen.[201] Ein solches System, sagte Feuerbach – damals einer der führenden Juristen der bayerischen Verwaltung –, »kann bloß dadurch bestehen und innere Consistenz gewinnen, daß alle conföderierten Staaten in ihrer äußeren Form, in den Grundsätzen der Staatsverfassung und Verwaltung sowie in allen Prinzipien der Gesetzgebung, welche auf den Völkerverkehr Einfluß haben, sich dem Hauptstaat assimilieren ... »[202] Die Ziele der Stützung der französischen Hegemonie durch Assimilie-

200 M. Doeberl, Rheinbundverfassung und bayerische Konstitution, Sitz. Ber. d. Bay. Akad. d. Wiss., Philos.-Philolog. Hist. Klasse, 1924, 5. Abh.; in diesem Punkt auf Doeberl aufbauend F. Zimmermann, Bayerische Verfassungsgeschichte, München 1940; grundlegend nunmehr P. Wegelin, Die bayerische Konstitution von 1808 (Schweiz. Beiträge zur Allg. Geschichte, 16), 1958.

201 M. G. de Lucchesini, Historische Entwicklung der Ursachen und Wirkungen des Rheinbundes, Leipzig 1821; Th. Bitterauf, Geschichte des Rheinbundes I, München 1905; M. Doeberl (vorige Anm.); L. Doeberl, Maximilian von Montgelas und das Prinzip der Staatssouveränität, München 1925; J. Gmeinwieser, Die bayerische Politik im Jahre 1805, München 1928; E. Hölzle, Württemberg im Zeitalter Napoleons und der deutschen Erhebung, Stuttgart 1937; M. Dunan, Napoléon et l'Allemagne, le système continental et les débuts du royaume de Bavière 1806-1810, Paris 1942; K. v. Raumer, »Préfecture française«, Festgabe Braubach, Münster 1964, 636; W. Quint, Souveränitätsbegriff und Souveränitätspolitik in Bayern, Berlin 1971. Nach der Fertigstellung dieser Arbeit erschien die Habilitationsschrift von Elisabeth Fehrenbach, Traditionale Gesellschaft und revolutionäres Recht. Die Einführung des Code Napoléon in den Rheinbundstaaten, Göttingen 1974, in der die hier z. T. nur angedeuteten Fragen ausführlich untersucht sind, insbesondere 36 ff. das gesellschaftspolitische Programm bei der Einführung des Code und 133 ff. die Adelsopposition gegen den Code in Bayern. Auf sie sei daher für das Folgende hingewiesen.

202 P. J. A. v. Feuerbach, Einleitungsvortrag, das bürgerliche Gesetzbuch für das Königreich Bayern betr., Geh. Staatsarch. München K. schw. 593/6-8.

rung, Beseitigung der Rechtszersplitterung und Rationalisierung der Verwaltung sollten durch die Rheinbundverfassung, durch politischen Druck auf die Gesetzgebung und vor allem mit Hilfe des Code civil erreicht werden. Dessen Einführung und damit die Abschaffung des *régime féodal* auch in den Rheinbundstaaten waren Hauptprogrammpunkt. Noch 1811 schrieb der französische Gesandte in Frankfurt, Bacher, an Minister Champagny, der Rheinbund werde niemals konsolidiert sein, »bevor nicht die Mehrheit der Einwohner jedes Bundesstaats die Kirchengüter und Staatsdomänen erworben oder ihre Real- und Personaldienstbarkeiten abgelöst hat, sowie den größeren Teil ihrer feudalen und seigneuralen Pflichten«.[203]

Nachdem Napoleon am 15. November 1807 die Verfassung des Königreichs Westfalen und durch sie auch den Code civil in Kraft gesetzt hatte, reiste er einen Tag später in Richtung Mailand, wo er mit Max I. und Montgelas über die Rheinbundverfassung und damit über die innere Angleichung der Verbündeten verhandeln wollte. Es ging ihm einmal, wie ein Brief an seinen Bruder Jérôme zeigt,[204] um moralische Werbung für Frankreich durch Einführung »d'une liberté, d'une égalité, d'un bien être inconnus aux peuples de la Germanie«. Zum anderen wollte er Egalisierung und Stabilisierung des Rheinbundes, Festlegung bestimmter »dispositions générales«[205] für dessen Verfassung und möglichst die Geltung des Code civil.

Über die Verhandlungen zwischen Napoleon und Montgelas existieren zwei Dokumente bayerischer Herkunft, die beide von Doeberl ediert worden sind: eine Denkschrift Montgelas' für den König vom Januar 1808 und das Protokoll einer Geheimen Staatskonferenz vom 20. Januar 1808.[206] Beide zeigen, wie weit man Napoleon entgegenkommen mußte und wollte – und daß dieses Entgegenkommen relativ leichtfiel, da die seit 1799 in Gang gebrachten Reformen ohnehin schon in diese Richtung gingen. Montgelas konnte in der Denkschrift teils das bisher Geleistete rekapitulieren, teils zeigen, daß sich Napoleons Forderungen darin ohne weiteres einfügten.

Gerade für den Komplex des Bodeneigentums in allen seinen Be-

203 Brief an Champagny v. 11. Juni 1811, zit. bei H. A. L. Fisher, Studies in Napoleonic statesmanship, Oxford 1907, 383, sowie bei E. Hölzle, Das Napoleonische Staatensystem in Deutschland, HZ 148 (1933), 288.

204 Doeberl, Rheinbundverfassung (Anm. 200), 27.

205 Doeberl, Rheinbundverfassung, 67; Zimmermann (Anm. 200), 134; Fehrenbach (Anm. 201), 14 ff.

206 Doeberl, Rheinbundverfassung, Anhang.

ziehungen zum Adels- und Steuerrecht führte Montgelas dies im einzelnen aus: Der Adel behalte seine persönlichen Ehrenvorrechte und Titel, die Regierung habe bisher eine Einschränkung der gutsherrlichen Gerichtsbarkeit versucht, »il a cherché à réduire à un taux fixe les redevances (Grundlasten) annuelles et casuelles, ainsi que les corvées (Fronen, Scharwerke) et les lôts et vends; il n'a rien oublié pour que toutes les concessions de fonds se fissent à bail héréditaire; il a supprimé la dixme là ou il a pu. On s'occupe d'un projet qui doit la rendre fixe et rachetable. Toutes les concessions de terre qu'a faites Votre Majesté l'ont été moyennant un cens modique sans réserve de propriété, de suzérainité ni autre lien quelconque que celui qui attache tous les citoyens à l'Etat et sans autre obligation ultérieure que celle de payer l'impôt foncier tel qu'il existe ou pourra être établi pour la suite.« Alle bisherigen Berichte und Denkschriften hätten die Befreiung des Bodens von fremden Lehensverhältnissen als eines der wünschenswertesten Mittel und eine der großen Quellen des öffentlichen Wohlstands dargestellt. 1805 habe man mit der freiwilligen Ablösung der Bindungen der Grundholden begonnen. Der Finanzminister habe in seinem Bericht vom 8. Juni 1807 zur Erschließung neuer Geldmittel die Ausdehnung dieser Ablösung auf das gesamte Bodeneigentum, einschließlich der Ablösung der Zehnten und des Lehensverbandes, empfohlen.

Weiter plädierte Montgelas nochmals für eine gleiche Grundsteuer, eine Neuerung, die auch für den Adel nicht so unvorteilhaft sei, wie es den Anschein habe. Ebendies gelte für die Abschaffung der Fideikommisse.[207]

Schließlich ging es um die Beseitigung des Lehensverbandes, das heißt für den König um die Preisgabe seiner Stellung als Lehensherr. Montgelas argumentierte hier vorsichtig und geschickt: »La cessation de la suzéraineté de vasselage paroit au premier coup d'oeil porter un préjudice notable aux intérêts de Votre Majesté, de qui tant de fiefs dépendent. Mais outre que l'application de principe n'exclue pas les modifications, le surplus de valeur qu'une terre chargée de ce lien aura obtenu gratis par son affranchissement, sera porté à compte aux possesseurs dans la répartition de l'impôt comme un capital imposable; et ils payeront d'autant plus qu'ils seront devenues plus riches par cette mesure générale d'administration. Ce point de vue a été indiqué dans le rapport du ministre des finances du 8. juin.«[208]

207 Unten V.
208 Doeberl, Rheinbundverfassung (Anm. 200), 68-70.

Montgelas referierte in der Geheimen Staatskonferenz vom 20. Januar 1808 ebenfalls in diesem Sinne und sprach von den »Verfügungen«, »die nach dem bestimmten Wunsche Sr. Majestät des Kaisers, dem schwer auszuweichen seyn werde, in Baiern rücksichtlich der Privilegien der Provinzen und jener des Adels, die nicht persönlich, sowie des Code Napoleon eingeführet werden sollen«.[209] Die Konferenz entschied sich daraufhin aus Sorge vor Souveränitätsbeschneidungen durch eine zu weitgehende Rheinbundverfassung für eine Vorwegnahme dieser Reformen in einer eigenen Konstitution. Die Konferenz beschloß, nach dem Vorbild[210] der »vorliegenden Constitution des Königreiches Westphalen eine alle Theile der Staats-Administration in sich fassende Constitution für das Königreich Baiern, welches künftig mit allen seinen Provinzen nur einen Staats-Körper ausmachen darf, zu entwerfen«, außerdem die Übernahme des Code Napoléon vorzubereiten.[211]

Da man wegen der drohenden Rheinbundverfassung unter Zeitdruck stand, gingen die Arbeiten schnell voran. Am 13. Februar 1808 behandelte die Staatskonferenz bereits einen Entwurf der Konstitution, am 1. Mai 1808 war die Konstitution unterzeichnet, am 25. Mai 1808 bekanntgegeben. In Kraft trat sie am 1. Oktober 1808.[212] Ähnlich eilig ging man zur gleichen Zeit in Baden vor. Man hat daher auch gesagt, Bayern und Baden wollten sich durch eigene Verfassungen und hinhaltendes Eingehen auf die Rheinbundpläne »aus der Schlinge ziehen«.[213]

209 Doeberl, Rheinbundverfassung, 78.

210 Einen ersten (flüchtigen) Vergleich zwischen der bayerischen und der westfälischen Verfassung unternahm J. v. Hazzi, Ueber die Standpuncte der baierischen Verfassungs-Urkunde von 1818 in Beziehung anderer Constitutionen, München 1819, 15-21; N. Th. Gönner, Arch. f. d. Gesetzgebung und Reform des jurist. Studiums III, 345 ff. Synopse der beiden Verfassungen bei K. v. Reinhardstöttner, Beitr. z. Geschichte der bayer. Verfassungsurkunde, Berlin 1906, 32 ff.; ebenso bei R. Oeschey, Die bayerische Verfassungsurkunde vom 26. Mai 1818 und die Charte Ludwigs XVIII. vom 4. Juni 1814, München 1914, 29 ff.

211 Zum Schicksal dieses gesetzgeberischen Versuchs siehe die Hinweise bei Rheinhardstöttner, 18 f.; Doeberl, Rheinbundverfassung (Anm. 200), 36; Zimmermann (Anm. 200), 139; G. Radbruch, Paul J. A. Feuerbach, 2. Aufl., Göttingen 1957, 77 ff. Über »Die bayerischen Kodifikationsbestrebungen« während des 19. Jahrhunderts zusammenfassend Barbara Dölemeyer, in: Ius commune, Veröffentlichungen des Max-Planck-Instituts für europäische Rechtsgeschichte, Frankfurt/M., Bd. V, Frankfurt/M. 1975, 138-177; Fehrenbach (Anm. 201), 133 ff.

212 Zimmermann (Anm. 200), 132 ff.; Wegelin (Anm. 200).

213 E. Hölzle, HZ 148 (1933), 282; dazu auch Quint (Anm. 201), 250.

Die bayerische Konstitution von 1808 enthielt nur wenige, das Grundeigentum im weiteren Sinne berührende Bestimmungen, wie die einheitliche Grundsteuerveranlagung,[214] die Aufhebung der Leibeigenschaft,[215] die Garantie der gutsherrlichen Rechte im Rahmen der Gesetze[216] und die allgemeine Garantie staatlichen Schutzes für das Eigentum.[217] Die eigentliche Reform verlagerte sich in die zwischen 1808 und 1813 ergehenden Edikte, die mit der Verfassung eine Einheit bildeten,[218] insbesondere das Lehens-Edikt,[219] das Edikt über die gutsherrlichen Rechte,[220] das Adelsedikt,[221] das Edikt über die Aufhebung der Leibeigenschaft,[222] das Edikt über die Patrimonialgerichtsbarkeit[223] und das Edikt über das Gemeindewesen,[224] die alle noch in das Jahr 1808 fielen. 1811 folgte noch ein Fideikommiß-Edikt,[225] und 1813 schloß das Judenedikt,[226] das neben der grundsätzlichen Emanzipation der Juden auch Einschränkungen ihres Status gerade in bodenrechtlicher Hinsicht brachte, diese Gruppe von Reformgesetzen ab.

Stellen diese Gesetze zwar den eigentlichen entschiedenen Schritt zur Liberalisierung des Bodenrechts vor 1848 dar, so läßt sich doch nicht übersehen, daß schon in der kurzen Spanne von 1808 bis 1813 eine Verlangsamung des Reformtempos, teilweise sogar eine Zurück-

214 1. Titel, §§ II, V.
215 1. Titel, § III.
216 1. Titel, § V.
217 1. Titel, § VII.
218 Siehe Montgelas, Denkwürdigkeiten (Anm. 6), 75, der den »lois organiques« die Aufgabe zuschrieb, »à appliquer et à développer les principes établis dans la charte constitutionelle«.
219 Edikt über die Lebens-Verhältnisse im Königreiche Baiern v. 7. Juli 1808, RBl. 1808, 1893, 2626; Weber (Anm. 21) I, 176.
220 Edikt über die gutsherrlichen Rechte v. 28. Juli 1808, RBl. 1808, 1833; dazu eingehend H. H. Hofmann (Anm. 40), 281 f.
221 Edikt über den Adel im Königreiche Baiern v. 28. Juli 1808, RBl. 1808, 2029, 2626; Döllinger (Anm. 30) V, 17; Weber (Anm. 21) I, 199.
222 Edikt über die Aufhebung der Leibeigenschaft v. 31. August 1808, RBl. 1808, 1933; Weber I, 205.
223 Edikt über die Patrimonialgerichtsbarkeit v. 28. September 1808, RBl. 1808, 2245; dazu im einzelnen H. H. Hofmann (Anm. 40), 285 f.
224 Edikt über das Gemeindewesen v. 24. September 1808, RBl. 1808, 2405.
225 Edikt, die bisherigen adeligen Fideikommisse und künftigen Majorate im Königreiche betr., v. 22. Dezember 1811, RBl. 1812, 5; Döllinger (Anm. 30) V, 88.
226 Edikt über die Verhältnisse der jüdischen Glaubensgenossen im Königreiche Baiern v. 10. Juni 1813, RBl. 1813, 921.

nahme von Positionen, einsetzte.[227] Dieser Vorgang wurde mit Recht in Zusammenhang mit dem Nachlassen des außenpolitischen Drucks und dem Sturz Napoleons in Verbindung gebracht.[228] Doch wurden ungeachtet dessen noch im wesentlichen die Forderungen in die Wirklichkeit umgesetzt, die Montgelas in den Denkschriften von 1796 und 1808 niedergelegt hatte.

Montgelas' Forderungen deckten sich wiederum weitgehend mit den Gedanken, die Feuerbach in seinen Vorträgen vor Montgelas von Januar und Februar 1808 als die Essenz des Code Napoléon herausgearbeitet hatte: Abschaffung der Privilegien, des Lehenswesens, der Fideikommisse, der Leibeigenschaft, der Fronen und der gutsherrlichen Gerichtsbarkeit sowie insgesamt Freiheit und Gleichheit der Bürger als Personen und als Eigentümer.[229] »Die französischen Gesetze«, so hatte Feuerbach vorgetragen,[230] »mißbilligen das getheilte Eigenthum und jede Veräußerung eines Grundstücks unter der Bedingung ewiger Grundrenten. Sie finden in der Emphyteuse und anderen ihr ähnlichen Grundverhältnissen, theils ein überflüssiges, teils ein schädliches Institut; überflüssig, weil durch einen auf lange Zeit eingegangenen Pacht derselbe Zweck erreicht werde; schädlich, weil die Unauflöslichkeit der Rente die Cultur niederhalte, den Werth des Grundstücks vermindere, und dasselbe beinah unveräußerlich mache, indem ein so belastetes Gut nicht leicht einen Käufer finde; weil ferner dieses Institut den Grundholden von dem Grundherrn in eine Abhängigkeit verseze, welche zur Wiedereinführung der Mißbräuche des Lehenregiments eine nahe Veranlassung gebe; weil es endlich unzählige Streitigkeiten verursache, die Rechtsverhältnisse verwickele und die Gesezgebung mit einer Menge von Regeln und Gesezen überlade.« Feuerbach betonte, daß der so bedrohlich aussehende Satz von der ausnahmslosen Ablösbarkeit der Bodenlasten in der Praxis

227 Plastischen Ausdruck findet sie in den Memoiren des Ritters von Lang, der zum Jahr 1813 schreibt: »Nun begann auch in München der böse französische Geist zu entweichen und einem brausenden Patriotismus in Schnauzbärten und himmelblauen Röcklein Platz zu machen ... und so ist sie nun mit Gottes Hilfe und um den Preis unseres vielen Blutes wieder da, die alte schöne Zeit der Patrimonialgerichte, der Landessperren, der Siegelmäßigkeit und Steuerprivilegien, der neuen Fideikommisse, der wieder befestigten leibeigenen Gütergebundenheit, der geheiligten Gemeindeordnungen, der Wallfahrten, des Kapuzinerbettels«; Memoiren, Stuttgart 1957, 251.

228 E. Hölzle, HZ 148 (1933), 287.

229 P. J. A. Feuerbach, Themis oder Beyträge zur Gesetzgebung, Landshut 1812, 1 ff.

dadurch gemildert werde, daß die Ablösbarkeit vereinbart werden müsse, wobei der Grundherr die Bedingungen vorschreiben dürfe. Damit war ein Seitenweg eröffnet, der den scheinbar so radikalen Grundsatz auch für den bayerischen Adel akzeptabel machen konnte.

Feuerbach beschrieb weiter das Verbot der fideikommissarischen Substitutionen durch den Code civil: »Keine Gebundenheit der Güter! keine Gütermassen, die dem Verkehr entzogen, todt in todten Händen ruhen! Jeder muß frei über sein Eigenthum verfügen können, – nur in so weit nicht, daß er es eigenmächtig dem Verkehr entziehen dürfte.«[231] Fideikommisse verstießen nach seiner Ansicht gegen den Gleichheitsgrundsatz, sie hemmten den »Geist der Verbesserung und Veredlung«, sie erzeugten Streit und führten die Gläubiger durch Vorspiegelung belastbaren Eigentums in die Irre. Feuerbach erkannte auch in der Verknüpfung von Fideikommissen und Erbadel die politische Chance, durch Abschaffung der Fideikommisse diesen zu stürzen und dadurch Bürgertum und Adel zu verklammern – gleichzeitig aber durch neue, aus »oberherrlicher Machtvollkommenheit«[232] hervorgegangene Majorate einen neuen Verdienstadel nach englischem und napoleonischem Vorbild zu etablieren.

Schließlich zeigte er mit dem Ausdruck höchster Sympathie für das französische Modell die Unvereinbarkeit des Code civil mit der Lehensverfassung, von der ohnehin nur noch »einzelne von der Zeit zernagte, ihrem Sturz sich hinneigende Säulen« erhalten seien, »um welche das Gebäude selbst, dem sie angehörten, in Trümmern liegt...«.[233] Das Lehensrecht als eine jetzt sinnlos gewordene Spezialform des Privateigentums sei zweckwidrig, es verdiene »aus staatswirthschaftlichem Gesichtspuncte eben so wenig Begünstigung... als das Institut der Geschlechtsfideikommisse«.[234]

Die bereits erwähnte Denkschrift Montgelas' an Max I. vom Januar 1808 baut unmittelbar auf diesen Gedanken auf. Die pathetische Paraphrase des Code durch Feuerbach ist bei Montgelas kühles Sachreferat, zugeschnitten auf den vorsichtigen König, dem Montgelas die Reformen durch den Nachweis ihres Zusammenhangs mit der bisherigen Regierungsweise eingängig machte. Montgelas betont be-

230 Feuerbach, Themis, 29.
231 Feuerbach, Themis, 31.
232 Feuerbach, Themis, 43.
233 Feuerbach, Themis, 47.
234 Feuerbach, Themis, 49.

sonders, bei der Frage der Grundlasten, der Adelsverfassung mit Fideikommissen und Lehen folge man Prinzipien »entièrement conformes au système que le gouvernement royal n'a cessé de suivre«.[235]

Bei der Konstitution von 1808 wirkte also eine Reihe innerer und äußerer Faktoren zusammen. Neben dem Druck, den Napoleon durch seine Verfassungspläne für den Rheinbund und die energischen Forderungen auf der Mailänder Konferenz ausübte, sind es vor allem Montgelas' innenpolitische Reformvorhaben, lange geplant und wohl zusätzlich durch Feuerbachs Mitteilungen über den Code civil bestärkt, von denen die Antriebe für eine Constitution ausgingen. Enthusiasmus für Frankreich und ein teils nationaldeutscher, teils bayerischer Patriotismus führten zu jenem halbherzigen Eifer bei der Einführung des Code civil, wie außenpolitisches Souveränitätskalkül – nicht etwa eine vom Volk getragene »Verfassungsbewegung« – zu der schnell redigierten Verfassung. Hemmend bei der Durchsetzung einer wirklichen Reform waren vor allem die weiterbestehende Agrarverfassung und das Steuersystem, die beide nicht schlagartig verändert werden konnten, weiter die starke Stellung des landsässigen Adels und die überkommene Verwaltungsstruktur des Staates unter Karl-Theodor, die auch in einem Jahrzehnt eifriger Reformtätigkeit nicht völlig verändert werden konnte.

V.

1. Der Blick auf die Entstehung der Verfassung von 1808 erweist sich als aufschlußreich gerade hinsichtlich des *Fideikommißrechts.* Denn deutlicher als anderswo zeigt sich hier die enge Verklammerung von Bodenrecht und Adelsverfassung. Montgelas' Einwand auf der Mailänder Besprechung, »que beaucoup de familles se trouvoient entièrement ruinées«,[236] wenn der Code Napoléon eingeführt werde, zielte genau auf eine von Napoleon durch Einführung des Code verfolgte Nebenabsicht. Es liegt nahe, daß mit dem Ausdruck »beaucoup de familles« der grundbesitzende Adel und dessen lehensrechtlich und fideikommissarisch geordnetes Bodenrecht gemeint waren. Denn der Code richtete in Art. 896 seine Stoßkraft gerade gegen die fideikommissarischen Substitutionen.[237]

235 Denkschrift Montgelas, bei Doeberl (Anm. 200), Rheinbundverfassung, 68.
236 Denkschrift (vorige Anm.), 67.
237 Dies ergibt sich aus einem Vergleich mit den Art. 693, 694. C. S. Zachariä,

Art. 896 Code civil bildete in der Fassung von 1804[238] das Ergebnis einer älteren gegen die »Substitutionen« gerichteten Bewegung. »Les substitutions gênent le commerce«, hatte Montesquieu 1748 geschrieben,[239] obwohl man deren Geltungsdauer ein Jahr zuvor schon auf höchstens vier Generationen beschränkt hatte. 1792 schaffte die Assemblée législative auch die Substitutionen ersatzlos ab,[240] Art. 896 Code civil übernahm dieses Verbot, und zwar, wie die Motive ergeben,[241] gerade im Hinblick auf die Immobilität der Familiengüter.

Napoleons besonderes Interesse an Art. 896 Code civil rührt daher, daß dieser Artikel als Hebel erscheinen mochte, um dem angestammten Adel mit den Fideikommissen die wirtschaftliche Basis zu entziehen. Feuerbach in seinem Vortrag von 1808 erkannte dies richtig: »Lösen diese Güter sich auf, zersplittern sie als gemeines Erbgut in den Händen zahlreicher Verwandten, kommen (wie es nach dem Erlöschen der Fideikommißeigenschaft nicht anders seyn kann) alte und neue Gläubiger mit zur Theilung; so können zwar noch erbliche Adels-Titel fortbestehen, aber der wahre Erbadel selbst ist untergegangen.«[242] Doch hatte Art. 896 Code civil damit den unerwünschten Nebeneffekt, daß er die Belohnung der durch Napoleon aufgestiegenen Herrenschicht mit Fideikommissen und Majoraten verhinderte. Deshalb erging auf persönlichen Wunsch Napoleons[243] ein Senatuskonsult vom 14. August 1807, das eine Ausnahme vom Grundsatz des Art. 896 Code civil zuließ: »Quand le chef du gouvernement le jugera convenable, soit pour récompense de grands services, soit pour éxciter une utile émulation, soit pour concourir à l'éclat du trone, il pourra autoriser un chef de famille à substituer ses biens libres, pour former la dotation d'un titre héréditaire que le chef du

Handbuch des Französischen Civilrechts IV, 6. Aufl., Heidelberg 1875, 334; Hedemann (Anm. 1), II/1, 54; Fehrenbach (Anm. 201), 20 ff., 25.

238 »Les substitutions sont prohibées. Toute disposition par laquelle le donataire, l'héritier institué, ou le légataire, sera chargé de conserver et de rendre à un tiers, sera nulle, même à l'égard du donataire, de l'héritier institué ou du légataire.«

239 Ch. Baron de Montesquieu, De l'Esprit des lois V, 9.

240 Sitzung v. 5. August 1792, Gesetz d. Konvents v. 14./15. November 1792, Nachweise bei Hedemann (Anm. 1) II/1, 54.

241 R. de Villargues, Les substitutions prohibées par le Code civil, 1821; Hedemann (Anm. 1), II/1, 55.

242 Feuerbach, Themis (Anm. 229), 39. Die spätere Diskussion über die Adelsfrage (»Erbadel oder Verdienstadel«) ist dargestellt bei H. H. Hofmann (Anm. 40), 469 ff., 473 ff.

243 Hedemann (Anm. 1) II/1, 55.

gouvernement érigerait en sa faveur, reversible à son fils ainé ou à naître, et ses descendans en ligne directe de mâle en mâle, par ordre de primogéniture.«[244]

Der neugefaßte Art. 896 Code civil hatte die doppelte Funktion, die alten feudalen Strukturen zu zerstören und gleichzeitig neue zu etablieren. Napoleon selbst hat dies mit aller Deutlichkeit in einem Brief an seinen Bruder Joseph ausgesprochen: »Je veux avoir à Paris cent familles, toutes s'étant élevées avec le trône et restant seules considérables, puisque ce ne sont que des fideicommis et que ce qui ne sera pas à elles va se disséminer par l'effet du Code civil. Établissez le Code civil à Naples. Tout ce qui ne vous sera pas attaché va se detruire alors, en peu d'années, et ce que vous voudrez conserver se consolidera. – Voilà, le grand avantage du Code civil. Il faut établir le Code civil chez vous. Il consolidera votre puissance puisque par lui tout ce qui n'est pas fideicommis tombe, et qu'il ne reste plus de grandes Maisons que celles que vous érigez en fiefs. C'est ce qui m'a fait prêcher un Code civil et m'a porté à l'établir.«[245]

Von der durch Art. 896 Abs. III Code civil geschaffenen Möglichkeit hat Napoleon reichlich Gebrauch gemacht: »1813 befanden sich im Besitze der von ihm ernannten 9 Fürsten, 32 Herzöge, 388 Grafen und 1090 Barone nicht weniger als 3081 Majorate. Der so gebundene Landbesitz lag aber nicht ausschließlich in Frankreich, sondern zum Teil in Italien, Deutschland und Polen.«[246] Von den französischen Majoraten sollen 1905 noch 38 existiert haben.[247]

Zwei Monate nachdem die Ausnahmevorschrift zugunsten des Kaisers in Art. 896 Code civil angebracht war, drang Napoleon in

244 Zachariä (Anm. 237) IV, 343. Diese Ausnahme wurde durch Gesetz von 1835/1849 wieder aufgehoben, Hedemann II/1, 55.

245 Mémoires du roi Joseph, Paris 1853, II, 275, zit. bei Hedemann II/1, 83 f.

246 Handwörterbuch der Staatswissenschaften, 4. Aufl. Jena 1926, III, 1000. Für das Königreich Westfalen und die dort von Napoleon betriebene Dotationspolitik liegt die ausgezeichnete Studie vor von H. Berding, Napoleonische Herrschafts- und Gesellschaftspolitik, Göttingen 1973. Berding, 15, sagt sehr treffend: »Die Zerstörung der überkommenen feudalen, guts- oder grundherrlichen Agrarstrukturen also, der eigentliche Kern der sozialen Umwandlung während der Französischen Revolution, widersprach einem zentralen gesellschaftlichen Interesse des Kaisers: dem Aufbau einer auf agrarischem Grundbesitz beruhenden imperialen Führungsschicht.« – Für das Herzogtum Warschau siehe M. Senkowska-Gluck, Les donataires de Napoléon, in: Rev. Hist. Mod. Contemporaine 17 (1970), 680-693 m. w. Nachw.

247 Hedemann (Anm. 1) II/1, 55.

Mailand auf Einführung des Code in Bayern und schob Montgelas' (echte oder vorgebliche) Sorge vor dem möglichen Ruin vieler Familien mit dem Hinweis auf Entschädigung beiseite.[248] In der Denkschrift für König Max vom Januar 1808 sah Montgelas die Gefahr der Zertrümmerung des heimischen Adels genau, versuchte aber abzuschwächen: »L'abolition des fideicommis et des substitutions perpétuelles diminuent à la vérité l'éclat et la richesse des familles en répartissant entre tous les enfants tout ce qui jusqu'ici avoit appartenu à l'ainé seul; mais elle trouvera une sorte de dédommagement dans la facilité de contracter des mariages avantageux, dès que les filles exclues jusqu'ici absolument de la succession sont admises à y prendre part; dans la faculté qui restera aux pères d'avantager leurs ainés par une part d'enfant et de substituer en leur faveur au moins au premier degré.«[249]

Zieht man die Ausführungen Feuerbachs, ebenfalls vom Januar 1808, heran, so ergibt sich vollkommene Übereinstimmung. Zunächst die Feststellung, daß der Bestand des herkömmlichen Adels wirtschaftlich auf dem Fortbestand der Fideikommisse beruhe, dann eine Schilderung der schwierigen Situation, in der sich der Adel befinde, weil die Fideikommisse eine Ausstattung der Töchter verhinderten. Indem Feuerbach daran ein enthusiastisches Lob der fünf Monate zuvor von Napoleon eingeführten Ausnahme zu Art. 896 Code civil anschloß und diese Ausnahme als »öffentlichrechtliche« von den privatrechtlichen Fideikommissen unterschied, konnte er Montgelas dann die allmähliche Durchdringung von Adel und Bürgertum und gleichzeitig die Schaffung eines neuen Majoratsadels vorschlagen. Eine solche Adelsverfassung habe »das Interesse der Monarchie, welche in dem Erbadel eine Ungleichheit der Stände zu fordern scheint, mit dem höchsten Interesse bürgerlicher Gleichheit verschmolzen«, in ihr sei »menschlicher Weisheit das höchste gelungen, was sie in diesem Punkte zu erreichen vermag«.[250]

Es muß Montgelas klar gewesen sein, daß an die Verwirklichung der Ideen Feuerbachs, die einen radikalen Umbruch der gesamten Oberschicht bedeutet hätten, ohne eine Ausweichmöglichkeit für die bereits durch Fideikommisse Privilegierten nicht zu denken war.[251] Er

248 Doeberl, Rheinbundverfassung (Anm. 200), 67.

249 Doeberl, Rheinbundverfassung, 69.

250 Feuerbach, Themis (Anm. 229), 45.

251 Vgl. auch Ritter v. Lang (Anm. 227), 248 f.: »Der Minister (Montgelas) selbst verachtete alles kleine Gewürm dieses Adels und schenkte seine Vorliebe nur

unterließ vielleicht auch aus Vorsicht in seiner Denkschrift an König Max weitere Ausführungen zu den Konsequenzen, die die Abschaffung der Fideikommisse haben würde, weil dies schon im Stadium der Planung zu unnötigen Hindernissen hätte führen können.

Das Adelsedikt vom 28. Juli 1808[252] erweist sich in den Partien, die die Fideikommisse und Majorate betreffen, als Ergebnis der Überlegungen Feuerbachs und Montgelas' zu Art. 896 Code civil. Es erstrebt tatsächlich die Zerschlagung der bisherigen Fideikommisse und die gleichzeitige Errichtung von Majoraten.[253] Im Gegensatz zu den herkömmlichen Fideikommissen, die durch privatrechtliche Willenserklärung ohne landesherrlichen Konsens errichtet werden konnten,[254] war nun für Majorate die »öffentlichrechtliche«[255] Errichtung mit landesherrlicher Genehmigung, Ausfertigung mit Brief und Siegel und Publikation im Regierungsblatt vorgesehen.[256] Damit war ein Filter für die Neuzulassung zum bodenbesitzenden Adel errichtet, dessen Handhabung dem landesherrlichen Ermessen übergeben war. In gleicher Weise stellte man sich die Überleitung der bisherigen Fideikommisse vor. Dem Grundsatz (»Die dermaligen Fideikommisse Unserer adeligen Familien sind in allen ihren dermaligen rechtlichen Wirkungen aufgehoben, wenn[257] sie auch in der Voraussetzung anderer staatsrechtlichen Verhältnisse von Uns bereits bestätigt worden

den auf reichen Fideikommissen und Herrschaftsgerichten ausgespreitzten Löwen, Panthern und Leoparden ... Sein Plan war, daß, wie etwa in England, nur ein einziger Adel des großen Grundbesitzes, allein durch die ältesten Söhne forterbend, und dann noch ein persönlicher Ritteradel, der bei bedeutendem Grund- oder Geldbesitz auf einen Sohn transmittiert werden könne, bestehen sollte.«

252 Anm. 221.

253 Ein Jahrzehnt später spielte sich der parallele Vorgang in Sizilien und Neapel ab. Durch Gesetz v. 2. August 1818 wurden die fideikommissarischen Substitutionen verboten. Durch den Codex von 1819 wurde ein öffentlichrechtliches Majorat mit jeweiliger königlicher Approbation eingeführt.

254 Codex (Anm. 15) III, 10, § 3; Kreittmayr, Anmerkungen (Anm. 15) III, 10, § 3. Nur wenn gegenüber Dritten die Allodialvermutung entkräftet werden sollte, verlangte das bayerische Landrecht die Publikation um des Gläubigerschutzes willen.

255 Präambel zu dem Edikt v. 22. Dezember 1811, RBl. 1812, 5: »... hat Uns bewogen, mit Auflösung der bisherigen bloßen privatrechtlichen Verhältnisse der Fideikommisse ein *öffentliches* Institut durch Gründung der Majorate aufzustellen.«

256 §§ 27-31 Adelsedikt v. 28. Juli 1808.

257 Bei der Erstpublikation noch »wie«. Berichtigt RBl. 1808, 2626.

sind«)[258] folgte die Ausnahme, indem unter bestimmten Bedingungen[259] die Umwandlung in ein Majorat erlaubt wurde – wohlgemerkt auch hier nur mit landesherrlichem Konsens. Diese Bedingungen schlossen bürgerliche Fideikommisse aus, beschränkten die Möglichkeit der Errichtung auf Immobilien, die mehr als 4000 fl. jährlich abwarfen, und setzten eine Ausschlußfrist von sechs Monaten, innerhalb deren die Umwandlung abgeschlossen sein sollte.

Daß diese Regelung sofort nach ihrem Erlaß als unbefriedigend empfunden wurde, ergibt sich aus einem Aktenbündel im Nachlaß von Montgelas, in dem sich eine ganze Reihe von Gesetzentwürfen aus den Jahren 1808 bis 1810 zur Revision der Majoratsbestimmungen befindet.[260] Ergebnis dieser Überlegungen war ein Edikt vom 22. Dezember 1811,[261] das nun, um »künftigen Zweifeln vorzubeugen«, die Materie in breiter Diktion noch einmal regelte. Es ist wertvoll durch die in der Präambel enthaltene amtliche Erklärung der Motive, die zu der einschneidenden Regelung von 1808 geführt hatten. Auf der einen Seite wollte man dem verarmten Adel durch die Mobilisierung der unrentablen Fideikommisse die Möglichkeit geben, seinen »zerrütteten Zustand zu ordnen«,[262] mit anderen Worten: seine Schulden zu bezahlen und die Töchter angemessen zu verheiraten – auch hier also wieder der von Feuerbach ausgesprochene Gedanke der gesellschaftlichen und wirtschaftlichen Einebnung der Trennmauer zwischen Adel und Bürgertum. Auf der anderen Seite galt es, den wohlhabenden Adel vor der egalisierenden Wirkung des allgemeinen Eigentums- und Erbrechts zu schützen, was nur, wie die Präambel sagte, »durch hinlängliches, unter besonderem Schutze des Staates stehendes Grundeigentum dauernd gesichert werden kann«.[263] »Diese Ansicht hat Uns bewogen«, fährt der Text fort, »mit Auflösung der bisherigen bloßen privatrechtlichen Verhältnisse der Fideikommisse ein öffentliches Institut durch Gründung der Majorate aufzustellen, denjenigen adeligen Familien, welche sich im Stande befinden, auf solche Art für die Fortdauer ihres Namens und Stammes zu sorgen, die Mittel hierzu möglichst zu erleichtern, und

258 § 69 Adelsedikt, durch Allerh. Entschl. v. 5. Dezember 1808, RBl. 1808, 2887, auf die (seltenen) bürgerlichen Fideikommisse erweitert.

259 § 70 Adelsedikt.

260 Geh. Staatsarch. München, Nachlaß Montgelas Nr. 272.

261 RBl. 1812, 5; Döllinger (Anm. 30) V, 88.

262 Präambel, Döllinger V, 89.

263 Präambel (vorige Anm.).

die Majoratsbesitzer als die ersten Grundeigentümer durch solche Vorzüge auszuzeichnen, welche dieselben eben so sehr mit dem gehörigen Ansehen umgeben, als an die verfassungsmäßigen Staatseinrichtungen sich anschließen«.[264] Fast unverändert tritt uns hier der Gedanke Napoleons, durch Schaffung eines neuen Majoratsadels den Thron zu sichern, entgegen.

Die Detailregelungen des Edikts von 1811 stellen teils Präzisierungen zu Reichweite und Anwendung des Edikts von 1808, teils dessen Weiterentwicklung dar. Sie legten fest, welche fideikommissarischen Bindungen des Bodens erloschen seien und daß die Folge des Erlöschens die Verwandlung in »freies Eigenthum« sei[265] – mit allen, insbesondere erbrechtlichen Folgen. Insgesamt herrschte die Tendenz, die Errichtung von Majoraten zu erleichtern und für die bisherigen Fideikommisse einen schmerzlosen Übergang zu gewährleisten. Das machte zum Beispiel auch Vorschriften notwendig, die den Zugriff der Gläubiger während der Umwandlungsphase verhindern sollten, in der das Fideikommißvermögen zum Allod geworden war.[266]

Getreu der gesetzgeberischen Motivation war nun das Majoratsrecht auch de iure ständisches Sonderrecht,[267] wobei sich der Landesherr – wie Napoleon – die Erweiterung des Kreises der Privilegierten vorbehielt.[268] Diese Kontrolle hatte eine eminent politische Bedeutung auch insofern, als mit der Eigenschaft des Majoratsherrn die Mitgliedschaft in den ständischen Repräsentationsorganen,[269] der befreite Gerichtsstand,[270] die Polizeigewalt und die Gerichtsherrschaft auf dem Gebiet des Majorats verbunden war.[271] Die bereitwillige Neuausstattung des Adels mit alten Privilegien läßt vermuten, daß der politische Spielraum des Monarchen zur Ausschaltung des Adels gering war und der Demonstrationsvorgang der juristischen Möglichkeit der Zertrümmerung und Wiedererrichtung intermediärer Gewalten vom Adel nur unter der Zusage geduldet wurde, es werde sich de facto nichts Wesentliches ändern.

Das Edikt von 1811, das sich damit von dem revolutionären

264 Präambel (vorige Anm.).
265 § 9 d. Edikts (Anm. 261).
266 §§ 62, 63 d. Edikts.
267 § 17 d. Edikts.
268 § 16 Abs. 2 d. Edikts.
269 § 71 d. Edikts.
270 § 72 d. Edikts.
271 § 73 d. Edikts.

Grundgedanken des Art. 896 Code civil und den Gedanken Feuerbachs von der Ersetzung des Erbadels durch einen grundbesitzenden Verdienstadel weit entfernt hatte, wurde schon 1818 im Zuge der Verfassungsreform durch die Beilage VII zur Verfassungsurkunde von 1818 ersetzt. Da inzwischen mit dem Sturz Napoleons der politische Druck zur Einführung des Code civil und mit Montgelas der eigentliche Kopf der bayerischen Reformgesetzgebung beseitigt waren, wurde das Edikt über die Familienfideikommisse vom 26. Mai 1818[272] notwendig ein Dokument der Konsolidierung, ja in gewisser Weise des Rückgriffs auf die Positionen des Kreittmayrschen Codex.

Auch 1818 bildeten die Edikte mit der neuen Verfassung eine innere Einheit. Anders als 1808 ist aber nun das Eigentümliche, daß einer äußerlich liberalen Verfassung sehr viel konservativere Edikte beigegeben werden. Der durch Montgelas erworbene Ruf der Liberalität sollte erhalten, an den bestehenden Verhältnissen aber möglichst wenig verändert werden.[273]

2. Die unmittelbare Vorgeschichte der bayerischen *Verfassung von 1818* reicht bis in das Jahr 1814 zurück. »Die Nachrichten, welche man von Wien aus über die präliminaren Unterhandlungen zur Bundesverfassung erhielt, und die ausgedehnten Rechte, welche nach den ersten Äußerungen des Enthusiasmus einiger norddeutscher Staaten den neuen Landesrepräsentationen zugeteilt werden sollten, waren die Veranlassung, in München so schleunig wie möglich mit einer neuen Verfassung der bayerischen Lande voranzueilen, damit man sich keinen besonderen Zumutungen und Aufforderungen von seiten des Kongresses nach minder beliebten Grundsätzen aussetzen und vielmehr die offene Ausrede zur Hand haben möchte, man sei bereits mit einer solchen den neuen Verhältnissen angepaßten Konstitution versehen«, schrieb ein unmittelbar Beteiligter treffend.[274] Die königliche Entschließung vom 17. September 1814, die einem

272 RBl. 1818, 277; Döllinger (Anm. 30) V, 65; Weber (Anm. 21) I, 649.

273 Ritter v. Lang (Anm. 227), 252: »Da man es aber den Augen zu verbergen suchte, wie himmelweit die Grundlage der gar nicht verwerflichen und den Machthabern nur gar zu liberalen Konstitution von 1808 von dem neuen Entwurf (entfernt) sein werde, so behielt man ihre eigenen Gesetzesworte soviel als möglich bei, suchte aber alle neuen Institutionen oder vielmehr die wiedererweckten uralten, wie der Rabbiner den Beiwagen der Mischna und des Talmuds dem Urgesetz, in Gestalt besonderer Edikte anzuhängen.«

274 Ritter v. Lang, a.a.O., 251 f.

Vortrag Montgelas' vom 14. September folgte,[275] knüpfte an die Verfassung von 1808 an, schilderte deren Mängel, insbesondere die nicht in Kraft getretene »National-Repräsentation«, und befahl nun die Gesamtrevision unter Berücksichtigung der inzwischen ergangenen Organischen Edikte. Mit der Arbeit wurde eine Kommission beauftragt,[276] die auch einen Entwurf zustande brachte. Dieser Entwurf wurde von Montgelas aber noch im gleichen Jahr »auf Eis gelegt«.[277]

Inzwischen bestimmte die Deutsche Bundesakte vom 8. Juni 1815[278] in Art. 13: »In allen Bundesstaaten wird eine Landständische Verfassung statt finden« – eine Bestimmung, deren absichtliche Unbestimmtheit den einzelnen Mitgliedern die Initiative zur Verfassungsgebung überließ und auch inhaltlich nichts präjudizierte, da »landständisch« jedenfalls nicht mehr im vorrevolutionären Sinn verstanden werden konnte.[279] So zögernd man in Frankfurt an die Erfüllung des Art. 13 heranging, der Druck der öffentlichen Meinung wirkte über den Deutschen Bund doch wieder auf die Mitglieder zurück.[280] In Bayern drängte, ähnlich wie 1808, eine »Souveränitätspartei«[281] auf den Erlaß einer liberalen Verfassung, während Rechberg, nach Montgelas' Sturz am 2. Februar 1817[282] dirigierender Minister, lebhaft alle Verfassungspläne abwehrte. Die eingehende Darstellung des Tauziehens von 1817/18 um den Erlaß einer bayerischen Verfassung durch Wolfgang Quint hat ergeben, daß die bayerische Regierung sich bis zuletzt dem Erlaß einer Verfassung zu entziehen und in der Frage des Art. 13 der Bundesakte möglichst passiv

275 Text bei G. Frhr. v. Lerchenfeld, Geschichte Bayerns unter König Maximilian Joseph I. mit besonderer Beziehung auf die Entstehung der Verfassungsurkunde, Berlin 1854, 336.

276 Liste der Mitglieder bei Seydel (Anm. 176), 208, und bei F. Dobmann, Georg Friedrich Freiherr von Zentner als bayerischer Staatsmann in den Jahren 1799-1821, Kallmünz 1962, 132.

277 W. Quint, Souveränitätsbegriff und Souveränitätspolitik in Bayern, Berlin 1971, 464 m. w. Nachw. Angaben über die Aktivitäten zur Revision der Konstitution von 1808 bei Seydel (Anm. 176), 208 ff.

278 Huber, Dokumente (Anm. 143) I, 75 ff.

279 Quint (Anm. 277), 465 ff.

280 Vgl. die von dem Gesandten v. Aretin an die Regierung in München gerichtete Aufforderung, mit dem Verfassungswerk bald zu beginnen, bevor sich die Bundesversammlung damit beschäftige, Quint, 469.

281 Quint (Anm. 277), 470.

282 K. O. Frhr. v. Aretin, Der Sturz des Grafen Montgelas, in: Zeitschr. f. bayer. Landesgesch. 20 (1957).

zu verhalten suchte.[283] Die Versuche Bayerns, die Erörterung des Art. 13 auf dem Bundestag zu hintertreiben, waren allerdings fehlgeschlagen.[284]

Erst als die Situation im Bundestag, der schwindende Widerstand anderer Regierungen und der Druck der öffentlichen Meinung[285] zur Verfassungsgebung nötigten, gab Max Joseph am 16. Februar 1818 aus Sorge vor Beeinträchtigungen der bayerischen Souveränität die Instruktion, die Beratungen über die Verfassung wiederaufzunehmen und schnell zu Ende zu führen. Am 26. Februar begannen die Beratungen, am 26. Mai wurde die Verfassungsurkunde ausgefertigt und im Gesetzblatt verkündet.[286] Die Verfassung wurde begleitet von zehn Edikten, die als Beilagen, ähnlich wie die Organischen Edikte von 1808, ihr angefügt wurden und sie inhaltlich ergänzen sollten. Für unseren Zusammenhang von Bedeutung sind das Edikt über die Mediatisierten,[287] das Adelsedikt,[288] das Edikt über die gutsherrlichen Rechte und die gutsherrliche Gerichtsbarkeit[289] und das Edikt über die Familienfideikommisse.[290]

Es ist bedeutsam, daß bei den Beratungen, in denen sich eine konservative Gruppe (Rechberg, Reigersberg) und eine liberale (Lerchenfeld, Wrede, Zentner, Kronprinz Ludwig) gegenüberstanden,[291] gerade Zentner, der ehemalige Mitarbeiter Montgelas', eine große Rolle spielte. Außer dem Gewicht der durch Montgelas' Reformen geschaffenen Tatsachen hat gerade seine Person zur Ambivalenz der Verfassung zwischen ständischen und konstitutionellen Elementen, egalitär-liberalen Gewährungen und konservierenden Schutzmaßnahmen geführt – letzteres etwa durch die Ausklammerung des Fideikommiß- und Lehensrechts sowie der gutsherrlichen Gerichtsbar-

283 Quint (Anm. 277), 463 ff.
284 Quint, 487.
285 Dobmann (Anm. 276), 140 f. Gerade in Bayern artikulierte sich allerdings eine öffentliche Meinung in dieser Frage kaum. Nur in Augsburg und Neuburg/Donau soll es Unterschriftensammlungen mit der Bitte um Gewährung einer Verfassung gegeben haben, vgl. A. v. Bayern, Max I. Joseph von Bayern, München 1957, 765.
286 GBl. 1818, 101; Döllinger (Anm. 30) I, 347; Weber (Anm. 21) I, 578.
287 GBl. 1818, 189; Döllinger IV, 1; Weber I, 615.
288 Edikt über den Adel im Königreiche Baiern v. 26. Mai 1818, § 13; dazu H. Nusser, in: Gedächtnisschrift W. Winkler, München o. J., 308 ff.
289 GBl. 1818, 221; Weber (Anm. 21) I, 630.
290 GBl. 1818, 277; Weber I, 649.
291 Quint (Anm. 277), 491, m. w. Nachw.

keit aus der bürgerlichen Gleichheit.[292] Insgesamt bewirkten die neue Verfassung und ihre Edikte die Stagnation der bisherigen Liberalisierung des Bodenrechts. Die konservativen Kräfte beherrschten das Feld. Der »französische Geist« war entwichen.

Die mit dem Jahr 1818 erreichte Station der bayerischen Verfassungsentwicklung bildete nun für den Rest des Jahrhunderts mindestens den juristischen Ausgangspunkt, so weit sich auch die politischen Kräfte von jener Kompromißsituation des Jahres 1818 entfernen mochten. Wie die Verfassung selbst, so wurden auch einige Rechtsinstitute in den Beilagen zur Verfassung in einer Weise fixiert, daß sie in den folgenden Jahrzehnten nur angepaßt, nicht aber grundsätzlich verändert werden mußten. Dies gilt insbesondere für das Recht der Familienfideikommisse.

3. Das *Fideikommißedikt* von 1818[293] drückte bereits durch seinen Namen aus, daß die Position von 1808 – Abschaffung der Fideikommisse und ihre Überleitung in öffentlichrechtliche Majorate – stillschweigend aufgegeben war. Bei den Beratungen hatte Zentner bereits 1814 die Wiedereinführung der Fideikommisse befürwortet, da der Adel sich ohne Fideikommisse »nicht lange halten« könne.[294] War schon durch das Edikt von 1811 der Wunsch deutlich zum Ausdruck gekommen, die Substanz der Fideikommisse (wenn auch unter neuem Namen) zu erhalten, so wurde nunmehr direkt die Restaurierung der alten Verhältnisse angestrebt. Die zwischen 1808 und 1818 entstandenen Majorate konnten in Familienfideikommisse rückumgewandelt werden.[295] Damit war auch der Gedanke der Ersetzung des Erbadels durch einen mit Fideikommißgütern zu belohnenden Verdienstadel endgültig beiseite gelegt. Auch eine Öffnung des Instituts durch Zulassung Bürgerlicher wurde nicht mehr diskutiert. Die seit jeher in der Praxis bestehende ständische Begrenzung war damit, in Bekräftigung der Regelung von 1808, auch rechtlich abgesichert.

Über die Auswirkungen dieser experimentierenden Fideikom-

292 Zu Zentners Mitarbeit nunmehr umfassend Dobmann (Anm. 276), 127 ff., 148 f.

293 Edikt über die Familien-Fideikommisse v. 26. Mai 1818, GBl. 1818, 277 Beil. VII zu Tit. V der Verfass.-Urkunde. Zum folgenden auch H. H. Hoffmann (Anm. 40), 388 f.

294 Protokoll der Ausschußsitzung v. 25. Oktober 1814, Hauptstaatsarch. München, Staatsrat 1643; Dobmann (Anm. 276), 149.

295 § 103 Fideikommißedikt.

mißgesetzgebung in Bayern liegen, soweit ich sehe, keine empirischen Untersuchungen vor. Man kann aber vermuten, daß durch die Aufhebung zwischen 1808 und 1818 ein Teil des fideikommissarisch gebundenen Bodens in Bewegung geraten ist, und zwar derjenige Teil, dessen Eigentümer, wie die zitierte Präambel des Edikts von 1811 gesagt hatte, »in solche Verhältnisse versetzt worden sind, welche ihnen nur in einer freien Disposition über ihre bisherigen Fideikommißgüter die Mittel übriglassen, ihren zerrütteten Zustand zu ordnen«.[296] Wenn dies richtig ist, dann hätte sich die Absicht des Gesetzgebers von 1808/11 erfüllt, nämlich die Mobilisierung der unrentablen und die Erhaltung der rentablen Fideikommisse, das heißt des Großgrundbesitzes.

Dies ist deshalb wichtig, weil nun an den fideikommissarisch gebundenen Großgrundbesitz auch politische Vorrechte geknüpft waren. Erbliches Mitglied der Kammer der Reichsräte konnte nur ein adeliger Gutsbesitzer mit einem Lehens- oder Fideikommißgut in Bayern werden, und zwar mit einem solchen, »von welchem sie an Grund- und Dominicalsteuern in simplo Dreyhundert Gulden entrichten, und wobey eine agnatisch-linealische Erbfolge nach dem Recht der Erstgeburt eingeführt ist«.[297] Daß in der Kammer der Abgeordneten die adeligen, mit Gerichtsbarkeit ausgestatteten Gutsbesitzer 1/8 und die übrigen Landeigentümer 4/8, der Grundbesitz zusammen also 5/8 aller Stimmen innehatte, daß weiter das passive Wahlrecht an freien Landbesitz im Grundsteuerwert von mindestens 8000 fl. geknüpft war,[298] illustriert zusätzlich das erdrückende politische Übergewicht des Grundbesitzes und innerhalb der Grundbesitzer das Übergewicht des Adels.

Die Einzelheiten des Fideikommißedikts von 1818 hielten sich auf der Linie, die durch den Kreittmayrschen Codex festgelegt und auch vom Majoratsedikt von 1811 eingehalten worden war. Nur die ins Auge gefaßte Ablösbarkeit der gutsherrlichen Rechte, Renten und bäuerlichen Lasten,[299] die zu einer unerwünschten Substanzminderung des Fideikommißvermögens führen konnte, zwang zur Formulierung einer Zusatzregel, daß bei Substanzminderung durch Ablösung sowohl die Genehmigung des zuständigen

296 Döllinger (Anm. 30) V, 89.

297 § 3, Tit. VI Verfassungs-Urk. 1818.

298 Zorn, Gesellschaft und Staat (Anm. 5), 127 m. w. Nachw. über die aktiv und passiv Wahlberechtigten 1818 und 1848.

299 §§ 6 ff., Tit. I des Ediktes über die gutsherrl. Rechte (Anm. 289).

Appellationsgerichts[300] eingeholt als auch für Ersatz gesorgt werden müsse.[301]

Die Gesetzgebung der folgenden Jahre hat an den wesentlichen Linien des Instituts nichts mehr geändert. Sie brachte nur Ergänzungen des Verfahrensrechts[302] und Präzisierungen im Detail.[303]

Nachdem die Besorgnis, die 1808 durch die Abschaffung der Fideikommisse entstanden war, seit 1818 schwand, nahm die Errichtung von Fideikommissen in Bayern zwischen 1818 und 1870 ständig zu.[304] Erst nach 1870 zeigt sich, anders als in Preußen, eine deutliche Verlangsamung.[305] Ein starker Anstieg läßt sich innerhalb dieses Zeitraums nach 1850 beobachten, was einen Zusammenhang mit der Revolution von 1848 nahelegt.

Das in der Paulskirche vorweg verabschiedete »Reichsgesetz betr. die Grundrechte des deutschen Volkes« vom 27. Dezember 1848[306] enthielt, wie kurz darauf auch die Reichsverfassung vom 28. März 1849,[307] die Aufhebung der Fideikommisse und des Lehensverbandes. Da das Grundrechtsgesetz von Bayern nicht publiziert[308] und schon durch Bundesbeschluß vom 23. August 1851 wieder aufgehoben wur-

300 §§ 14, 49 Fideikommißedikt. Zur Substanzminderung bei Fideikommissen infolge der Grundlastenablösung J. Pözl, Lehrbuch des Bayerischen Verfassungsrechts, 5. Aufl., München 1877, 176, Anm. 4.

301 § 9 Edikt über die gutsherrl. Rechte (Anm. 289); §§ 67-70 Fideikommißedikt (Anm. 293).

302 Instruktion v. 28. Dezember 1818, RBl. 1819, 18 (Behandlung der Fideikommiß-Matrikel bei den Appellationsgerichten); VO v. 15. März 1820, RBl. 1820, 139 (keine Fristverlängerung bei Errichtung); Ges. v. 1. Juni 1822, GBl. 1822, 29 (Eintragung in das Hypothekenbuch, §§ 22, 131); Prioritätsordnung v. 1. Juni 1822, GBl. 1822, 101, §§ 3, 8.

303 Gesetz, die Anwendung und Vollziehung einiger Bestimmungen des Ediktes über die Familienfideikommisse betr. v. 11. September 1825, GBl. 1825, 11, 31; Weber (Anm. 21) II, 233.

304 F. Lütge, Art. Fideikommiß, in: Handwörterbuch d. Sozialwissensch. III (1961), 522 f. – Selbst die Familie Montgelas nahm daran Anteil. Sie errichtete am 8. März 1826, RBl. 1826, 325 (Nachtrag am 19. Dezember 1834, RBl. 1835, 9), die Familienfideikommisse Egglkofen/Obb., Aham und Gerzen/Ndb. Vgl. Weber (Anm. 21), Anhangband, München 1894, 600.

305 Lütge (vorige Anm.).

306 RGBl. 1848, 49, 57.

307 §§ 17a, 171 Verf. 1848, Huber, Dokumente (Anm. 143) I, 321. Die Auseinandersetzungen um diese Bestimmungen sind dokumentiert bei H. Scholler (Hrsg.), Die Grundrechtsdiskussion in der Paulskirche, Darmstadt 1973, 102 f., 203 ff.

308 E. R. Huber, Deutsche Verfassungsgeschichte II, Stuttgart 1960, 783, Anm. 63.

de,[309] war mit dem Scheitern der Reichsverfassung auch die Fortexistenz der Fideikommisse sichergestellt. Hinzu kam, daß eine innerbayerische Initiative zur Änderung des Fideikommißrechts aus den Jahren 1849 bis 1851 ergebnislos endete.[310] Ihr nicht erreichtes Anliegen war, das Fideikommißwesen auch dem Bürgertum zu öffnen.

An eine völlige Abschaffung des Instituts wie in der Paulskirche oder in Preußen[311] dachte man also in Bayern 1848/49 nicht, erst recht nicht in den folgenden Jahren. Die Gesetzgebung bietet daher bis zum Ende des Ersten Weltkrieges ein ruhiges Bild.[312]

Erst das revolutionäre »Vorläufige Staatsgrundgesetz des Freistaates Bayern« vom 17. März 1919[313] setzte den Endpunkt: »Neue Fideikommisse dürfen nicht errichtet werden. Die bestehenden Fideikommisse werden durch besonderes Gesetz aufgehoben werden.«[314] Das Ausführungsgesetz, das elf Tage später erging,[315] hob »Familienfideikommisse, adelige Stamm- und Hausgüter und Familiengüter, die im Erbverbande stehen«, auf.

Gleichzeitig wurde ein praktisch unbedeutendes, aber wenigstens in seiner Absicht interessantes Institut aufgehoben, das den Fideikommissen nachgebildet war. Es waren dies die sogenannten »bäuerlichen Erbgüter«, die man in der Mitte des 19. Jahrhunderts als Gegenmittel gegen die negativen Erscheinungen allzu großer Liberalisierung des Bodenmarktes zu schaffen versucht hatte.[316] Die Praxis

309 Huber, Dokumente (Anm. 143) I, 318 Anm. 12.

310 Die Staatsregierung legte dem Landtag 1849/50 einen Entwurf für ein Gesetz über die Familienfideikommisse vor, durch das die Beschränkung auf den Adel aufgehoben werden sollte. Der Entwurf blieb unerledigt, wurde auf dem Landtag 1851/52 nochmals vorgelegt und blieb wiederum unerledigt. Nachweise bei Pözl (Anm. 300), 152.

311 Art. 38 preuß. (oktroyierte) Verfass. v. 5. Dezember 1848, Text bei Huber, Dokumente I, 385, 388.

312 Erwähnenswert sind allenfalls VO v. 3. März 1857, RBl. 1857, 253; Weber (Anm. 21) V, 39 (Instruktion über die Behandlung der Familien-Fideikommisse); ME v. 10. Juni 1860, Weber V, 188; v. 12. Februar 1867, Weber VI, 758 (Steuerumschreibungen bei Familien-Fideikommissen).

313 GVOBl. 1919, 109, 111.

314 § 12 S. 2 d. Gesetzes.

315 Gesetz über die Aufhebung der Familienfideikommisse v. 28. März 1919, GVOBl. 1919, 114 f.

316 Hedemann (Anm. 1) II/1, 132 f. Die Anregung in Bayern ging wohl aus von dem Prof. der Landwirtschaft K. Fraas, Der Ackerbaustaat und seine Forderungen im J. 1848, Centralblatt des landwirthschaftlichen Vereins in Bayern 38 (1848), 249 ff., 289 ff. Hinweis bei Zorn, Gesellschaft und Staat (Anm. 5), 135 f.

hat sich der im Jahre 1855 angebotenen gesetzlichen Möglichkeiten[317] nicht bedient. 1872, also nach rund zwei Jahrzehnten, waren in Bayern nicht mehr als 4 Erbgüter errichtet.[318]

4. Ähnlich weit, nämlich ebenfalls von 1808 bis zum Jahre 1919, spannt sich der Bogen im *Lehensrecht*. Der Blick auf die verschiedenen Motivketten der Außen- und Innenpolitik, die zur Konstitution von 1808 und den folgenreicheren Edikten bis zum Jahre 1813 geführt haben, zeigt, daß Montgelas den außenpolitischen Druck auch zu innenpolitischen Reformen zu nutzen verstand. Dabei zog eine Reform die andere nach sich: »Die neue Verfassung des Reiches fordert von selbst eine Veränderung des bisher in den verschiedenen Provinzen bestandenen Lehen-Wesens. Indem Wir daher bedacht waren, auch diesem Zweige der Staatsverwaltung, so viel es ohne Verletzung gegründeter Rechte der Einzelnen geschehen konnte, eine dem Geiste der Konstitution angemessene gleichförmige Gestalt zu geben, sind Wir von dem Gesichtspunkte ausgegangen, die Mängel und Gebrechen des alten Lehen-Wesens zu heben, den Übergang in freies Eigenthum, zur Beförderung des National-Wohlstandes, möglichst zu erleichtern, und dieses Institut, von Mißbräuchen und schädlichen Nebenbestimmungen befreit, in einfachere Formen zurückzuführen.« Mit diesen Worten bezeichnete die Präambel des Lehensedikts von 1808 die Ziele sehr genau: keine völlige Abschaffung des Lehensverbandes wie in Frankreich,[319] sondern Reform und möglichst schonende Überleitung in freies Eigentum.

Das Lehensedikt von 1808,[320] in seinen Hauptzügen geprägt durch den Oberlehnhofkommissar Johann Adam von Aretin, ist beherrscht von der Idee der vollen Souveränität des Landesherrn auch nach innen.[321] Es verwirklicht die absolutistische Politik der Ausräumung al-

317 Der Entwurf eines Gesetzes, die landwirtschaftlichen Erbgüter betr., wurde dem Landtag 1851/52 vorgelegt (Prot. d. Kammer der Reichsräte 1851/52, II, 360). Erst 1855 kam es zu einem Gesetz, die landwirtschaftlichen Erbgüter betr. v. 22. Februar 1855, GBl. 1855, 49; Weber (Anm. 21) IV, 679.

318 P. Roth, Bayrisches Civilrecht II, Tübingen 1872, 593 Anm. 3; Hedemann (Anm. 1) II/1, 133.

319 M. Garaud, La révolution et la propriété foncière, Paris 1959, 167 ff., insbesondere zu den Beschlüssen vom 4. August 1789.

320 Edikt über die Lehen-Verhältnisse im Königreiche Baiern v. 7. Juli 1808, RBl. 1808, 1893, 2626; Weber (Anm. 21) I, 176.

321 Vgl. dazu auch die Deklaration betr. die Auflösung des bisherigen Lehenverbandes zwischen den der kgl. Souveränität unterworfenen Fürsten, Grafen

ler intermediären Herrschaftsverhältnisse und deren Ersetzung durch ein unmittelbares Untertanenverhältnis zu einem Zeitpunkt, an dem der Absolutismus seinen Zenit bereits überschritten hatte. An die Stelle des Untertanenverhältnisses rückte nun unmerklich das staatsbürgerliche und verstärkte den Widerspruch zu den archaisch anmutenden Lehensbindungen. Das Lehens-Edikt holte für das Lehensrecht die im Staat schon erreichte Immediatbeziehung zwischen Staat und Individuum nach: »Alle Lehen können in Zukunft nur von dem König ausgehen. Außer dem König kann in Baiern kein Lehen-Herr bestehen«[322], und konsequenterweise sollten deshalb »Alle Privat-Lehen und alle After-Lehen ... erlöschen«,[323] sie sollten allodifiziert oder in andere Grundverträge umgeändert werden.[324] Erhalten blieben nur noch Mann-Lehen der Krone, deren Gegenstand die höheren Kronämter und liegende Güter sein sollten.[325]

Was nach diesem tiefen Eingriff in das Lehensrecht noch als königliches Thron- oder Kanzlei-Lehen[326] konserviert wurde, war juristisch immobil. Der Lehensmann konnte ohne lehens-, das heißt landesherrlichen Konsens über das Lehen in keiner Hinsicht rechtsgeschäftlich verfügen. Die Lehens-Eigenschaft war in den Hypothekenbüchern vermerkt.[327] Doch konnte selbst aus dieser Gruppe noch ein Teil durch Allodifikation herausgebrochen werden: die Kanzlei-Lehen ohne Gerichtsbarkeit. Wenn bei ihnen alle lebenden Lehensfolger zustimmten, war die Ablösung möglich.[328]

Die Jahre 1808 bis 1825 waren nun der Abwicklung gewidmet. Es ist selbstverständlich, daß selbst diese geringen Restbestände des ehe-

und Herren und ihren Vasallen v. 3. Februar 1809, RBl. 1809, 257, und die hierauf bezügl. Bekanntm. v. 2. Januar 1813, RBl. 1813, 41.

322 §§ 22, 34 Lehenedikt. Eine Ausnahme wurde gemacht für die Mediatisierten, denen man die Aktiv-Lehen beließ. Dazu § 57 des Edikts, die staatsrechtlichen Verhältnisse der vormals Reichsständischen Fürsten, Grafen und Herren betr. v. 26. Mai 1818, GBl. 1818, 189 (dazu eingehend H. H. Hofmann (Anm. 40), 380 ff.); lit. M. der kgl. Deklaration v. 19. März 1807, RBl. 1807, 465; Weber (Anm. 21) I, 126.

323 § 24 Lehenedikt 1808. Durch eine VO v. 25. Dezember 1811 wurde auf »wiederholte allerunterthänigste Vorstellungen mehrerer Vasallen und Privatlehenherren« der Termin zur Auflösung der After- und Privatlehen um ein Jahr auf 1. Januar 1813 verlängert, RBl. 1812, 71.

324 § 25 Lehenedikt.

325 §§ 1-6, 11-21, 25-33, 36 Lehenedikt.

326 Zum Unterschied zwischen Thron- und Kanzlei-Lehen vgl. § 2 Lehenedikt.

327 §§ 86-90, 91-130 Lehenedikt.

328 §§ 201, 203, 204 Lehenedikt.

maligen Lehensrechts nicht mit einem Federstrich beseitigt werden konnten, zumal die Beseitigung nicht ohne wirtschaftliche Folgen war. Zum Teil fand nur eine Umbenennung, nicht eine wirkliche Umschichtung, statt. Nur wenige Privatlehen, so resümiert eine Münchner Untersuchung zur Spätphase des Lehenswesens in Bayern, »wurden durch gütliche Übereinkunft zwischen den Lehenspersonen in freies Eigentum verwandelt. Bei den meisten Privatlehen erfolgte dagegen nach 1812 eine Umwandlung von Amts wegen in Erbrecht. Das bedeutete, daß das geteilte Eigentum, die Abgabenpflicht, die Veräußerungsbeschränkung und das Konsenserfordernis fortbestanden. Lediglich die nur noch dem Namen nach existierende besondere Treuepflicht des Lehensmannes war entfallen. Die dingliche Bindung des Grundeigentums blieb die gleiche wie bei den Lehen. So hatten im Ergebnis die meisten ehemaligen Lehensverhältnisse nur einen neuen Namen erhalten.«[329]

Die Gesetzgebung war in der Folgezeit damit beschäftigt, die Fristen für die Ablösung der Privat- und Afterlehen hinauszuschieben,[330] Taxordnungen für die Schätzung der Lehen zu erlassen,[331] spezielle Rücksichten zu nehmen,[332] die Überleitung der Ablösungssummen in die Staatskasse zu bestimmen,[333] Kompetenzverschiebungen für die Behandlung der Lehenssachen vorzunehmen.[334] Doch die Betroffenen drängten sowohl auf schnellere Abwicklung als auch auf Herabsetzung bzw. Streichung der Ablösungssummen und Stempelgebühren. So verlangten etwa die Stände auf dem Landtag von 1822 Erleichterungen der Lehens-Konsense und der Lehens-Allodifikationen und erhielten auch eine landesherrliche Zusage in dieser Richtung,[335] die eine schon 1818 gegebene Zusicherung wiederholte.[336]

329 Schneiderfritz (Anm. 116), 89.

330 VO v. 22. Juni 1810, RBl. 1810, 156, und v. 16. August 1810, RBl. 1810, 657; VO v. 25. Dezember 1811, RBl. 1812, 71.

331 VO v. 26. Oktober 1813, RBl. 1813, 1439; VO v. 6. Juni 1815, RBl. 1815, 481.

332 Vgl. das Edikt, die bisherigen adeligen Fideikommisse und künftigen Majorate im Königreich betr. v. 22. November 1811, Döllinger (Anm. 30) V, 88, §§ 4, 5, sowie die authentische Erklärung hierzu v. 24. August 1812, RBl. 1812, 1481.

333 VO v. 22. Juli 1819, RBl. 1819, 252, § 6.

334 VO v. 17. Juli 1808, RBl. 1808, 1654; VO v. 25. August 1808, RBl. 1808, 1939, 1973; VO v. 16. April 1817, RBl. 1817, 384, § 6; VO v. 9. Dezember 1825, RBl. 1825, 984, §§ 14, 41, 85 und RBl. 1825, 1006, § 85; VO v. 27. November 1825, RBl. 1825, 921; Weber (Anm. 21) II, 255.

335 Landtagsabschied v. 1. Juni 1822, III Ziff. 3; Weber II, 82.

336 Allerh. Deklaration v. 17. Dezember 1818, die Revision des Lehenedikts betr.

Zunächst kam es allerdings nicht zu einer Revision des Lehensedikts. 1814, als die Beratungen über die Revision der Verfassung von 1818 begannen,[337] war das Lehensedikt als Beratungsgegenstand ausgeklammert worden.[338] Die Mahnungen der Landstände auf den Landtagen von 1822 und dann nochmals 1825[339] sowie die publizistische Aktivität einiger Abgeordneter[340] führten schließlich zu dem Gesetz vom 15. August 1828,[341] das die wichtigsten Gravamina des Lehensedikts von 1808 beseitigte.

Die Debatten von 1825 und 1828 um die Revision des Edikts sind aufschlußreich. Die gemeinsame Überzeugung aller von der Unzeitgemäßheit des Lehenswesens[342] stand neben der im bayerischen Adel allgemeinen Ablehnung des Lehensedikts von 1808.[343] Dem Edikt wurde vorgeworfen, als spätabsolutistisches Gesetz rücksichtslos in private Rechtsverhältnisse eingegriffen zu haben. »Gestützt auf die Gewalt des Eroberers«, so deutete der Abgeordnete Freiherr v. Künsberg in der Ständeversammlung auf Napoleon und die Regierung Montgelas, habe die neueste Zeit die Lehren der absoluten Souveränität gepredigt und die gesetzgebende Gewalt verleitet, »in unverletzliche privatrechtliche und vertragsmäßige Rechtsverhältnisse sich gleich unbefugt, wie stöhrend, einzumischen und in die Waage der Gerechtigkeit das Schwerdt der Macht zu legen«.[344] In den Augen eines anderen Abgeordneten war das Edikt von 1808 »ein offenbarer Rückschritt ..., den man selbst zur Zeit wahrer Feudalregierung nicht gewagt haben würde«.[345]

Die Erbitterung in den Kreisen des Adels rührte daher, daß das Edikt von 1808 schematisch alle Privatlehen beseitigt, daß es anderer-

337 Dazu V. 2.

338 Schneiderfritz (Anm. 116), 86. Referent für Lehensrecht und mit der Neufassung des Lehensedikts beauftragt war zu diesem Zeitpunkt Adam v. Aretin. Hierzu Dobmann (Anm. 276), 139.

339 Weber (Anm. 21) II, 232.

340 H. Frhr. v. u. z. Aufseß, Das Lehnwesen in Beziehung auf die Anforderungen des Rechts und der Zeit. Mit besonderer Rücksicht auf das Königreich Bayern, Nürnberg 1828; Frhr. v. Künsberg, Rede bei Gelegenheit der Diskussion über den Gesetzentwurf: Revision des Lehen-Edicts betr., München 1828.

341 GBl. 1828, 352; Weber (Anm. 21) II, 441.

342 K. F. Eichhorn, Ueber die Allodification der Lehen, Göttingen 1828, 46; F. B. Vermehren, Erinnerungen (!) an's Lehnrecht, Jena 1827.

343 Vgl. nur Frhr. v. Künsberg (Anm. 340), passim.

344 Frhr. v. Künsberg, 9 f.

345 Frhr. v. u. z. Aufseß. Beschwerde gegen das Lehnedikt v. 7. July 1808, angebracht bei der Kammer der Abgeordneten, München 1831, 28.

seits die Stellung von Lehenspferden beziehungsweise die entsprechende Ablösungstaxe erhalten hatte, daß es die gewohnheitsrechtlichen Abweichungen von der Lehensfolge unberücksichtigt ließ und nur auf den Lehensbrief abstellte, daß es zu Schwierigkeiten bei der Erteilung der Verpfändungskonsense kam, daß bestimmte Stempel- und Kanzleigebühren erhoben wurden.[346] Diese Kritik traf echte Mängel des Edikts, war aber daneben auch ein Signal für das wiedererwachende Selbstbewußtsein des Adels, der das Gefühl hatte, nunmehr in ausreichender Weise »dem Genius der Zeit die verlangten Opfer gebracht« zu haben,[347] wie in der Abgeordnetenversammlung von 1825 zu hören war.

Das Änderungsgesetz von 1828 berücksichtigte die meisten Beschwerden, nicht allerdings den grundsätzlichen Einwand, der Staat könne nicht kraft öffentlichen Rechts ohne weiteres in die Vertragsverhältnisse der Lehen eingreifen, Zwangsallodifikationen vorschreiben[348] oder die Lehenstaxen erhöhen.[349]

Auf dem Landtag von 1831 lebte die Diskussion um die übriggebliebenen Beschwerdepunkte nochmals auf, eine Gesetzesänderung kam jedoch nicht zustande.[350]

Erst 1848 wurden die Reste des Lehenswesens auch in Bayern von der allgemeinen abschließenden Ablösungsbewegung erfaßt. Der Landtagsabschied vom 4. Juni 1848 umschloß ein ganzes Bündel von Reformgesetzen, auch zur »Entfesselung des Bodens«.[351] Während zwar die Fideikommisse mit Stillschweigen übergangen wurden, ergingen ein Gesetz zur Aufhebung der standes- und gutsherrlichen

346 Frhr. v. Künsberg (Anm. 340), passim; Frhr. v. u. z. Aufseß (vorige Anm.), passim, beide m. w. Nachw.

347 Frhr. v. Künsberg, 19.

348 Dem wurde Rechnung getragen in Punkt 4 des Regierungsgesetzes vom 15. August 1828, GBl. 1828, 535; Weber (Anm. 21) II, 441 f.

349 Dagegen Frhr. v. u. z. Aufseß, Ueber Lasten der Ritterlehen in Bayern, München 1831.

350 Frhr. v. u. z. Aufseß (Anm. 345) forderte Abänderung der §§ 55, 56 Lehensedikt 1808, weiter die Feststellung, daß § 41 keine rückwirkende Kraft habe, weiter eine authentische Interpretation von § 197, Beseitigung der Rückwirkung von § 98 und die Feststellung, § 50 solle nur subsidiär gelten. Die Kammer der Abgeordneten machte sich die Anträge zu den §§ 50, 197 zu eigen, drang aber damit nicht durch. Vgl. den Landtagsabschied v. 29. Dezember 1831, Weber (Anm. 21) II, 598, sub. 68.

351 Schlußwort des Königs beim Landtagsabschied 1848, Weber (Anm. 21) III, 688.

Gerichtsbarkeit[352] und ein Gesetz, die Ablösung des Lehensverbandes betreffend,[353] beide vom 4. Juni 1848.[354]

Das Lehens-Ablösungsgesetz ging nun zum erstenmal nicht auf Abstellung von Mißbräuchen des Lehenswesens, sondern auf vollständige Beseitigung. Es teilte die Lehen in drei Gruppen. *Feuda oblata* (aufgetragene Lehen) und *Feuda emtitia* (erkaufte Lehen) wurden ohne Ablösung zum Volleigentum erklärt. Eine kleine, sehr eng mit der Krone verbundene Gruppe von Lehen – Kron-Ämter, Lehen aus königlicher Dotation oder aufgrund von Staatsverträgen – blieb auch jetzt noch von der Allodifikation ausgeschlossen. Die weitaus größte dritte Gruppe umfaßte alle übrigen Lehen, die zu sehr niedrigen Taxen abgelöst werden konnten.

Die in den folgenden Jahrzehnten von der Gesetzgebung naheliegender Sachgebiete, etwa des Forstwesens,[355] des Weiderechts[356] und des Rechts der kirchlichen Baulasten,[357] ausgegangenen Einflüsse auf das Lehensrecht können hier übergangen werden.[358] Das Lehenswesen war de facto mit dem Jahre 1848 erloschen. Da aber im Bereich der Kron-Ämter und Lehens-Dotationen einige Relikte erhalten blieben, bedurfte es im Jahre 1919 noch eines Gesetzes über die Lehen,[359] das – mit dem Ende der Monarchie – die Neuverleihung von Lehen durch die Republik untersagte und für die Aufräumung der Restbestände des Lehenswesens ein eigenes Gesetz ankündigte,

352 Weber III, 697. Dazu umfassend nunmehr H. H. Hofmann (Anm. 40), 489, 493 ff.

353 Weber III, 706.

354 Entstehungsgeschichte in Verhandl. d. Kammer d. Abg., Beil. Bd. I, 296; Prot. Bd. II, 200, 332, 345; V, 417; VI, 4, 63, 210, 293, 297, 310; VII, 146. – Verhandl. d. Kammer d. Reichsräte, Beil. Bd. IV, 149, 170, 198, 204; Prot. Bd. V, 180, 258, 264. Das Gesetz ist kommentiert von E. Kumpf, Kritik und Anwendung des Gesetzes 4/6 1848, Ansbach 1849.

355 Art. 21, 22 Forstgesetz v. 28. März 1852, GBl. 1852, 69; Weber (Anm. 21) IV, 346; Döllinger (Anm. 30) XXVII, 216.

356 Art. 27 d. Gesetzes über die Ausübung und Ablösung des Weiderechts auf fremdem Grund und Boden v. 28. Mai 1852, GBl. 1852, 601; Weber IV, 457; Döllinger XXVII, 146.

357 Gesetz, die Sicherung, Fixierung und Ablösung der auf dem Zehentrechte lastenden kirchl. Baupflicht betr. v. 28. Mai 1852, GBl. 1852, 701; Weber IV, 467; Döllinger XXIII, 309.

358 Als unmittelbar zum Lehensrecht gehörig ist erwähnenswert die ME v. 9. Oktober 1856, die Werthsermittlung und Katastrierung der Lehen betr., Weber V, 4.

359 Gesetz über die Lehen v. 28. März 1919, GVOBl. 1919, 114.

das auch kurz darauf erging.[360] In die Funktion des Königs als Lehensherr trat ab 8. November 1818 der Staat ein.

5. Die wichtigen Etappen, in denen der bayerische Lehensverband während des 19. Jahrhunderts abgebaut wurde, decken sich im wesentlichen mit denen der *Ablösung bäuerlicher Grundlasten.* Diese Parallelität hängt nicht nur mit den verfassungsgeschichtlichen Wendepunkten 1808, 1818, 1848 und 1918 zusammen, sondern hat auch wirtschaftliche Gründe. Lehensverband und bäuerliche Grundlasten wurden in der Endphase des Lehensrechts einander zunehmend ähnlicher, je mehr das Lehensverhältnis sich zu einer Spezialform des Bodenzinses zurückentwickelte.

Daher bildete weder beim Lehensrecht noch bei den Grundlasten das Jahr 1818 eine Zäsur. In beiden Bereichen fixierte die Verfassung von 1818 mit ihren Edikten nur nochmals, was 1808 festgelegt worden war. So setzte sich auch bei der Ablösung der Grundlasten die bereits angedeutete Tendenz, die Rechte der adeligen Grundherren möglichst schonend zu behandeln[361], nach 1808 fort. Gerade die Verfassung von 1808 und das Edikt über die gutsherrlichen Rechte vom 28. Juli 1808[362] hatten die Rechte des landsässigen Adels so gut wie gar nicht beschnitten: Die Aufhebung der Leibeigenschaft[363], so allgemein erwünscht und von der öffentlichen Meinung begrüßt sie auch war, bedeutete wirtschaftlich wenig. Die »öffentlichrechtliche« Position der Grundherren, soweit sie nicht durch den Kampf zwischen Landesherren und Adel um die Durchsetzung der Souveränität schon gebrochen war, blieb unangetastet (Niedergerichtsbarkeit und Polizei).[364] Alle Rechte aus dem Volleigentum, einschließlich der Jagd-, Fischerei-, Forst- und Bergrechte,[365] wurden ebenso garantiert wie die

360 Lehenauflösungsgesetz v. 30. August 1920, GVOBl. 1920, 417. Es verwandelte in Volleigentum alle Lehen ohne Verkehrswert, alle Feuda oblata und Feuda emtitia, »gegen Heimfall von Lehensbestandteilen alle Lehen, welche auf königlicher Dotation beruhen« und gegen Ablösung alle übrigen Lehen.

361 H. H. Hofmann (Anm. 40), 379 ff., deutet mit Recht auf die Gefahren hin, die dem Adel aus dieser Privilegierung für die Zukunft erwuchsen.

362 Oben Anm. 220.

363 Oben III. 1.

364 §§ 1-70 Edikt über die gutsherrlichen Rechte v. 28. Juli 1808, Döllinger (Anm. 30) V, 163 ff. Hierzu H. H. Hofmann (Anm. 40), 259 ff., 282 ff., für die Auseinandersetzungen um die gutsherrliche Gerichtsbarkeit nach 1806.

365 §§ 71, 72 des Edikts (vorige Anm.).

aus dem Obereigentum fließenden Befugnisse und die Scharwerke, das Zehentrecht und die Bodenzinse.[366] Begrenzungen gutsherrlicher Rechte wurden nur in den Punkten vorgenommen, die in der öffentlichen Meinung schon als skandalös empfunden wurden, wie die Laudemien, die Kaduzität (Heimfall des Gutes zur Strafe), das gutsherrliche Einstandsrecht (Retraktrecht) und die Umwandlung der ungemessenen Scharwerke in gemessene.[367] Die Ablösung aller Grundlasten blieb der freien Vereinbarung[368] zwischen Grundherrn und Grundholden überlassen.[369] An eine zwingende allgemeine Ablösung der Grundlasten außerhalb der staatlichen Grundholden[370] war nicht zu denken. Noch 1814 meinte der Geheime Rat von Effner anläßlich der Verfassungsberatungen über die Frage, ob die Grundholden das passive Wahlrecht bekommen sollten, er halte die Ablösung der Grundlasten für einen »kaum in dunkler Ferne schimmernden Stern«.[371]

Das Jahr 1818 brachte weder durch seine Verfassung noch durch das wichtigste einschlägige Edikt über die gutsherrlichen Rechte und die (umstrittene) gutsherrliche Gerichtsbarkeit[372] eine wesentliche Veränderung der materiellen Rechtslage. Ober- und Untereigentum blieben als Rechtsinstitut ebenso erhalten wie die »Colonar- oder ähnliche grundherrliche Verträge, welche von den Gutsherrn über

366 §§ 73-91 des Edikts (Anm. 364).

367 §§ 73-85, 86-88 des Edikts (Anm. 364).

368 Rechtsprechung und Literatur (Nachweise bei J. B. Welsch, Ueber Stetigung und Ablösung der bäuerlichen Grundlasten, Landshut 1848, 14 ff.) stellten sich auf den Standpunkt, die Ablehnung eines Ablösungsersuchens durch den Grundholden sei nicht möglich, und beim Scheitern der Verhandlungen seien die ordentlichen Gerichte zur Entscheidung berufen. Dadurch rückte die Ablösung zugunsten der Grundholden in die Nähe einer Zwangsvereinbarung.

369 § 91 des Edikts (Anm. 364).

370 Für diese vgl. die VO v. 6. September 1811, RBl. 1811, 1462, § 18 (Ablösung des Obereigentums auch bei Grundholden der Stiftungen); VO v. 29. November 1811, RBl. 1812, 196 (Ablösung des Grundeigentums der ehem. regensburgischen Untertanen); VO v. 7. Oktober 1813 (Anm. 97); VO v. 9. Dezember 1814, RBl. 1814, 1794 (Ablösung des Grundeigentums bei Untertanen der Johanniter-Ordenskommenden).

371 Prot. d. Sitzung v. 1. Dezember 1814, HStA München Staatsrat 1644, zit. bei Dobmann (Anm. 276), 135.

372 Edikt v. 26. Mai 1818, Weber (Anm. 21) I, 630. Die langwierige Entstehungsgeschichte und der Inhalt dieses Edikts sind eingehend dargestellt bei H. H. Hofmann (Anm. 40), 390 ff.

die Anbauung und Benützung ihrer eigenthümlichen Gründe, in einer von den bürgerlichen Gesetzen anerkannten Form geschlossen worden sind«.[373] Die aus diesen Verträgen fließenden Lasten, Renten, Bodenzinse und Zehnten waren nur einverständlich ablösbar,[374] die Laudemien blieben begrenzt,[375] Kaduzität und Einstandsrecht blieben abgeschafft.[376] Einen deutlichen Rückschritt machte das Edikt dadurch, daß es »allen Gutsherren über ihre Grundholden, sie mögen unter landgerichtlicher oder unter der Gerichtsbarkeit eines anderen Gutsherren stehen«, das selbständige Pfändungsrecht, das bereits aufgehoben worden war, wieder zugestand und nur in Ausnahmefällen die Selbstpfändung untersagte.[377] Doch kam diese mühsame Konservierung adeliger Positionen als Ausdruck restaurativer Tendenzen nur äußerlich einem Gewinn gleich. In Wirklichkeit verschärfte sie den späteren Niedergang der adeligen Welt, da sie das Verharren in obsolet gewordenen Positionen begünstigte.

Der Abbau der Grundherrschaft des landsässigen Adels über dessen Grundholden ging zwischen 1818 und 1848 nur langsam vor sich. Ein von König Ludwig I. im Jahre 1827 unternommener Versuch, die Verhältnisse in Bayern rechts des Rheins den moderneren der Pfalz anzugleichen und dabei unter anderem auch zu einer einheitlichen Ablösung der Grundlasten zu kommen, scheiterte.[378]

Mittelbar wirkte allerdings die zügiger voranschreitende Befreiung der staatlichen Grundholden stimulierend, da den Bauern nunmehr Vergleichsmöglichkeiten gegeben waren.[379] Zudem waren durch die Säkularisation 50 % aller erbuntertänigen Familien der staatlichen Gesetzgebung erreichbar geworden, so daß rund zwei Drittel aller Grundholden von den Befreiungsmaßnahmen profitieren konnten.

Zunächst bot die Regierung in einer Erklärung vom 8. Februar 1825 feste Bedingungen zur Fixierung und Umwandlung der grundherrlichen Gefälle einschließlich der Fronen, Zehnten und Naturalreichnisse an,[380] um endlich den schon seit 1799 laufenden Prozeß der

373 § 4 des Edikts (vorige Anm.).
374 §§ 6, 7 des Edikts (Anm. 372).
375 § 10 des Edikts (Anm. 372).
376 §§ 16, 19 des Edikts (Anm. 372).
377 §§ 118 ff. des Edikts (Anm. 372).
378 Zorn, Gesellschaft und Staat (Anm. 5), 130.
379 Siehe oben Anm. 99.
380 Erklärung v. 8. Februar 1825, RBl. 1825, 100; Döllinger (Anm. 30) V, 332.

Begrenzung, Verrechtlichung und Kapitalisierung des ursprünglichen Dickichts von begrenzten und unbegrenzten Abgaben aller Art zu beschleunigen.[381] Die Ablösung der kapitalisierten Abgabe war dann nur der zwangsläufig folgende Schritt. Die Verordnung vom 13. Februar 1826 zur Ablösung der ständigen Dominikal-Gefälle[382] reihte die Motive noch einmal nebeneinander: »Zur Beförderung der Freiheit des Grundeigenthums, zur allmählichen Erleichterung Unserer Grundholden und zur Vereinfachung der Geschäfte.«

Ergänzend zu der älteren Vorschrift über die Ablösung der Bodenzinse und Lehen von 1815[383], erlaubte diese Verordnung von 1826 nunmehr die Ablösung aller ständigen, auf eine jährliche gleiche Abgabe fixierten Gefälle, deren Gläubiger der Staat war, wenn der Grundholde bereit und in der Lage war, den 25fachen Betrag bar zu bezahlen. Dieser relativ hohe Satz erklärt teilweise, warum die Ablösung in diesen Jahren so langsam vorwärtsging.[384] Daneben war sicher nicht ohne Einfluß, daß bis 1840 die Initiative zur Ablösung von den Grundholden ausgehen mußte, die sich von selbst nur schwer zu einem so folgenreichen Schritt durchringen konnten.

Ab 1840 war die staatliche Ablösungspolitik wieder restriktiv. Jede Barablösung einer staatlichen Dominikal-Rente bedurfte königlicher Genehmigung.[385] Die Überlegung, der Staat lebe, indem er die Ablösung von Gefällen unbegrenzt gestatte und den Erlös ausgebe, von der Vermögenssubstanz seiner ständigen fließenden Einnahmen,[386] dürfte dabei die Hauptrolle gespielt haben.

381 Eine Tabelle für die Umwandlung der Naturalabgaben in Geldleistungen bei J. Pözl, in: C. F. Dollmann, Die Gesetzgebung des Königreichs Bayern I/1, Erlangen 1855, 164. Von den Möglichkeiten der Erklärung (Anm. 380) ist, nach H. Lieberich, Die Rechtsformen des bäuerlichen Besitzes in Altbayern, in: Mitt. f. d. Archivpflege in Oberbayern I, 174, nur zögernd Gebrauch gemacht worden.

382 Allerh. VO v. 13. Februar 1826, die Ablösung der ständigen Dominikal-Gefälle betr., Weber (Anm. 21) II, 340.

383 VO v. 6. Juni 1815, RBl. 1815, 481, § 22.

384 Lieberich (Anm. 381): »Erst die Auswirkungen der Pariser Julirevolution von 1830 gaben auch in Bayern der Bauernbefreiung mehr Schwungkraft. Bis zum 31. März 1831 war im Isarkreis das Obereigentum von 191 Häusern in Städten und Märkten, 6810 Bauerngütern und 6619 walzenden Grundstücken abgelöst worden.«

385 RBl. 1840, 249. Diese Einschränkung wurde in der Märzrevolution 1848 wiederaufgehoben, RBl. 1848, 137.

386 Gegen derartige Bedenken wandte sich der bedeutende (liberale) Abgeordnete und Staatsbeamte J. Rudhardt, Ueber den Zustand des Königreichs Bayern,

Parallel zu diesen Ablösungsbestimmungen ergingen spezielle Normen über die Fixierung und Ablösung der unständigen Besitzänderungsgefälle des Staates (Laudemien). Nachdem im Edikt über die gutsherrlichen Rechte von 1818[387] die Ablösbarkeit der nichtständigen Lasten erwähnt, aber nicht weiter ausgeführt worden war, kam auf Drängen der Stände[388] eine Verordnung vom 19. Juni 1832 zustande, die »zur Beförderung der Landescultur und freien Benützung des Grundeigenthums, sowie Vereinfachung der Verwaltung, über Fixierung und Ablösung der Handlöhne (Laudemien) und sonstigen Besitzveränderungsgefälle durch die Grundholden des Staates in den sieben älteren Kreisen« die näheren Bestimmungen erließ.[389] Sie wurde ergänzt insbesondere durch ein Ministerial-Reskript vom 20. Dezember 1834[390] und eine Ministerialentschließung vom 29. Dezember 1834[391] und regelte die Frage der Laudemien bis zum Jahre 1848. Dabei wurde die Höhe der Laudemien meist nach dem Durchschnitt der letzten zwanzig Jahre geschätzt und fixiert – notfalls auch für die ganze Grundholdenschaft einer Gemeinde zusammen. Kam es zur Ablösung, dann konsolidierte sich das Ober- und Untereigentum beim Grundholden, der künftig nur noch an den Staat diejenige Steuer zu zahlen hatte, die vorher auf den Laudemialeinnahmen des Obereigentümers lag. – Wie bei den ständigen Gefällen fand auch hier zwischen 1840 und 1848 eine Restriktion der Bar-Ablösungen statt.[392]

Die Ablösungsfrage und die gutsherrliche Gerichtsbarkeit waren zwischen 1818 und 1848 Hauptthemen der bayerischen Innenpolitik. Die Ständeversammlungen hatten sich nahezu jährlich damit zu beschäftigen.[393] Das Verlangen nach endgültiger Ablösung wurde um so

nach amtlichen Quellen, Bd. 1, Stuttgart–Tübingen 1825, Bde. 2 und 3, Erlangen 1827, 207.

387 § 6 des Edikts (Anm. 372).

388 Landtagsabschied v. 29. Dezember 1831, Weber (Anm. 21) II, 598 Ziff. 41. Verhandl. d. Kammer d. Abg., Bd. 27, P. 154, 58.

389 Präambel der Allerh. VO v. 19. Juni 1832 über die Fixierung und Ablösung des Handlohnes und anderer unständigen Besitzänderungs-Gefälle des Staates, Weber II, 611.

390 Döllinger (Anm. 30) V, 344 ff., 364 ff.

391 ME v. 29. Dezember 1834, Döllinger V, 364.

392 Pözl (Anm. 381), 169.

393 Nachweise bei Welsch (Anm. 368), Vorwort IV ff., sowie für die gutsherrliche Gerichtsbarkeit Frhr. zu Rhein, Die gegenwärtigen Verhältnisse der adeligen Gutsbesitzer in Bayern bei Abtretung ihrer Gerichtsbarkeiten an den Staat, in:

heftiger, je weniger sich die Hoffnungen auf eine schnelle Ablösung auch der nichtstaatlichen Grundlasten erfüllten, teils weil die Grundholden von ihren Rechten keinen Gebrauch machten – sei es aus Unwissenheit, Prozeßangst oder aus Mangel an Ablösungskapital –, teils weil die Regierung sich nicht gegen adeligen und kirchlichen Widerstand zur Dekretierung eines einheitlichen Ablösungsmaßstabes durchringen konnte. 1847 drängte die Frage – ganz unabhängig von den ersten Wehen der 1848er Revolution – zur Entscheidung: »Ablösung der bäuerlichen Grundlasten ist in gegenwärtiger Zeit der allgemeine Nothschrei aller Besitzer grundbarer Güter, und bildet im eigentlichsten Sinne die Lebensfrage für die Landwirthschaft.«[394] Auf der außerordentlichen Ständeversammlung von 1847 stellten sogar adelige Grundherrn einen Antrag auf »Umwandlung und Ablösung drückender Lasten des Grundeigenthumes«,[395] mit dem sie allerdings nur, wie sie in einem internen Rundschreiben[396] sagten, »eine Bewegung in die Hand nehmen« wollten, »welche von der entgegengesetzten Seite wider uns angeregt, eine für uns unangenehme Gestalt angenommen hätte«. Sie erhofften sich von diesem Antrag weiterhin eine »wünschenswerthe allgemeine Beruhigung der Betheiligten«,[397] wodurch sie die wirkliche Ablösung noch weiter hinauszuschieben hofften.

Doch war diese Gruppe in der Minderheit. Selbst der landsässige Adel begann einzusehen, daß die in ständigen und nichtständigen Lasten aller Art festgelegten Kapitalien besser durch Ablösung zusammengefaßt und zum Ankauf von Bauerngütern oder zur Investition in Fabriken oder beim Eisenbahnbau angelegt werden konnten.[398] Der sogenannte »Zeitgeist« und die Aussicht auf bessere Ren-

Zeitschr. f. Theorie u. Praxis des bayer. Civil-, Criminal- und öffentl. Rechts 1 (1835). Zur Gerichtsbarkeit H. H. Hofmann (Anm. 40), 444 ff., knapper zur Ablösung der Bodenlasten ders., 465 f.

394 Welsch, Vorwort, III.

395 Welsch, Vorwort, IV.

396 Augsburger Allg. Zeitung v. 2. November 1847, zit. bei Welsch, VIII.

397 Welsch, XI.

398 Diese Möglichkeit sollte aber nicht überschätzt werden. Aus der Untersuchung von H. Winkel, Die Ablösungskapitalien aus der Bauernbefreiung in West- und Süddeutschland. Höhe und Verwendung bei Standes- und Grundherren, Stuttgart 1968, erfährt man, daß der Anlegung des Geldes in Wertpapieren zahlreiche zeit- und standesbedingte Hindernisse entgegenstanden. Der Übergang des grundbesitzenden Adels zum Industriellen gelang nur selten. Doch ist offensichtlich, daß wenigstens die Bestrebungen in diese Richtung gingen. – Zur Stellung des liberalen Hochadels vgl. H. Gollwitzer, Die

diten kamen sich hier entgegen. Die Auflösung der alten Bindungen diente beim Staat wie bei den Grundherren der Verflüssigung bisher toten Kapitals. Der Ersetzung des ständisch gegliederten, verworrenen und entsprechend verlustreichen alten Abgabensystems durch ein einheitliches Steuersystem auf seiten des Staates entsprachen auf der Seite der Grundherren die Trennung vom Grundholden und die Verlagerung der dadurch gewonnenen Gelder auf moderne Produktionsfelder mit gleichmäßig fließender Rendite. Der adelige Grundherr wurde zum »adeligen Unternehmer«.[399] Der landsässige Adel integrierte sich auf diese Weise in die oberen Schichten des Bürgertums. Die um die Jahrhundertmitte einsetzende Anlage von Zuckerfabriken, Brennereien, Brauereien und Ziegeleien auf den eigenen Gütern ist das äußere Zeichen für diesen Vorgang.[400]

Die Ablösungsfrage im Jahre 1847 war primär ein wirtschaftliches, kein politisch-revolutionäres Problem. Sie war in ganz Europa zu diesem Zeitpunkt so weit gediehen,[401] daß der Revolution von 1848 nur noch eine auslösende, im Grunde sekundäre Funktion zukam. Doch gingen wirtschaftliche und politische Motivation untrennbar ineinander über. Mit der Proklamation der vollen Eigentums- und Gewerbefreiheit bei den Verfassungsberatungen der Paulskirche hatten auch die Ablösungsfrage, die Abschaffung der Fideikommisse, die Auflösung des Lehensverbandes und die Beseitigung der Leibeigenschaft Grundrechtscharakter angenommen.[402] Es bestand Einigkeit darüber, daß die gutsherrlichen Grundlasten »aus der Welt geschafft werden müßten«,[403] und zwar durch Gesetzgebung der Einzelstaaten. Alle sprachen sich für eine Kombination von Abschaffung und Ablösung aus und waren in der gespannten Atmosphäre ängstlich bemüht, das Wort »Freiheit« zu vermeiden, um keinen »Aufruf zur

Standesherren. Die politische und gesellschaftliche Stellung der Mediatisierten 1815-1918, Stuttgart 1957, 190 ff. Die Stellungnahme zum Ablösungsgesetz in der Kammer der Reichsräte war ausgesprochen positiv; Prot. Bd. III, 11; Gollwitzer, 192.

399 Winkel (Anm. 398), 27.

400 Winkel, 12 ff., 32 m. w. Nachw.

401 Welsch (Anm. 368), passim; für Ungarn F. Schuler-Libloy, Das ungarische Staatsrecht, Wien 1870, 64.

402 J. G. Droysen, Die Verhandlungen des Verfassungs-Ausschusses der deutschen Nationalversammlung, Erster Theil, Leipzig 1849, 363 f., 365 f., 367 ff. Nur teilweise sind diese Fragen berücksichtigt in der Dokumentation von H. Scholler, Die Grundrechtsdiskussion in der Paulskirche, Darmstadt 1973.

403 Abg. Wippermann, bei Droysen, 41.

Gewalt« zu geben und nicht die »Entfesselung unterer Gewalten« zu verschulden.[404] Unter der Mahnung Mittermaiers, »man möge eingedenk sein, daß gerade in diesen Beziehungen das Volk Hülfe und Erleichterung erwarte«,[405] suchte man nach einer moderierten Formel, die allen Parteien gerecht werden konnte und für die Einzelstaaten akzeptabel war. Revolutionäres Pathos, wie etwa 60 Jahre zuvor in Frankreich bei der Zerschlagung des Feudalregimes, fehlte vollständig.

Auch das bayerische Ablösungsgesetz vom 6. Juni 1848 war kein revolutionäres Gesetz, obwohl es unmittelbar auf die Zusage des neuen Königs bei seiner Thronrede vom 21. März 1848 zurückging und ohne die Revolution sicher nicht so schnell zustande gekommen wäre.[406] Der Blick in die Verhandlungsprotokolle bestätigt dies. Die Regierung begründete ihren Entwurf damit, daß die Grundlasten teils unrentabel für die Berechtigten, teils mit dem Gleichheitssatz unvereinbar seien, teils die Staatsverwaltung erschwerten und zu Mißbräuchen führten. Die Grundlasten, insbesondere die unständigen, bedrückten die Landwirtschaft, und wo nicht abgelöst werde, sei die freie Verfügung über das Eigentum behindert. Da der Weg der freiwilligen Ablösung nicht beschritten worden sei, müsse der Gesetzgeber eingreifen.[407] Daß die Regierung an der bisherigen Langsamkeit der Ablösung in erster Linie selbst schuld war, ja teilweise bewußt gebremst hatte, wurde nun freilich nicht ausgesprochen.

Die Begründung bestätigt, daß gerade in diesen Jahren die Interessen des Adels, unständige, unergiebige und von Streitigkeiten bedrohte Erwerbsquellen in einem einzigen Ablösungsakt zusammenzufassen und zu kapitalisieren, um damit am wirtschaftlichen Aufstieg des Bürgertums teilnehmen zu können, mit den Interessen der Belasteten konvergierten, die sich seit jeher auf Befreiung gerichtet hatten. Dem im Revolutionsjahr bedrohten Adel konnte gleichzeitig ein moralischer Gewinn dadurch erwachsen, daß es ihm gelang, die Ablösung der Grundlasten als einseitigen Verzicht auf ange-

404 Abg. Fürst Lichnowski, bei Droysen, 43.

405 Abg. Mittermaier, bei Droysen, 40.

406 Zur äußeren Entstehungsgeschichte des Gesetzes Pözl (Anm. 381), 172 ff.; zu seinen politischen und wirtschaftlichen Voraussetzungen H. H. Hofmann (Anm. 40), 482, 489 ff. Den ersten juristischen Kommentar bot J. Gerstner, Systematische Entwicklung des Gesetzes v. 4. Juni 1848, die Aufhebung der standes- und gutsherrlichen Gerichtsbarkeit betr., 2 Bde., Ansbach 1850.

407 Verhandl. d. Kammer d. Abg. 1848, Beil. Bd. I, 281.

stammte Rechte unter Rücksicht auf den Zeitgeist, ja als Opfer für das Gemeinwohl zu deuten. »Die Zeit verlangt diese Opfer, sie müssen gebracht werden«, sagte der Rechtshistoriker Maurer in der Kammer der Reichsräte und wehrte Bedenken gegen die Ablösung unter Hinweis auf seine Heimat, die »gesegnete Pfalz«, ab.[408]

Wirtschaftlich zu erklären ist andererseits aber auch, daß der einzige ernsthafte Widerstand gegen das Ablösungsgesetz von der katholischen Geistlichkeit ausging.[409] Sie hatte bei der Veränderung nur zu verlieren, da sie das zu erwartende Ablösungskapital nicht offen im Erwerbsleben einsetzen konnte. Ihr Wortführer, Pfarrer Dr. Ruland, sagte in der Kammer der Abgeordneten: »Dieser Gesetzentwurf ist gegen die Verfassung, die jedem Staatsbürger Sicherheit seiner Person, seines Eigentums und seiner Rechte gewährt; er wird das Band zwischen Regierung und Regierten lockern. Verflucht sei die Hand, welche an dem Besitztum des Adels rührt! Der Gesetzentwurf wird eine förmliche Veränderung der Rechtsbegriffe herbeiführen, davor bangt mir am meisten, das wäre das größte Unglück des Landes. Durch dieses Gesetz wird die Liebe des Volkes zur Regierung gemindert werden. Nur die Heilighaltung des Rechts kann auch den kleinsten Staat vor jeder Katastrophe bewahren. Der Gesetzentwurf bedeutet ein Angreifen und Verkümmern der frommen und wohlthätigen Stiftungen, einen Eingriff in das Eigentum der Kirche, in ein heiliges Fideikommiß. Der Gesetzentwurf ist ein schreiendes Unrecht, ein förmlicher Umsturz der Verfassung, der zweite Teil der Säkularisation. Ueber den Landtag von 1848 wird einst ein schreckliches Gericht gehalten werden.«[410]

Dementsprechend opponierten in der Kammer der Reichsräte die Erzbischöfe von München und Bamberg sowie der Bischof von Augsburg gegen das Gesetz. Sie wurden aber nur von einer Minderheit des Adels unterstützt,[411] während die Mehrheit durchaus den Vorteil erfaßt hatte, der in der Bereinigung überständiger und verworrener Rechtsverhältnisse,[412] der Gewinnung freien Kapitals und der Versöhnung mit dem »Zeitgeist« liegen konnte.

408 Verhandl. d. Kammer d. Abg. 1848, Prot. Bd. III, 292 ff.
409 Repräsentativ die Adresse des Münchner erzbischöflichen Rats an den König v. 11. April 1848, in: Hist.-polit. Blätter 1848, 579 ff.
410 Verhandl. d. Kammer d. Abg. 1848, Prot. Bd. III, 184 ff.
411 Verhandl. d. Kammer d. Reichsr. 1848, Prot. Bd. III, 11 ff.
412 Das Parlament selbst war über die komplizierte Materie offensichtlich schlecht informiert. Der Abg. Dr. Müller stellte fest: »Alle in diesem Hause

Das Ablösungsgesetz von 1848 war allerdings hastig konzipiert und wurde bei den Beratungen nur teilweise von seinen Mängeln befreit, teils zugunsten der adeligen Grundherren wieder umgebogen. So blieben etwa trotz der Aufhebung der standes- und gutsherrlichen Gerichtsbarkeit (Art. 1) einige ehemalige gerichtsherrliche Lasten deswegen erhalten, weil sie sich inzwischen ununterscheidbar mit den grundherrlichen vermischt hatten und unter deren Bezeichnung auftraten. Die entschädigungslose Aufhebung der Naturalfrondienste (Art. 2) nahm unter anderem die bereits fixierten und kapitalisierten Fronen aus, was zu einer Weiterbelastung der Bauern führte, die schon früher eine Begrenzung der Fronen und ihre Umwandlung in Geldzahlungen durchgesetzt hatten, während die übrigen Bauern völlig befreit wurden. Auch die offensichtlich so überständige Befreiung der Grundholden von den Mortuarien (Besthaupt), die nach der beweglichen Habe des verstorbenen Grundholden berechnet wurden (Art. 3), erfaßte nur einen Teil des Problems; denn die sogenannten Sterbehandlöhne, die teils beim Todesfall des Grundholden, teils des Grundherren, teils bei beiden erhoben und nach dem Wert des Gutes errechnet wurden,[413] fielen trotz ihres eindeutig leibeigenschaftlichen Ursprungs bei den Beratungen der Reichsräte plötzlich wieder in die Gruppe der grundherrlichen Abgaben.[414] Das bedeutete, daß die Bauern auch die Befreiung von diesen Überresten der Leibeigenschaft noch zu bezahlen hatten.

Eine echte Entlastung stellte dagegen die – von der Geistlichkeit abgelehnte[415] – entschädigungslose Aufhebung des lokal üblichen Blutzehnts, der jährlichen Abgabe eines Zehntels der Haustiere, dar

fechten teilweise im blinden Nebel, ausgenommen diejenigen, welche nur ihren eigenen Vorteil kennen und verfolgen. In Rudharts Statistik von Bayern sind mehr als 300 Arten von Berechtigungen aufgezeichnet, welche auf dem Grund und Boden lasten. In dem vorliegenden Gesetzentwurf ist nicht der 10. Teil dieser Lasten enthalten. Selbst darüber herrscht noch Dunkelheit, ob nicht ein und dieselbe Abgabe unter mehreren Namen vorkommt, und umgekehrt verschiedene Abgaben unter einem und demselben Namen erhoben werden.«

413 Verhandl. d. Kammer d. Abg., Prot. Bd. III, 525; IV, 135; Beil. Bd. II, 57 ff.

414 Verhandl. d. Kammer d. Abg., Beil. Bd. II, 57; Prot. Bd. III, 525; VI, 135; Verhandl. d. Kammer d. Reichsr., Beil. Bd. III, 62; Prot. Bd. III, 166.

415 Verhandl. d. Kammer d. Reichsr., Prot. Bd. III, 173. Der Blutzehnt stellte etwa ein Viertel der Einnahmen der Pfarrer dar. Der Antrag der Reichsräte Richarz und Arnold, für die Aufhebung des Blutzehnts Entschädigung zu leisten, ging nicht durch.

(Art. 4).[416] Das gleiche gilt von der Abschaffung des sogenannten Kleinzehnts von Garten- und Baumfrüchten, soweit er nicht älter als dreißig Jahre oder privatrechtlich anerkannt war, wodurch aber praktisch nur die Ersitzung des Kleinzehnten für die Zukunft abgeschnitten wurde. Weiter fiel der sogenannte Neubruchzehnt,[417] allerdings nur für die Zukunft; soweit er bereits vor 1848 erhoben worden war, galt er als Grundlast. Schließlich wurden auch die mit einer modernen Landwirtschaft unvereinbaren Weiderechte »auf Äckern während ihrer Fructifikation und auf Wiesen während der Hegezeit« (Art. 5) in den Gebieten außerhalb Altbayerns[418] entschädigungslos beseitigt.

Ein sehr verwickeltes und vielfach mit den Bodenlasten verzahntes Gebiet wurde von Art. 6 berührt, der alle »rein persönlichen, nicht auf Grund und Boden haftenden Abgaben« entschädigungslos aufhob. Die Regierung nannte dafür beispielhaft »Die Canon- und Ordinaristeuer, Kleinhandlöhne, Handlohnsgebühren, Zehntsatzungsgelder, Zehnt-, Pacht-, Ratifikationsgebühren, Gebühren für die Erteilung gutsherrlicher Consense, Kammersteuern, Reutesteuern, Reuteranlagen, Meistergeld, Wandergeld, Bürgergeld, Judenbegräbnisgeld, Kleppergeld, Gänsegeld, Hundefütterungsgeld, Adulterien- und Fornikationsstrafen, Ungenossengeld, Nachsteuer, Receptions-, Herberg- und Schutzgeld der Juden, Gewerbsrekognitions-, Einzugs-, Siegel- und Herdgeld«[419] – Lasten, die allerdings nur bezüglich der Grund- und Gerichtsherren aufgehoben wurden, in bezug auf Staat, Gemeinde, Geistliche, Schullehrer, Meßner und Private also fortbestanden.[420] Da die Aufzählung der Regierung teils unvollständig, teils unzutreffend erschien, schob man die Bestimmung, welche Lasten im konkreten Fall unter Art. 6 fielen, den Gerichten zu.

Der Versuch der Regierung, die Grundgefälle der Privaten, der geistlichen und weltlichen Stiftungen und der Gemeinden durch

416 Anders in Preußen und Württemberg, wo der Blutzehnt nur für ablösbar erklärt wurde; Pözl (Anm. 381), 190.

417 Codex (Anm. 15) II, 10, § 10; er gebührte »in regula dem Pfarrer, so lang kein Jus Speciale dargethan werden kann«, Kreittmayr, Anmerkungen (Anm. 15) II, 10, § 10, und wurde erhoben von einem neukultivierten Land, das innerhalb einer im übrigen zehntpflichtigen Flur lag, wenn zehntbare Früchte angebaut wurden und die herkömmlichen Freijahre abgelaufen waren.

418 Im Gebietsstand Bayerns von 1808 waren diese Rechte bereits durch VO v. 15. März 1808, Döllinger (Anm. 30) XIV, 334, beseitigt worden.

419 Verhandl. d. Kammer d. Abg., Prot. Bd. IV, 46.

420 Pözl (Anm. 381), 193.

Zwangsakt in Staatseigentum zu überführen und als Gegenleistung den zwanzigfachen Betrag in Staatsschuldverschreibungen auszugeben, scheiterte insbesondere am Widerstand der Geistlichen, die eine Immobiliargrundlage der geistlichen Stiftungen den Staatspapieren vorzogen.[421] Man einigte sich schließlich darauf, das »Verlangen der Berechtigten« solle entscheiden (Art. 7), und verzichtete auf den Ablösungszwang. Dieser Verzicht ist seit jeher als »Fundamentalfehler« angesehen worden.[422]

Was an persönlichen und an Reallasten nicht aufgehoben worden war (unständige Gefälle, Zehnten, Besitzänderungsabgaben), wurde im III. Abschnitt des Gesetzes fixiert. Die Fixierung der Besitzänderungsabgaben bedeutete dabei das Ende des Ober- und Untereigentums im bäuerlichen Bereich. Art. 17 bestimmte: »Vom Erscheinen dieses Gesetzes an darf keine Verleihung unter Vorbehalt des Obereigenthums (Leibrecht, Neustift, Freistift, Erbrecht) mehr stattfinden.«[423]

Da nach der Idee der Abschnitte II und III des Gesetzes die Grundlasten teils abgeschafft wurden, teils fixiert werden konnten, folgten in Abschnitt IV konsequenterweise Vorschriften über die endgültige Ablösung aller »fixen Grundgefälle des Staates, der Privaten, der Stiftungen und Communen«.[424] Die Ablösung war primär Gegenstand einer Vereinbarung zwischen Grundherren und Grundholden. Der Grundherr konnte aber auch seine Rechte auf den Staat übertragen (sogenannte »Überweisung«) und sich von der Ablösungskasse in 4%igen Staatspapieren den zwanzigfachen Jahresbetrag der Grundlast auszahlen lassen. Tat er dies nicht, dann war der Grundholde seinerseits berechtigt, jährlich 4 % aus dem 18fachen Betrag seiner Grundlast an den Grundherren zu zahlen oder ein Bodenzinskapital zu bestellen.[425] Dadurch waren die privaten Grundholden den staatlichen gleichgestellt, und es war den Grundherren ein Anreiz gegeben, sich beim Staat den zwanzigfachen Betrag

421 K. Memminger, Zur Geschichte der Bauernlasten mit besonderer Beziehung auf Bayern, Würzburg 1900, 147 f.

422 Ch. Meurer, Das Zehnt- und Bodenzinsrecht in Bayern, Stuttgart 1898, 27; Memminger (Anm. 421), 148; H. v. Stengel, Die Grundentlastung in Bayern, 1874, 7 ff.; H. Winkel, Die Bedeutung der Ablösungsgesetzgebung des 19. Jahrhunderts für die Finanzierung der Kirchen, in: Zeitschr. f. Agrargesch. u. Agrarsoziologie 18 (1970), 43-61.

423 Art. 17 des Gesetzes.

424 Art. 21 des Gesetzes.

425 Art. 23, 29 des Gesetzes.

geben zu lassen, statt den achtzehnfachen Betrag vom Grundholden als Ablösung zu bekommen oder es beim jährlichen Empfang von 4 % der Gesamtsumme zu belassen.

Dieses Modell scheint sich jedoch in der Praxis nicht bewährt zu haben.[426] Die Berichte über die Zeit nach 1848 stimmen überein, daß sich die in das Ablösungsgesetz gesetzten Hoffnungen nur teilweise erfüllten,[427] nicht zuletzt deswegen, weil das mit 4 % belastete Bodenzinskapital unter dem allgemeinen Zinsniveau lag und schon deshalb ein unmittelbarer Anreiz für die Ablösung bei den Grundholden wegfiel.[428] Daneben hatte man versäumt, den Grundherren für die Überweisung ihrer Rechte eine Frist zu setzen, ein Fehler, der ebenso folgenreich war wie der Verzicht auf den Ablösungszwang. Erst durch das Finanzgesetz vom 2. Juli 1856[429] wurde das Jahr 1861 als letzter Anmeldetermin bestimmt.[430] Da gleichzeitig das allgemeine Zinsniveau wieder sank, wuchs auch das Interesse der Pflichtigen an, sich der Grundlasten und Bodenzinse zu entledigen.

Ein weiterer Grund, der zur Novellierung des Gesetzes von 1848

426 Die Tätigkeit der Exekutive zwischen 1848 und 1872, die sich in zahlreichen Ministerialentschließungen niederschlug, brachte zur Ablösung der Grundlasten nichts wesentlich Neues. Ich hebe folgendes heraus: ME v. 17. Juni 1848 (Vollzug des Ablösungsgesetzes), Weber (Anm. 21) III, 713; ME v. 14. Januar 1849 (Überweisung der Grundlasten), Weber IV, 14; ME v. 19. April 1849 (Ablösung bei geistlichen Pfründen), Weber IV, 30; ME v. 5. Mai 1849 (Segen- und Läutgarben keine Grundlasten, sondern Reichnisse), Weber IV, 31; ME v. 28. Mai 1849 (zu Art. 25 II AblösG), Weber IV, 36; ME v. 19. Oktober 1850 (Kirchenbaulast), Weber IV, 192; ME v. 15. April 1851 (Vollzug des AblösG), Weber IV, 243; Ges. v. 28. Mai 1852, die Sicherung, Fixierung und Ablösung der auf dem Zehentrechte lastenden kirchlichen Baupflicht betr., Weber IV, 467, 532, 637, 663, 731; ME v. 12. August 1852 (Ablösung von Weiderechten: zum Weidegesetz v. 28. Mai 1852), Weber IV, 530; ME v. 12. April 1856 (Zuständigkeit der Verwaltungsbehörden in Ablösungssachen), Weber IV, 741; ME v. 6. Dezember 1856 (hypothekenrechtliche Behandlung der Gefälle der Ablösungskasse), Weber V, 14; ME v. 13. Dezember 1856 (dto.), Weber V, 16; ME v. 12. Juni 1863 (Publizität der Ablösungsverträge), Weber VI, 183; ME v. 19. September 1864 (Eintragung der staatlichen Bodenzinse in die Hypothekenbücher), Weber VI, 371; ME v. 23. Februar 1868 (Ablösbarkeit der sog. Ehehaftsverhältnisse), Weber VII, 194.

427 H. v. Stengel (Anm. 422), 7 ff.; Meurer (Anm. 422), 27, 46; Memminger (Anm. 421), 149. Immerhin sind zwischen 1848 und 1872 Grundlasten im Wert von 4 915 306 fl. an die Kasse überwiesen worden, Meurer, 50.

428 Meurer, 47.

429 § 5 Abs. 2 Finanzgesetz v. 2. Juli 1856, Weber (Anm. 21) IV, 759.

430 § 7 Ziff. 5 Finanzgesetz v. 1861, Weber IV, 553.

drängte, war der Zustand der Ablösungskasse. Da ihre Ausgaben die Einnahmen stets überstiegen (sie erhielt von den Grundholden das Achtzehnfache als Ablösung und zahlte den Grundherren, die überwiesen hatten, das Zwanzigfache der Bodenlast), mußte die allgemeine Staatskasse jährlich Vorschüsse leisten, die 1872 auf insgesamt fast 20 Millionen Gulden angewachsen waren.[431] Das Gesetz vom 28. April 1872, die Grundentlastung betreffend,[432] hatte damit ein doppeltes Ziel: die Beschleunigung der Ablösungen und die Sanierung der Ablösungskasse. Es setzte zunächst als neuen Endpunkt für die Überweisungen den 31. Dezember 1875 fest (Art. 3), führte für alle der Kasse überwiesenen »Grundgefälle, Bodenzinskapitalien und Handlohnsäquivalente« Privater einen Ablösungszwang ein (Art. 7 ff.) und gestaltete schließlich das ganze Verfahren für den Staat wirtschaftlicher, indem nun auch den Grundherren nur der achtzehnfache Betrag der fixierten Bodenlast ausgezahlt wurde. Obwohl die Überweisungen daraufhin nochmals vorangetrieben wurden,[433] blieb ein Mangel des Gesetzes unübersehbar: Die nicht überwiesenen Bodenzinse der Privaten und die Bodenzinse zur Staatskasse blieben weiterbestehen und bildeten ein Problem, das die bayerischen Landtage bis zum Jahre 1908 beschäftigt hat.

Die parlamentarische Debatte um die Bodenzinse ging zwischen 1896 und 1898 noch einmal ins Grundsätzliche. Da die Regierung nur den drohenden Verlust für die Staatskasse bei der Beseitigung der Bodenzinse vor Augen hatte, glaubte sie zunächst alles Drängen des Parlamentes ignorieren zu können. Sie zog sich auf das Argument zurück, die Bodenzinse seien privatrechtlicher Natur und – wie Miet- und Hypothekenzinsen – Gegenleistung für die Überlassung eines Immobiliarwertes.

Diese Position erwies sich jedoch als nicht haltbar. Die Gegner wiesen nach, die Bodenzinse seien »öffentlichrechtlich« und ursprünglich der materielle Gegenwert für die Leistungen des Feudalstaates gewesen (Schule, Justiz, Kirche, Befreiung der Bauern vom Militär). Inzwischen finanziere der Bauer über die allgemeinen Steuern (unter anderem die Grundsteuer) den modernen Staat, sei von den Bodenzinsen aber nicht befreit, unterliege also praktisch einer

431 H. v. Stengel (Anm. 422), 7 ff.

432 GBl. 1872, 349, Weber (Anm. 21) IX, 381. Vorausgegangen war der Landtagsabschied v. 18. Februar 1871, III. Abschn. A § 13, Weber VIII, 711.

433 Zwischen 1872 und 1898 sollen nochmals Grundlasten im Wert von 757 995 fl. überwiesen worden sein, Meurer (Anm. 422), 50.

Doppelbesteuerung. Daneben seien die Bauern belastet durch die modernen Sozialversicherungsabgaben und bedrängt von ausländischer Konkurrenz, was insgesamt die Beseitigung der unverständlich gewordenen Bodenzinse noch dringender mache.[434]

Das schließlich zustande gekommene Grundentlastungsgesetz vom 2. Februar 1898[435] eröffnete zum drittenmal die Möglichkeit zur Überweisung von Grundlasten und Bodenzinsen an die Ablösungskasse für diejenigen, die die Termine von 1861 und 1875 versäumt hatten. Zur größeren Beschleunigung gab man nun auch den Verpflichteten das Recht, die Überweisung zu beantragen – was sich für die Berechtigten als Enteignung darstellte und auch so behandelt wurde.

Selbst nach diesem Gesetz blieb noch ein Restbestand. Die Bodenzinsen und Grundlasten, für die bereits eine bestimmte Kapitalsumme festgesetzt war, blieben von der Überweisung ausgeschlossen.[436] Erst das Gesetz vom 16. August 1908 bildete den Endpunkt.[437] Es sah die letzte Bodenzinszahlung für das Jahr 1940 vor, wozu es freilich schon wegen der Revolution von 1918/19 nicht mehr kam.

6. Die am Anfang des Jahrhunderts mit so großem Optimismus vorangetriebene *Güterzertrümmerung*[438] erwies sich schon bald nach dem Abklingen der Reformepoche Montgelas' als zweifelhaftes Mittel zur Strukturverbesserung der Landwirtschaft. Gedacht als Mittel zur Beseitigung des landwirtschaftlichen Proletariers, der nun Kleingütler und – politisch verläßlicher – freier »Eigentümer« werden sollte, führte es gerade zur Schaffung schwacher bäuerlicher Existenzen, die sich auf ihrem zersplitterten Land bei sinkenden Getreidepreisen[439] nur mit Mühe halten konnten. Als unangenehme Nebenerscheinungen des liberalisierten Bodenverkehrs tauchten Güterzertrümmerungsagenten und ausbeuterische Zwischenhändler auf, zudem ereigneten sich serienweise Zwangsversteigerungen von Gütern, die nicht zuletzt durch die Barablösung in Bedrängnis geraten waren – Vorgänge, die den Gedanken der Güterzertrümmerung schnell diskreditierten.

434 Die Debatte ist dokumentiert bei Memminger (Anm. 421), 150-154.
435 GVBl. 1898, 19; abgedruckt und eingehend kommentiert bei Meurer (Anm. 422).
436 Meurer, 51.
437 K. Haff, Die Bauernbefreiung und der Stand des Bodenzinsrechtes in Bayern, Leipzig 1910 m. w. Nachw.
438 Oben S. 75 f.

Wo die Grundherrschaft noch bestand, konnte eine gewisse Kontrolle durch Festsetzung einer Mindestgröße und durch das Erfordernis des grundherrlichen Konsenses zur Zertrümmerung relativ leicht wiedereingeführt werden, wie dies in Bayern 1825 geschah.[440] Wo bereits Ablösungen stattgefunden hatten und freies Eigentum entstanden war, konnten nachträgliche Einschränkungen, für die sich vor allem der konservative Adel aussprach,[441] nur schwer angebracht werden.

Mit fortschreitender Zeit stieg die Skepsis gegen die »Zwergwirtschaften« weiter an.[442] Konrad Maurer, der die bayerischen Verhältnisse genau kannte, stellte fest: »Man findet, daß es eine Grenze gebe, von welcher ab die Verkleinerung des Grundbesitzes dessen Ertragsfähigkeit schwächt, statt sie zu steigern. Man bemerkt, daß nicht der absolute Betrag des Nationaleinkommens wirthschaftlich wie politisch für die Gesammtheit in Betracht komme, sondern auch die Art seiner Vertheilung unter die verschiedenen Volksclassen und deren einzelne Angehörige. Man zweifelt, ob nicht die absolute Beweglichkeit aller Güter, deren rasches und ungehindertes Rollen aus einer Hand in die andere zu einer allzu großen Schwächung oder schließlich selbst völligen Vernichtung der konservativen Elemente führen möge, deren jeder Staat zu seiner Existenz nothwendig bedarf.«[443] Hier lag auch das Motiv des Adels, sich für die Erhaltung der Bauerngüter auszusprechen und damit auf dem Land stabile Verhältnisse zu erhalten.

Die entsprechenden gesetzgeberischen Maßnahmen um die Mitte des Jahrhunderts waren allerdings nicht sehr energisch. Dem Landtag von 1843 wurde eine »sorgfältige Untersuchung« über den Umfang der Gutszertrümmerungen und die »Wirkung derselben auf den Wohlstand der Landbevölkerung und auf die Landwirthschaft« versprochen.[444] Obwohl das Ergebnis dieser Untersuchung für die Festsetzung einer Untergrenze der Teilbarkeit von Flächen sprach, um die

439 Anm. 104.
440 Zorn, Gesellschaft und Staat (Anm. 5), 120.
441 Zorn, 135.
442 Vgl. etwa den Artikel »Bauerngut« von Welcker, in: C. Rotteck/C. Welcker, Staatslexikon, Bd. II, Altona 1835, 263-266.
443 K. Maurer, in: J. C. Bluntschli/B. Brater, Deutsches Staats-Wörterbuch, Bd. III, Stuttgart und Leipzig 1858, 402.
444 § 32, Abschn. IV, Landtagsabschied v. 25. August 1843, Weber (Anm. 21) III, 477.

weitere Ausbreitung der unrentablen Kleinstbetriebe zu verhindern, kam eine Einigung hierüber nicht zustande. Das Gesetz über die »gewerbsmäßigen Gutszertrümmerungen« vom 28. Mai 1852[445] beschränkte sich auf die Bestrafung der gewerbsmäßigen »parzellenweisen Veräußerung« von »Gutscomplexen«. »Wir bedauern«, erklärte die Regierung dazu, »daß über diejenigen Bestimmungen des Gesetzentwurfs, welche den Gutszertrümmerungen eine objektive Schranke setzen wollten, eine Vereinbarung der Kammern nicht erzielt werden konnte.«[446] Schon 1861 wurde das Gesetz wiederaufgehoben.[447]

Das 1852 gegebene Versprechen der Regierung, die Güterzertrümmerungsfrage bei nächster Gelegenheit wieder aufzugreifen, blieb unerfüllt. Erst 1894 gab die Reichsgewerbeordnung wieder einen Anstoß, für den Handel mit ländlichen Grundstücken die Führung von Büchern vorzuschreiben und die Aufsicht der Verwaltung über den Geschäftsbetrieb zu ermöglichen.[448] Doch haben diese lediglich der polizeilichen Gefahrenabwehr dienenden Vorschriften materiell am Güterhandel nichts geändert. Auch das etwas substantiellere Gesetz über die Güterzertrümmerung vom 13. August 1910,[449] das im Falle einer Güterzertrümmerung der Gemeinde und anderen juristischen Personen ein Vorkaufsrecht und dem Verkäufer ein Rücktrittsrecht einräumte, dürfte an den tatsächlichen Verhältnissen und Bedürfnissen vorbeigegangen sein. Die Grundsätze des wirtschaftlichen Liberalismus und das Eigeninteresse der führenden Schichten – boten doch die negativen Folgen der Güterzertrümmerung oft Möglichkeiten zur Arrondierung des eigenen Besitzes – ließen aber wohl schärfere Mittel nicht als notwendig oder opportun erscheinen.

7. Ein eigenes Problemfeld bildet die für katholische Staaten[450] so be-

445 GBl. 1852, 293, Döllinger (Anm. 30) XXVII, 141.

446 § 17 Abschn. I, Landtagsabschied v. 28. Mai 1852, GBl. 1852, 201.

447 Art. 2 Ziff. 6 EinfG v. 10. November 1861, GBl. 1862, 322.

448 Bekanntm., den gewerbsmäßigen Betrieb des Handels mit ländlichen Grundstücken betr., v. 1. Januar 1894, GVBl. 1894, 12.

449 Gesetz über die Güterzertrümmerung v. 13. August 1910, GVBl. 1910, 627, ergänzt durch eine Bekanntmachung, betr. den gewerbsmäßigen Handel mit ländlichen Grundstücken v. 24. August 1910, GVBl. 1910, 633.

450 »In Protestantischen Landen«, sagte Kreittmayr, Anmerkungen (Anm. 15) II, 1, § 4, »ist Lex amortizationis sehr rar, nicht ex defectu potestatis, sed voluntatis, dann was ohnehin macht geschiehet, braucht kein Verbott mehr.«

deutsame *Amortisationsgesetzgebung*, die eine Anhäufung von Grund und Boden in der sogenannten Toten Hand (Klöster, geistliche Stifte) zu verhindern suchte. Sie bestand aus einer Kette von Erwerbsverboten für Immobiliareigentum und bewirkte so in einem weiteren Sinn »Bindungen« des Bodeneigentums, vergleichbar den Erwerbsverboten gegenüber bayerischen Beamten in ihren eigenen Amtsbezirken.[451] Sie mag als relativ geschlossenes Gebiet am Ende dieser Darstellung ihren Platz finden.

Vom Ende des 17. Jahrhunderts an kann in Bayern von einer eigentlichen Amortisationsgesetzgebung gesprochen werden.[452] Die Maßnahmen beginnen mit einem Dekret vom 20. Februar 1669,[453] das auf Drängen des Adels ergangen war und durch Schaffung eines standesinternen Vorkaufsrechts garantieren sollte, daß adelige Güter dem Adel erhalten blieben und nicht auf geistliche Käufer übergingen. Das Dekret erwies sich als ineffektiv, da die Klöster bereits rund ein Drittel des gesamten Bodens besaßen[454] und aufgrund ihrer Finanzkraft die Preise steigern und das Vorkaufsrecht wirtschaftlich ausschalten konnten.[455] Es wurde daher am 20. April 1672 dahingehend ergänzt, die Veräußerung adeliger Güter »per contractus seu actus inter vivos« solle nur mit »Specialbefehl und Bewilligung des Landesherrn« gültig sein.[456] Schließlich wurde drei Jahre später den Klöstern der Ankauf von Grund und Boden generell untersagt.[457]

Die Verbote bewirkten jedoch praktisch nichts. Schon 1682 begann Max Emanuel von neuem mit der Vorbereitung eines Amorti-

451 Codex (Anm. 15) IV, 3, § 2.

452 F. X. Ritter v. Moshamm, Über die Amortisationsgesetze überhaupt und insbesondere in Bayern, Regensburg 1798, bezeichnete das Mandat von 1669, Kreittmayr (Anm. 450) das Mandat von 1672 als Beginn. Vgl. dazu auch W. Kahl, Die deutschen Amortisationsgesetze, Tübingen 1879, 192; A. Widder, Die Amortisationsgesetzgebung in Bayern, München 1873, 9 f.; M. Doeberl, Der Ursprung der Amortisationsgesetzgebung in Bayern, München 1903; A. Cohen, Der Kampf um die adeligen Güter in Bayern nach dem Dreißigjährigen Kriege und die ersten bayerischen Amortisationsgesetze, in: ZgStW 57 (1903), 1.

453 Bei W. X. A. Frh. v. Kreittmayr, Generalien-Sammlung von 1771, 89.

454 Kahl (Anm. 452), 192.

455 Widder (Anm. 452), 11.

456 Pragmatik wegen der Fideikommisse anno 1672 (Generalien-Sammlung 1771, 83; Döllinger (Anm. 30) XI, 1263), Ziff. 5, 6: Adelige Güter sollen nicht von Bürgerlichen erworben werden können. Dazu auch Kahl, 192 m. w. Nachw.

457 Dekrete v. 3. Januar 1675 und v. 20. April 1675, bei Mayr, Generalien-Sammlung IV, 746.

sationsgesetzes, das trotz der Zustimmung der Landschaft dann am Einspruch des kurfürstlichen Beichtvaters scheiterte. 1692 finden sich neue dringende Bitten der Landschaftsverordnung und Ritterschaft um ein solches Gesetz, da man zu fürchten habe, bald gehöre die Hälfte des Bodens der Toten Hand. 1696 nahm der Kurfürst einen neuen Anlauf, gegen geistlichen Widerstand, und dekretierte dann 1701, daß für die Veräußerung der »Häuser, Höf, Gärten, Wiesen, Weiden, Jagen, Fisch-Gerechtigkeiten, weltliche Zehenden, Vogtey, eingelegte Gattergilt, in Summa alles, was unter dem Wort unbeweglich verstanden«, landesherrlicher Konsens nötig sei. »Veräußerung« war dabei so zu verstehen, daß der Gegenstand »nicht verkauft, versetzt, cedirt, verschenkt, vertestirt, vermacht, vertauscht, verstiftet, vergandet oder sonsten auf andere nur ersinnliche Weis veräußert, und per Actum inter vivos vel mortis causa übergeben und zugeeignet werden« sollte.[458] Anders als seine Vorgänger bezog sich dieses Gesetz auf alle Immobilien, nicht nur auf adelige Güter, und umschloß auch alle letztwilligen Immobiliarzuwendungen.

Die Schwäche des Dekrets von 1701 lag darin, daß es den damaligen Zustand nicht verändern, sondern nur in etwa fixieren konnte. Auch betrieb die kurfürstliche Hofkammer eine Verminderung des geistlichen Grundbesitzes nur halbherzig; denn sie fürchtete umgekehrt mindestens ebenso, daß der Adel Güter aufhäufe und dadurch der kurfürstlichen Jurisdiktion und den Scharwerken Abbruch tue. Der Adel, so sagte die Hofkammer,[459] entziehe durch seine »Fideikommisse, Majorate und Lehen eine Masse von Gütern dem öffentlichen Verkehr, so dass das, was man einerseits der manus mortua zu entziehen trachte, andererseits nun gleichfalls einer geschlossenen Körperschaft zugehe«.

Die dem Gesetz von 1701 folgenden Maßnahmen[460] enthielten, wie auch Kreittmayr bestätigt[461], »effective nichts neues in sich, sondern bestättigt nur vorgedachte Constitutiones und alte Lands-Observanz«. Sie beschränkten die Erwerbsmöglichkeiten der Toten Hand nur in kleinen Schritten. 1756 konnte daher Kreittmayr den Rechtszustand bezüglich des Erwerbs (auch) von Grundstücken mit

458 Amortisationsgesetz v. 1. August 1701, erstmals veröffentlicht bei Kreittmayr, Anmerkungen (Anm. 15) II, 1, § 4, dann bei Döllinger (Anm. 30) XI, 1263; Weber (Anm. 21) I, 2.

459 Kahl (Anm. 452), 198.

460 Nachweise bei Widder (Anm. 452), 25 ff.

461 Kreittmayr, Anmerkungen (Anm. 15) II, 1, § 4, Nr. 5.

den Worten umschreiben: »Kaufen und Verkaufen steht Jedermann frey«, ausgenommen die durch Gesetz eingeschränkten Personen, wozu er auch zählt die »Manus mortuae, so viel den Ankauf und alle andere Acquisitiones unbeweglicher Güter betrift, welcherthalben es gleichfalls bey der alten Observanz und den kundbaren Lands-Constitutionibus verbleibt«.[462]

Aus der langen Reihe der Amortisationsmandate zwischen 1756 und 1803[463] sei lediglich die Amortisationspragmatik vom 13. Oktober 1764 hervorgehoben. Sie suchte nochmals energisch gegen die Güteranhäufung der Toten Hand anzugehen; denn dies sei eine »hochwichtige Angelegenheit, wovon die gemeine Wohlfahrt Unserer Landen, sonderbar in Rücksicht auf den blühenden Nahrungsstand großentheils abhanget«.[464] Das Dekret von 1701 blieb bestehen, wurde aber durch die Aufhebung des damaligen Verbots, nicht nur Grundstücke, sondern auch das entsprechende »pretium« der Toten Hand nicht zuzuwenden, erleichtert. Für Geldzahlungen galt nun allerdings eine Obergrenze von 2000 fl.[465]

Mit der Säkularisation der Klöster und Kollegiatstifte im Jahre 1803[466] erlangten die Religiosen, die ins bürgerliche Leben zurückkehrten, volle Erb- und Eigentumsfähigkeit,[467] die Klostergüter gin-

462 Codex (Anm. 15) IV, 3, § 2.

463 Mandat v. 12. Januar 1759 (das Kloster Rott hatte die reiche Bürgermeisterin von Schobing beerbt), Döllinger (Anm. 30) XI, 1268; Mandat v. 30. Juni 1759, Weber (Anm. 21) I, 5; Mandat v. 16. Januar 1760, Weber I, 5; Mandat v. 24. März 1762, Kreittmayr, Generalien-Sammlung 1771, 455 (Erlaubnis für den Erwerb von Ödland); Mandat v. 10. Mai 1765, Weber I, 8; Mandat v. 4. Februar 1768, Weber I, 10; Mandat v. 7. August 1769, Weber I, 10; Mandat v. 23. April 1792, Weber I, 37 (Erlaubnis für Grunderwerb im Donau-Moos); Mandat v. 14. November 1793, Weber I, 37; Mandat v. 4. September 1799, Weber I, 44; Mandat v. 12. März 1800, Weber I, 48 (strenge Ablehnung eines Befreiungsantrags); Allerh. Entschl. v. 30. November 1803, Weber I, 74.

464 Mayr, Generalien-Sammlung Bd. II, 1078; Weber (Anm. 21) I, 6. Den »letzten Anstoß« hierzu gab, so M. Schattenhofer, Von Kirchen, Kurfürsten & Kaffeesiedern, München 1974, 65, »der Münchner Weinwirt und Rat Franz Xaver Lunglmayr, der sich weigerte, den größten Teil des Familienvermögens seiner Frau im Wege der Erbschaft an Klöster hinauszuzahlen«.

465 Kahl (Anm. 452), 206 f.; Widder (Anm. 452), 35 ff.

466 VO v. 18. März 1803 und v. 5. August 1803, RBl. 1803, 192, 885. Grundlegende, wenn auch parteiische Darstellung bei A. M. Scheglmann, Geschichte der Säkularisation im rechtsrheinischen Bayern, 3 Bde., Regensburg 1903-1908.

467 Kahl (Anm. 452), 215.

gen in Staatseigentum über,[468] und die Amortisationsgesetzgebung galt für die verminderte Anzahl von Klöstern und Stiften weiter.

Durch die Erwerbung von Territorien, in denen bereits eigene ältere Amortisationsgesetze existierten, erweiterte sich der in Bayern geltende Normbestand, am grundsätzlichen Verbot des Immobiliarerwerbs änderte sich jedoch nichts.[469] Andere Gebiete kannten bisher keine Amortisationsgesetze; in ihnen dienten »die in Unseren altbaierischen Erbstaaten geltenden, welche die von einem Kloster zu erwerbende Summe auf 2000 fl. in Geld beschränken und jede Vermehrung des Grundeigenthums verbieten, zur Richtschnur«.[470]

Weder die Religionsedikte von 1806[471] und 1818[472] noch das Konkordat von 1817[473] brachten hierzu etwas Neues. Zwar wurde den Kirchen, die öffentlichrechtliche Körperschaften waren, der Eigentumserwerb gestattet, gleichzeitig aber ein Gesetzesvorbehalt ausgesprochen, der die älteren Amortisationsgesetze umschloß. Bayern bildete dabei keinen Sonderfall; denn selbst die Reichsverfassung von 1848 erlaubte »aus Gründen des öffentlichen Wohls« Erwerbs- und Verfügungsbeschränkungen der Toten Hand über Immobilien.[474] Ungewöhnlich war nur die Rechtszersplitterung. Am Ende des Jahrhunderts, als Meurer eine Bestandsaufnahme des bayerischen Amortisationsrechts machte, zeigte sich »eine bunte Musterkarte von verschiedenen, schwer zugänglichen, zum guten Teil auf veralteter Wirtschaftsordnung beruhenden und kontroversenreichen«[475] Teilen altbayerischer, preußischer, würzburgischer, österreichischer, kur-

468 VO v. 17. November 1803, RBl. 1803, 797. Vgl. dazu auch R. Freiin v. Oer, Der Eigentumsbegriff in den Säkularisationsdiskussionen am Ende des Alten Reiches, in: Eigentum und Verfassung (Anm. 44), 193-228.

469 Es handelte sich um die Herrschaften Ronsberg, Stein und Schönau, die Markgrafschaft Burgau, das Fürstentum Ansbach und das Fürstbistum Würzburg; Kahl (Anm. 452), 217 ff.

470 VO v. 27. April 1807, RBl. 1807, 750 f.

471 Religionsedikt v. 24. März 1809, RBl. 1809, 897 ff., § 48.

472 Edikt über die äußern Rechtsverhältnisse des Königreichs Baiern, in Beziehung auf Religion und kirchliche Gesellschaften v. 26. Mai 1818 (Beil. II zu Tit. IV, § 9 der Verf. Urk.), § 44.

473 Konkordat v. 5. Juni 1817. Vgl. Kahl (Anm. 452), 248; A. Doeberl, Die bayerischen Konkordatsverhandlungen in den Jahren 1806 und 1807, München und Freising 1907, 76; C. Meurer, Das bayerische Amortisationsrecht und seine Reform, München 1899, 65 ff.

474 Verfassung des Deutschen Reichs v. 28. März 1849, Huber, Dokumente (Anm. 143) I, 304 f., § 165.

475 Meurer (Anm. 473), 104.

mainzischer, fuldaischer und französischer Herkunft. Meurer empfahl eine Beschränkung des Grundgedankens der Amortisationsgesetze auf den Schutz naher Verwandter, im übrigen plädierte er für die Abschaffung des alten Normbestandes. In der Tat war mit der Jahrhundertwende mit dem Inkrafttreten des BGB[476] auch wirtschaftlich ein Endpunkt des Amortisationsrechts erreicht.[477]

Bibliographischer Nachtrag:
Max Spindler (Hrsg.), Handbuch der bayerischen Geschichte, Band IV, verbesserter Nachdruck, München 1979, insbes. 36 ff., 732 ff.

476 K. A. Geiger, Die Neugestaltung der bayerischen Amortisationsvorschriften durch das deutsche BGB, in: Arch. f. kathol. Kirchenrecht 84 (1904), 22.
477 Weitere Nachweise bei F. Merzbacher, HRG I, Sp. 148-150.

5. »Junges Deutschland«, jüdische Emanzipation und liberale Staatsrechtslehre in Deutschland*

I.

Literatur und Jurisprudenz stehen traditionell in engen Beziehungen. In der Spätrenaissance und im Barock ist der »poeta doctus«, der Jurisprudenz oder Theologie studiert hatte, noch der Normalfall.[1] Poetik und Rhetorik waren Universitätsfächer, der angehende Jurist konnte sie noch als »erlernbar« wahrnehmen.[2] Umgekehrt enthielten die meisten literarischen Werke politisch-juristische oder geistliche Bezugspunkte.[3] Seit der Mitte des 18. Jahrhunderts wird dies aber eher die Ausnahme. Das autonome Dichterwesen löst sich vom Brotberuf, rüttelt an gesellschaftlichen Bindungen und wagt sich in die Einsamkeit. Im Geniekult des 19. Jahrhunderts erscheint die juristische Amtstätigkeit oder die Pfarrstelle als schaudernd erlebte Fron, als

* Die vorliegende Studie entstand im Zusammenhang mit Arbeiten über den Staats- und Verwaltungsrechtler Edgar Loening. Frau Dr. Liselotte Jelowik (Halle) und Herrn Assessor Harald Palm (Gelnhausen) danke ich für Unterstützung bei der Ermittlung biographischer Details. Eine japanische Fassung ist in der Festschrift für Yunichi Murakami, Tokio 1993, erschienen.

1 B. Könneker/C. Wiedemann, Deutsche Literatur in Humanismus und Barock, Frankfurt/M. 1973; W. Kühlmann, Gelehrtenrepublik und Fürstenstaat. Entwicklung und Kritik des deutschen Späthumanismus in der Literatur des Barockzeitalters, Tübingen 1982; G. E. Grimm, Literatur und Gelehrtentum in Deutschland. Untersuchungen zum Wandel ihres Verhältnisses vom Humanismus zur Frühaufklärung, Tübingen 1983; Res Publica Litteraria. Die Institutionen der Gelehrsamkeit in der frühen Neuzeit (Internat. Arbeitskreis für Barockliteratur, 5. Jahrestreffen), Wolfenbüttel 1987. Siehe auch S. Füssel (Hrsg.), Deutsche Dichter der frühen Neuzeit (1450-1600). Ihr Leben und Werk, Berlin 1993, sowie P. G. Schmidt (Hrsg.), Humanismus im deutschen Südwesten. Biographische Profile, Sigmaringen 1993.

2 V. Sinemus, Poetik und Rhetorik im frühmodernen deutschen Staat. Sozialgeschichtliche Bedingungen des Normenwandels im 17. Jahrhundert, Göttingen 1978.

3 Exemplarisch D. Nörr, Papinian und Gryphius. Zum Nachleben Papinians, in: Zeitschr. f. Rechtsgeschichte, Rom. Abt. 83 (1966) 308 ff.; W. Kühlmann, Der Fall Papinian. Ein Konfliktmodell absolutistischer Politik im akademischen Schrifttum des 16. und 17. Jahrhunderts, in: Daphnis 11 (1982), 223-252.

unwürdige Tretmühle, manchmal allenfalls als schützendes Gehäuse einer zerrissenen Seele. Künstlerische Kreativität und Kraft zur ästhetischen und gesellschaftlichen Provokation stehen seither gegen bürgerliche Sekurität und gegen den Ordnungsanspruch von Thron und Altar.[4]

Gleichwohl waren die Welten von Kunst, Politik, Wissenschaft und Kirche im frühen 19. Jahrhundert immer noch eng aufeinander bezogen. Das gilt nicht nur für Mehrfachbegabungen wie E. T. A. Hoffmann oder Karl Immermann. Die Arbeiten der Rechtsgelehrten hatten nicht nur ihren (selbstverständlichen) politischen und ökonomischen Hintergrund, sondern auch zahlreiche Verankerungen in der philosophischen Tradition und im literarischen Umfeld von Klassizismus, Romantik und Biedermeier. Erst in der zweiten Hälfte des 19. Jahrhunderts trennten sich Jurisprudenz, Politik und »schöne Künste« entschiedener voneinander. Rechtswissenschaft und Literatur entfremdeten sich. Strafen und Gefängnisse, Kommerz, Industrie, Politik und Staatsverwaltung wurden »Unterwelt« oder »Gegenwelt« zur Kunst. Der für den Markt produzierende, nicht mehr ständisch oder konventionell gebundene Künstler wird zunehmend gesellschaftlicher Außenseiter, unbehauster Bohemien.

Dennoch gibt es Fernwirkungen der künstlerischen und politischen Auseinandersetzungen des Vormärz in die nach methodischer Autonomie strebende Jurisprudenz der achtziger und neunziger Jahre.[5] Sie liegen freilich nicht auf der Oberfläche, sondern sind im Biographischen versteckt.[6] Mancher etablierte Jurist der Kaiserzeit – nunmehr Geheimer Justizrat, geadelt und zur Exzellenz erhoben –

4 W. Sommer, Gottesfurcht und Fürstenherrschaft, 1988; M. Stolleis, Thron und Altar, in: HRG, Bd. IV m. w. Nachw.

5 J. Rückert, Autonomie des Rechts in rechtshistorischer Perspektive, Hannover 1988, insbes. 35 ff.

6 Das methodische Problem, ob und in welchem Umfang aus der individuellen Biographie, aus der Zugehörigkeit zu bestimmten Gruppen, Konfessionen und sozialen Schichten sowie aus den allgemeinen Zeitumständen plausible Schlüsse auf das wissenschaftliche Werk gezogen werden können, muß hier unerörtert bleiben. Die Erfahrung spricht für solche Zusammenhänge, und es scheint, als ob prinzipielle Schwierigkeiten erst dann entstehen, wenn man mehr erwartet als »Plausibilität«. Anstelle von methodischen Reflexionen sei auf das m. E. subtilste Beispiel gelungener Dechiffrierung der Wechselwirkung von Biographie und Werk der letzten Jahre verwiesen: Sten Gagnér, Zielsetzungen und Werkgestaltung in Paul Roths Wissenschaft, in: Festschrift f. Hermann Krause, Köln–Wien 1975, 276-450.

machte von seinem radikal demokratischen und republikanischen Engagement um 1830 oder 1848 später wenig Aufhebens. Mancher hatte seinen familiären Hintergrund auch abgestreift, etwa in jüdischen Familien durch Namensänderung und Wechsel der Konfession. Aus dem kämpferischen, vormärzlichen Liberalismus war nach 1866 der staatstragende, mit Bismarck ausgesöhnte Nationalliberalismus geworden. Die linksliberalen, freisinnigen Elemente gerieten an den Rand. Von denen, die 1848 die Republik gefordert hatten, waren nicht mehr viele übrig. Die einen waren ins Ausland gegangen, die anderen – wohl die Mehrheit – schworen nun auf »Realpolitik« und konstitutionelle Monarchie. Das Wachstum der Arbeiterbewegung rückte den bürgerlichen Liberalismus insgesamt nach rechts.

Es gibt allerdings auch Gegenbeispiele. Zwei von ihnen, ein nationalliberales und ein linksliberales, sollen hier ausführlicher dargestellt werden. Ein drittes wird wenigstens angedeutet. Zunächst geht es um den Verwaltungs- und Kirchenrechtler Edgar Loening (1843-1919). Man kennt ihn als Verfasser einer zweibändigen »Geschichte des deutschen Kirchenrechts« (1878), eines bedeutenden »Lehrbuchs des deutschen Verwaltungsrechts« (1884) – des ersten übrigens mit diesem Titel – sowie als einen der Herausgeber des großen sechsbändigen Handwörterbuchs der Staatswissenschaften (1890-1894). Am Ende seines Lebens war er hochdekoriert, Stadtverordneter in Halle (1888-1890), Geheimer Justizrat (1893),[7] Träger zahlreicher Orden,[8] Ehrenmitglied der Kaiserlichen St. Wladimir-Universität zu Kiew (1895), gewesener Rektor der Universität Halle und zuletzt Mitglied des preußischen Herrenhauses (1901).[9] Das alles deutet auf die in jenen Zeiten übliche nationalkonservative Gesinnung.

In der Tat war Loening konservativ, er rechnete sich im Herrenhaus zu den Nationalliberalen. Er war einverstanden mit dem von Bismarck geschaffenen Deutschen Reich und seiner Verfassung. Er

7 Ministerium der geistlichen und Unterrichtsangelegenheiten. Acta betr. Jubiläen, Verleihung von Orden, Ehrenzeichen, Titeln und sonstigen Auszeichnungen an die Lehrer und Beamten. GStArch (ehemals) Merseburg – Preußischer Kulturbesitz – Rep. 76 Va Sekt. VIII, Tit. IV, Nr. 4, Bd. III, Bl. 174 f., 221 f., 275 f.

8 Kronenorden II. Kl. (1904), dazu den Stern (1915), St. Stanislausorden II. Kl. (1907), Roter Adlerorden IV. Kl. (1897), III. Kl. (1902), II. Kl. (1911), Komturinsignien II. Kl. d. Herzogl.-Anhaltischen Hausordens Albrechts des Bären (1912).

9 Hallische Universitäts-Zeitung 1 (1919), 145-147 (Porträt, Lebenslauf, Schriftenverzeichnis; Trauerrede von F. Loofs und Abschiedsworte von H. Waentig).

billigte die starke monarchische Gewalt, und er lehnte ein auf die Volkssouveränität gegründetes republikanisches Staatsmodell entschieden ab. Dennoch war Loening auch Liberaler, und zwar offenbar gerade in Fragen des Staatskirchenrechts. In den Personalakten der Universität Halle findet sich eine Beurteilung Loenings durch den preußischen Kultusminister Gustav v. Gossler aus dem Jahr 1890, in der es heißt, daß Loening, »... wenn er auch keineswegs mit der deutsch-freisinnigen Partei zusammengeht, doch in scharfer Ausprägung liberal und kritisch gerichtet ist, auch den kirchlichen Dingen mehr oder weniger indifferent gegenübersteht«.[10] Die Frage, woher die nationalliberale Grundeinstellung und die hier beobachtete »kritische« Richtung kommen und wie das Interesse am Kirchenrecht mit Indifferenz in kirchlichen Dingen zusammengeht, könnte mit einem Blick in Loenings Familiengeschichte gelöst werden. In ihr entfaltet sich ein Kapitel deutscher Politik und Literatur des 19. Jahrhunderts:

Edgar Loening stammte aus einer jüdischen Familie mit Namen Löwenthal, die zunächst in Durlach, dann ab etwa 1740 in Ladenburg ansässig war. Loenings Großvater Johann Ludwig Löwenthal (gest. 1838), ein Kaufmann und Tabakfabrikant, wechselte von Ladenburg nach Mainz und ab 1815 nach Mannheim. Dessen Bruder, Herz Löwenthal (1784-1815), hatte einen Sohn Moritz (1811-1876), der sich ab 1820 Lenel nannte und ein ungewöhnlich erfolgreicher Mannheimer Kaufmann wurde. Aus dessen Ehe mit der Bankierstochter Caroline Scheurer (1814-1857) gingen der Mannheimer Industrielle Viktor Lenel (1838-1917) und der Zivilrechtler und Rechtshistoriker Otto Lenel (1841-1935) hervor.[11] Damit ist die erste wichtige Querverbindung Loening-Lenel genannt.

10 Vgl. dazu auch die Beurteilung durch die Juristische Fakultät von Rostock anläßlich seiner Berufung dorthin (1882): »Die sich widersprechenden Urteile, welche über Loening in persönlicher Beziehung im Umlaufe sind, erklären sich, wie wir aufgrund zahlreicher Berichte uns überzeugt haben, aus seiner durchaus selbständigen und entschiedenen Statur, welche ihn den einen ebenso liebenswürdig wie den anderen unangenehm erscheinen (lassen) wird. Wir haben mit Rücksicht auf umlaufende Gerüchte unsere Erkundigungen auf seinen kirchlichen Standpunkt ausgedehnt und die Gewissheit erhalten, daß ihm eine Richtung, welche seine wissenschaftliche Objektivität nach der einen oder andern Seite hin gefährden könnte, fern liegt. Ein indifferentes Urteil haben wir über ihn nicht gehört.«

11 L. Wenger, ZRG Rom. Abt. 55 (1935) VII-XI; F. Pringsheim, in: Studia et documenta historiae et iuris 1 (1935), 466 ff.; die Autobiographie bei H. Planitz, Die Rechtswissenschaft der Gegenwart in Selbstdarstellungen, Bd. I, 1924, 133-

Edgar Loenings Vater Zacharias Löwenthal (1810-1884)[12] war in Ladenburg und Mannheim aufgewachsen. 1829-1831 hatte er die Universität Heidelberg besucht; seit 1833 führte er den Dr. phil. Sein Plan war es, Buchhändler zu werden. In München volontierte er in Cottas »Literarischer Anstalt«,[13] dann bei Georg Reimer in Berlin,[14] 1834 bei Julius Campe in Hamburg[15] und am Ende eine Zeitlang in der Buchhandlung J. P. Streng in Frankfurt/M.

Nach dieser konzentrierten verlegerischen Ausbildung wagte er – 25 Jahre alt – den Sprung in die Selbständigkeit und gründete 1835 in Mannheim die »C. Löwenthals Verlagsbuchhandlung«. Er entwarf ein Programm, das in den Augen der badischen Polizei, die unter dem politischen Druck Metternichs stand, nur revolutionär genannt werden konnte. Autoren wie Karl Gutzkow, Heinrich Laube, Ludolph Wienbarg und August Lewald bildeten den Kern. Eine Zeitschrift *Deutsche Revue* wurde geplant, in der außer den Herausgebern Gutzkow und Wienbarg die mehr oder weniger übel beleumundeten Autoren Ludwig Börne, Heinrich Heine, Laube, Karl August Varnhagen von Ense, Christian Dietrich Grabbe, Franz Kottenkamp, Georg

152; E. Bund, NDB 14 (1984), 204 f.; O. Behrends, Otto Lenel: Positivismus im nationalen Rechtsstaat als Haltung und Methode, Einleitung zu: O. Lenel, Ges. Schriften 1 (1990), XIII-XXXIII; zur Familie K.-O. Watzinger, Der jüdische Anteil an der Entwicklung Mannheims, in: Mannheimer Hefte, H. 1 (1960), 24 f.; H. Schäfer, NDB 14 (1965), 203 ff.

12 Zur Biographie: Chr. Schwingenstein, NDB 15, 50 f.; J. Toury, Jüdische Buchhändler und Verleger in Deutschland vor 1860, in: Bulletin des Leo Baeck-Institutes, H. 9 (1960), 58 ff.; H. Meyer, Carl Friedrich Loening. Lebensbild eines deutschen Verlegers im 19. Jahrhundert, in: Archiv für Geschichte des Buchwesens Bd. IV (1961/63), 1535-1547; ders., Carl Friedrich Loening. Verlagsbuchhändler in Mannheim und Frankfurt, in: Mannheimer Hefte 1962, 19-27; A. Frommhold, Hundertundzehn Jahre Verlag Rütten & Loening, 1844-1954, Berlin 1954, m. einem Vorwort von Irene Gysi; ders., in: Hundertfünfundzwanzig Jahre Rütten & Loening 1844-1969. Ein Almanach, Berlin 1969, dort 447-468 eine Verlagsgeschichte in Daten.

13 L. Lohrer, Cotta. Geschichte eines Verlages, Stuttgart 1959; K. Hertel, Der Politiker Johann Friedrich Cotta. Publizistische verlegerische Unternehmungen 1815-1819, Frankfurt/M.1978; M. Neugebauer-Wölk, Revolution und Constitution – Die Brüder Cotta: eine biographische Studie zum Zeitalter der Französischen Revolution und des Vormärz, Berlin 1989.

14 D. Fouquet-Plümacher, Jede neue Idee kann einen Weltbrand entzünden: Georg Andreas Reimer und die preußische Zensur während der Restauration, Frankfurt/M. 1987.

15 E. Ziegler, Julius Campe. Der Verleger Heinrich Heines, Hamburg 1976; dies., Literarische Zensur in Deutschland 1819-1848, München 1983.

Büchner, Wilhelm Schulz sowie die Juristen Eduard Gans und Wilhelm Trendlenburg auftauchen sollten. Eine Probenummer weckte nicht nur das Mißtrauen der Konkurrenz, etwa bei dem Kritiker Wolfgang Menzel,[16] der Cottas »Morgenblatt für die gebildeten Stände« redigierte, sondern auch das der Polizei. Gleichzeitig protestierten die Verlagskollegen gegen die neue »jüdische Firma«.[17] Es war eine Zeit erneuter politischer Hochspannung nach der französischen Julirevolution, nach dem Hambacher Fest und dem Frankfurter Wachensturm. Überall schienen revolutionäre Gefahren zu lauern, vor allem in Büchern.

Als 1835 Karl Gutzkows künstlerisch schwacher, aber religiös und sittlich provozierender Roman »Wally die Zweiflerin« herauskam, schrillten die Alarmglocken. Menzel, der Gutzkow früher als Mitarbeiter im »Morgenblatt« beschäftigt hatte, attackierte ihn jetzt scharf, wohl nicht nur aus geschäftlichen Motiven, wie Gutzkow später unterstellte, sondern auch aus christlich-restaurativer Überzeugung.[18] Von ihm stammt der Satz: »Sie (die Jungdeutschen) fuhren mit einem Omnibus, den der Jude Löwenthal kutschierte, durch ganz Deutschland, um die kampf- und ruhmbegierige Jugend jauchzend und in Masse aufzuladen.«[19]

Nun konnten die Ordnungskräfte eingreifen. Metternich ließ sich am 28. Oktober 1835 die verdächtigen Bücher aus Leipzig kommen – in Wien waren sie selbst für den Regierungschef nicht zu erhalten – und schrieb schon drei Tage später einen flammenden Brief an seinen Bundestagsgesandten Münch in Frankfurt, das Treiben einer neuen literarischen Schule nach dem Vorbild von Heine und Börne ziele auf »Untergrabung aller und jeder, geoffenbarten wie natürlichen Religion und zur Vergötterung der rohesten Sinnlichkeit«. Dies wiederum bewirke die Lockerung des politischen Zusammenhalts; »das ungestörte Fortwuchern dieser Giftpflanzen« führe zur Verwilderung des »bis itzt mit so vielem Ruhme bebauten Feldes der deutschen Litera-

16 A. Estermann (Hrsg.), Politische Avantgarde 1830-1840. Eine Dokumentation zum »Jungen Deutschland«, 2 Bde., Frankfurt/M. 1972, Bd. 1, 47: »... droht uns Herr Gutzkow mit einer neuen literarischen Revue in großem Styl, mit einem mächtigen Organ des sogenannten jungen Deutschland, das große Wunder wirken und alles umgestalten soll im alten Deutschland.«

17 Organ des deutschen Buchhandels 1835, 274 f., bei Estermann (Anm. 16), Bd. 1, 167.

18 Estermann (Anm. 16), Bd. 1, 41 ff.

19 Literaturblatt zu Cottas Morgenblatt 1836, Nr. 2, bei Estermann (Anm. 16), Bd. 1, 167.

tur«. Der Gesandte hielt im Bundestag eine entsprechende Rede und drängte auf Polizeiverbot. Die württembergische Regierung sträubte sich noch, wußte sie doch durch den Verleger Cotta, was das Verlagsgewerbe auch materiell wert war. Preußen und Bayern gehorchten dagegen sofort. Sie verboten im November 1835 den Verkauf aller Schriften aus Löwenthals Verlag. In Berlin hetzte die Evangelische Kirchenzeitung des intoleranten Ernst Wilhelm Hengstenberg gegen »Das junge Deutschland« und nannte die ins Schußfeld geratene Autorengruppe »eitel Ehebrecher und ein frecher Haufe«.[20] Die badische Polizei beschlagnahmte im November 1835, also noch vor dem Beschluß des Deutschen Bundes, Löwenthals Bücher. Gutzkow wurde zwei Wochen später in Mannheim verhaftet, und es gab ein Verfahren vor dem Großherzoglich-Badischen Hofgericht. Gutzkow wurde zu drei Monaten Gefängnis verurteilt und saß vier Wochen ab, Löwenthal verlor seine Konzession.[21]

Am 20. Dezember 1835 erging schließlich jener berühmte Bundestagsbeschluß, dessen Eingangssentenz lautete, es habe »sich in Deutschland in neuerer Zeit, und zuletzt unter der Benennung ›das junge Deutschland‹ oder ›die junge Literatur‹, eine literarische Schule gebildet..., deren Bemühungen unverholen dahin gehen, in belletristischen, für alle Classen von Lesern zugänglichen Schriften die christliche Religion auf die frechste Weise anzugreifen, die bestehenden socialen Verhältnisse herabzuwürdigen und alle Zucht und Sittlichkeit zu zerstören ...«.[22] Genannt wurden »namentlich« Heinrich Heine, Carl Gutzkow, Heinrich Laube, Ludolph Wienbarg und Theodor Mundt. Die Regierungen wurden aufgefordert, die Verbreitung dieser gefährlichen Ware zu verhindern und die Presse- und Polizeigesetze mit voller Strenge anzuwenden; die Buchhändler wurden verwarnt.[23]

Die Folgen dieses Beschlusses waren zunächst einschneidend. Die

20 Evangelische Kirchenzeitung, Bd. 18 (1836), Nr. 4, zit. bei F. Sengle, Biedermeierzeit, Bd. 1, Stuttgart 1971, 146.

21 Das erstinstanzliche Urteil erging in Mannheim am 12. 1. 1836 (in: Blätter f. literarische Unterhaltung 1836, Nr. 167-168). Siehe auch den Artikel »Strafepistel über die gotteslästerliche jüngere Literatur« in der Frankfurter Ober-Postamts-Zeitung v. 30. 11. 1835 (bei Estermann, Anm. 16, Bd. 2, 405 f.) sowie G. Ras, Börne und Heine als politische Schriftsteller, Groningen 1927, 94.

22 J. Hermand (Hrsg.), Das Junge Deutschland. Texte und Dokumente, Stuttgart 1966, 331.

23 E. R. Huber, Dokumente zur Deutschen Verfassungsgeschichte, Bd. 1, 3. Aufl., Stuttgart 1978, Nr. 48.

Deutsche Revue war erstickt. Die Autoren suchten Deckung, beschuldigten sich auch gegenseitig. Einige leugneten ihre Zugehörigkeit zum »Jungen Deutschland«, andere gingen ins Ausland, Heinrich Laube etwa nach Paris. Gutzkow, Mundt und Wienbarg zogen sich in das freie Hamburg zurück, wo auch Heines Verleger Campe saß. Bei diesem entstand unter Gutzkows Leitung eine neue Zeitschrift *Telegraph für Deutschland* (1837-1842). Gutzkow selbst wurde nun erfolgreicher Theaterautor, der aber auch später noch Romane herausbrachte, so in neun Bänden die »Die Ritter vom Geiste«.[24]

Der mit Gutzkow seit der Studienzeit eng befreundete Verleger Löwenthal wich zunächst nach Mainz aus und heiratete dort 1838 Anna Louise Reinach,[25] Tochter eines jüdischen Bankiers und Gutsbesitzers.[26] Hierdurch entstand eine zweite, für unseren Zusammenhang interessante Querverbindung; denn Anna Louises Schwester Rosalie Reinach (1811-1886) heiratete 1828 einen weiteren jüdischen Aufsteiger, Jakob Heinrich Dernburg (1795-1878), der zunächst Anwalt in Mainz, dann Professor für Zivilprozeßrecht in Gießen und schließlich Oberappellationsgerichtsrat in Darmstadt war. Dieser ältere Dernburg, der sich 1841 in Mainz hatte evangelisch taufen lassen, war offenbar für Edgar Loening wichtig: Ihm widmete er seine Dissertation.[27] Jakob Heinrich Dernburgs Söhne wiederum waren einmal der Zivilrechtler Heinrich Dernburg (1829-1907) sowie der Journalist und Politiker Friedrich Dernburg (1832-1911).[28] Wir sehen also

24 P. Demetz, Karl Gutzkows »Die Ritter vom Geiste«, in: Monatshefte, Bd. 61 (1969), 230.

25 C. Schwingenstein, NDB 15 (1987), 51; K. Fuchs, Lebensbilder vergessener Mainzer Persönlichkeiten, Mainz 1984, 38.

26 Aus der seit 1741 in Mainz registrierten Familie Reinach sind Bankiers in Paris und Frankfurt hervorgegangen, außerdem französische Politiker und Wissenschaftler. Zu den Mainzer Reinachs gehört auch der im Ersten Weltkrieg gefallene Rechtsphilosoph Adolf Reinach (1883-1917), Die apriorischen Grundlagen des bürgerlichen Rechts, Halle 1913. Vgl. P. Arnsberg, Die jüdischen Gemeinden in Hessen. Anfang – Untergang – Neubeginn, II. Bd., Frankfurt/M. 1971, 36 f., sowie Karl Schuhmann/Barry Smith, Adolf Reinach: An Intellectual Biography, in: Kevin Mulligan (ed.), Speech Act and Sachverhalt. Reinach and the Foundations of Realist Phenomenology, Dordrecht 1987, 3-27, mit genauen Hinweisen.

27 E. Loening, Die Erbverbrüderung zwischen den Häusern Sachsens und Hessens und Sachsen, Brandenburg und Hessen, Frankfurt/M. 1867.

28 Hierzu die gründliche Arbeit von W. Süss, Heinrich Dernburg – Ein Spätpandektist im Kaiserreich. Leben und Werk, 1991, 3-6, sowie K. Luig, Heinrich Dernburg (1829-1907). Ein »Fürst« der Spätpandektistik und des preußischen

neben der Linie Loening-Lenel eine zweite Linie Loening-Dernburg. Eine dritte wird sich anschließen.

Kehren wir zunächst zu Loenings Vater Zacharias Löwenthal, dem politisch revoltierenden jungen und nun verheirateten Verleger, zurück. Bei seinen politischen und literarischen Freunden war Heirat sozusagen gruppenspezifisch; denn auch Laube, Gutzkow, Wienbarg und Mundt, denen noch 1835 die ideologische Unterminierung der bürgerlichen Ehe – die »Emanzipation des Fleisches« – vorgeworfen wurde, heirateten nun und ordneten sich auf diese Weise in die Gesellschaft ein.[29] Löwenthal war in diesen Jahren viel auf Reisen, so mehrfach in Paris, wo er auch Heine traf. Am 14. Juni 1843 wurde dort sein Sohn Edgar geboren.[30] Im gleichen Jahr kehrte er nach Frankfurt zurück, wo er wieder als Verleger auf die Beine zu kommen suchte. Da er auf die Erlangung des Bürgerrechts nicht hoffen konnte, blieb er im Status eines »Permissionisten«. Aber es gelang ihm doch 1844, mit dem Frankfurter Bürger Josef Rütten aus einer gleichfalls assimilierten jüdischen Familie[31] den Verlag »Literarische Anstalt (J. Rütten)« zu gründen.

Die Geschichte dieses Verlages – später Rütten & Loening – kann hier nicht geschildert werden.[32] Aber es sei doch festgehalten, daß Löwenthal und Rütten nicht nur Marx' und Engels' Polemik gegen »Bruno Bauer & Consorten« unter dem Titel »Die heilige Familie« verlegten (1845), sondern gleichzeitig auch ein Gelegenheitswerk von

Privatrechts, in: H. Heinrich/H. Franzki/K. Schmalz/M. Stolleis (Hrsg.), Deutsche Juristen jüdischer Herkunft, München 1993, 231-247, m. w. Nachw.

29 Sengle (Anm. 20), 181.

30 Die standesamtliche Bestätigung der Préfecture du Departement de la Seine bezeugt den »Acte de la naissance de Edgar ... né à Paris, rue St. Honoré Nr. 371 ... fils de Sieur Zacharias Löwenthal, docteur en philosophie, âgé de 33 ans, et de Dame Anna Reinach, son épouse, sans profession, âgée de 30 ans, mariée à Mayence (Hesse d'Armstadt!) en l'année 1838« (Stadtarchiv Frankfurt/M.).

31 Josef Rütten (1805-1878) stammte aus einer alten jüdischen Familie, die schon ab 1498 in Frankfurt wohnte, sich nach dem Gebäude »Rindskopf« nannte, wohlhabend wurde und im 18./19. Jh. als Bankiers die lokalen Konkurrenten der Rothschilds waren.

32 Siehe oben Anm. 12 (Frommhold, Meyer); zum Umfeld vgl. J. Goldfriedrich, Geschichte des deutschen Buchhandels vom Beginn der Fremdherrschaft bis zur Reform des Börsenvereins im Deutschen Reich (1805-1889), Leipzig 1913; R. Wittmann, Buchmarkt und Lektüre im 18. und 19. Jahrhundert, Tübingen 1982; ders., Kaufleute, Spekulanten, Revolutionäre. Über Literaturverleger 1815-1848, in: Aus dem Antiquariat (Beil. z. Börsenblatt) 1986, A. 405-A. 415.

Löwenthals Hausarzt Heinrich Hoffmann, den »Struwwelpeter«,[33] eines der erfolgreichsten Bücher überhaupt,[34] eine scheinbar naiv gereimte und illustrierte Darstellung psychosomatischer Störungen von Kindern – Kinderbuch und Schauerstück in einem.

Löwenthal dachte ganz entschieden republikanisch und linksliberal. Dies zeigen nicht nur seine Kontakte mit Heine und Marx,[35] seine Mitgliedschaft im fortschrittlichen »Montagskränzchen« (1845-1851),[36] sein verlegerisches Engagement bei der Drucklegung der Protokolle des ersten deutschen Germanistentages im Frankfurter Römer[37] sowie die lange Reihe seiner Autoren, die als durchweg politische Köpfe in die Annalen der 1848er Revolution eingegangen sind.

Solcherlei Gesinnungen blieben der politischen Polizei nicht verborgen. Für die Stadt Frankfurt wurde es unangenehm, daß in ihren Mauern Schriften von Proudhon,[38] Gustav von Struve,[39] Ludwig Si-

33 Heinrich Hoffmann (1809-1894), Gründer der Frankfurter Psychiatrie, Verfasser medizinischer Werke, populärer Gedichte, Satiren und anderem. Vgl. G. A. E. Bogeng, Der Struwwelpeter und sein Vater, Potsdam 1939, dort insbesondere zur Entstehung 36 ff. sowie zur Textgeschichte 58 ff. Die Lebenserinnerungen Heinrich Hoffmanns wurden von Eduard Hessenberg, Frankfurt/M. 1926, herausgegeben.

34 Mit den entsprechenden urheberrechtlichen Prozessen. Vgl. Christian Scholz, Actenmäßige Darstellung meiner gerichtlichen Verfolgung durch die litterarische Anstalt zu Frankfurt a. M. wegen angeblichen Nachdrucks des Struwwelpeter ... Darmstadt 1852. – Die politische Adaption beginnt mit Henry Ritter, Der politische Struwwelpeter. Ein Versuch zu Deutschlands Einigung, Düsseldorf 1849.

35 Dieser bot ihm 1846 die »Deutsche Ideologie« an. Der Vertrag kam aber nicht zustande, weil Löwenthal eine erneute Verlagsschließung fürchtete.

36 Stadtarchiv Frankfurt/M. FS 3/P 741; S. Wolf, Liberalismus in Frankfurt am Main. Vom Ende der Freien Stadt bis zum Ersten Weltkrieg (1866-1914), Frankfurt/M. 1987, 12 f.

37 Verhandlungen der Germanisten zu Frankfurt am Main am 24., 25. und 26. September 1846, Frankfurt/M. 1847 (Verlagseigenthum unter anderem Literarische Anstalt).

38 P. J. Proudhon, Die Volksbank. Eingeleitet, übersetzt und erläutert von Ludwig Bamberger, Frankfurt/M. 1849.

39 G. Struve, Grundzüge der Staatswissenschaft, 4 Bde., Frankfurt/M. 1847/48. Zu ihm M. Kunze, Der Freiheit eine Gasse: Traum und Leben eines deutschen Revolutionärs, München 1990.

40 L. Simon (1810-1872), Trierer Advokat, mußte 1849 ins Ausland fliehen. Er wurde in Abwesenheit zum Tode verurteilt und starb in Montreux. In der Literarischen Anstalt (J. Rütten) erschien von ihm aus dem Exil »Ein Wort des Rechts für alle Reichsverfassungs-Kämpfer an die deutschen Geschworenen«, Frankfurt/M. 1849.

mon,[40] Jakob Venedey,[41] Wilhelm Schulz,[42] Ludwig Bamberger,[43] Carl Vogt,[44] August Graf von Platens »Polenlieder«, Alexander Petöfis »Gedichte eines Freiheitskämpfers« und andere erschienen. Es kam deshalb, wie es kommen mußte: 1847 wurde Dr. Löwenthal aus Frankfurt ausgewiesen. Er führte freilich seine Arbeit von Mainz aus weiter und war auf diese Weise im sogenannten »tollen Jahr« (1848/49) aktiv. In der Umgebung Frankfurts und in Baden trat er als Volksredner auf, um »... die Massen für eine sozial-demokratische Republik zu gewinnen«.[45]

Als die Revolution gescheitert war und die Regierungen die Zügel wieder anzuziehen wagten, erschienen bei ihm zwar noch die Gesammelten Schriften von Ludwig Börne und von Karl Gutzkow, jeweils in 12 Bänden,[46] aber der politische Elan des Verlags war doch gebrochen. 1851 zerschlugen sich die Verhandlungen mit Karl Marx wegen der Herausgabe des »Kapitals«, weil Löwenthal ein drittes Verbot fürchtete. Aber diese Vorsicht nutzte nichts; Löwenthals und Rüttens Verlag blieb verdächtig. In Frankfurt herrschten wieder strengere Ansichten. Der Deutsche Bund kehrte zurück, und Preußens Bundestagsgesandter war Otto von Bismarck, der sich am 5. Juli 1851 in einem Bericht über Vereine, Gesellenverbindungen und Verteilung von Druckschriften der Frankfurter Demokratie äußerte.[47]

1852 wurde Löwenthal tatsächlich erneut aus Frankfurt ausgewiesen. Er ging nach Brüssel und versuchte dort, sich verlegerisch zu etablieren. Da dies nicht gelang, betrieb er seine Rückkehr nach Frankfurt. Es scheint, als sei nun seine Energie im Kampf mit der Obrigkeit erlahmt. 1854 gestattete man ihm, in Frankfurt tätig zu sein. 1857 wollte er, der die Religion seiner Väter schon 1847 mit dem Pro-

41 J. Venedey, Die Wage. Deutsche Reichstagsschau, Hefte I-VIII, Frankfurt/M. 1848/49; ders., Das südliche Frankreich, 2 Teile, Frankfurt/M. 1846.

42 W. Schulz, Deutschlands gegenwärtige politische Lage und die nächste Aufgabe der demokratischen Partei, Frankfurt/M. 1849.

43 L. Bamberger, Erlebnisse aus der Pfälzischen Erhebung im Mai und Juni 1849, Frankfurt/M. 1849.

44 C. Vogt, Der 18. September in Frankfurt a. M. Im Auftrage des Clubbs der Linken vom Deutschen Hofe und vom Donnersberge geschildert, Frankfurt/M. 1848.

45 Bundesarchiv Frankfurt/M., Nachlaß Nover III, 251 und 373. Zit. bei J. Toury (Anm. 12), 66 f.

46 L. Börne, Gesammelte Schriften, 12 Teile in 6 Bänden, Hamburg (Hoffmann & Campe) und Frankfurt/M. (Rütten & Loening) 1862.

47 E. Engelberg, Bismarck. Urpreuße und Reichsgründer, Berlin 1985, 376.

testantismus vertauscht hatte, nun auch nicht mehr Löwenthal heißen. Unter dem 17. April 1857 erlaubte ihm der Großherzog von Hessen und bei Rhein die Führung des Namens Carl Friedrich Loening. 1859 endlich gewährte ihm der Rat der Stadt Frankfurt das Bürgerrecht, so daß er nun auch offiziell als Mitinhaber der Firma Rütten & Loening auftreten konnte. Inhaltlich machte der Verlag seinen Frieden mit der bürgerlichen Welt. Die revolutionären Schriften traten zurück, während Klassikerausgaben, Kinderbücher – vor allem natürlich der unverwüstliche »Struwwelpeter«, später die ähnlich erfolgreiche »Biene Maja« von Waldemar Bonsels –, medizinische und naturwissenschaftliche Werke nach vorne rückten. Inzwischen hatte sich die Familie weiter vergrößert. 1842 wurde die älteste Tochter Meta geboren, 1843 Edgar, 1848 der zweite Sohn Richard (1848-1913), der spätere Professor für Strafrecht in Jena.[48] 1851 folgte der dritte Sohn, Gottfried (1851-1887), der später den Verlag übernehmen sollte. Edgar machte Ostern 1863 sein Abitur und ging nach Heidelberg, um Rechtswissenschaften zu studieren. Fünf Jahre später sollte Richard dies wiederholen. Vielleicht sind es diese Beziehungen zu Heidelberg, dem Studienort der Söhne, vielleicht auch der Wunsch, nachdem Frankfurt 1866 preußisch geworden war, wieder in das heimatliche liberalere Baden zurückzukehren – jedenfalls wechselte der Verlag nun nach Heidelberg. 1878 übergab der nun 68jährige Loening die Firma an seinen Sohn Gottfried, der ihn zusammen mit einem Neffen des Mitinhabers Josef Rütten, Heinrich Oswalt, weiterführte. Heinrich Oswalt ist in einem KZ des Nationalsozialismus umgekommen.

48 Stud. iur. in Heidelberg und Berlin, habilitierte sich (nach Teilnahme am deutsch-französischen Krieg und nach Referendariat in Frankfurt und Bonn) 1875 in Heidelberg, wurde 1878 a.o. Prof. in Heidelberg und 1882 o. Prof. für Strafrecht und Strafprozeß in Jena. Vgl. J. W. Hedemann, Richard Loening, Deutsche Juristen-Zeitung XVIII (1913), 1184, der ihm bescheinigt, »ein gewisser konservativer Zug« und ein »ausgeprägter historischer Sinn« seien ihm eigen gewesen. Seine Werke (Quid statuendum sit de eo, qui condemnatus in crimen reciderit? Teil 1, Berlin 1869; Der Vertragsbruch im deutschen Recht, Straßburg 1876; Der Reinigungseid bei Ungerichtsklagen im Deutschen Mittelalter, Heidelberg 1880; Die Widerklage im Reichszivilprozeß, Berlin 1881; Über geschichtliche und ungeschichtliche Behandlung des deutschen Strafrechts, ZStW 3, 1883, 219 ff.; Grundriß zu Vorlesungen über deutsches Strafrecht, Frankfurt/M. 1885; Die strafrechtliche Haftung des verantwortlichen Redakteurs, Jena 1889; Die Hamlet-Tragödie Shakespeares, Stuttgart 1893) sind bisher nicht eingehend gewürdigt worden. Zu dem Aufsatz von 1883 siehe M. Frommel, Präventionsmodelle in der deutschen Strafzweck-Diskussion, Berlin 1987, 170-173.

Blickt man auf dieses Leben zurück und vergleicht es vor allem mit jüdischen Biographien des 19. Jahrhunderts, so drängen sich bestimmte Züge als typisch auf. Im späten 18. und im frühen 19. Jahrhundert nutzten die aktivsten Juden die Möglichkeiten der Emanzipation. Die Unterschiede ihres Vorwärtskommens hingen eng mit den politischen Rahmenbedingungen zusammen, etwa in Mainz, Frankfurt oder Mannheim, in Preußen oder in den süddeutschen Verfassungsstaaten. Sie begannen meist als Handelsleute und ließen ihre Söhne, sobald es der Wohlstand erlaubte, studieren. Die Loenings sind hierfür ebenso ein Beispiel wie die Dernburgs aus Mainz oder die Lenels aus Mannheim. Daß sie vielfach Rechtswissenschaft studierten, mag daran liegen, daß dies ohnehin ein dominantes Fach war, aber es schwingt wohl auch die Überlegung mit, daß diese Minderheit, ohnehin geprägt durch eine uralte Gesetzesreligion, sowohl in ihrer Unfreiheit als auch im Emanzipationsprozeß vom Recht existentiell abhing. Typischerweise legten diese Juden nun auch ihre Religion ab und traten zum dogmatisch freieren Protestantismus über, etwa die Dernburgs 1841, die Loenings 1847. Die alten Namen wurden fallengelassen oder in unauffälligere verändert. Schließlich heiratete man in Christenfamilien ein, vor allem innerhalb des akademischen Milieus. Auf diese Weise wurden Edgar Loening und Otto von Gierke verschwägert; denn Gierke hatte in Heidelberg dessen Schwester Lili (1850-1936) kennengelernt. 1873, als Gierke nach Breslau berufen wurde, heirateten sie. Das zweite ihrer sechs Kinder, Julius Gierke (1875-1960), wurde später ein bekannter Handelsrechtler, der 1938 als »Mischling erster Klasse« aus dem Amt entfernt wurde, obwohl er an seiner nationalen Gesinnung und befremdlicherweise sogar an seinem Antisemitismus keinen Zweifel lassen wollte.[49] Sein jüngerer Bruder Edgar von Gierke (1877-1945) erforschte als Mediziner die sogenannte Gierkesche Krankheit, eine Glykogenspeicherkrankheit. Ihre Schwester Anna von Gierke (1874-1949) saß 1919 zusammen mit Bernhard Dernburg, dem Neffen des erwähnten Juristen Heinrich Dernburg, in der Weimarer Nationalversammlung.

Erlangung von Wohlstand, akademische Bildung, Religionswechsel, wachsende Integration in das Besitz- und Bildungsbürgertum sowie politisches Engagement kennzeichnen diese drei Generationen jüdisch-deutscher Familien während des 19. Jahrhunderts. Politisch

49 H.-M. Müller-Laube, Julius von Gierke (1875-1960). Fortbildung des Handelsrechts im Geist der germanistischen Tradition, in: F. Loos (Hrsg.), Rechtswissenschaft in Göttingen, Göttingen 1987, 471 ff.

waren sie während des Vormärz entschiedene Liberale, während sie nach 1850 wohl überwiegend langsam zu den Nationalliberalen überwechselten, teilweise aber auch beim Freisinn verblieben und bekanntlich sogar ein wichtiges Element der Arbeiterbewegung bildeten.

II.

Edgar Loening war also Sohn eines »politischen Verlegers«, der sein Unternehmen mit Energie und buchhändlerischer Leidenschaft durch die Klippen polizeilicher Unterdrückung des Vormärz gesteuert und ihm ein scharfes Profil gegeben hatte. Den Übertritt zum Protestantismus erlebte Edgar als Fünfjähriger kaum bewußt, dagegen blieb ihm, nach eigenem Zeugnis, der Einzug des Reichsverwesers Erzherzog Johann von Österreich in Frankfurt unvergeßlich. Bei der Erlangung des Frankfurter Bürgerrechts und der allmählichen Wandlung des Verlagsprogramms war er bereits ein junger Mann. Die doppelte Erfahrung des konfessionellen Minderheitenstatus und der politischen Opposition war jedenfalls in ihm aufbewahrt. Nun studierte er seit Sommer 1863 in Heidelberg, wo er in Kontakt zur liberalen Hauptfigur jener Epoche, Johann Caspar Bluntschli (1808-1881),[50] kam. Dann folgten Studienaufenthalte in Bonn, Berlin und Leipzig. Das Studium war breit angelegt: Philologie, Geschichte und Jurisprudenz. Zu Beginn des Jahres 1867 absolvierte er die erste juristische Prüfung am Ober-Appellationsgericht zu Lübeck, im Juli 1867 erwarb er in Leipzig den Grad eines Doctor iuris, und ebenfalls 1867 habilitierte er sich als Privatdozent an der juristischen Fakultät der Universität Heidelberg, wo er wieder von Bluntschli betreut wurde.

Während des deutsch-französischen Krieges und kurze Zeit danach war Loening als »Hülfsarbeiter« in der Verwaltung des General-Gouvernements im Elsaß bei der Präfektur in Straßburg beschäftigt. Als die Straßburger Universität 1872 eröffnet wurde, erhielt er eine a.o. Professur. Dort schrieb er auch sein erstes Buch über »Die Verwaltung des Generalgouvernements im Elsaß« (1874).

1874 heiratete er Anna Maria Margarethe Wersowitz,[51] übrigens eine Mainzerin wie (auch) schon seine Mutter. 1877 folgte ein Ruf auf

50 G. Kleinheyer/J. Schröder, Deutsche Juristen aus fünf Jahrhunderten, 3. Aufl., Heidelberg 1989, 43-46, m. w. Nachw.

51 Geb. 12. Dezember 1853.

ein Ordinariat nach Dorpat. Dort schrieb Loening seine zweibändige »Geschichte des Deutschen Kirchenrechts«,[52] eine Monographie über die Amtshaftung[53] sowie eine weitere über »Die Befreiung des Bauernstandes in Deutschland und Livland«.[54] Nach weiteren fünf Jahren wurde Loening nach Rostock berufen, wo er das eingangs genannte »Lehrbuch des deutschen Verwaltungsrechts« schrieb[55] und sich übrigens engstens mit dem ebenfalls einer jüdischen Familie entstammenden »Vater der Versicherungswissenschaft«, Viktor Ehrenberg (1851-1929),[56] dem Schwiegersohn Rudolf von Jherings, befreundete. Das genannte Lehrbuch Loenings bildete eine besonders wichtige Station auf dem langen Weg zur Ausbildung eines »Allgemeinen Teils« des Verwaltungsrechts, und es hielt die kluge Mitte zwischen einzelstaatlichem Detail und gänzlicher Abstrahierung der in allen Rechtsgebieten vorkommenden Rechtsform.[57]

Dieses von der Kritik sehr wohlwollend aufgenommene Buch[58] scheint Loening den Weg an die Universität Halle geebnet zu haben. 1886 erhielt er einen Ruf als Nachfolger von Ernst von Meier, der Marburger Universitäts-Kurator geworden war. Dabei gab es kirchlichen Widerstand wegen Loenings jüdischer Herkunft. Der Universitätskurator Schrader warnte in einem Schreiben an Kultusminister Gustav v. Gossler v. 22. Juni 1886: »… soweit ich unterrichtet bin, mangelt demselben, welcher aus dem Judenthume übergetreten ist, ein positives Verhältniß zu unserer Kirche. Dies wiegt meines … Erachtens um so schwerer, als einerseits der Neuzuberufende auch Kir-

52 E. Loening, Geschichte des Deutschen Kirchenrechts, 1. Bd. Das Kirchenrecht in Gallien, 2. Bd. Das Kirchenrecht im Reiche der Merowinger, Straßburg 1878.

53 E. Loening, Die Haftung des Staates aus rechtswidrigen Handlungen seiner Beamten, Frankfurt/M. 1879.

54 Riga 1880.

55 Leipzig 1884 (Breitkopf und Härtel), XVI, 859 S.

56 U. Blaurock, Victor Ehrenberg (1851-1929), »Vater der Versicherungswissenschaft«, in: F. Loos (Hrsg.), Rechtswissenschaft in Göttingen. Göttinger Juristen aus 250 Jahren, Göttingen 1987, 316-335. Der Nachlaß Ehrenbergs, der auch einen eingehenden Briefwechsel mit Loening enthält, befindet sich in der Staatsbibliothek Berlin, Stiftung Preuß. Kulturbesitz.

57 Seine Position ist eingehend dargestellt in dem Aufsatz: Die konstruktive Methode auf dem Gebiete des Verwaltungsrechtes, in: Schmollers Jahrb. 11 (1887), 117 ff. Zur Bedeutung des Lehrbuchs M. Stolleis, Geschichte des öffentlichen Rechts in Deutschland, Bd. 2, 1800-1914, München 1992, Kap. 9.

58 Vgl. etwa die eingehende Besprechung von A. v. Kirchenheim, in: Schmollers Jahrbuch 8 (1884), 232-237.

chenrecht zu lesen hat und andererseits es gerade bei dem Umfang und der Bedeutung der hiesigen theologischen Fakultät von größerem Werthe ist, daß der Lehrer des Kirchenrechts auch innerlich begründete kirchliche Anschauungen habe.« Diese Intervention nutzte allerdings nichts. Loening wurde am 22. Juli 1886 als ordentlicher Professor in Halle für Staatsrecht, Verwaltungsrecht, Kirchenrecht, Völkerrecht bestellt, bei Bedarf auch für juristische Enzyklopädie und deutsche Rechtsgeschichte.

Tatsächlich las Loening in Halle in jedem Wintersemester evangelisches und katholisches Kirchenrecht[59] und preußisches Verwaltungsrecht, in jedem Sommersemester Deutsche Reichsverfassung, deutsches und preußisches Staatsrecht und Völkerrecht, daneben gelegentlich Eherecht, Gewerberecht und englische Verfassungsgeschichte, außerdem regelmäßig über die Sozialgesetzgebung des Deutschen Reichs, ab Sommer 1897 sogar Internationales Privatrecht. Seit 1886 führte er auch Übungen im deutschen Verwaltungsrecht ein.

Literarisch blieb Loening auch im höheren Alter ungemein produktiv, und zwar als Mitherausgeber des Handwörterbuchs der Staatswissenschaften, zu dem er zahlreiche Artikel lieferte,[60] als Mitherausgeber der Jahrbücher für Nationalökonomie und Statistik, als Bearbeiter der 6. Auflage von Bluntschlis Allgemeinem Staatsrecht und Allgemeiner Staatslehre,[61] als Verfasser der »Grundzüge der Verfassung des Deutschen Reiches«,[62] einer Monographie über »Gerichte und Verwaltungsbehörden in Brandenburg-Preußen«[63] oder in ei-

59 Vgl. hierzu E. Loening, Die Gemeindeverfassung des Urchristentums, Halle 1888, eine Monographie, die zum 50. Doktor-Jubiläum von Rudolf von Gneist als Gabe der Juristischen Fakultät von Halle-Wittenberg überreicht wurde.

60 Handwörterbuch der Staatswissenschaften, 6 Bände, Jena 1890-1894, hg. zus. m. Conrad, Elster und Lexis. Loening schrieb: Ablösung, Arbeiterversicherung, Arbeitsvertrag, öffentliche Armenpflege, Aufgebot, Ausweisung, Baupolizei, Blinde und Blindenanstalten, Feldpolizei, Gewerbegesetzgebung (Einl.), Haltekinder, Indult (Moratorium), Kirchliche Abgaben, Miete und Pacht, Mineralquellen, Obdachlose, Pfandrecht an Eisenbahnen, Polizei, Realgewerberechte, Reblauskonvention, Rentenkauf und Rentenschuld, Robbenfang (im Behringsmeere), Schankgewerbe, Sklavenraub und Sklavenhandel, Staat (Allgemeine Staatslehre), Tierärzte, Vereins- und Versammlungsfreiheit, Werkvertrag, Zwangserziehung.

61 Stuttgart 1885, 1886.

62 Leipzig 1906 (Aus Natur- und Geisteswelt, 34), IV, 140 S.

63 Halle 1914, eine Zusammenfassung der zuvor im Verwaltungsarchiv veröffentlichten vier Aufsätze: VerwArch 2 (1894), 217-289, 437-473; 3 (1895), 94-176,

nem Aufsatz über die »philosophischen Ausgangspunkte der rechtshistorischen Schule«.[64] Der 76jährige verunglückte am 18. Februar 1919 bei einem Unfall auf der Straße. Die universitäre Öffentlichkeit nahm gebührend Notiz, auch in jenen verworrenen Zeiten.[65]

III.

Das zweite Beispiel für biographische Verzahnungen zwischen vormärzlicher literarischer Opposition und staatsrechtlichem Liberalismus ist die Beziehung zwischen Heinrich Laube (1806-1884) und Albert Hänel (1833-1918). Der aus Sprottau in Schlesien stammende Schriftsteller Laube hatte 1829 mit dramatischen Versuchen und einer Zeitschrift (*Aurora*) begonnen, veröffentlichte dann feuilletonistische Skizzen »Das neue Jahrhundert«[66] und machte sich durch »Reisenovellen«[67] sowie einen gleichzeitig entstandenen umfangreichen Roman »Das junge Europa«[68] bekannt. 1834 wurde er als »Sympathisant« der französischen Julirevolution aus Sachsen ausgewiesen, in Berlin neun Monate lang gefangengehalten und anschließend nach Naumburg verbannt.[69] Als der Bundestag im Dezember 1835 seinen Bannstrahl gegen das »Junge Deutschland« schleuderte, war Laube neben Gutzkow, Wienbarg und Mundt das wichtigste Ziel des Angriffs, unter anderem wegen seiner beiden Bände »Moderne Charakteristiken«.[70] 1836 heiratete Laube die Witwe des Mediziners Al-

510-577. Hierauf antwortete ausführlich Otto Hintze, Preußens Entwicklung zum Rechtsstaat, in: Forschungen zur brandenburgischen und preußischen Geschichte, Bd. 32 (1920), 385-451, jetzt in: ders., Ges. Abhandlungen, Bd. 3, hg. u. eingel. v. G. Oestreich, 2. Aufl., Göttingen 1967, 97-163.

64 In: Internationale Wochenschrift für Wissenschaft, Kunst und Technik, 1910, 65 ff.

65 Hallische Universitätszeitung 1919, H. 6, 7, m. Foto, Auswahlbibliographie, der Trauerrede von Prof. Loofs und Abschiedsworte von Prof. Dr. H. Waentig, außerdem Nachrufe in den halleschen Tageszeitungen (Stadtarchiv Halle). Eine Würdigung des Rechtshistorikers gibt A. Werminghoff, Edgar Loening, in: ZRG (KA) 9 (1919), 373 f. Eine Gesamtwürdigung M. Schultzenstein, in: Preußisches Verwaltungsblatt 40, 281.

66 2 Bände, Fürth und Leipzig 1832/33.

67 6 Bände, Mannheim 1834-1837; 2. Aufl. in zehn Bänden 1846/47.

68 5 Bände, Leipzig 1833-1837.

69 H. Laube, Erinnerungen 1810-1840, Wien 1875, 249 ff.

70 Mannheim 1835.

bert Hänel (1800-1833),[71] die einen dreijährigen Sohn Albert mit in die Ehe brachte. Die Hochzeitsreise führte das Paar nach Straßburg; der preußische Polizeiminister v. Rochow hatte Laube beauftragt, dort zu erkunden, ob die politische Stimmung einen napoleonischen Staatsstreich begünstige.

Dieser offiziöse Spitzelauftrag hinderte die preußische Justiz aber nicht, Laube nach seiner Rückkehr wegen burschenschaftlicher Aktivitäten, die ein Jahrzehnt zurücklagen, zu siebenjähriger Festungshaft zu verurteilen.[72] Glücklicherweise war die Fürstin von Pückler-Muskau, eine Tochter des Staatskanzlers Hardenberg, zur Stelle, um Muskau als »Festung« anzubieten. Dort lebte das Ehepaar höchst angenehm, und Laube konnte weiter publizieren, unter anderem eine Literaturgeschichte und ein »Jagdbrevier« in Versen.[73]

Danach reiste er nach Holland, Belgien, Frankreich und Algerien und ließ sich zuletzt in Leipzig nieder.

1848 wurde Laube von dem deutsch-böhmischen Wahlkreis Elbogen in die Paulskirche gewählt. Er gehörte dort zum »Württemberger Hof«/«Augsburger Hof«, also zur liberalen Mitte. Den krisenhaften 18. September 1848, an dem die Abgeordneten Fürst Lichnowsky und Auerswald ermordet wurden und Barrikadenkämpfe auf der Zeil stattfanden, verbrachte Laube in Frankfurt mit seiner Familie; es war sein Geburtstag: »Mein Stiefsohn Albert Hänel«, berichtet Laube, »war damals fünfzehn Jahre alt und zeigte so jung schon lebhaften Sinn für politische Dinge; er wanderte mit der Mutter und mir aus der Allerheiligen-Vorstadt nach der Paulskirche hinein, um dort zuzuschauen und zuzuhören. So erlebte er eine kriegerische Einleitung zu seiner späteren politischen Laufbahn im preußischen Abgeordnetenhause und deutschen Reichstage. Vielleicht«, so spekuliert Laube, »hat er's dem Eindrucke jenes Tages zu danken, daß er auch als Fortschrittsmann freisinniges Schaffen zu seiner Devise genommen, nicht aber ewige Verneinung.«[74] Im März 1849 verließ Laube das Parlament, weil er sich nicht dazu durchringen konnte, für den

71 Iduna Hänel-Laube, geb. Buddeus (1808-1879), später »eine der charmantesten und geistvollsten Damen der Wiener Gesellschaft« (S. Graf Vitzthum, Linksliberale Politik und materiale Staatsrechtslehre. Albert Hänel 1833-1918, Freiburg 1971, 19).

72 Laube, Erinnerungen (Anm. 69), 324 ff.

73 Geschichte der deutschen Litteratur, 4 Bände, Stuttgart 1840; Französische Lustschlösser, 3 Bde., Mannheim 1840; Jagdbrevier, Leipzig 1841, 2. Aufl. 1858.

74 H. Laube, Erinnerungen 1841-1881, Wien 1882, 140.

preußischen König als Kaiser zu stimmen;[75] es kam hinzu, daß er dem Versuch eines gesamtdeutschen Parlaments schon von Anfang an geringe Chancen eingeräumt hatte – so jedenfalls im Rückblick von 1882.

Im Herbst 1849 wurde Laube dann aufgrund allerhöchster Protektion durch die Kaiserinmutter »artistischer Direktor« des k.u.k.-Hofburgtheathers in Wien.[76] Er blieb dies bis 1867. »Praktisch, wie er immer war«, so Friedrich Sengle, »paßte er das Burgtheater dem Stil und der Organisationsform des realistischen Zeitalters an und bewahrte es wenigstens vor dem Niedergang. Neben dieser Leistung verschwindet das literarische Werk seiner Spätzeit.«[77] 1869/70 leitete er das Leipziger Stadttheater, 1872-1880 dann – mit einer Unterbrechung – das neue Wiener Stadttheater.

Laubes Entwicklung und Leistungen können hier nicht dargestellt werden. Wie Gutzkow gehört er zum Typus jener Literaten, die, von Börne und Heine beeindruckt, um 1830 aufbrechen, um mit rasch geschriebenen und alle Stilformen nutzenden Werken Gesellschaftskritik zu üben. Frömmlertum, ungleiche Geschlechterbeziehungen, soziale Mißstände und politische Unterdrückung freiheitlicher Entfaltung waren ihre Themen. »Vaterlandsliebe, Freiheitsdrang, Nationalgefühl, Kettenhaß, Erhebungsmuth, Volksfreundlichkeit, Rechtsbewußtsein, Gleichheitssinn, Hingebung, Todesverachtung, Patrioten-Trotz« – das waren die Schlagworte.[78] Nach 1835 suchten sie einen politisch moderateren, aber effektiveren Weg publizistischer Wirksamkeit, vor allem über das Theater. Es bot die Chance, die ästhetisch-politische Botschaft nicht nur dem mittlerweile wieder isolierten Leser, sondern einer öffentlich akklamierenden Menge Abend für Abend zu vermitteln.

Als dann 1848 die Hoffnung auf eine Selbstbefreiung der deutschen Gesellschaft wieder aufflackerte, standen die »Jungdeutschen« bereits im Zentrum der bürgerlichen Bewegung und hatten die sozialrevolutionären Ideen abgelegt. Daß Laube sich am 4. März 1849 mit dem Satz »Die Revolution hat nur so weit Recht und behält nur

75 H. Laube, Das erste deutsche Parlament, 3 Bde., Leipzig 1849.

76 H. Laube, Das Burgtheater, Leipzig 1868, 2. Aufl. 1891.

77 Sengle (Anm. 20), 189.

78 J. Scherr, Poeten der Jetztzeit in Briefen an eine Frau, Stuttgart 1844, zit. bei H. Denkler, Revolutionäre, Dramaturgie und revolutionäres Drama in Vormärz und Märzrevolution, in: H. Kreuzer (Hrsg.), Gestaltungsgeschichte und Gesellschaftsgeschichte, Stuttgart 1969, 306-337 (310).

so weit Recht als sie wirklich notwendig gewesen. Das Gemachte an ihr wird früh oder spät verurtheilt«[79] in das Parlaments-Album eintrug, zeigt, welche Wegstrecke seit 1835 bereits zurückgelegt war. Nun machte sich Enttäuschung breit. Der Liberalismus war politisch geschlagen. Nach 1850 wurde der ursprünglich menschheitsumfassende Liberalismus auf die eigene Klasse eingeengt, ja dort noch reduziert auf die ökonomische Entfaltungsfreiheit. »Freiheit in Krähwinkel« hieß eine Posse von Johann Nestroy (1849). Der aus dem Vormärz weiterwirkende und immer noch unerfüllte Nationalismus wurde nun gewissermaßen die Ersatzdroge für die Enttäuschten. Dies zeigt sich auch in den Stücken und Bühnenprogrammen, in denen nationale und höfische Themen wieder Konjunktur hatten.[80]

Laubes Stiefsohn Albert Hänel erlebte die 1848er Revolution und ihr Scheitern als Halbwüchsiger. Er begann sein Studium 1850 in Wien, wechselte dann nach Leipzig, wo er sich nicht nur an seinen Onkel Gustav Hänel,[81] sondern vor allem an Wilhelm Eduard Albrecht anschloß, den Staatsrechtler der »Göttinger Sieben«, der nach seiner Entlassung von 1837 an in Leipzig lehrte und großen Einfluß ausübte. Nach dem ersten Examen ging Hänel noch einmal nach Heidelberg und hörte dort bei Mohl »Enzyklopädie« und »Politik«. Zurückgekehrt, wurden Promotion (1857) und Habilitation (1858) bei Albrecht absolviert. Damit waren nicht nur die liberale, sondern auch die germanistisch-historische Grundlage seines Denkens gelegt. Der junge Dozent verstand sich als »Germanist« und wurde 1860 auf einen zivilrechtlichen Lehrstuhl berufen; sein Nachfolger wiederum war der damals noch dem Handelsrecht verpflichtete Paul Laband. Daß sich beide dem Staatsrecht zuwandten, wenn sie sich auch zu »Antipoden« entwickelten, und beide 1918 starben, ist eine eigenartige Parallele.

Nach jenem Beginn in Königsberg kam Hänel dann auf einen Lehrstuhl an der Universität Kiel (1863), wo er mehr als eine Genera-

79 W. Fiedler (Hrsg.), Die erste deutsche Nationalversammlung 1848/49, Königstein/Ts. 1980, Blatt 34.

80 Sengle (Anm. 20), 184 ff.; Denkler (Anm. 78).

81 R. Stintzing/E. Landsberg, Geschichte der Deutschen Rechtswissenschaft, III/2, München 1910, 481. Gustav Friedrich Hänel (1782-1878) stammte aus Leipzig und hatte ab 1810 Rechtswissenschaft in Leipzig und Göttingen studiert. 1816 wurde er mit der Arbeit »De testamento militari« promoviert. Ab 1821 lehrte er in Leipzig. Seine bedeutende Privatbibliothek, die auch mittelalterliche Handschriften enthielt, ging 1878 als Vermächtnis an die Leipziger Universitätsbibliothek über.

tion lang wirkte, unter anderem auch durch maßgebliche Mitgestaltung der schleswig-holsteinischen Städteordnung von 1869. Als Mitglied der Fortschrittspartei (ab 1893 Freisinnige Vereinigung) wurde Hänel in das preußische Abgeordnetenhaus (1867-1888) und in den Reichstag gewählt (1867-1893, 1903-1908). Heinrich Laube schrieb im ersten Band seiner Erinnerungen 1875 mit einem Unterton von Stolz, der ihm aus der ersten Ehe seiner Frau »zugebrachte« Sohn sei es, »der jetzt im deutschen Reichstage bei der Fortschrittspartei unsere Erziehung bethätigt«.[82]

Tatsächlich sieht es so aus, als habe Hänel von Anfang an eine entschieden liberale Richtung verfolgt. Vor 1866 setzte er sich für die Unabhängigkeit Schleswig-Holsteins ein, lenkte aber danach auf die preußische Linie ein. Seine politische Grundeinstellung war »liberal« und »fortschrittlich« in dem Sinne, daß er eine Fortentwicklung der konstitutionellen Monarchie in Richtung auf eine parlamentarische Demokratie wünschte. Im Reichstag vertrat er das liberale Programm der Entfaltungsfreiheit des Individuums, des ökonomischen und politischen Wettbewerbs – was die Gegnerschaft gegen die Sozialistengesetze implizierte – sowie die generelle Linie, das Parlament zum eigentlichen Entscheidungszentrum zu machen. Daß die Regierung aus dem Parlament hervorgehen und diesem verantwortlich sein müsse, war seine Überzeugung, ebenso, daß der Bundesrat eine Fehlkonstruktion der Reichsverfassung sei. Was Hänel wollte, war also der nationale, unitarische, liberal ausgestaltete parlamentarische Verfassungsstaat, der den Dualismus zwischen monarchischer Gewalt und Parlament auf dem Boden der Volkssouveränität überwinden sollte. Das war zugleich »vormärzlich« und »modern«. Es stand im Gegensatz zur herrschenden konservativen Staatsrechtslehre, die – etwa bei Gerber und Laband – den Staat als impermeable Willenseinheit konstruierte, deren Befehlen sich alle partikularen Willen zu unterwerfen hatten. Der oppositionelle Liberalismus, der seine Wurzeln im Vormärz in der geschichtlichen Betrachtung und dem genossenschaftlichen Verständnis des Staatsverbandes suchte, mußte demgegenüber auf der Methodenvielfalt, auf dem im historischen Argument stets schlummernden Änderungspotential und auf dem Idealismus bürgerlicher Partizipation am Staat aus der Zeit vor 1848 beharren. Als im Herbst 1880 die erste Welle des aufkommenden Antisemitismus den Reichstag erreichte, waren es die Freisinnigen

82 Laube, Erinnerungen (Anm. 74), 356.

unter Hänel, die dagegen protestierten. »Meine Herren«, rief Hänel in der Debatte, »die Feindschaft, der Haß, welcher gegen die Rasse erregt wird, richtet sich nicht gegen die einzelnen Untugenden, ... sondern er richtet sich gegen den ganzen Menschen!«[83]

IV.

Eingangs wurde noch ein drittes Beispiel versprochen. Es handelt sich allerdings um ein solches, dessen biographische Spanne zwei Generationen umschließt: Levin Schücking (1814-1883) stammte väterlicherseits aus einer alten westfälischen Juristenfamilie, seine Mutter – die 1831 verstorbene Katharina Busch – war als Schriftstellerin hervorgetreten. Schücking studierte Jura in München, Heidelberg und Göttingen, brach aber sein Studium ab und begann für Karl Gutzkows *Der Telegraph für Deutschland* zu schreiben, jenes obenerwähnte Blatt aus dem Umkreis des 1835 verbotenen Jungen Deutschland. 1841 wird er von der siebzehn Jahre älteren Annette von Droste-Hülshoff (1797-1848) als Bibliothekar nach Meersburg zum Freiherrn Joseph von Lassberg geholt – äußere Form jener berühmten, traurigkreativen Liebesgeschichte der Droste.[84] Schücking verläßt sie, geht zu Cottas *Augsburger Allgemeinen*, dann zum Feuilleton der *Kölnischen Zeitung*, und er schreibt – abgesehen von seinen »realistischen« Romanen[85] – Artikel und Gedichte im Sinne des liberalen 1848er Bürgertums, zum Abscheu übrigens von Annette Droste-Hülshoff: »Fürs erste schickt er mir seine Gedichte, worin er als entschiedener Demagog auftritt! Völkerfreiheit! Preßfreiheit! Alle die bis zum Ekel

83 Zu dieser sog. Antisemiten-Petition vgl. T. Krach, Jüdische Rechtsanwälte in Preußen. Bedeutung und Zerstörung der freien Advokatur, München 1991, 18, m. w. Nachw. Dort auch (Sten. Ber. 1880/81, 228 f.) die zitierten Worte Hänels.

84 U. Gaier, Annette von Droste-Hülshoff und ihre literarische Welt am Bodensee, Marbacher Magazin 66/1993, 28 ff.

85 Die Ritterbürtigen; Luther in Rom; Die Malerin aus dem Louvre; Die Heiligen und die Ritter; Werkausgabe in 24 Bänden. L. Schücking hat 1860 den Nachlaß der Droste herausgegeben, hat 1862 Erinnerungen an Annette veröffentlicht und sich ab 1878 um die Herausgabe der Droste-Ausgabe gekümmert. Vgl. L. Schücking, Annette von Droste. Ein Lebensbild mit ausführl. Nachw. hg. v. Levin L. Schücking, Stuttgart 2. Aufl. 1942, sowie B. Kortländer, Annette von Droste-Hülshoff und die deutsche Literatur. Kenntnis – Beurteilung – Beeinflussung, Münster 1979. Für die Briefe siehe K. Schulte-Kemminghausen (Hrsg.), 2 Bde., Jena 1944.

gehörten Themas der neueren Schreier.«[86] Er wendet sich langsam von der katholischen Kirche ab, sein Sohn Lothar ließ den Enkel Walther Schücking (1875-1935) dann altkatholisch taufen und erlaubte bald den Übertritt zum Protestantismus, eine im Münsterland ziemlich deutliche Distanzierung von der Mehrheit.

Walther Schücking, um dessen familiären Hintergrund es hier geht, hatte mütterlicherseits einen liberalen schriftstellernden und politisch für die Fortschrittspartei aktiven Großvater, Heinrich Beitzke (1798-1867).[87] »Durch ihn, der sich in der Konfliktzeit als harter Gegner Bismarcks hervortat, wurden Linksliberalismus und politisches Kämpfertum in die Familie Schücking hineingetragen.«[88] So übertrugen sich von beiden Seiten der Familie übereinstimmende politische Grundrichtungen auf den jungen Walther Schücking. Er machte 1894 sein Abitur in Münster, studierte bis 1897 Jura und erfuhr dabei in Göttingen eine weitere Prägung in dieser Richtung durch den politisch »freisinnigen« Strafrechtler, Völkerrechtler und Vertreter des internationalen Privatrechts, Ludwig von Bar,[89] 1890-1893 ein Fraktionsgenosse Albert Hänels im Reichstag. Nach Promotion (1897) und Habilitation (1899) erhielt Schücking 1900 eine a. o. Professur in Breslau sowie 1902 in Marburg. 1903 wurde er dort zum Ordinarius ernannt. Schon vor dem Weltkrieg geriet Schücking wegen seines linksliberalen politischen Engagements und seiner freimütigen antipreußischen Äußerungen in Konflikte mit Kollegenschaft und preußischem Kultusministerium.[90] Sein Eintreten für den Pazifismus kam hinzu. 1919 wurde Schücking für die Deutsche Demokratische Partei in die Nationalversammlung gewählt und wurde Teilnehmer der sechsköpfigen Delegation, die nach Versailles ging. Den Versailler Vertrag lehnte er ab. In der deutschnational eingestellten Universitätslandschaft half dies freilich nichts; Schücking blieb linksliberaler Außenseiter. 1921 wechselte er als Nachfolger von Hugo Preuss an die Berliner Handelshochschule, 1925 übernahm er die Leitung des Kieler Instituts für internationales Recht. Außerdem wirkte

86 Schulte-Kemminghausen (Anm. 85) II, 457.

87 Wegele, ADB 2 (1875), 295 f.

88 D. Acker, Walther Schücking (1875-1935), Münster 1970, 5.

89 Ch. de Boeck, Ludwig von Bars Lebenswerk, ZfVR 8 (1914), 420-436; NDB 1, 579 f.

90 W. Kohl, Walther Schücking (1875-1935). Staats- und Völkerrechtler – Demokrat und Pazifist, in: Kritische Justiz (Hrsg.), Streitbare Juristen, Baden-Baden 1988, 230-242 (233 f.).

er bis 1928 weiter im Reichstag. Sein unermüdlicher Einsatz für die Idee des Völkerbundes und internationaler Verständigung fand seine äußere Anerkennung in der Wahl zum Richter am Weltgerichtshof in Den Haag (1930). Als die Nationalsozialisten an die Macht kamen, wurde Schücking als politisch unzuverlässig entlassen. Mitglied der Vereinigung der Deutschen Staatsrechtslehrer ist er nie gewesen.[91]

V.

Es gehört zur Tragik des deutschen Liberalismus, daß der Transfer der vormärzlichen Inhalte in Politik und Staatstheorie der Kaiserzeit nicht wirklich gelungen ist. Die Basis des Liberalismus im Großbürgertum und im Mittelstand war zu schwach im Wettbewerb mit den viel länger eingeübten obrigkeitlichen und etatistischen Traditionen. Bismarcks Politik hatte sich auf die Parteien und die Praxis des Parlamentarismus zerstörerisch ausgewirkt. Als die Soziale Frage für das Bürgertum immer drängender und unheimlicher wurde, suchte es Schutz beim Staat und half mit, die Sozialistengesetze und die Sozialversicherung zu beschließen. Als der ökonomische Liberalismus in die Krise geriet, war es wiederum der Staat, den man um Hilfe, diesmal um Schutzzölle bat. Und je mehr sich zeigte, daß auch der »Großbetrieb Wissenschaft« nicht ohne massive staatliche Unterstützung existieren konnte,[92] desto enger wurde auch hier die Kooperation. Das 19. Jahrhundert, dessen Parole die Staatsfreiheit der bürgerlichen Gesellschaft gewesen war, endete zwar nicht im »Staatssozialismus« (Bismarck), wohl aber im Interventionsstaat der Industriegesellschaft.[93] Weltmachtanspruch, Flottenpolitik und kolonialer Ehrgeiz bestimmten die Jahre ab 1890. Der von einem breiten Konsens getragene sozial- und wirtschaftspolitische Interventio-

91 Auf der Gründungsveranstaltung, Berlin 13./14. Oktober 1922, war er nicht unter den 42 ersten Mitgliedern. Auch später erscheint er nicht in den Verzeichnissen.

92 P. Schiera, Laboratorium der bürgerlichen Welt. Deutsche Wissenschaft im 19. Jahrhundert, Frankfurt/M. 1992.

93 M. Stolleis, Die Entstehung des Interventionsstaates und das öffentliche Recht, in: Zeitschr. f. Neuere Rechtsgeschichte 11 (1989), 129-147 (in diesem Band Nr. 9); ders., »Innere Reichsgründung« durch Rechtsvereinheitlichung durch Gesetze, in: Ch. Starck (Hrsg.), Rechtsvereinheitlichung durch Gesetze. Bedingungen, Ziele, Methoden, Göttingen 1992, 15-41 (in diesem Band Nr. 7).

nismus auf der einen, der relativ problemlose Besitz liberaler Errungenschaften auf der anderen Seite machten den Liberalismus »überflüssig«. Er war der eigentliche Verlierer, nachdem seine vormärzlichen Blütenträume 1849 zerronnen waren und er sich nun unter Beibehaltung seiner nationalen Komponente »akkomodierte« und seinen wirtschaftlichen Besitzstand sicherte. Dies gilt freilich nur für die Gesamttendenz und in der Höhenlage einer Abstraktion, in der viel behauptet und widerlegt werden kann. Sucht man das biographische Wurzelwerk, wie etwa hier bei Edgar Loening, Otto Lenel, Heinrich Dernburg, Albert Hänel und Walther Schücking, dann zeigt sich, daß frühe politische Erfahrungen auch in einem veränderten Kontext »unverlierbar« sind. Dies gilt in besonders intensiver Weise für jene politischen Professoren, deren Großväter noch das Ghetto gekannt hatten und deren Väter während des Vormärz zu den Vorkämpfern für Freiheit und Gleichheit gehört hatten; daß sie sich in einem Staat, der ihnen Toleranz und Entfaltungsfreiheit gewährte, auf die Seite der Konservativen begaben, zielte auf Bewahrung jener Errungenschaften. Aber unabhängig von jener konfessionellen Besonderheit: Freisinnige, Liberale, Demokraten und Pazifisten blieben in den gesellschaftlich tonangebenden Schichten des Wilhelminismus und im geistigen Umfeld der Universität bis zum Ende der Weimarer Republik tendenziell Außenseiter. Die Staatsrechtler Albert Hänel, Hugo Preuss und Walther Schücking zeigen es auf jeweils eigene Weise.

6. 1848 – ein Knotenpunkt der europäischen Geschichte

I.

Das Jubiläumsjahr 1998 ist abgelaufen. Es war das Jahr der Erinnerung an den großen europäischen Frieden von 1648 und, speziell in Frankfurt, das Jahr der Revolution von 1848/49. Eine unübersehbare Menge von Vorträgen und Aufsätzen behandelte diese Revolution, die Ikone des National-, Rechts- und Sozialstaats, aus Nah- und Fernsicht.[1] Eine große Ausstellung war ihr gewidmet,[2] zahlreiche Bücher und Aufsätze sind erschienen,[3] Antiquariate machten Sonderangebote.[4] Die Zeit wird zeigen, was davon Bestand hat.

In den Gedenkreden und Zeitungsartikeln hörte man nicht allzuviel davon, daß die Revolution von 1848/49 ein Phänomen ganz Europas war. Rühmenswerte Ausnahme ist allerdings ein großangelegter Sammelband, von dem man sicher sein kann, daß er auf lange Zeit hinaus den Forschungsstand repräsentieren wird.[5] Er zeigt, wie wichtig es ist, die nationalen Ereignisse nicht isoliert zu sehen, um zu verstehen, warum die Ereignisse dieses sogenannten »tollen Jahrs« 1848/49 einen Knotenpunkt der europäischen Geschichte darstellen. Es sind offenbar Kräfte am Werk, die weit über die nationalen Ursachenketten hinausreichen.

Zunächst also die Binnenperspektive, die freilich verschieden ausfallen kann. Was von 1848 erinnernswert erscheint, hängt auch von den eigenen Interessen und dem Wertekanon ab, dem man sich selbst

1 R. Herzog, »Ein neues Zeitalter der Demokratie«, in: FAZ v. 19. 5. 1998; J.-D. Kühne, 150 Jahre Revolution von 1848/49 – ihre Bedeutung für den deutschen Verfassungsstaat, in: NJW 1998, 1513-1518; M. Winter, Wir sind das Volksfest, in: Süddt. Zeitung v. 19. 11. 1997; M. Hettling, Barrikade und Parlament, in: FAZ v. 16. Mai 1998; M. Jeismann, 1848 – fraglos gefeiert, in: FAZ v. 18. Mai 1998.

2 L. Gall (Hrsg.), 1848 – Aufbruch zur Freiheit, Berlin 1998.

3 Chr. Dipper/U. Speck (Hrsg.), 1848 – Revolution in Deutschland, Frankfurt/M. und Leipzig 1998.

4 Blank, Die Paulskirche. Bücher und Autographen von Abgeordneten der Frankfurter Nationalversammlung und einigen Weggefährten, Stuttgart 1998.

5 D. Dowe/H.-G. Haupt / D. Langewiesche (Hrsg.), Europa 1848. Revolution und Reform, Bonn 1998.

verpflichtet fühlt. Zunächst einmal gibt es zwei Traditionslinien: »Die liberale Tradition, auf die Verfassungsfrage hin orientiert, rückte die Paulskirche in den Mittelpunkt, die sozialdemokratische Erinnerung hingegen konzentrierte sich auf die revolutionäre Gewalt, sie feierte den Barrikadenkampf des 18. März als Symbol für 1848.«[6] Freiheitlich verfaßter Nationalstaat versus soziale Revolution, Paulskirche versus Hecker-Putsch in Baden – eine Konstellation, die sich 1918 in der Weimarer Nationalversammlung versus Spartakus-Aufstand wiederholen sollte. Daneben gab es die Tradition machtpolitischen Denkens, von Bismarck über Treitschke bis zu allen Gegnern des Parlamentarismus im 20. Jahrhundert, welche die »Paulskirche« für ein nutzloses, politikunfähiges Professorenparlament hielten, das viel schwatzte und das die alten Dynastien bedrohte, ohne die Kraft zu haben, sich selbst in den Sattel zu setzen. Daß hieraus antidemokratische Parolen aller Art ihre Argumente holen konnten, liegt auf der Hand.

Da nun heute sowohl die sozialrevolutionäre Linie als auch die der äußersten Rechten, der »konservativen Revolution«, versandet sind, wenn auch aus sehr unterschiedlichen Gründen, liegt es nahe, sich zunächst dem zuzuwenden, was für den Verfassungsrechtler und Verfassungshistoriker als das Vermächtnis von 1848 erscheint.

Dies ist eindeutig die Verfassung des deutschen Reiches vom 28. März 1849.[7]

Diese Verfassung hat Epoche gemacht. Sie ist zwar nur juristisch, nicht aber faktisch ins Leben getreten, aber sie hat enorme Wirkungen ausgelöst,[8] und nicht nur durch ihren Grundrechtsteil. In sieben Abschnitten, die insgesamt 197 Paragraphen enthalten, ordnete sie das Reichsgebiet, die Reichsgewalt, das Reichsoberhaupt, den Reichstag, das Reichsgericht, die Grundrechte und die »Gewähr der Verfassung«. Sie verarbeitete das vorhandene Material – die Menschen- und Bürgerrechtserklärungen amerikanischer und französischer Herkunft, die inzwischen vorliegenden Verfassungen der europäischen Länder, speziell Belgiens, zu der damals modernsten Verfassung Europas. Dies geschah in relativ kurzer Zeit, wenn man die schwierigen Rahmenbedingungen berücksichtigt.

Diese Schwierigkeiten sind rasch in Erinnerung gerufen: Innen-

6 M. Hettling, Nachmärz und Kaiserreich, in: Dipper/Speck (Anm. 3), 12.

7 Reichsgesetzblatt 1849, 101; E. R. Huber, Dokumente zur deutschen Verfassungsgeschichte, Bd.1, 3. Aufl., Stuttgart 1978, Nr. 108.

8 J.-D. Kühne, Die Reichsverfassung der Paulskirche. Vorbild und Verwirkli-

politisch stand das liberale Bürgertum – in sich keineswegs einig – unter dem Druck der sich formierenden Arbeiterbewegung auf der einen Seite und dem Block von regierenden Dynastien, Bürokratie, Heer und Kirchenautoritäten auf der anderen Seite. Die Verfassung sollte zwei Revolutionen beenden, die bürgerlich-liberale und nationale, aber auch die soziale. Schon dies war ein Balanceakt, bei dem sich das Bürgertum an die alten Mächte anlehnen mußte. Noch schwieriger war das Problem, daß ein Gesamtstaat nicht etwa vorhanden war, der nur umgeformt werden mußte; es gab für ihn gar keine Tradition. Das Heilige Römische Reich vor 1806 war kein Staat geworden, es war sakraler friedenssichernder »Überbau«, zuletzt eine »gothische Ruine«. Eine gesamtstaatliche Lösung mußte also erst gegen den Widerstand der Einzelstaaten durchgesetzt werden. Diese Einzelstaaten waren außerdem ungleich groß. Zwischen den Blöcken von Preußen und Österreich stand das mittel- und kleinstaatliche Deutschland. Letzteres bewegte sich, wie Jean Paul gesagt hat, wie eine Schildkröte zwischen zwei Schalen. Gesamtdeutsche Strukturen waren nicht vorhanden. Traditionell waren vielmehr gegenseitige Blockierungen, Mißtrauen und ein starker Zug der Verrechtlichung. In der Situation von 1848 war es wiederum so, daß außer der in Frankfurt repräsentierten Nationalbewegung keine starken Energien die nationale Lösung eigentlich wollten. Vielmehr richteten sich die Kräfte von Berlin und Wien gleichzeitig gegen Frankfurt. Die herrschenden Kreise in Preußen waren entschieden gegen eine Selbstauflösung in einem noch vage erscheinenden Reich. Das Habsburgerreich selbst war gegen eine kleindeutsche Lösung, weil es dort massiv an Einfluß verloren hätte, aber in einer großdeutschen Lösung geriet es in das unlösbare Dilemma, sich in deutsche und nichtdeutsche Länder teilen zu müssen. Weitere politische Glaubens- und praktische Machtfragen stellten sich bei der Schaffung des Reichsoberhaupts. Wollte man eine konstitutionelle Monarchie oder eine Republik, und wenn Monarchie, dann einen Erbkaiser oder einen gewählten »monarchischen Präsidenten«?

Außenpolitisch war die Verfassung das Siegel auf dem revolutionären Bruch mit dem System des Wiener Kongresses von 1815. Alle damaligen Signatarmächte waren potentielle Interventen. Das Zarenreich drohte einzuschreiten, und es tat es auch in Ungarn, die

chung im späteren deutschen Rechtsleben, Frankfurt/M. 1985, 2. Aufl., Neuwied u. a. 1998.

schleswig-holsteinische Frage blieb in der Schwebe, an den Grenzen waren alle mitteleuropäischen Staaten involviert oder jedenfalls alarmiert. Jörg-Detlev Kühne hat mit Recht darauf hingewiesen, daß die Paulskirche in Furcht vor kriegerischen Verwicklungen arbeitete und daß auch deshalb das Kriegsrecht in der Verfassung ausführlich geregelt wurde.[9]

Unter diesen extrem ungünstigen Bedingungen ist die Verfassung entstanden, und am Ende unter großem Druck (»in Erwägung der dringlichen Lage der vaterländischen Verhältnisse«, wie es im Antrag Welcker hieß).[10] Ihre Autoren haben Erstaunliches geleistet. Sie haben in Abschnitt VI einen Katalog von Grundrechten formuliert, der im wesentlichen erst wieder in der Weimarer Reichsverfassung erreicht worden ist. Der Katalog gewährt weitestgehende Gleichheit und Freiheit in politischer und materieller Hinsicht. Vor allem das allgemeine, unmittelbare und geheime Männerwahlrecht ist Ausdruck dieser Gleichheit, die – so fortschrittlich sie damals war – immer noch die (weibliche) Hälfte der Bevölkerung von politischer Mitbestimmung ausschloß. Auf der materiellen Seite der Chancengleichheit stehen nun Gewerbe- und Berufsfreiheit, Garantie des Eigentums, Auswanderungsfreiheit, gleiche Wehrpflicht und gleiche Besteuerung. Die immaterielle Seite bilden Grundrechte der Privatheit, der Meinungs- und Pressefreiheit, Versammlungs- und Vereinigungsfreiheit, volle Glaubens- und Gewissensfreiheit, Abschaffung der Staatskirche, Zivilehe und Standesämter. Für die nichtdeutschen Minderheiten gab es eine Gewährleistung ihrer »volkstümlichen Entwickelung, namentlich die Gleichberechtigung ihrer Sprachen, so weit deren Gebiete reichen, in dem Kirchenwesen, dem Unterrichte, der innern Verwaltung und der Rechtspflege« (§ 188). Um alle diese Errungenschaften gerichtsförmig zu sichern, war sogar eine Verfassungsbeschwerde an das Reichsgericht vorgesehen (RV § 126g).

Deutlich werden diese uns heute so selbstverständlich klingenden Garantien, wenn man sich klarmacht, was damit abgeräumt wurde: Der Ständestaat ist verschwunden, die adeligen Vorrechte, die noch kräftig vorhandenen materiellen Reste der alten Feudal- und Agrar-

9 Kühne, in: Dipper/Speck (Anm. 3), 356.

10 Antrag des Abgeordneten Welcker auf En-bloc-Annahme der Reichsverfassung vom 12. März 1849; ähnlich der Antrag des Abgeordneten Eisenstuck vom 22. März 1849: »daß bei der gegenwärtigen Lage Deutschlands die schleunigste Vollendung des Verfassungswerkes als eine gebieterische Pflicht der Volksvertretung erscheint«.

verfassung, die Grundlasten, die Hörigkeitsverhältnisse, die Familienfideikommisse, das Lehenrecht, die Jagdgerechtigkeiten, die patrimoniale Polizei und Justiz. Verschwunden sind die uralten Diskriminierungen der Juden, die privilegierten Gerichtsstände, die berüchtigten Schandstrafen (Pranger, Brandmarkung, körperliche Züchtigung), abgeschafft ist sogar die Todesstrafe, ausgenommen im Kriegsrecht und für Meuterei auf See.

In Summa: Diese Verfassung versuchte alle diejenigen Forderungen zu kodifizieren, die seit den Freiheitskriegen vom Bildungs- und Besitzbürgertum, von Publizisten, Anwälten und politischen Professoren formuliert worden waren. Was sie bewegte, war der Geist einer vom Ancien Régime befreiten bürgerlichen Gesellschaft. Sie sollte aus rechtlich gleichen Individuen bestehen. Diese wiederum organisierten sich in frei gebildeten Vereinen und Religionsgesellschaften, in demokratisch legitimierten Gemeinden und in Einzelstaaten, deren Verfassung sich nach Wortlaut und Geist der Reichsverfassung unterzuordnen hatte. Diese Gesellschaft sollte es wagen können, sich selbst zu regieren und den Staat, der dazu nötig war, gerichtlicher Kontrolle zu unterwerfen. Es war dies eine menschenfreundliche Utopie, deren Ziele Demokratie, Rechtsstaat und Nationalstaat hießen. Ihre Realisierung schien zum Greifen nahe. Um so tiefer deshalb die Depression, die sich für mindestens ein Jahrzehnt nach dem Scheitern der Verfassung auf die deutsche Gesellschaft legte.

Gewiß war es keine sozialstaatliche Utopie. Das Armenrecht beließ man den Ländern, und lediglich im Schulwesen versprach man freien Unterricht für Unbemittelte oder streifte »Schutz und Fürsorge« für Auswanderer. Staatliche Maßnahmen gegen Arbeitslosigkeit fehlten aber ebenso wie Aussagen zum Kassenwesen, zur Armenfürsorge oder zum Fabrikwesen. Das alles war Ländersache und erschien deshalb im Rahmen der Möglichkeiten der Nationalversammlung auch nicht als besonders dringlich.[11] Aber indirekt war es natürlich auch Ausdruck der Tatsache, daß der Dritte Stand in diesem Dokument den Vierten Stand noch gar nicht zu Wort kommen ließ.

Den Vätern dieser Verfassung, unter ihnen viele berühmte Juristen, standen neben dem in den Grundrechten materialisierten Sozialmodell einer freien und gleichen Gesellschaft vor allem die Ziele

11 Kühne (Anm. 8) 359 betont dennoch »die oft übersehene sozialstaatliche Komponente der Grundrechte« und registriert einen »Verfassungsliberalismus mit sozialer Dimension«.

des geeinten Nationalstaats und des Rechtsstaats vor Augen. Das Reich und seine Verfassung sollten den Einzelstaaten klar übergeordnet sein, ohne deren Eigenleben durch einen übertriebenen Unitarismus zu erdrücken. Die »gewachsenen« Staaten wurden respektiert. An der Spitze sollte ein monarchisches Oberhaupt aus einer der alten Dynastien stehen – das war gegen die Befürworter der Republik gesagt und werbend in Richtung des Ancien Régime. Dieses Oberhaupt sollte das Parlament auflösen und die Minister ernennen dürfen, letzteres wohl in der Weise, wie dies in den anderen Verfassungen des Vormärz gehandhabt wurde, also ohne volle Parlamentarisierung. Andererseits verhinderten sowohl die Gegenzeichnung der Minister, die Ministerverantwortlichkeit und das Institut der Ministeranklage ein autokratisches Regime. Das war eine vorsichtige Kompromißlinie, gewissermaßen ein modernisierter Extrakt aus dem, was man zwischen dem Wiener Kongreß und 1848 in den Lehrbüchern des allgemeinen Staatsrechts entwickelt hatte.

Stark ausgebaut ist schließlich der Rechtsstaat. Auch hier muß man sich klarmachen, was verschwinden soll: die Kabinettjustiz, die Ausnahmegerichte, die Patrimonialjustiz der Gutsherren, die Polizeikompetenz für kleinere Vergehen, die Erledigung von Klagen gegen den Staat durch diesen selbst. Positiv eingerichtet wird ein Rechtsstaat, der auf den Säulen der Unabhängigkeit sowohl der Richter als auch der Justiz, der Gleichheit und Öffentlichkeit ruhen soll. Der »Rechtsstaat« war eine ausdiskutierte Sache, hier wußte man genau, was man wollte. Es erklärt auch, daß gerade diese Forderung nach dem Scheitern der Paulskirche ungebrochen fortbestand und schrittweise verwirklicht werden konnte. Wenn schon keinen Nationalstaat und keine politische Partizipation – so sagte man sich im deutschen Bürgertum nach 1848 –, dann wenigstens »Rechtsstaat« als Schutzwall gegen Behördenwillkür und als Garantie für das Funktionieren der Wirtschaft.

Das Scheitern der »Paulskirche« muß hier nicht breiter ausgemalt werden. Die Stufen von der Kaiserwahl am 28. März 1849, dem Erscheinen der Kaiserdeputation in Berlin am 3. April 1849 und der Leugnung der Rechtsgültigkeit der Verfassung durch den preußischen König sind allgemein bekannt. Achtundzwanzig Regierungen erkannten zwar die Reichsverfassung an. Preußen, Österreich und die vier Königreiche Bayern, Württemberg, Sachsen und Hannover lehnten sie aber ab. Die preußischen Abgeordneten wurden abberufen, das »Rumpfparlament« ging nach Stuttgart, es kam zu Aufständen im Rheinland, in Sachsen, in Baden und in der Pfalz, Aufstände, die bald niedergeschlagen waren, die Tausende ins Exil trieben beziehungsweise vor Gericht brachten.

II.

Revolutionen bedeuten per definitionem »Rechtsbruch« und »Begründung einer neuen Rechtsordnung«.[12] Seit dem Buch des Nikolaus Kopernikus »De revolutionibus orbium coelestium« (1543) hat sich die Metaphorik der Umwälzung durchgesetzt und ist auf die verschiedensten Veränderungen appliziert worden. Wir sprechen heute von Revolutionen im Bereich der elektronischen Datenverarbeitung, der Biologie und der Physik der Elementarteilchen, von Revolutionen der Mode oder der Kochkünste. Mit dem oft bombastischen Sprachgebrauch soll suggeriert werden, daß es sich um Vorgänge handelt, bei denen das Alte zerstört wird und verschwindet, während etwas Neues auftaucht und neue Legitimität gewinnt.

Für Rechtsgeschichte, Rechtstheorie und Rechtsvergleichung sind Revolutionen außerordentlich interessante Studienobjekte. Sie zeigen die Rechtsordnung im Zustand der Entstehung aus dem Nichts. Die bisherigen politischen Gewalten sind zusammengebrochen, es herrscht ein Zustand der Gesetzlosigkeit (Anomie), vergleichbar der es Chaos über den Wassern bei Erschaffung der Welt. In diesem Chaos finden sich dann neue Kristallisationskerne der Macht, es bilden sich neue vorläufige Herrschaftsstrukturen, meist personalisiert in neuen Hoffnungsträgern, denen man zutraut, sie könnten auf irgendeine Weise die Lage stabilisieren. Eine neue Hierarchie von Befehl und Gehorsam wird auf diese Weise zur Urzelle neuer legitimer Staatlichkeit. Dieser Vorgang ist ein legitimer Gegenstand der Rechtsgeschichte, die an ihm studiert, wie altes Recht in neues Recht transformiert werden kann und wie alte und neue Eliten aufeinanderstoßen. Vor allem die Verfassungsgeschichte ist involviert, wenn es um den Wechsel der Fundamente und Formen des Staates geht. Ebenso interessiert ist die Rechtstheorie, die das Rätsel zu lösen hat, wie aus Rechtsbruch neues Recht entsteht, ob dazu die Innehabung der Macht genügt oder ob dazu ein Konsens der Staatsbürger not-

12 M. Stolleis, Revolution, in: Handwörterbuch zur Deutschen Rechtsgeschichte, Bd. IV (1990), 961-965.

wendig ist. Es ist die Frage, wie eine als »Einheit« vorstellbare Rechtsordnung[13] mit normativen Mitteln die Lücke schließt, daß sie einen durch Rechtsbruch »befleckten« empirischen Ursprung hat. Schließlich könnte sich auch die Rechtsvergleichung des Phänomens der Revolutionen annehmen; denn wenn Revolutionen den Zusammenbruch von Rechtsordnungen bedeuten, also die Kehrseite des Rechts sind, kann man an dieser »Kehrseite« die Gründe des Zusammenbruchs von Recht studieren und damit auch vergleichen.

Im Falle der europäischen Revolutionen von 1848/49 haben wir ein solches Studienobjekt. Alle diese Revolutionen sind fast zeitgleich ausgebrochen, sie haben ihre konkreten Ursachen in den einzelnen Ländern gehabt, aber sie sind offenbar strukturell so ähnlich, daß es sich lohnt zu vergleichen. Schon der gleichzeitige Beginn deutet darauf hin, daß es neben den regionalen oder nationalen Ursachen auch noch »europäische« Ursachen gab. Wenn sich diese »europäischen Ursachen« wenigstens skizzieren ließen, hätte man für die Vergleichung von Verfassungen etwas gewonnen, wohl nicht einen allgemeinen Lehrsatz über den Ausbruch von Revolutionen, aber vielleicht eine wichtige Einsicht für das 19. Jahrhundert, eine Einsicht, die über der nationalen Ebene liegt.[14]

Die europäischen Revolutionen verliefen in ihrer Parallelität außerordentlich rasch. Nur mit den Mitteln einer Multi-Media-Show könnte simultan gezeigt werden, wie sie sich überlagerten und in einer »Kettenreaktion« abliefen.[15] Es gab Vorspiele: Schon 1844 hatte es in Griechenland einen revolutionären Übergang zu einem parlamentarischen Regime gegeben. 1847 fand die Schweiz nach dem Sonderbundskrieg (26 Tage!) zu einer neuen Verfassung.[16] Aber dann verdichteten sich die Ereignisse: Im Januar 1848 erzwangen Volksaufstände in Palermo und Neapel eine Verfassung. Im Februar 1848 vollzog Frankreich den revolutionären Übergang von der Monarchie zur Republik. Im März brachen die Revolutionen in Wien, Berlin und Budapest, in Mailand und Venedig aus. Das System Metternich war

13 M. Baldus, Die Einheit der Rechtsordnung, Berlin 1995.

14 M. Stolleis, Nationalität und Internationalität: Rechtsvergleichung im öffentlichen Recht des 19. Jahrhunderts, Stuttgart 1998.

15 R. Hachtmann, Die europäischen Hauptstädte in der Revolution von 1848, Dowe/Haupt/Langewiesche (Anm. 5), 455.

16 Th. Chr. Müller, Die Schweiz 1847-49. Das vorläufige, erfolgreiche Ende der »demokratischen Revolution«?, in: Dowe/Haupt/Langewiesche (Anm. 5), 283 ff.

am Ende. Es gab eine französische, eine italienische, eine polnische, tschechische, moldavische und walachische, eine dänische Revolution, ja auch kleinere norwegische und schwedische Störungen, es gab sogar eine Revolution im Vatikan, den Mord an Pellegrino Rossi und eine Flucht des Papstes.[17] In den deutschen Duodezstaaten schrumpfte die Revolution zu Revolutiönchen, und gelegentlich zu komischen Szenen, zusammen, etwa in Lippe-Detmold, wo sich der Fürst aus dem Schloßfenster lehnte und der versammelten Menge die »Revolution« versprach, worauf sie sich zufriedengab. In München passierte fast nichts – nur Lola Montez mußte verschwinden, und der König dankte verbittert ab.[18] Aber in irgendeiner Form war die »Revolution« doch überall, in den Großstädten, in den Mittelstädten und vielfach auch auf dem Land. Ruhig blieben nur die Schweiz, die ihre Verfassungsreform kurz vor 1848 ins trockene gebracht hatte, weiter die Niederlande, Belgien und England. Im unverändert absolutistischen Rußland, das 1830/31 die polnische Revolution niedergeschlagen hatte, rührte sich nichts, weil sofort Zensur und Militär verstärkt wurden. Auch Spanien, geographisch am anderen Ende, blieb nach den Karlistenkriegen (1834-1839) während des Jahres 1848 in Ruhelage.

Selbst wenn man diese relativ windstillen Zonen berücksichtigt, wird man sagen können, daß der revolutionäre Funke in fast alle dichter besiedelten Zonen Europas in irgendeiner Weise übergesprungen ist. Es war ein Pluralismus von Revolutionen, der sich nicht mehr aus lokalen Ursachen erklären läßt. Kettenreaktionen setzen relativ gleichartige Bedingungen der einzelnen Subsysteme voraus. Welcher Art aber waren diese Bedingungen?

1. Zunächst waren alle Ethnien, Völker und Nationen Europas durch die Französische Revolution in einen neuen Aggregatzustand übergegangen. Am Anfang waren nicht die Verfassung von Virginia und auch nicht Napoleon, sondern tatsächlich die Erstürmung der Bastille, die Zerstörung des Feudalregimes im August 1789 und die Enthauptung Ludwigs XVI. Damit war die Zerbrechbarkeit der alten Ordnung demonstriert worden. Das war die Grunderfahrung jener Jahre, daß, wie Jakob Burckhardt notierte, »ein und derselbe Sturm,

17 H. J. Fischer, Wer ermordete Pellegrino Rossi? Ein politischer Kriminalfall aus der Zeit Pius' IX., in: FAZ v. 28.11.1998.

18 K. J. Hummel, Zonen der politischen Stille, in: Dowe/Haupt/Langewiesche (Anm. 5), 539 ff.

welcher seit 1789 die Menschheit faßte, auch uns weiterträgt«.[19] Seither revoltierten latent die nach Selbstbestimmung lechzenden Nationen gegen die überkommene dynastische Welt. Untrügliches Zeichen hierfür ist die Sprachgeschichte. Sie vermerkt, daß überall in Europa die Nationalliteraturen entstehen, daß mythische Heldengedichte der Vorzeit geradezu erfunden werden (Ossian, Kalewala), daß Volkslieder- und Märchensammlungen entstehen, Mythologien, Wörterbücher und Grammatiken, die vor allem den kleineren Nationen ihr Selbstbewußtsein geben. Die »Monumenta Germaniae Historica« des Freiherrn vom Stein, »Des Knaben Wunderhorn« von Arnim und Brentano, die »Deutsche Mythologie«, das »Deutsche Wörterbuch« und die »Deutschen Rechtsaltertümer« der Gebrüder Grimm sind unsere eigenen Beispiele.

2. Sobald Nationalitäten an die Stelle dynastischer Einheiten traten, begannen auch das Gottesgnadentum, das monarchische Prinzip und die Legitimität zu zerfallen. Der zur Nation gewordene Dritte Stand suchte neue Formen der Selbstregierung. Verfassungsgeschichtlich ist das 19. Jahrhundert deshalb auch als der lange Verdrängungskampf zwischen monarchischer Spitze und gewähltem Parlament zu verstehen. In drei großen Wellen rückten die Verfassungen nach vorne: 1815 ff., 1830 ff., 1848/49, und sie schrieben den jeweils erreichten Zustand dieses Kampfes fest. Insofern ist die konstitutionelle Monarchie, wie Böckenförde ganz richtig gesagt hat, immer innerlich labil gewesen. Parlament und Krone haben sich nie wirklich über den Weg getraut und wären sich gerne gegenseitig los gewesen.

3. Die nun allmählich frei werdende und sich durch Freiheitsrechte sichernde »bürgerliche Gesellschaft« organisierte sich in ganz Europa neu. Assoziation, Partei und Verband, Konstitutionsfest und Volksversammlung sind die neuen Aktionsformen. In einer bisher noch nicht erlebten Weise »wuchs der Kontinent zu einem Kommunikations- und Handlungsraum zusammen und erreichte eine neue, zuvor nicht gekannte Informationsdichte«.[20]

Die bürgerliche Gesellschaft Europas brauchte auch neue Rechtsformen. Aus dem gemeineuropäischen »römischen« Recht entstanden nun die Nationalkodifikationen und, ihnen angegliedert, ein neues Gesellschaftsrecht und Handelsrecht. Auch insofern sehen wir

19 J. Burckhardt, Historische Fragmente, Stuttgart 1957, 26, 270.
20 Dowe/Haupt/Langewiesche (Anm. 5), 13.

also eine schrittweise Ablösung von der Welt des Ancien Régime. Das Juristenlatein verschwand in ganz Europa und wurde durch die Nationalsprachen der Kodifikationen ersetzt. Einige Nationen erreichten dieses Ziel früh, Frankreich schon 1804 und Österreich 1811, andere, wie Deutschland und die Schweiz, brauchten bis 1896 bzw. 1910. Aber diese zeitlichen Verschiebungen sind nicht entscheidend, vielmehr kommt es auf den damit verbundenen Kommunikationsprozeß an. Durch zahllose neue Zeitschriften, die sich der Rechtsvergleichung widmeten, flogen die Informationen hin und her. Alle wußten über alles Bescheid, gerade auch über Verfassungsfragen und Rechtsreformen.

4. Eine der wichtigsten europäischen Gemeinsamkeiten, die das Überspringen des revolutionären Funkens 1848 möglich gemacht haben, ist natürlich das gewaltige Phänomen der Industriellen Revolution und der durch sie ausgelösten gesellschaftlichen Verschiebungen. Was in den englischen und belgischen Industrierevieren mit Spinnmaschine, Webstuhl und Dampfmaschine begann, was sich mit Montgolfière, Telegraf, Eisenbahn, Agrarchemie, Evolutionsanalyse und Vererbungsgesetzen rasant entwickelte, war das eigentlich Revolutionäre dieses 19. Jahrhunderts.

Die europäische Welt stellte sich nun auf den gleichen »Takt« ein. Die Französische Revolution hatte die gleichen Maßeinheiten für die Menschheit propagiert. Das Ur-Meter wurde an alle zivilisierten Nationen verschenkt. Alles wurde »normiert« und durch Vereinbarungen der Staaten oder der Wirtschaft, durch Gesetze oder andere Regelwerke festgeschrieben, so die Kriterien der Statistik, das Schraubengewinde, die Spurweite der Eisenbahnen oder die Buch- und Briefformate, ja sogar der Kammerton »a« wurde in einer internationalen Konvention festgelegt.

Harmonisierung durch Technik bedeutet gleichzeitig Wettbewerb und Vergleich. In der Mitte des Jahrhunderts beginnt der Wettlauf der industriellen Produktion. 1851 findet die erste Weltausstellung in London statt, die große Vergleichsschau der Techniken und Künste. Nationalmuseen entstehen, gewissermaßen historisierende Leistungsschauen der Nationen. Mit Dampfschiff und Eisenbahn kann man rasch reisen und vergleichen. Es beginnt der – bis dahin völlig unbekannte – Natur- und Besichtigungstourismus als Massenphänomen. Und es ist natürlich kein Zufall: In diesen Jahren beginnt auch die Rechtsvergleichung, vor allem in Frankreich, Deutschland und

Italien. Da die alte Einheit des europäischen Rechts, die jedenfalls eine nützliche Fiktion des Universitätsunterrichts gewesen war, nicht mehr besteht und die Nationen sich über ihre Parlamente eigene Nationalkodifikationen schaffen, wird die Rechtsvergleichung das neue Bindemittel. Das alte Naturrecht des 18. Jahrhunderts verschwindet nun. An seine Stelle treten der »historische Entwicklungsprozeß« und immer mehr das positive Recht. Die 40er und 50er Jahre des 19. Jahrhunderts bringen den Durchbruch des »Rechtspositivismus«. Dieser erfordert, wie leicht einzusehen ist, als Halteseil und Korrektiv eine intensive Rechtsvergleichung. Nachdem die alten Leitideen des Rechts zusammengebrochen oder historisiert worden sind, muß man wenigstens sehen, was die anderen machen (besser machen), um die eigene Gesetzgebung zu orientieren und eventuell zu korrigieren.

5. Mit der Industriellen Revolution, mit dem »Zeitalter der Vergleichung« und der Normierung hängt die letzte europäische Gemeinsamkeit zusammen, die mich auch zu 1848 zurückführt. Es ist die »Soziale Frage«. Das Kommunistische Manifest von Marx und Engels erscheint 1848. Die erste Internationale wird gegründet. Die Arbeiterklasse beginnt, sich als »internationale« Schicksalsgemeinschaft zu verstehen. Eine ihrer Ikonen in Deutschland sind die »Märzgefallenen« vom 18. März 1848 auf ihrer Ruhestätte im Friedrichshain in Berlin. Dorthin pilgert man bis zum Ende des 19. Jahrhunderts, um dem preußischen Staat die soziale Revolution von 1848 in Erinnerung zu rufen. Natürlich ist die Soziale Frage der Industriearbeiterschaft ein zunächst regionales Phänomen, aber sie breitet sich kontinuierlich aus, kennt keine Grenzen, eben weil sie international ist.

Resümiert man diese in ganz Europa feststellbaren Faktoren, das Ende der Legitimität des Ancien Régime, die Nationalbewegung, die Formierung der bürgerlichen Gesellschaft, die Industrielle Revolution und die Soziale Frage, dann ist ohne weiteres verständlich, daß die Revolution von 1848 fast ganz Europa erfassen mußte. Was wir als das deutsche Verfassungsproblem par excellence kennen, den Kampf um Einheit und Freiheit in der Nationalversammlung der Paulskirche, ist nur eines von vielen Elementen einer europäischen Krise. Sie bestand darin, daß heftige Modernisierungsschübe mit einem durch politische Unterdrückung konservierten politischen System zusammenstießen. Dieses System war nicht mehr absolutistisch, aber es praktizierte einen Absolutismus, ohne dessen innere Legitimität zu besitzen. Es war durchweg eine dreifache Herausforderung, der es sich stellen mußte, dem Anspruch des Bürgertums auf politische Mitbestimmung, dem Wunsch nach nationaler Einheit und der Lösung der sozialen Frage.

III.

Als Mitte des Jahres 1849 die äußere Ruhe durch Mittel des Militärs und der Strafjustiz wiederhergestellt war, kehrte keineswegs eine Idylle zurück. Die konservativen Kräfte setzten sich wieder durch, konservative Ministerien kehrten zurück, viele der Revolutionäre waren umgekommen, saßen in Gefängnissen oder waren ins Ausland geflüchtet. Dennoch war die europäische Welt verändert, wobei man Kurz- und Langzeitwirkungen unterscheiden muß. Kurzfristig gab es vor allem Enttäuschungen, aber die Langzeitwirkungen waren das eigentlich Entscheidende.

In einem kurzfristigen politischen Sinn kann man sagen, die 1848er Revolution sei »gescheitert«, weil die konservativen Kräfte bald wieder das Feld beherrschten, weil die Märzministerien wieder aus dem Amt gedrängt wurden, weil die nationale Frage und die Frage der Freiheit ungelöst blieben. In Deutschland insbesondere trat die Reichsverfassung dann doch nicht in Kraft, das Rumpfparlament wurde mit Hilfe von Militär auseinandergetrieben. Das war ein politischer Schock, und er hat, wie gesagt, etwa zehn Jahre lang gewirkt.

In einem längerfristigen Sinn ist die kollektive Erfahrung der Jahre 1848/49 in das Bewußtsein eingegangen. Die rasch geformten Erinnerungsbilder – unterschiedliche Bilder im Bürgertum und in der Arbeiterbewegung – beeinflußten das politische Handeln der nächsten Jahrzehnte. Daß man in Deutschland so stark den Rechtsstaat favorisierte, hängt mit der Erfahrung des politischen Scheiterns direkt zusammen. Auch die typische Bewegung der jungen 1848er auf die Seite der »Realpolitik«, ihre Kompromißbereitschaft im Norddeutschen Bund und schließlich das Einschwenken auf Bismarcks Erfolgslinie der Reichsgründung kann nur voll verstanden werden, wenn man den Katzenjammer nach 1849 einbezieht. Als prominente Beispiele seien nur genannt: Ludwig August von Rochau (der »Erfinder« des Wortes »Realpolitik«), Heinrich Ahrens (der als Teilnehmer des Göttinger »Privatdozentenputschs« von 1831 begann und über Brüssel, Frankfurt, Graz als Leipziger Philosophieprofessor endete), Rudolf von Gneist schließlich, der aufmüpfige 1848er Privatdozent am Anfang und am Ende die hochkonservative Exzellenz der Bismarckzeit.

Wie in Deutschland, so auch in allen anderen europäischen Ländern, die von der Revolution geschüttelt worden waren, blieben die Erinnerungen unverwischt und konstituierten den Erfahrungsschatz der nächsten Generation. Im nachrevolutionären Frankreich schien sich die »Überwindung« der Republik durch einen Napoleon zu wiederholen. In Italien und Deutschland wirkten die Ereignisse vorbereitend für die nationale Einigung. In den meisten Ländern (auch in den deutschen Einzelstaaten) blieben die 1848 errungenen Verfassungen in Kraft, wenn auch oft als »revidierte« und ins Konservative zurückgebogene. Trotz aller restaurativen Tendenzen hatte es einen klaren Ruck in Richtung parlamentarischer Mitbestimmung gegeben. Das monarchische Prinzip hatte sich noch einmal befestigt, aber es war auf der Verliererseite. Das Gottesgnadentum gab es nun nur noch als Schatten seiner selbst.

Insgesamt gingen also die Nationen Europas verwandelt aus den Erschütterungen hervor. Das hochfliegende Pathos des Vormärz war verschwunden. Man setzte auf »Realpolitik«, auf technischen Fortschritt und Freihandel. Für alle diese Tendenzen ist die Weltausstellung von 1851 ein Schlüsselereignis. Im Rechtsdenken markiert das Revolutionsjahr den Abschied von der Historischen Schule und den breiten Übergang zum Rechtspositivismus. In der Philosophie datiert man auf diese Jahre das Ende des deutschen Idealismus. Hegel wird nun auf die Füße gestellt, und es beginnen das materialistische Denken einerseits, der naturwissenschaftlich inspirierte Positivismus andererseits.

1848/49 wirkt so wie eine Wasserscheide des Jahrhunderts. Die Hälften trennen sich: die idealistische und die realistische Jahrhunderthälfte, die bürgerliche und die sozialistische, die handwerkliche und die industrielle. Nun standen nicht mehr die »Verfassungen« im Zentrum des Interesses, sondern Rechtsstaat, Freihandel und Soziale Frage. Die Monarchien sind entzaubert, überstehen aber noch die zweite Hälfte des Jahrhunderts. Sie sind 1848 ängstlich zurückgewichen und haben Konzessionen gemacht, um dann wieder die Schrauben anzuziehen. Die vormärzliche Hoffnung, die Fürsten könnten sich von den nationalen Gefühlen mitreißen lassen, erwies sich als trügerisch. Am Ende erscheint das Bild bunt, aber man täusche sich nicht: Europa ist durch die Schockwellen der Revolution stärker zusammengeschmiedet worden als durch Metternich und die Heilige

Allianz. Von der Mitte des 19. Jahrhunderts an ist es, vor allem durch die modernen Kommunikationsmittel, eine Einheit, eine labile Einheit, deren Festigkeit im 20. Jahrhundert noch weit härter geprüft werden sollte, aber eben doch eine Einheit, deren welthistorische Dynamik nicht zuletzt aus der ständigen Interaktion von zwei Dutzend Völkern auf engstem Raum herrührt. In diesem Sinn gehören die Revolutionen von 1848/49, und zwar die demokratischen und die sozialen gleichermaßen, zum unverzichtbaren Potential unserer politischen Kultur.

7. Nationalität und Internationalität: Rechtsvergleichung im öffentlichen Recht des 19. Jahrhunderts

I. Das Zeitalter der Vergleichung

1. »Rechtsvergleichung« ist eine Teildisziplin der Rechtswissenschaft. Sie gehört mit Rechtsphilosophie und Rechtstheorie, Rechtssoziologie und Rechtsgeschichte zu den »Grundlagenfächern«. Sie dient dem Gespräch verschiedener Rechtskulturen, sei es zur Informationsgewinnung über Problemlösungen jenseits der nationalen Grenzen, sei es zu Zwecken der Harmonisierung verschiedener Rechtsordnungen, sei es zur Suche nach verallgemeinerbaren Bauprinzipien allen Rechts oder – wie ein bedeutendes Lehrbuch schreibt – zur »Vertiefung des Glaubens an die Existenz eines einheitlichen Gerechtigkeitsgedankens«.[1] Dabei berührt sie sich partiell mit dem Internationalen Privatrecht,[2] dem Völkerrecht, der Rechtsgeschichte, der Rechtsethnologie und Rechtssoziologie.[3] Die Abgrenzungen dieser Gebiete mögen hier beiseite bleiben. Im Vordergrund steht im folgenden die wissenschaftsgeschichtliche Frage nach den Entstehungsbedingungen der Rechtsvergleichung als Disziplin.[4]

Die Wissenschaftsgeschichte der Rechtsvergleichung belehrt uns, das Fach sei vergleichsweise jung. Es gilt als Kind des 19. Jahrhunderts, das man auch »Das Zeitalter der Vergleichung« genannt hat.[5]

1 K. Zweigert/H. Kötz, Einführung in die Rechtsvergleichung, 3. Aufl., Tübingen 1996, 3.

2 Zur erstmaligen Verwendung des Ausdrucks im Jahr 1835 durch den amerikanischen Juristen Joseph Story (1779-1845) siehe E. Jayme, Il diritto internazionale privato estense, in: Rivista di diritto internazionale privato e processuale 32 (1996), 5, Anm. 1.

3 Zweigert / Kötz (Anm. 1), 6-12.

4 W. Hug, The History of Comparative Law. In: Harvard Law Review XLV (1931-32), 1027-1070; L.-J. Constantinesco, Rechtsvergleichung, Bd. 1: Einführung in die Rechtsvergleichung, Köln u. a. 1971; ders., Les débuts du droit comparé en Allemagne. In: Miscellanea W. J. Ganshof van der Meersch, II, 1972, 737; E.Wadle, Einhundert Jahre Rechtsvergleichende Gesellschaften in Deutschland. Festgabe anläßlich der Tagung für Rechtsvergleichung, 23.-26. März 1994 in Berlin, Baden-Baden 1994; Zweigert / Kötz (Anm. 1), 47ff.

5 E. Jayme, »Das Zeitalter der Vergleichung« – Emerico Amari (1810-1870) und Friedrich Nietzsche, in: A. Mazzacane / R. Schulze (ed.), Die deutsche und ita-

Gewiß war den Juristen seit der Antike geläufig, daß andere Völker andere Sitten und Gebräuche und anderes Recht beachteten.[6] Fernhandel, Krieg und Frieden führten zu Rechtskontakten, und Schriftsteller von Herodot bis Pausanias und von Thukydides bis Tacitus berichteten, oft nur vom Hörensagen, auch über fremde Rechte. Das römische Weltreich hatte keineswegs eine einheitliche Rechtsordnung, sondern arbeitete mit Bündnisverträgen und der Respektierung der Rechtssysteme unterworfener Völker.[7] Die im römischen Recht enthaltenen Reflexionen über Ius civile, naturale und Ius gentium[8] setzten Rechtsschichten, Differenz- und Vergleichsebenen voraus. Auch im Mittelalter war man sich des horizontalen und vertikalen Nebeneinanders verschiedener Rechtskreise – auch jenseits des christlichen Kulturkreises – durchaus bewußt. Die sogenannte Differentienliteratur des Mittelalters beschäftigte sich mit den Unterschieden »inter jus civile et canonicum«, diejenige des 16. Jahrhunderts etwa mit den »Differentiae juris civilis et Saxonici«.[9] Ebenso bemühte man sich in England, die Gemeinsamkeiten und Differenzen zwischen dem heimischen Recht, dem Kirchenrecht und dem römischen Recht festzustellen.[10] Je mehr sich im 16. und 17. Jahrhundert auch in der Jurisprudenz humanistische Text- und Urkundenkritik entwickelten und die entstehende Historiographie erlaubte, zwischen den Textmassen des überlieferten Rechts zu unterscheiden (Ius com-

lienische Rechtskultur im »Zeitalter der Vergleichung«, Berlin 1995, 21ff.; H. Mohnhaupt, Rechtsvergleichung, in: A. Erler/E. Kaufmann (Hrsg.), Handwörterbuch zur Deutschen Rechtsgeschichte, Bd. IV, Berlin 1990, 403-410: »Die moderne Rechtsvergleichung wurde im 19./20. Jh. entwickelt...«; ders., Aufklärung, komparatistische Beobachtung und Entstehen der Rechtsvergleichung. In: Transactions of the Ninth International Congress on the Enlightenment, Oxford 1996, III, 1183-1186.

6 Vgl. Th. Kipp, Geschichte der Quellen des römischen Rechts, 4. Aufl. 1919, 148, zur Collatio legum Mosaicarum et Romanorum (ca. 400 v. Chr.); L. Wenger, Römisches Recht und Rechtsvergleichung, in: Archiv für Rechts- und Wirtschaftsphilosophie 14 (1920), 113.

7 Reiches Material bei D. Nörr, Aspekte des römischen Völkerrechts. Die Bronzetafel von Alcántara, München 1989.

8 Inst. 1.1.4; 1.2.1; Dig. 1.1.

9 N. Horn, Die legistische Literatur der Kommentatorenzeit. In: H. Coing (Hrsg.), Handbuch der Quellen und Literatur der neueren europäischen Privatrechtsgeschichte, Bd. I, München 1973, 345ff., 361; A. Söllner, Die Literatur zum gemeinen und partikularen Recht in Deutschland, Österreich, den Niederlanden und der Schweiz, a. a. O., Bd. II/1, München 1977, 555f.

10 W. W. Buckland/A. D. McNair/F. H. Lawson, Roman Law and Common Law, 2. Aufl. Cambridge 1952, ergänzter Neudruck 1965.

mune, Ius feudorum, Ius mosaicum, Ius canonicum, Ius naturae),[11] desto besser konnte man Brauchbares und Unbrauchbares sortieren, zum einen bei der Rechtsanwendung vor Gericht, zum andern bei der Suche nach geeigneten Materialien für eine Kodifikation, wie sie den Theoretikern des Absolutismus seit dem späten 16. Jahrhundert vorschwebte.[12] Auch wenn es zunächst noch nicht zu Kodifikationen kam, so vermehrte sich doch im 17. und 18. Jahrhundert das zur Vergleichung bereitliegende Material vor allem des gemeinen Rechts und des Strafrechts. Man hat hier von »Elementen einer vorkodifikatorischen Rationalisierung« gesprochen.[13] John Selden, Hugo Grotius, Gottfried Wilhelm Leibniz, Giambattista Vico und Charles de Montesquieu haben im Grunde rechtsvergleichend gearbeitet.[14] Aber immer noch gab es oberhalb der verschieden ausdifferenzierten nationalen Rechte die Wissenschaftskultur des Ius Commune Europaeum, innerhalb dessen aus gemeinsamer Textbasis ein Formenkanon entwickelt wurde, der die Vorstellung lebendig erhielt, durch ein völker- und staatenübergreifendes Rechtssystem verbunden zu sein.

Dieses einigende Band wurde aber schwächer. Je mehr die Rechtsgeltung von einem Willensakt der (territorial gebundenen) Obrigkeit abgeleitet wurde,[15] desto mehr entstand dadurch eine Pluralität tatsächlicher (und denkbarer) Rechtsordnungen. Die Serie der großen Kodifikationen in der zweiten Hälfte des 18. Jahrhunderts (Bayern, Preußen, Frankreich, Österreich) schrieb die Unterschiede des nationalen positiven Rechts fest. Die europäische Rechtseinheit zerfiel nun auch ideell. Die Staaten verselbständigten sich, ent-

11 Vgl. etwa H. Conring, De Origine iuris germanici Commentarius historicus, Helmstedt 1643, dt. Der Ursprung des Deutschen Rechts, Frankfurt/M. und Leipzig 1994, insbes. Kap. XXXII, XXXIII.

12 M. Stolleis, Condere leges et interpretari. Gesetzgebungsmacht und Staatsbildung in der frühen Neuzeit, in: ders., Staat und Staatsräson in der frühen Neuzeit, Frankfurt/M. 1990, 167-196.

13 Mohnhaupt, in: Handwörterbuch (Anm. 5), 405.

14 Hug (Anm. 4) m. w. Nachw. Zu Montesquieu vgl. E.-R. Laboulaye, Etudes sur l'Esprit des Lois de Montesquieu, in: Revue de Droit International et de Législation comparée 1 (1869) 161; E. Ehrlich, Montesquieu and Sociological Jurisprudence, Harvard Law Review 29 (1916); Imre Zajtay, Aus der rechtsvergleichenden Arbeit in Frankreich: Fünfzehn Jahre »Revue Internationale de Droit Comparé«. FS f. H. Dölle, Tübingen 1963, 458; W. Kahl, Montesquieu, Staat und Europa, in: Jahrb. d. öff. Rechts NF 45 (1997), 11-29.

15 M. Stolleis, Die Idee der Souveränität, in: Entstehen und Wandel verfassungsrechtlichen Denkens (Beih. 11 zu »Der Staat«), Berlin 1997, 63-85.

wickelten aber zugleich rechtspolitische Neugier auf die Gesetzgebung der Nachbarn.

Staatswissenschaftliche Kenntnisse waren jetzt immer besser verfügbar. Seit dem 16. Jahrhundert gab es Sammlungen von Nachrichten über Bevölkerung, Geographie, Einkünfte, militärische Stärke fremder Länder in Kosmographien, Missionsberichten, diplomatischen »relazioni« und Handbüchern der »notitia rerumpublicarum«, der Staatenkunde und späteren Statistik,[16] die in ihrem Namen den Zustandsbericht (Status) und den Staat gleichermaßen aufbewahrte.[17] Am Ende des 18. Jahrhunderts sammelten sich bereits große Mengen von Daten, die zur Vergleichung geradezu aufforderten, sei es, um die Unterschiede zu betonen, sei es, um sie im Sinne der Aufklärung zu überwinden. Vergleichende Erdbeschreibungen traten auf,[18] es entstand die statistisch vergleichende Bevölkerungswissenschaft.[19] »Aufklärung und Vergleichung« wurden die wichtigsten Erkenntnismittel des ausgehenden 18. Jahrhunderts.[20] Ab 1800 richteten alle größeren europäischen Länder Statistische Büros ein. Etwas später druckten die neuen Gesetzes- und Verordnungsblätter das nun im Parlament erzeugte Recht: Nur das veröffentlichte Recht war von jetzt an »geltendes Recht«, und es lag nun für die Vergleichung bereit.

Schließlich war die Zeit um 1800 wohl die intensivste europäische

16 V. John, Geschichte der Statistik (Stuttgart 1884), Nachdr. Wiesbaden 1968; M. Rassem/J. Stagl (Hrsg.), Statistik und Staatsbeschreibung in der Neuzeit, vornehmlich im 16.-18. Jahrhundert, Paderborn 1980, dort insbes. der Beitrag von A. Seifert.

17 A. Seifert, Conring und die Begründung der Staatenkunde, in: M. Stolleis (Hrsg.), Hermann Conring (1606-1681). Beiträge zu Leben und Werk, Berlin 1983, 201-214. Die eigentliche Begründung des Fachs dann durch G. Achenwall, Notitiam rerum publicarum in academiis vindicatam, Göttingen 1748; ders., Staatsverfassung der heutigen vornehmsten europäischen Reiche und Völker im Grundriß, Göttingen 1768; J. Chr. Gatterer, Ideal einer allgemeinen Weltstatistik, Göttingen 1773.

18 A. F. Büsching, Neue Erdbeschreibung, 11 Teile, Hamburg 1754-1792. Zur Wissenschaftsgeschichte der Geologie nunmehr D. Oldroyd, Thinking about the Earth: A History of Ideas in Geology, London 1996.

19 J. P. Süssmilch, Göttliche Ordnung in den Veränderungen des menschlichen Geschlechts, Berlin 1742. Guter Literaturüberblick immer noch bei L. Elster, Bevölkerungslehre und Bevölkerungspolitik, in: Handwörterbuch der Staatswissenschaften (hg. v. Conrad, Elster, Lexis, Loening), Bd. 2, Jena 1899, 703-773.

20 H. Mohnhaupt, Historische Vergleichung im Bereich von Staat und Recht vom späten 18. bis zur Mitte des 19. Jahrhunderts. Beobachtungen zur deutschen Bezugnahme auf Italien, in: Mazzacane/Schulze (Anm. 5), 31-49 (40 ff.).

Reformepoche überhaupt, auch die Gründungsepoche Dutzender juristischer Zeitschriften. Ihr Zweck war vor allem, Material für eine vergleichende rechtswissenschaftliche Arbeit bereitzustellen, eine »öffentliche« Diskussion zu führen und deren Ergebnisse in den Prozeß der Gesetzgebung einzubringen. Insbesondere sollten die nun im Mittelpunkt des Interesses stehenden Parlamente, aber auch die Regierungen mit Material versorgt werden.[21]

2. Diese erste Hochblüte der Rechtsvergleichung hatte drei Schwerpunkte: das Privatrecht, sozusagen das rechtliche Kleid der entstehenden bürgerlichen Wirtschaftsgesellschaft, das man nun zur nationalen Rechtseinheit und zur Kodifikation zu führen hoffte, weiter das Strafrecht, das modernisiert, humanisiert und in die Bahnen des Rechtsstaats gelenkt werden sollte,[22] und schließlich das Konstitutions- oder Verfassungsrecht, auf das sich alle politischen Hoffnungen des Bürgertums richteten. Von ihm soll später die Rede sein.

Im Zivil- und Strafrecht ging es sowohl um legislative Rechtsvergleichung als auch um Rechtsvergleichung als wissenschaftliche Disziplin.[23] Ihre Akteure standen mehr oder weniger explizit im Gegensatz zur Historischen Schule Savignys und deren Konzentration auf das in Deutschland »geltende römische Recht« oder gar auf einen nationalistisch verengten germanisch-deutschen »Volksgeist«.[24] Der Strafrechtler Feuerbach propagierte nicht nur in Bayern die Übernahme des Code civil, er forderte 1810 auch »die Vergleichung der Gesetze ... aller Zeiten und Länder« für eine »Universaljurisprudenz, die Gesetzwissenschaft«. An einer solchen rechtsethnologischen Universaljurisprudenz arbeitete er, ohne sie vollenden zu können. »Warum«, so rief er aus, »hat der Anatom seine vergleichende Anatomie und warum hat der Rechtsgelehrte noch keine vergleichende Rechtswissenschaft? Die reichste Quelle aller Entdeckungen in jeder Erfahrungswissenschaft ist Vergleichung und Kombination.«[25] Der Hei-

21 Constantinesco (Anm. 4), Les débuts, 737.

22 H. H. Jeschek, Entwicklung, Aufgaben und Methoden der Strafrechtsvergleichung, Tübingen 1955.

23 Zweigert/Kötz (Anm. 1), 51.

24 Zur Ambivalenz der Historischen Schule bezüglich der Rechtsvergleichung Wadle (Anm. 4), 16f. – Ein interessanter, heute fast ganz vergessener Übergangsfall ist G. Hufeland, Über den eigenthümlichen Geist des Römischen Rechts im Allgemeinen und im Einzelnen mit Vergleichungen neuer Gesetzgebungen, Gießen 1815.

25 P. J. A. Feuerbach, Blick auf die teutsche Rechtswissenschaft (= Vorrede zu K. A. D. Unterholzner, Juristische Abhandlungen, München 1810), in: Kleine

delberger Privatrechtler Thibaut empfahl 1814 eine »wahre, belebende Rechtsgeschichte«, die, »um wahrhaft pragmatisch zu werden, gross und kräftig die Gesetzgebungen aller andern alten und neuen Völker umfassen« sollte.[26] 1824 veröffentlichte Savignys Antipode, der Hegelianer Eduard Gans, ein universell angelegtes »Erbrecht in weltgeschichtlicher Entwicklung«.[27] In Heidelberg waren es vor allem Carl Salomo Zachariä und Carl Joseph Anton Mittermaier, die dann mit der neuen »Kritische(n) Zeitschrift für Rechtswissenschaft und Gesetzgebung des Auslandes«[28] die eigentliche Rechtsvergleichung in Gang setzten, ausdrücklich unter der Prämisse, »daß das, was in irgend einem Europäischen Staate für die Gesetzgebung oder für die Rechtswissenschaft geschehe, auch die übrigen Europäischen Staaten und Völker mehr oder weniger interessiere«.[29] Mittermaier entwickelte sich durch seine immense Korrespondenz und Publikationstätigkeit zur zentralen Figur der europäischen Rechtsvergleichung,[30] nachdem er schon 1810/12 ein auf vergleichenden Studien beruhendes »Handbuch des Strafprozesses« vorgelegt hatte.

Das verbindende Element dieser Autoren liegt darin, daß sie mehr oder weniger Liberale waren, daß sie nicht (oder nicht ausschließlich) auf die wissenschaftliche Rekonstruktion des klassischen römischen Rechts setzten, sondern der modernen Parlamentsgesetzgebung zuneigten. Deshalb sind ihre geistigen Verbindungslinien zur Gesetzgebungsideologie des aufgeklärten Absolutismus auch stärker als zu der (konservativen) politischen Romantik und zu der Historischen Schule Savignys. Nicht Preußen, sondern Baden, der moderne, fran-

Schriften vermischten Inhalts, Nürnberg 1833 (Neudr. Osnabrück 1966), 152-177 (163). – Siehe auch ders., Idee und Notwendigkeit einer Universaljurisprudenz, in: Feuerbachs Biographischer Nachlaß, Bd. 2, 2. Aufl. Leipzig 1853, 378. Vgl. H. Mohnhaupt, Universalgeschichte, Universal-Jurisprudenz und rechtsvergleichende Methode im Werk P. J. A. Feuerbachs, in: ders. (Hrsg.), Rechtsgeschichte in den beiden deutschen Staaten (1988-1990), Frankfurt/M. 1991, 97.

26 A. F. J. Thibaut, in: Heidelberger Jahrbücher 1814, 1-32.

27 Constantinesco (Anm. 4), Rechtsvergleichung, Bd. 1, 101-107.

28 Sie erschien 1829-1852 in 28 Bänden. Mohnhaupt. In: Mazzacane / Schulze (Anm. 5), 49ff.

29 So Zachariae, in: Kritische Zeitschrift, Bd. 1 (1829), 25. Hierzu Wadle (Anm. 4), 13-15.

30 W. Küper (Hrsg.), C. J. A. Mittermaier. Symposion 1987 in Heidelberg. Vorträge und Materialien, Heidelberg 1988, dort insbes. E. Jayme, Mittermaier und Italien, 7-20. Die in Heidelberg vorhandenen ca. 12000 Briefe Mittermaiers sollen in einem Langzeitvorhaben des Frankfurter Max-Planck-Instituts für Europäische Rechtsgeschichte erschlossen werden.

zösisch orientierte Verfassungsstaat, bot ein besonders günstiges Klima für diese (in Heidelberg konzentrierten) rechtsvergleichenden Aktivitäten. Dort wünschte man ein Nationalgesetzbuch, las über französisches Zivilrecht, beobachtete die ausländische Verfassungsbewegung, die Reformen des Strafrechts und des Strafprozesses.

Dies alles geschah in direktem Kontakt mit dem Ausland, vor allem mit Frankreich. Auch dort blühte die Rechtsvergleichung auf. 1832 wurde am Collège de France ein Lehrstuhl für »Législation comparée« geschaffen – später erhielt ihn der Rechtsvergleicher Laboulaye (1811-1883).[31] Ein Jahr später gründete Jean-Jacques Gaspard Foelix (1791-1853) die *Revue étrangère de législation et d'économie politique* (später: *Revue de droit français et étranger*).[32] In England interessierten sich Jeremy Bentham und John Austin intensiv für ausländisches Recht, es erschienen Burges *Commentaries on Colonial and Foreign Laws* (1837), und Leone Levi sammelte Material für sein umfassendes *Commercial Law* (1850/51). Der Sizilianer Emerico Amari (1810-1870), Strafrechtler und Rechtsvergleicher, sprach in deutlicher Parallele zu Darwin von einer fortschrittsorientierten, zu schaffenden »biologia delle legge«.[33]

Die Nationen begannen, auch mit Hilfe der genannten statistischen Büros, ihren Standort im europäisch-amerikanischen Wettlauf der Erfindungen und der industriellen Produktion zu bestimmen.[34] »Das industriell entwickeltere Land«, schrieb Karl Marx 1867, »zeigt dem minder entwickelteren nur das Bild der eigenen Zukunft.«[35] Da-

31 O. Motte, Laboulaye, in: M. Stolleis (Hrsg.), Juristen, München 1995, 366 ff.; H. Coing, Laboulaye, in: Zeitschr. f. Europ. Privatrecht 3 (1993), 519-521.

32 O. Motte, in: Juristen (Anm. 31), 208.

33 E. Amari, Critica di una scienza delle legislazione comparate II (1857), Introduzione di Vittorio Frosini, Ristampa Palermo 1969. Hierzu E. Jayme, Emerico Amari (1810-1870) und die Begründung der Rechtsvergleichung als Wissenschaft, in: FS Firsching, München 1985, 143 ff.; ders., Emerico Amari – il diritto comparato come scienza, in: Annali della Facoltà di giurisprudenza di Genova 1988, 22, 1988-89, 557 ff.; ders., Emerico Amari (1810-1870). Diritto comparato e teoria del progresso, in: Rivista di diritto civile 35 (1989), 103ff.; ders., Amari, in: Juristen (Anm. 31), 33 f.

34 G. R. Porter, The Progress of the Nation in its various Social and Economic Relations from the beginning of the Nineteenth Century, 3. Aufl. London 1851; F.W. Frhr. v. Reden, Vergleichende Kultur-Statistik der Gebiets- und Bevölkerungsverhältnisse der Groß-Staaten Europas, Berlin 1848; ders., Deutschland und das übrige Europa, Wiesbaden 1854.

35 K. Marx, Das Kapital. Kritik der politischen Ökonomie, London 1867, Vorwort (MEW 23 [1962] 12).

von wurde die internationale Patentgesetzgebung angekurbelt[36], es erschienen vergleichende Darstellungen des europäischen Handelsrechts[37], man verglich Unternehmens-, Versicherungs-, Scheck- und Wechselrecht, man vereinheitlichte – nach innen durch Gesetze, nach außen durch Rechtskonventionen – Maße und Gewichte,[38] die Stimmung der Musikinstrumente, Währung und Zeitrechnung, Zölle, Hafen- und Postgebühren. Sogar die Statistik selbst schärfte und vereinheitlichte ihre Instrumente durch nationale und internationale Kongresse.[39]

3. Nach der Jahrhundertmitte waren der idealistische und liberale Impetus der Rechtsvergleichung zwar im Schwinden begriffen, man konstatierte sogar – in der Hochblüte des Rechtspositivismus – einen Stillstand, ja ein zeitweiliges Verschwinden des Fachs. Im Klima allgemeiner Nationalisierung schien die Wissenschaft »zur Landesjurisprudenz degradiert« zu werden, wie Rudolf von Jhering fürchtete, weshalb er dazu aufrief, »jene Schranken zu überspringen und den Charakter der Universalität, den sie so lange besaß, in einer anderen Form als vergleichende Jurisprudenz sich für alle Folgezeit zu sichern. Ihre Methode wird eine andere, ihr Blick ein weiterer, ihr Urteil ein reiferes, ihre Behandlung des Stoffes eine freiere werden, und so wird der scheinbare Verlust in der That zu ihrem wahren Heile ausschlagen, sie auf eine höhere Stufe der wissenschaftlichen Thätig-

36 C. Th. v. Kleinschrod, Die internationale Patentgesetzgebung nach ihren Prinzipien, nebst Vorschlägen für ein künftiges gemeinsames deutsches Patentrecht, Erlangen 1855.

37 K. O. Scherner, Allgemeine Rechtsgrundsätze und Rechtsvergleichung im europäischen Handelsrecht des 17. und 18. Jahrhunderts, in: Ius Commune 7 (1978), 118-135; für das 19. Jahrhundert ein auf das kontinentale Europa beschränkter Überblick bei H. Coing, Europäisches Privatrecht 1800 bis 1914, Bd. II, München 1989, 531-567.

38 Die französischen Arbeiten für das Ur-Meter begannen 1791. Condorcet erklärte das einheitliche Maßsystem zur Voraussetzung der Verwirklichung der Menschenrechte. 1796 wurde das Ur-Meter festgelegt, 1889 war das Original fertiggestellt, Kopien gingen an die europäischen Staaten. – Als reizvolle literarische Quelle vgl. J. P. Hebel, Des Adjunkt Standrede über das neue Maß und Gewicht (1812), in: Schatzkästlein des Rheinischen Hausfreundes.

39 Nationale Kongresse: Frankreich (1796, 1800), Bayern 1801, Italien 1803, Preußen 1805, Österreich 1810, Belgien 1831, Griechenland 1834, Hannover, Holland 1848, Sachsen 1849, Kurhessen, Mecklenburg 1851, Braunschweig 1853, Oldenburg 1855, Rumänien 1859, Schweiz 1860, Deutsches Reich 1872. Internationale Kongresse: Brüssel 1853, Paris 1855, Wien 1857, London 1860, Berlin 1863, Florenz 1867, Haag 1869, St. Petersburg 1872, Pest 1876.

keit zu erheben.«[40] Tatsächlich stieg mit dem Nationalismus (dem »Nationalitäts-Wahnsinn«, von dem Friedrich Nietzsche 1885 sprach)[41] auch der Drang zum Internationalismus, zum Welthandel und zum Erwerb von Kolonien. Das weckte neue Energien zur Rechtsvergleichung, zunächst in Form einer intensiven Hinwendung zur außereuropäischen Welt, also zur Rechtsethnologie.[42] Außerdem wuchsen die technischen Möglichkeiten der praktischen Sammelarbeit, und die Kommunikationsmöglichkeiten weiteten sich aus. Immer häufiger bedienten sich Ministerien, Parlamente und freie Organisationen des Mittels der rechtsvergleichenden Enquête.[43] In allen europäischen Ländern entstanden Gesellschaften für Rechtsvergleichung und Rechtsreform, in Deutschland 1893 die »Gesellschaft für vergleichende Rechts- und Staatswissenschaft«, aus der heraus sich dann 1894 eine »Internationale Vereinigung für vergleichende Rechtswissenschaft und Volkswirtschaftslehre« bildete.[44] Parallel hierzu gründete man Zeitschriften und Lehrstühle. In Deutschland erschien seit 1870 die »Zeitschrift für französisches Civilrecht«[45] und seit 1878 die »Zeitschrift für vergleichende Rechtswissenschaft«.[46] Die Fachwelt der Rechtsvergleichung und der Gesetzgebung traf sich zu Internationalen Kongressen: »Gipfelpunkt dieser Epoche der Rechtsvergleichung und charakteristisch für sie war der – noch ganz im Zeichen des kontinentaleuropäischen Gesetzgebungs-Vergleichs stehende – Pariser Rechtsvergleichungskongreß von 1900«,[47] Teil des Begleitprogramms der Pariser Weltausstellung. Wachsender Nationalismus und Internationalismus erwiesen sich also nicht etwa als Gegensätze, sondern gewissermaßen als siamesische Zwillinge. Je mehr man sich näherrückte, desto schärfer wurden die nationalistischen Abgrenzungsphrasen. Je stärker die in-

40 R. v. Jhering, Geist des römischen Rechts auf den verschiedenen Stufen seiner Entwicklung, I. Teil, 3. Aufl. Leipzig 1873, 15.

41 F. Nietzsche, Jenseits von Gut und Böse, Vorspiel einer Philosophie der Zukunft, Leipzig 1886, Nr. 256.

42 L. Adam, Joseph Kohler und die Vergleichende Rechtswissenschaft, in: Zeitschr. f. vergleichende Rechtswissenschaft 37 (1920), 24; zu H. A. Post siehe nunmehr R. M. Kiesow, Das Naturgesetz des Rechts, Frankfurt/M. 1997.

43 Eines der frühesten Beispiele ist die französische Enquête über die europäischen Steuersysteme von 1763.

44 Eingehend Wadle (Anm. 4).

45 Wadle (Anm. 4), 17f.

46 Wadle (Anm. 4), 19f.

47 Zweigert / Kötz (Anm. 1), 57f.

ternationale Vernetzung wurde, desto mehr wuchs auch das Bedürfnis nach Bewahrung der nationalen Identität.

Alle diese Vorgänge und die Phasen der Wissenschaftsgeschichte der Rechtsvergleichung sind im Überblick bekannt.[48] Man weiß, daß sich die Lage mit und nach dem 1. Weltkrieg änderte und daß spätestens in den zwanziger Jahren die angloamerikanische Welt in die Rechtsvergleichung eintrat. Auch die Methoden haben sich geändert. Die Rechtsvergleichung beschreibt heute primär funktionale Entsprechungen von Rechtsinstituten, deren Leistungsfähigkeit wiederum nur im Kontext der jeweiligen Rechtskultur beurteilt werden kann.[49] In dieser nüchternen Atmosphäre sind sowohl die hochgemuten idealistischen Erwartungen, man spüre dem Wehen der Gerechtigkeitsidee nach, als auch die optimistischen Hoffnungen auf einen unbesiegbaren »Fortschritt« fast ganz verflogen. Auch die Konzentration auf Westeuropa und Nordamerika lockert sich auf. Wie im 19. Jahrhundert dominiert dabei das Privatrecht, einschließlich des Gesellschafts-, Handels- und Seerechts. Im Strafrecht tritt die Rechtsvergleichung, jedenfalls an den Universitäten, eher zurück. Besonders schwach ist sie im öffentlichen Recht. Der im vergangenen Jahrzehnt zu beobachtende Ausbau des »Europarechts« darf darüber nicht hinwegtäuschen; denn er gilt vor allem dem positiven Recht der Europäischen Union. Auf die Gründe für diesen Rückstand des öffentlichen Rechts werde ich noch zurückkommen.

4. Zunächst soll jedoch versucht werden, wenigstens in knappen Worten die intern-rechtswissenschaftlichen und die externen Gründe zu benennen, die tatsächlich aus dem 19. Jahrhundert das »Zeitalter der Vergleichung« (Nietzsche) gemacht haben.

Die internen Gründe wurden bereits angedeutet: Mit dem 18. Jahrhundert endet die große Epoche des europäischen Gemeinen Rechts. Die Nationen schaffen sich ihre Nationalgesetzbücher in den Landessprachen. Das Latein verschwindet als gemeineuropäische Unterrichtssprache der Juristenausbildung. Seither stehen sich die Rechtsordnungen der europäischen Länder distanzierter gegenüber;

48 Wadle (Anm. 4) und Zweigert/Kötz (Anm. 1); M. Rheinstein, Einführung in die Rechtsvergleichung, 2. Aufl. München 1987, 37 ff.; Constantinesco (Anm. 8).

49 F. Rothacker, Die vergleichende Methode in den Geisteswissenschaften, in: Zeitschr. f. vergleichende Rechtswissenschaft 60 (1957), 20 ff.; K. Zweigert, Zur Methode der Rechtsvergleichung, in: Studium Generale 13 (1960), 197; H.-W. Daig, Zur Rechtsvergleichung und Methodenlehre im Europäischen Recht, in: FS Zweigert, Tübingen 1981, 395.

einziges Verständigungsmittel wird die Rechtsvergleichung, also die inhaltliche Übersetzungsarbeit.

In der Sozialphilosophie wird dieses Auseinanderbrechen der europäischen Rechtslandschaft in nationale Teilstücke vom Zusammenbruch des aristotelischen Eudämonismus seit und durch Kant begleitet. Damit endet auch die klassische Epoche des Naturrechts, in der das lokale und vergängliche Recht von einem überzeitlichen und übernationalen nicht-positiven Recht überwölbt wurde. Was nun folgt, sind die umfassende Historisierung und Relativierung des Rechts. Eine allgemeinverbindliche Idee von »gutem Leben«, »guter Ordnung«, »bonum commune« oder »Glückseligkeit« gibt es nicht mehr. An ihre Stelle tritt zunächst – etwa zwischen 1800 und 1830 – die Vorstellung eines idealistischen, kohärenten juristischen Ideenkosmos, bis auch dieser zerfällt und der (gewissermaßen nackte) Gesetzespositivismus übrigbleibt. So zwingen auch das Verschwinden der metaphysisch begründeten Sozialphilosophie und das Ende der idealistischen Philosophie (kurzum: das Verschwinden übergreifender Rechtsideen) zur Rechtsvergleichung.

Neben diesen internen Gründen gab es mächtige externe Kräfte, denen selbstverständlich auch die Jurisprudenz des 18. und 19. Jahrhunderts ausgesetzt war. Die Methodiken und Erfolge anderer Wissenschaften übten eine außerordentliche Sogwirkung aus. Historismus und Empirismus verschoben gemeinsam die Schwerpunkte des gesamten Spektrums der Wissenschaften. Seit Buffons »Histoire naturelle«,[50] Linnés »System«,[51] Lamarcks »Philosophie zoologique«[52] sowie vor allem durch Darwin drang der Gedanke historischer Entwicklung (Evolution) vor. Man verglich und ordnete, schuf eine »vergleichende Anatomie«[53] und damit die Grundlagen einer Evolutionsgeschichte des Lebens. Auch der 1856 bei Düsseldorf gefundene »Neanderthaler« erhielt seine historische Position. Rundum wurde

50 George Louis Leclerc Graf v. Buffon, Histoire naturelle générale et particulière, 36 Bde., Paris 1749-88.

51 C. v. Linné, Systema naturae, 7 Bde., Leiden 1735; ders., Fundamenta botanica, Amsterdam 1736; ders., Bibliotheca botanica, Amsterdam 1736.

52 J. B. M. de Lamarck, Philosophie zoologique, 2 Bde., Paris 1809; ders., Histoire des animaux sans vertèbres, 7 Bde., 1815-1822.

53 Mohnhaupt, in: Mazzacane/Schulze (Anm. 5), 44, m. w. Nachw. – Als Begründer gelten der Berner Gelehrte und Dichter Albrecht von Haller (1708-1777) sowie vor allem der Göttinger Anatom Johann Friedrich Blumenbach (1752-1840).

die Natur von transzendentalen Begründungen befreit. Sie gewann geschichtliche Tiefe und mit dem Evolutionsprinzip auch den Gedanken der Anpassung an Systembedingungen, der gewissermaßen die forthelfende Schöpferhand Gottes entbehrlich machte. Nun erst konnte auch aus der ungeordneten »Wunderkammer« und der klassisch-idealistischen Morphologie des 18. Jahrhunderts die historisch-prozeßhafte Betrachtung der organischen Welt und ihrer Ordnung in den Museen geschaffen werden.[54]

Geistes- und Naturwissenschaften griffen deshalb gleichermaßen nach den Zauberworten »Geschichte« und »organische Entwicklung«.[55] Herders Naturphilosophie der Menschheitsgeschichte[56] und Savignys »stillwirkende Kräfte« des Volksgeistes im Recht bedienten sich derselben Metaphern wie die Naturwissenschaftler, welche biologische Evolutionsprozesse, pathologische Phänomene oder Kristallbildungen beschrieben. Die Soziologen imitierten die Biologen. Herbert Spencer versuchte in direkter Parallele zu Darwin, vergleichende Entwicklungsmodelle menschlicher Gesellschaften zu entwerfen.[57] Auch die Verfahren waren verwandt: Die Geschichte erschien als das große »Labor«, der Historiker entzifferte abgeschlossene Experimente der Menschheitsgeschichte. Der Rechtsvergleicher suchte in der bunten Fülle der Regelungen das Typische, vielleicht sogar das (philosophisch) »Notwendige«, so wie das naturwissenschaftliche Experiment auf die Explikation der naturgesetzlichen Hypothese zielte. Die bedeutenderen Juristen des 19. Jahrhunderts, die jene Parallelen ganz bewußt zogen, waren beflügelt von der Vorstellung, man könne auf diese Weise Baugesetze der menschlichen Gesellschaft und Grundstrukturen des Rechts ermitteln, Strukturen, die jedenfalls für den Kulturkreis und die erreichte Entwicklungsstufe typische Merkmale aufwiesen.[58] Je mehr etwa die Morphologen und Paläontologen, die Ethnologen und Linguisten, die Archäologen und

54 W. Ziegler, Was auf Erden lebte. Das Frankfurter Senckenberg-Museum für Naturkunde, in: Frankfurter Allg. Zeitung v. 21.11.1992.

55 D. Sternberger, Das Zauberwort »Entwicklung«, in: ders., Panorama oder Ansichten vom 19. Jahrhundert, in: Schriften V, Frankfurt/M. 1981, 112 ff.

56 J. G. Herder, Ideen zur Philosophie der Geschichte der Menschheit, 4 Bde., Riga 1784-1791.

57 H. Spencer, A System of Synthetic Philosophy, London 1862-1892; ders., Principles of Sociology, hrsg. v. A. Andreski, London 1969; J. D. Y. Peel, Herbert Spencer, The Evolution of a Sociologist, London 1971.

58 Hierzu Kiesow (Anm. 42).

Kunsthistoriker Informationen über historische »Entwicklungen« lieferten, desto mehr glaubten auch die Juristen, dem populären Entwicklungsschema von Wildheit, Barbarei und Zivilisation[59] entspreche ein Fortschreiten der Rechtsentwicklung vom wilden zum barbarischen und von dort zum zivilisierten Recht. Auf diese Weise entstand ein historisches Profil, in das die zu vergleichenden Rechtskulturen eingezeichnet werden konnten. Ethnologie des Rechts und Rechtsgeschichte schienen sich sozusagen zu einer horizontalen und vertikalen Rechtsvergleichung kreuzen zu lassen.[60] Der Staats- und Verwaltungsrechtler Rudolf von Gneist sprach bezeichnenderweise von der »Methode der pathologischen Anatomie heutiger Staatszustände«.[61]

Gleichzeitig mit jener umfassenden Historisierung von Natur und Kultur finden wir im ausgehenden 18. und im 19. Jahrhundert eine wahre Explosion von Nachrichten aus noch unentdeckten geographischen Räumen und Kulturen. Die Reisen von Bougainville,[62] James Cook[63] und Alexander von Humboldt[64] vervielfältigten das Wissen über die Welt und sprengten den europäischen Rahmen.

59 A. Ferguson, Essay on the History on Civil Society, Edinburgh 1768, unterschied erstmals Wildheit, Barbarei und Zivilisation. – L. H. Morgan, Ancient Society, New York 1877 (deutsch: Die Urgesellschaft. Untersuchungen über den Fortschritt der Menschheit aus der Wildheit durch die Barbarei zur Zivilisation, Stuttgart 1891); F. Engels, Der Ursprung der Familie, des Privateigentums und des Staats. Im Anschluß an Lewis H. Morgans Forschungen, Holtingen – Zürich 1884.

60 Allein zwischen 1861 und 1867 erschienen: H. J. Summer Maine, Ancient Law, its Connection with the Early History of Society and its Relation to Modern Ideas, London 1861; J. J. Bachofen, Das Mutterrecht, Stuttgart 1861; O. Gierke, Genossenschaftsrecht, Bd. I, Berlin 1866; A. H. Post, Das Naturgesetz des Rechts. Einleitung in eine Philosophie des Rechts auf Grundlage der modernen empirischen Wissenschaft, Bremen 1867.

61 R. V. Gneist, Das heutige englische Verfassungs- und Verwaltungsrecht, Teil II, Berlin 1860, S. X. Zu Gneist nunmehr E. J. Hahn, Rudolf von Gneist 1816-1895. Ein politischer Jurist in der Bismarckzeit, Frankfurt/M. 1995.

62 L. A. Bougainville, Voyage autour du monde, Paris 1771 (dt. Ausgabe hg. v. K.-G. Popp, Stuttgart 1980).

63 J. Cook, A voyage towards the south pole and round the world, London 1777, G. Forster, A voyage round the world, London 1777 (Akademie-Ausgabe, Bd. I, Berlin 1968, bearb. v. R. L. Kahn).

64 W. v. Humboldt, Voyage aux régions équinoxiales du noveau continent, fait en 1799-1804, 6 Abt., Paris 1811 ff.; ders., Reise nach dem Ural, dem Altai und dem Kaspischen Meer, 2 Bde., Berlin 1837-1842; ders., Kosmos. Entwurf einer physikalischen Weltbeschreibung, 4 Bde., Stuttgart u. a. 1845-1858.

Gleichzeitig erlebte man die Entdeckung ganzer literarischer, sprach- und kunstgeschichtlicher Kontinente. Die von Goethe angekündigte »Weltliteratur« (»wie bey der sich immer vermehrenden Schnelligkeit des Verkehrs unausbleiblich ist«),[65] die Einbeziehung des Indischen und Persischen (F. Rückert), die Erschließung der Hieroglyphen, der Keilschrift, des Sanskrit – all dies erzeugte einen Enthusiasmus des Sammelns und Vergleichens. Überall entstanden Museen für Kunstgewerbe und Technik,[66] Museen für Völkerkunde,[67] Morgenländische und andere Gesellschaften und Institute. Vor allem aber inszenierte man nun die großen »vergleichenden« Ausstellungen des 19. Jahrhunderts, in denen sich Nationalismus und Internationalismus auf frappierende Weise vermischten. 1851 begann ihre Serie mit der berühmten ersten Weltausstellung in London, der berühmten »Great Exhibition of the Works of Industry of all Nations«.[68] Daß übrigens die erste deutsche Industrieausstellung 1842 in Mainz stattfand, sei an dieser Stelle angemerkt.[69]

II. Rechtsvergleichung im öffentlichen Recht

1. Wenden wir uns vor diesem Hintergrund der Rechtsvergleichung im öffentlichen Recht zu, so fallen charakteristische Unterschiede zum Zivilrecht auf: Die Entwicklungslinie ist inkonsistent, sie schwankt im politischen Wind viel stärker als das inhaltlich stabilere Privatrecht.[70]

Die Ahnenreihe ist allerdings nicht weniger lang: »Die Vergleichung im Öffentlichen Recht ist älter als das Bewußtsein ihrer Me-

65 Grimm, Deutsches Wörterbuch, Bd. 28, Leipzig 1955, Sp. 1644 ff.

66 B. Mundt, Die deutschen Kunstgewerbemuseen im 19. Jahrhundert, München 1974.

67 Sie wurden – parallel zur Gründung ethnologischer Gesellschaften in Frankreich (1839), USA (1842), England (1848), Deutschland (1870) – ab 1843 auf Anregung des Ethnologen Jomard in allen europäischen Ländern eingerichtet.

68 U. Haltern, Die Londoner Weltausstellung von 1851, Münster 1971; W. Plum, Weltausstellungen im 19. Jahrhundert: Schauspiel des sozio-kulturellen Wandels, Bonn 1975; E. Kroker, Die Weltausstellungen im 19. Jahrhundert, Göttingen 1975.

69 Die Serie setzte sich fort: Berlin 1844, Leipzig 1850, München 1854.

70 R. Bernhard, Eigenheiten und Ziele der Rechtsvergleichung im öffentlichen Recht, ZaöRVR 24, 1964, 431: »Die Vergleichung des öffentlichen Rechts stand bisher und steht noch heute etwas im Schatten der kräftigsten von mehreren Schwestern: der Privatrechtsvergleichung.«

thode.«[71] Sie führt von Aristoteles' vergleichender Herausarbeitung guter und schlechter Herrschaftsformen samt ihren mittelalterlichen und frühneuzeitlichen Rezeptionen bis in das späte 18. Jahrhundert. Im Kern war diese abendländische Debatte über die beste Regierung »Verfassungsvergleichung«; im Erfahrungshorizont der Zeit verglich man absolute und ständisch gebundene Monarchien, Aristokratien und Stadtrepubliken. Europa hielt für alles Beispiele bereit. Schon im 17. und 18. Jahrhundert gab es vergleichende Darstellungen der Regierungssysteme der Welt, teils naiv kompilierende, teils Meisterwerke des politischen Denkens, wie Montesquieus »Considérations sur les Causes de la Grandeur des Romains et de leur Décadence« (1734) und sein vor 250 Jahren erschienener »L'esprit des lois«.[72] Das »Rohmaterial« hierzu, die Staatsgrundgesetze und Hausverträge, die Friedensschlüsse und die Diplomatica, wurde in vielbändigen Werken zusammengetragen, wie: Europäische Staats-Canzley, Theatrum historicum, Europäische Staatsconsilia oder Reichs-Archiv.

Seit der Mitte des 18. Jahrhunderts traten die systematischen Verfassungsvergleichungen häufiger auf. Das neue Fach »ius publicum universale« (Allgemeine Staatslehre) diente der Darstellung der Herrschaftsformen, der Wahl- und Erbreiche, der gemischten Staaten, der Staatenbünde usw.[73] Der Ökonom und Staatstheoretiker Johann Heinrich Gottlieb v. Justi schließlich veröffentlichte 1762 (wohl als erster) eine explizite »Vergleichung der europäischen mit den asiatischen und anderen vermeintlich barbarischen Regierungen«.[74]

2. Den dramatischen Neuansatz für eine Verfassungsvergleichung lieferte dann die amerikanische, französische und europäische Verfassungsbewegung, beginnend mit dem Jahr 1776.[75] Nun rückte die Konstitutionsfrage in das Zentrum. Ganz Europa diskutierte über Freiheit und Gleichheit, über die Verwandlung der Untertanen in

71 J. H. Kaiser, in: ZaöRVR 24 (1964), 391.

72 U. Muhlack, Montesquieu in seiner Zeit, in: D. Merten (Hrsg.), Gewaltentrennung im Rechtsstaat. Zum 300. Geburtstag von Charles de Montesquieu, 2. Aufl., Berlin 1997, 37ff. – Siehe auch G. Bonnot de Mably, Parallèle des Romains et des Français par Rapport au Gouvernement, Paris 1740; E. Gibbon, History of the Decline and Fall of the Roman Empire, 6 Bde., London 1782-1788.

73 M. Stolleis, Geschichte des öffentlichen Rechts in Deutschland, Bd. 1, München 1988, 292 ff.

74 Berlin/Stettin/Leipzig 1762.

75 D. Grimm, Deutsche Verfassungsgeschichte 1776-1866, Frankfurt/M. 1988, 10 ff.

Bürger und über die Beteiligung des Dritten Standes an der politischen Willensbildung. Die »Verfassung« wurde das politische Schlüsseldokument des modernen Nationalstaats.

Allen Verfassungen, die in der Zeit der Revolution, während der Herrschaft Napoleons und nach dem Wiener Kongreß bis etwa 1820 entstanden, lagen vergleichende Betrachtungen zugrunde. Alle Texte hingen voneinander ab, alle kreisten um ein imaginäres zweiteiliges Grundmodell mit einem menschen- und bürgerrechtlichen Freiheitsteil und einem institutionell-organisatorischen Teil. Das gleiche gilt für die zweite Welle europäischer Verfassungen nach der französischen Julirevolution von 1830 sowie für die dritte Welle um 1848/49. Nun waren die Netzwerke der öffentlichen Kommunikation schon so dicht und das Dokumentationswesen so entwickelt, daß man Verfassungsentwürfe, parlamentarische Debatten, Umfragen und gelehrte Interventionen außerordentlich rasch und vollständig nachlesen – und eben »vergleichen« – konnte. Wieder gab es mehrbändige Sammelwerke, so vier Bände über »Die Konstitutionen der europäischen Staaten seit den letzten 25 Jahren« des sächsischen Staatswissenschaftlers Karl Ludwig Heinrich Pölitz (1772-1838) und dessen drei Bände über »Die Staatensysteme Europas und Amerikas seit 1783« (1826).[76] Je nach politischem Standort verglich man mit Hoffen oder Bangen das langsame Vordringen des demokratischen und das ebenso langsame Zurückweichen des »monarchischen Prinzips«.[77] Europäische Verfassungsvergleichung war gewissermaßen das Mittel, den politischen Puls der Zeit zu fühlen. Wenn etwa Robert von Mohl 1846 einen Aufsatz »Ueber die verschiedene Auffassung des repräsentativen Systems in England, Frankreich und Deutschland« schrieb,[78] dann war dies Rechtsvergleichung in wissenschaftlicher, aber natürlich auch in praktisch-politischer Absicht.

3. Ein besonders interessantes Feld innerstaatlicher Verfassungsvergleichung öffnete sich in Deutschland, genauer: im Deutschen Bund von 1815 bis 1866. Da es einen Nationalstaat nicht gab, man

76 Leipzig-Altenburg 1817-1825; 2. Aufl., Die europäischen Verfassungen seit dem Jahre 1789 bis auf die neueste Zeit, Leipzig 1832-1833. Zu Pölitz vgl. Mataja, ADB 26 (1888), 389-392; Stolleis (Anm. 73), Bd. II, München 1992, 165 f. m. w. Nachw.

77 Stolleis, Bd. II (Anm. 76), 102 ff.

78 R. v. Mohl, in: Zeitschr. f. d. ges. Staatswiss. 3 (1846), 451-495 (gekürzt und umgearbeitet auch in ders., Staatsrecht, Völkerrecht und Politik, Tübingen 1860, Bd. I, 33-65).

aber doch aus politischen Gründen sowie für die Juristenausbildung an einem »gemeinen deutschen Staatsrecht« festhalten wollte, schuf man es durch Vergleichung. Das in den führenden Lehrbüchern von Johann Ludwig Klüber, Heinrich Zöpfl und Heinrich Albert Zachariä dargebotene »gemeine deutsche Staatsrecht« war eine aus dem Staatsrecht aller deutschen Staaten gebildete Quersumme.[79] Sie war freilich ein Schreibtischprodukt, aber für die Studenten viel wichtiger als das positive Recht des ungeliebten Deutschen Bundes oder des eigenen Heimatstaates, das man besser zu Hause lernte. Das »gemeine deutsche Staatsrecht« war die politische Hoffnung der Liberalen, es war die geistige Klammer der real nicht erreichbaren Einheit. Da man zugeben mußte, daß es nicht geltendes Recht war, suchte man es durch »Tradition«, »Volksgeist« oder »Vernunft« zu legitimieren. Die Bezeichnung der Methode als »historisch-systematisch« zeigt, worum es ging. Die fortschrittlicheren Liberalen hielten sich von der Geschichte fern und akzentuierten stärker die Traditionen des rationalen Naturrechts und sog. begrifflicher Notwendigkeiten. Ihre Methode war die der »Begriffsjurisprudenz«, die damals noch nicht so negativ verstanden wurde wie heute, sondern logische Stringenz, Kohärenz und Sicherheit gegen politische Willkür bieten sollte. Auch in dieser Richtung arbeitete man vergleichend, um den rationalen Kern zu finden. Was man vermeiden wollte, war einerseits eine bloße Addition von Staatsrechten der Einzelstaaten, andererseits die Höhenluft einer wirklichkeitsfernen, bloß »philosophischen Staatslehre«. Das »gemeine deutsche Staatsrecht« zwischen 1815 und 1866 schwebte gewissermaßen dazwischen, es war weder rein »ideales« noch rein »historisches« Staatsrecht,[80] sondern gelangte eben in jene methodisch unklare, aber politisch gewollte Balance einer idealtypisierenden Rechtsvergleichung am historischen Material.

Die Zeit zwischen dem Wiener Kongreß und der Revolution von 1848 war also für die Rechtsvergleichung des öffentlichen Rechts eine außerordentlich intensive Epoche. Die meisten Autoren versuchten, das Staatsrecht nach Maximen organischer Entwicklung zu deuten, Gesetze dieser Entwicklung zu formulieren, um auf diese Weise dem

79 J. L. Klüber, Oeffentliches Recht des Teutschen Bundes und der Bundestaaten (1817), 4. Aufl., Frankfurt/M. 1840; H. Zöpfl, Grundsätze des allgemeinen und deutschen Staatsrechts (1841), 5. Aufl., 2 Teile, Leipzig 1863; H. A. Zachariä, Deutsches Staats- und Bundesrecht, Göttingen 1841-1845 (3. Aufl. 1865/66).

80 F. Schmitthenner, Grundlinien des allgemeinen oder idealen Staatsrechtes, Gießen 1845, § 3: »Das ideale und das historische Staatsrecht«.

politischen Fortschritt zu echten Repräsentativsystemen die Aura historischer Notwendigkeit zu verleihen. Die weiten Rundblicke, die besonders Carl Salomo Zachariä in der Heidelberger »Kritischen Zeitschrift für Rechtswissenschaft und Gesetzgebung des Auslandes« veranstaltete, dienten der Musterung des Materials und seiner Einordnung in ein aus Geschichte und idealistischer Philosophie zusammengefügtes Entwicklungsschema.[81] Diesem Schema wiederum waren meist naturwissenschaftliche Annahmen über Menschenrassen und deren unterschiedliche Begabung zur Staatsbildung unterlegt.[82]

4. So durchkreuzten sich in der öffentlichrechtlichen Rechtsvergleichung vor 1848 die unterschiedlichsten Tendenzen: Rechtsvergleichung war zunächst eine Antwort auf den Zusammenbruch der naturrechtlich-rationalen »Wahrheit«. Nun gab es nur noch relative, historisch-relative Wahrheiten. Diese erhielten ihren Sinn in einer unterstellten historischen »Entwicklung« – von der Tierheit zur Menschheit, von der Wildheit zur Barbarei und von da zur Zivilisation. Auf dieser langen Strecke sah man einen Wettlauf der Völker, im späten 19. Jahrhundert gelegentlich schon einen Kampf der Rassen. Am Ziel stand die höchstentwickelte Verfassungsform der Zeit, die konstitutionell gebundene Monarchie mit Gewaltenteilung, mit Allkompetenz des Parlaments, mit rechtsstaatlich handelnder Verwaltung und unabhängiger Justiz. Hierin waren sich die süd- und mitteldeutschen Liberalen einig. Ihre immense rechtsvergleichende Arbeit, niedergelegt in Flugschriften und Aufsätzen, Enzyklopädien der Staatswissenschaften, Allgemeinen Staatslehren und Lehrbüchern des Staatsrechts, setzte (mehr oder weniger deutlich – trotz des Abschieds vom Naturrecht) noch den Glauben an eine in allen historischen und nationalen Spielarten der Regierungsformen verborgene und durch Vergleichung zu ermittelnde ideelle Wahrheit oder doch eine aus »Notwendigkeit« entwickelte Fortschrittslinie voraus.

81 Th. Lang, Die Staats- und Verfassungslehre Carl Salomo Zachariaes, Frankfurt/M. 1996; Stolleis, Bd. II (Anm. 76), 169 ff. m. w. Nachw.

82 C. S. Zachariä griff zurück auf J. F. Blumenbach, Über die natürliche Verschiedenheit im Menschengeschlechte, 3. Aufl., Leipzig 1798, der je eine kaukasische, mongolische, amerikanische, äthiopische und malayische Rasse annahm. Nur die kaukasische war für Zachariä in der Lage, den »Grundsatz der Volkssouveränität in künstlich-organisierten Verfassungen darzustellen« (Vierzig Bücher vom Staate, 11. Buch, 146 ff.). In Meyers Konversations Lexikon, 5. Aufl., 12. Bd., Leipzig-Wien 1897, »Menschenrassen« finden sich nur noch drei Großgruppen: äthiopische oder negroide Rasse (Melanier), mongo-

Diesen Glauben findet man nach der großen Enttäuschung von 1848 nur noch in gebrochener Form. Gewiß setzten sich die idealistischen Entwicklungsmodelle fort, auch wenn Hegels Einfluß geringer wurde.[83] Der Ton wird jedoch nüchterner, und die Orientierung an der »Realpolitik«[84] wächst. Nun war nicht mehr die »Verfassung« das zentrale Wort, sondern »der moderne Staat«, also der in den westlichen Ländern durchgesetzte konstitutionell verfaßte, repräsentativ regierte Rechtsstaat. Seine Prinzipien, die manchmal wie normative Sätze des Naturrechts, manchmal wie deskriptive Gesetze der sozialen Natur formuliert werden, wurden mit der Geschichte und der zivilisatorischen Entwicklungsstufe der jeweiligen Nation korreliert. Immer stärker sah sich die Rechtswissenschaft dem methodischen Druck der Naturwissenschaften ausgesetzt. Juristen sprachen häufig von der »Gefahr ..., aus dem Kreise moderner Wissenschaften ausgeschlossen zu bleiben«, weshalb man der »überall siegreich vordringenden realistischen Weltauffassung näher zu treten« habe.[85] Das konnte eine biologistische Evolutionstheorie des Staatsrechts sein, eine auf Herausarbeitung von Erfahrungssätzen zielende Machtstaatslehre oder historische Rechtsvergleichung – alle drei Varianten bedurften nicht mehr des strukturierenden idealistischen »Systems«.[86]

Der große Unterschied zur intensiven und blühenden Rechtsvergleichung in der Epoche der Verfassungsbewegung vor 1848 war nun allerdings, daß sich die Öffentlichrechtler ab 1866 mehrheitlich dem positiven Staatsrecht zugewandt hatten. Das Interesse an öffentlichrechtlicher Rechtsvergleichung erlosch praktisch mit dem Norddeutschen Bund und der Reichsgründung. Auch die philosophischen Staatslehren, in die das rechtsvergleichende Material eingegangen war, verschwanden fast vollständig. Der Nationalstaat kapselte sich ab. Völkerrecht wurde als ein vom Willen des Nationalstaats abhän-

lische oder gelbe Rasse, kaukasische oder mittelländische Rasse (a. a. O. 142 m. w. Nachw.).

83 U. Scheuner, Hegel und die deutsche Staatslehre des 19. und 20. Jahrhunderts, in: ders., Staatstheorie und Staatsrecht, Berlin 1978, 81-100.

84 L. A. v. Rochau, Grundsätze der Realpolitik. Angewendet auf die staatlichen Zustände Deutschlands, 1. Teil, Stuttgart 1853, 2. Teil 1869, hg. u. eingel. v. H. U. Wehler, Frankfurt/M. 1972.

85 L. Gumplowicz, Philosophisches Staatsrecht, Graz 1877, Vorwort.

86 Siehe etwa H. Rehm, Allgemeine Staatslehre, Freiburg 1899, 5: »wir müssen uns mit allem Nachdruck auf den Standpunkt stellen, daß die Garantie sicherer Staatserkenntnis viel weniger durch philosophische Spekulation, als durch vergleichende Betrachtung der wirklichen Staaten gewonnen wird.«

giges »Außenstaatsrecht« gedeutet.[87] Man hatte im Inneren genug zu tun, und der rechtspolitische Impetus, sich verfassungsrechtliche Anregungen aus dem fortgeschritteneren Ausland zu holen, war zunächst verflogen.

5. Im Prinzip gilt das bisher vom Staatsrecht Gesagte auch für das neue Fach des Verwaltungsrechts. Nur der zeitliche Rückstand ist erheblich: Das Verwaltungsrecht war erst in der zweiten Hälfte des 19. Jahrhunderts in den Rang einer wissenschaftlichen Disziplin aufgestiegen. Die erste energisch abstrahierende Darstellung erhielt es in Deutschland 1895.

Doch haben die großen Verwaltungsrechtler des 19. Jahrhunderts, Robert von Mohl, Lorenz von Stein, Rudolf von Gneist und Otto Mayer, jeder auf seine Weise sich an England und Frankreich orientiert.[88] Beide Länder »interessieren positiv als Modelle eines Verfassungs- und Rechtsstaats, negativ als Anschauungsbeispiele für die Gefahren des parlamentarischen Regierungssystems. Im übrigen erscheinen sie als Kontrastpaar: Frankreich steht politisch für Aufgeregtheit und Rigorismus, die Philosophie der Gleichheit, England für Unerschütterlichkeit und Pragmatismus, die Philosophie der Freiheit; Frankreich steht rechtlich-wissenschaftlich für durchkonstruierte Systematik und elegante Klarheit, England für gewachsenes Judiz und leicht skurrile Unübersichtlichkeit.«[89] Im Ergebnis dominierte der französische Einfluß, ja die in Straßburg geschriebene »Theorie des französischen Verwaltungsrechts« von Otto Mayer war Voraussetzung für seine große Systematisierungsleistung des »Deutschen Verwaltungsrechts« von 1895.

6. Wenn wir die Entwicklung der Rechtsvergleichung im 19. Jahrhundert noch einmal überblicken und nach Sachgebieten differenzieren, dann fallen Schwerpunktbildungen auf, deren politischer Ursprung unübersehbar ist. Die Konjunkturen der Rechtsvergleichung sind stets Phasen der Neuordnung im Innern und der Orientierung nach außen. Man schwärmt gewissermaßen aus, Varianten von Problemlösungen zu erkunden, die beste Lösung zu finden oder ein

87 A. Nussbaum, Geschichte des Völkerrechts, München und Berlin 1960, 262 f.; nach der »Bonner Schule« (Ph. Zorn, M. Wenzel) zuletzt wohl L. Schecher, Deutsches Außenstaatsrecht, Berlin 1933.

88 E. V. Heyen, Französisches und englisches Verwaltungsrecht in der deutschen Rechtsvergleichung des 19. Jahrhunderts: Mohl, Stein, Gneist, Mayer, Hatschek, in: Jahrb. f. Europ. Verwaltungsgeschichte 8 (1996), 163 ff.

89 Heyen, a. a. O., 188.

Scheitern zu beobachten. Manchmal möchte man auch die Position des Vaterlands im internationalen Wettbewerb bestimmen und bewerten oder sein Selbstgefühl durch Kritik am Ausland stärken. Immer waren Fremdwahrnehmung und Eigenwahrnehmung, Nationalität und Internationalität miteinander verquickt.

In diesem Sinn hat das Problem der »Verfassung« die Zeit des Vormärz aufgewühlt und zur Verfassungsvergleichung angeregt. Das gleiche gilt für den »strafenden Staat«, also für Schwurgerichte, Gerichtsöffentlichkeit, Einführung der Staatsanwaltschaften, für den gesamten Komplex der prozessualen Sicherungen für den Strafvollzug. Über die Abschaffung der Todesstrafe beispielsweise korrespondierte Mittermaier rechtsvergleichend mit ganz Europa.[90]

Im Zivilrecht wirkten anfangs die Fixierung auf das römische Recht und auf einen national verstandenen »Volksgeist«, außerdem der Glaube an die Möglichkeit der Herausarbeitung überzeitlicher dogmatischer Wahrheiten eher hemmend für die Rechtsvergleichung. Wer der juristisch-dogmatischen Wahrheit allein durch Interpretation der römischen Klassiker und durch die Bemühung des dogmatischen Scharfsinns auf die Spur zu kommen meinte, bedurfte keiner Rechtsvergleichung. Wo allerdings das römische Recht und das ältere deutsche Recht versagten, etwa im Handels-, Scheck- und Wechselrecht, im Hypothekenrecht, im Recht des geistigen Eigentums, beim Eisenbahnbau und generell im neuen Technikrecht, setzte sich die Rechtsvergleichung rasch durch, schon aus Gründen ökonomischer Vernunft.

In der zweiten Hälfte des 19. Jahrhunderts verlor dann, wie gesagt, die Rechtsvergleichung des öffentlichen Rechts an Schwung. Die Gründung des Nationalstaats erledigte die Verfassungsfrage, und die »Innere Reichsgründung« absorbierte zunächst einmal die Kräfte.[91] Dafür bereitete sich im Zivil- und Strafrecht eine neue Hochphase der Rechtsvergleichung, ja ihre eigentliche Gründungsepoche vor. Das Bürgerliche Gesetzbuch stand unmittelbar vor seinem Abschluß, die Strafzwecke wandelten sich dramatisch, die Weltperspektive wurde internationalistisch, allerdings auch imperialistisch: 1888 entstand die Internationale Kriminalistische Vereinigung, 1894 die Internationale Vereinigung für Rechtsvergleichung, Zeitschriften und Institute

90 Siehe oben Anm. 30.

91 M. Stolleis, »Innere Reichsgründung« durch Rechtsvereinheitlichung 1866-1880, in: Chr. Starck (Hrsg.), Rechtsvereinheitlichung durch Gesetze – Bedingungen, Ziele, Methoden –, Göttingen 1992, 15-41 (in diesem Band Nr. 8).

der Rechtsvergleichung entstanden.[92] Im Jahre 1900 konstituierte sich die Rechtsvergleichung auf internationaler Ebene in Paris.

Das Staats- und Verwaltungsrecht blieb in dieser Aufbruchsphase der Rechtsvergleichung bis 1914 merkwürdig zurück, vor allem wegen des beherrschenden Paradigmas eines nationalstaatlichen Positivismus. Mit dem Kriegsausbruch verfinsterte sich die Lage für das öffentliche Recht noch mehr, und nach 1919 waren seine Kräfte im wesentlichen durch die Auslegung der neuen Verfassung, durch Nachkriegsprobleme der Verwaltung und durch den »Kampf gegen Versailles« absorbiert. Erst mit dem Neubeginn der Vergleichenden Politischen Wissenschaft in den zwanziger Jahren und mit der Grundlagendebatte im Staatsrecht begann eine Wiederbelebung auch der Rechtsvergleichung des öffentlichen Rechts. Aber es scheint signifikant, daß die beiden Kaiser-Wilhelm-Institute in Berlin verschiedene Namen trugen: das eine widmete sich dem Internationalen Privatrecht und explizit der Rechtsvergleichung, das andere dem »ausländischen öffentlichen Recht« sowie dem Völkerrecht. Das Wort Rechtsvergleichung tauchte also beim öffentlichrechtlichen Institut nicht auf, auch wenn es in der Sache gewiß mitzudenken war. Dabei ist es bis heute geblieben.

III. Perspektiven einer europäischen Verfassungsrechtsvergleichung

Wenn es richtig ist, daß die Geschichte der Rechtsvergleichung des öffentlichen Rechts zwar nicht in direkter Abhängigkeit von der Verfassungsgeschichte und den politischen Konjunkturen verläuft, wohl aber von ihnen in indirekter Weise gesteuert wird, dann liegt die Frage nahe, wie es damit in der Gegenwart bestellt ist.

Es leuchtet unmittelbar ein, daß sowohl der europäische Einigungsprozeß im Übergang von der Wirtschaftsunion zur politischen Gemeinschaft als auch die mächtigen Tendenzen der Globalisierung einen riesigen Informationsbedarf über die Rechtsordnungen jenseits der eigenen Staatsgrenzen hervorrufen müssen. Immer mehr Segmente der nationalen Rechtsordnungen werden europäisiert, also auf einem durch Rechtsvergleichung vorbereiteten Plafond vereinheit-

92 Wadle (Anm. 4), besprochen von H. Mohnhaupt, Zeitschr. f. Europäisches Privatrecht 1997, 215-218.

licht. Immer mehr gibt die europäische Zentrale die Standards vor (Recht des Warenverkehrs und der Dienstleistungen, Umweltrecht, Verbraucherschutz, Telekommunikation, Datenschutz und vieles andere). Die Mitgliedstaaten werden zur Umsetzung gedrängt, soweit sie dies nicht, um die Initiative zu behalten, von selbst tun. Immer mehr Netzwerke aus global einsetzbarem privatrechtlichem Vertragsrecht entstehen,[93] immer mehr gleichen sich die nationalen Gesellschaftsrechte einander an.[94] Dem entspricht die – wenn auch langsame – Reaktion der Ausbildungssysteme: Nahezu alle begabteren Studierenden der Rechtswissenschaft wählen eine ausländische Ausbildungsstation; mit Hilfe der europäischen Austauschprogramme ERASMUS und SOCRATES lernt ein Großteil der heutigen Generation der Studierenden die Nachbarländer kennen. Mit anderen Worten: Die europäische Rechtsvereinheitlichung, sei es über die Gesetzgebung, sei es über die Rechtsprechung des Europäischen Gerichtshofs, sei es über die stilleren Wege von Ausbildung und Wissenschaft, erzeugt einen in diesem Maße noch nie dagewesenen Bedarf an Rechtsvergleichung.

Die alten Unterscheidungen von Privatrecht und öffentlichem Recht samt Strafrecht verlieren dabei immer mehr an Trennschärfe. Die komplexen Interaktionen von europäischem und nationalem Recht lassen sich nicht mehr auf diese Weise verrechnen. Die Regelungsprogramme sind auf Zwecke, nicht auf Rechtsformen ausgerichtet. Dementsprechend denkt moderne Rechtsvergleichung »funktional«, also von den Interessen und den Regelungsmechanismen her. Die »Funktion« kann allerdings nur im Kontext der jeweiligen Rechtskultur wirklich erfaßt werden; denn selbst in kulturell relativ homogenen Ländern Westeuropas funktionieren die Rechtsordnungen unterschiedlich. Nicht nur das jeweilige Verhältnis von Staat und Gesellschaft ist unterschiedlich austariert, auch die Wechselwirkungen zwischen Justiz und Rechtsuchenden haben ihre historisch bedingten Ausprägungen. Schließlich gibt es einen selten formulierten, aber jedem Rechtspraktiker bewußten nationalen Code, wie man sich als Bürger gegenüber Behörden, Gerichten und Polizei zu verhalten pflegt.

Obwohl nun in allen kontinentaleuropäischen Ländern die alte Unterscheidung von Privatrecht und öffentlichem Recht angesichts neuer Herausforderungen an Gewicht verliert, so daß man schon von

93 H. Kötz, Europäisches Vertragsrecht, Bd. I, Tübingen 1996.

94 F. Kübler, Gesellschaftsrecht, 5. Aufl., Heidelberg 1999, 15.

»wechselseitigen Nationalität- und Internationalität-Auffangordnungen« sprechen kann,[95] wird doch die Privatrechtsvergleichung weit intensiver betrieben als die des öffentlichen Rechts. Nicht nur die Lehrstühle für Rechtsvergleichung sind durchweg solche des Privatrechts, auch die Mitglieder der Gesellschaft für Rechtsvergleichung arbeiten mehrheitlich in dieser Richtung.[96] Die Gründe hierfür sind gewiß vielfältig: Staatsrecht ist im Kern immer noch das Produkt einzelstaatlicher Souveränität. Die im 19. Jahrhundert so aufwühlenden Verfassungsfragen sind heute weitgehend gelöst, wobei hinzukommt, daß die Verfassungsnormen immer weniger politische Bekenntnistexte und immer mehr Texte des geltenden Rechts geworden sind. Ihre Ausziselierung in 100 Bänden der Rechtsprechung des Bundesverfassungsgerichts macht sie zum selbstreferentiellen System, das sich mit Ketten von Selbstzitaten bindet und mit Hinweisen auf die eigene »ständige Rechtsprechung« stabilisierend und entlastend wirkt. Auch was das Verwaltungsrecht angeht, so ist das Motiv der Rechtsvereinheitlichung viel schwächer entwickelt als im Privatrecht; ein »europäisches Verwaltungsrecht« ist erst im Werden,[97] und eine Vereinheitlichung der Administrationen ist gar nicht in Sicht.

Nimmt man jedoch alle derzeitigen Bemühungen um Rechtsvergleichung zusammen, dann erscheint die Gegenwart als die intensivste Epoche der Rechtsvergleichung überhaupt.[98] Hundert Jahre nach der Gründung der rechtsvergleichenden Lehrstühle, Zeitschriften und Forschungsinstitute, hundert Jahre nach dem ersten internationalen Kongreß sind die europäischen Staaten – nach zwei furchtbaren Katastrophen – auf dem langen Weg einer pragmatischen Teilangleichung ihrer Rechtsordnungen. Sie erzeugen mit der Administration in Brüssel und der Rechtsprechung in Luxemburg gemeinsam »Europarecht«, eines Tages vielleicht auch im Europaparlament in Straßburg.

95 W. Hoffmann-Riem / E. Schmidt-Aßmann (Hrsg.), Öffentliches Recht und Privatrecht als wechselseitige Auffangordnungen, Baden-Baden 1996.

96 B. Grossfeld, Macht und Ohnmacht der Rechtsvergleichung, Tübingen 1984; auch die »Einführung in die Rechtsvergleichung« von Zweigert / Kötz (Anm. 1) schränkt im Untertitel ein: »auf dem Gebiete des Privatrechts«.

97 J. Schwarze, Europäisches Verwaltungsrecht, 2 Bde., Baden-Baden 1988; ders. (Hrsg.), Verwaltungsrecht unter europäischem Einfluß. Zur Konvergenz der mitgliedstaatlichen Verwaltungsrechtsordnungen in der Europäischen Union, Baden-Baden 1996.

98 B. Grossfeld, Grundfragen der Rechtsvergleichung, FS Rolf Lukes, Köln u.a. 1989: »Die Rechtsvergleichung erlebt heute eine Blüte.«

Aber die Globalisierung aller Arbeitsprozesse läßt die innereuropäische Rechtsvergleichung schon provinziell erscheinen. Vor unseren Augen vernetzen die Gruppen westlicher und fernöstlicher Industriestaaten ihre Strukturen, und man beobachtet eine Verlagerung des Schwergewichts vom Atlantik auf den Pazifik. Der alte Eurozentrismus neigt sich dem Ende zu. Wie auch immer diese Entwicklungen verlaufen werden, die Bürger, die Unternehmen, die Staaten erzeugen und verbrauchen dabei die »Ressource Recht«. Diese Ressource ist kein knappes, sondern ein eher allzu reichlich vorhandenes Gut, und vieles davon ist leicht verderbliche Tagesware. Eben deswegen muß die Rechtsvergleichung sortieren, muß nationalen Eigensinn und Überheblichkeiten dämpfen sowie das allzu Komplizierte vereinfachen, um auf diese Weise das internationale (Rechts-)Leben, wenn nicht gerecht, so doch etwas berechenbarer zu machen. In wissenschaftlicher Hinsicht erscheint eine »Universaljurisprudenz«, von der das 19. Jahrhundert nach dem Ende des Naturrechts träumte, zwar unerreichbar, aber die Rechtsvergleichung ist doch in der Lage, ähnlich wie die Rechtsgeschichte, das Fremde funktional zu erklären, Distanz zur eigenen Rechtsordnung zu schaffen und an den alten Spruch zu erinnern: »Hinter den Bergen wohnen auch Leute.«

8. »Innere Reichsgründung« durch Rechtsvereinheitlichung 1866-1880

I. Zur Terminologie

Auf den ersten Blick scheint man sich schnell darüber verständigen zu können, was unter »Rechtsvereinheitlichung« zu verstehen ist, nämlich Herstellung einheitlicher Rechtsnormen innerhalb eines bestimmten Geltungsbereichs durch den Gesetzgeber. Daneben gibt es Rechtsvereinheitlichung durch die Rechtsprechung, wenn es ihr über längere Zeiträume hinweg gelingt, Rechtszersplitterung durch Bildung einheitlichen Richterrechts zu überwinden. Ebenso vermag eine zentral gesteuerte Verwaltung durch kontinuierliche Praxis disparate Unterverwaltungen oder neuerworbene Landesteile zu vereinheitlichen. Schließlich spielte (und spielt?) die Wissenschaft mit ihren Systematisierungsleistungen und mit der Ausbildung dogmatischer Basissätze eine bedeutende Rolle.

Alle vier Möglichkeiten lassen sich im 19. Jahrhundert durch Beispiele belegen, alle vier wirken auf komplizierte Weise ineinander: Es gibt in der Gesetzgebung Dynamik und Stillstand, es gibt nacharbeitende und vorauseilende Rechtsprechung, modernisierende und retardierende Verwaltung, und auch die Wissenschaft hat, wie wir alle wissen, ihre schöpferischen und ihre epigonalen Phasen.

Im folgenden geht es um Gesetzgebung. Rechtsprechung, Verwaltung und Wissenschaft werden nur flankierend erwähnt, wenn ein Bezug zur Gesetzgebung besteht.

Nicht ohne Tücke ist die Frage, was »Einheitlichkeit« der Rechtsnormen inhaltlich bedeutet. Bezieht sich die »Einheitlichkeit« auf ein Land mit Divergenzen im Binnenbereich der Rechtsordnung, so lautet die Antwort einfach: ein Recht für das ganze Land. So war es im 19. Jahrhundert auch durchweg gemeint.

Bezieht man »Einheitlichkeit« dagegen auf die Adressaten, dann lautet die Antwort: Alle Bürger sollen einem einheitlichen Recht unterworfen sein. In diesem Sinne zielt »Einheitlichkeit« auf die Egalisierung ständischer Privilegien und Unterschiede. Da aber jede Rechtsordnung von der Fixierung rechtlich relevanter Unterschiede lebt, wäre Rechtsvereinheitlichung in diesem Sinne – ins Extrem getrieben – identisch mit dem Ende der Rechtsordnung. Insofern empfiehlt es sich nicht, für diesen im 19. Jahrhundert so wichtigen Vorgang der Verbürgerlichung der Rechtsordnung den Ausdruck »Rechtsvereinheitlichung« zu verwenden.

Eine dritte Deutungsmöglichkeit ist wichtiger, speziell für die Dichotomie von Zivilrecht und öffentlichem Recht. Sie unterscheidet Vereinheitlichung *des* Rechts und Vereinheitlichung der Lebensverhältnisse *durch* Recht. Auch wenn man in Gesellschaften, die wesentlich durch Recht gesteuert werden, die einheitlichen Lebensverhältnisse erst herstellen kann, wenn man zuvor das Recht vereinheitlicht hat, so ist die Unterscheidung doch keine Haarspalterei; denn mit Rechtseinheit allein sind weder die Lebensverhältnisse oder die Chancen der einzelnen »gleich« noch deren Integration in den Staat oder auch nur die Ausbildung von dessen Identität sichergestellt.

Im 19. Jahrhundert, dessen rechtswissenschaftliche und rechtspolitische Debatte zivilistisch dominiert war, assoziierte man mit »Rechtsvereinheitlichung« stets das bürgerliche Recht, das Handels- und Wechselrecht, das Strafrecht und das gerichtliche Verfahren.[1] Diese Materien sollten auf nationaler Ebene vereinheitlicht werden; um sie drehte sich die Auseinandersetzung von der Diskussion im Rheinbund über die Einführung französischen Rechts,[2] über die Auseinandersetzung zwischen Thibaut und Savigny,[3] die vormärzlichen parlamentarischen Vorstöße[4] und § 64 der Paulskirchenverfassung von 1849, der die »Erlassung allgemeiner Gesetzbücher über bürgerliches Recht, Handels- und Wechselrecht, Strafrecht und gerichtliches Verfahren« zum Ziel erhob. Davon war der weitere Weg zu den Kompetenznormen des Norddeutschen Bundes und des Deutschen Reiches, zu den Reichsjustizgesetzen und der Entstehung des BGB geprägt. Immer ging es um Vereinheitlichung »des« Rechts, also derjenigen Materien, die dem politischen und ökonomischen Liberalismus auf seinem langen Weg vom Vormärz bis in die Krise von 1878

1 Signifikant etwa H. Brunner, Die Rechtseinheit. Festrede, Berlin 1877, 16, der das öffentliche Recht mit keinem Wort erwähnt.

2 W. Schubert, Französisches Recht in Deutschland zu Beginn des 19. Jahrhunderts, Köln–Wien 1977; E. Fehrenbach, Traditionelle Gesellschaft und revolutionäres Recht. Die Einführung des Code Napoléon in den Rheinbundstaaten, 2. Aufl., Göttingen 1978.

3 H. Hattenhauer (Hrsg.), Thibaut und Savigny. Ihre Programmschriften, München 1973.

4 D. Grimm, Historische Erfahrungen mit Rechtsvereinheitlichung – das frühe 19. Jahrhundert in Deutschland, Rabels Z 50 (1986), 61-76.

besonders wichtig erschienen: Handels- und Wechselrecht, Schuldrecht, Strafrecht, Verfahrensrecht. Diese Materien decken den Kernbereich der bürgerlichen Wirtschaftsgesellschaft, sie installieren das ökonomisch freie, zur Vertragsautonomie fähige Subjekt.

Die Perspektive des öffentlichen Rechts ist etwas anders. Der Staatsrechtler des 19. Jahrhunderts, der den Deutschen Bund, die National- und Verfassungsbewegung, die Reichsgründung, die begrenzte Reichsverwaltung und die Gesetzgebungs- und Verwaltungsvielfalt der 22 Monarchien und 3 freien Städte vor Augen hatte, dachte eher an Vereinheitlichung durch Recht, also an Schaffung des »einheitlichen« Reichsrahmens, an ein gemeinsames Indigenat, einheitliche Staatssymbolik (Reichsadler, Sedanstag), Währung, Maße und Gewichte, Post und Telegraf, Schaffung eines Reichsbeamtentums, an Eisenbahnwesen, Zölle und Steuern, einheitliche Maßnahmen gegen Rinderpest[5] und Reblaus, Schonzeiten für Robben[6] oder an die einheitliche Prüfung der Dampfkessel[7] und anderer gefährlicher Anlagen. Diese Materien mögen den gelehrten Scharfsinn weniger reizen, mögen ihn befürchten lassen, in die Mediokrität des Verwaltungsalltags abzusinken – gleichwohl haben auf diesen Gebieten Rechtsvereinheitlichungsprozesse von erheblicher Bedeutung und Tiefenwirkung stattgefunden. In ihnen ist die Reichsgründung, die mit der Kaiserproklamation vom 18. Januar 1871 erst begonnen war, tatsächlich durchgeführt worden, so daß man mit den Historikern von »innerer Reichsgründung« oder »Umgründung« (ab 1878) sprechen kann.[8] Das hier entstehende Reichsverwaltungsrecht ist kontinuierlich gewachsen, hat die Entwicklung der Reichsverwaltung aus dem Nucleus des Reichskanzleramtes begleitet und hat – unterstützt von der Entwicklung einer gemeinrechtlichen Verwaltungsrechtsdogmatik – auf die Landesverwaltungsrechte vereinheitlichend zurückgewirkt. Dieser Prozeß der allmählichen Zusammenführung der Ver-

5 Gesetz v. 7. 4. 1869, fortgeführt durch Gesetz v. 11. 12. 1871, RGBl. 1871, 471; Allerhöchster Erlaß ..., RGBl. 1873, 147-158.

6 Gesetz, betr. die Schonzeit für den Fang von Robben v. 4. 12. 1876, RGBl. 1876, 233; VO v. 29. 3. 1877, RGBl. 1877, 409.

7 Bekanntm., betr. allgemeine polizeiliche Bestimmungen über die Anlegung von Dampfkesseln, v. 29. 5. 1871, RGBl. 1871, 122-126.

8 H. Böhme (Hrsg.), Probleme der Reichsgründungszeit 1848 bis 1879, Köln–Berlin 1968; H. U. Wehler, Krisenherde des Kaiserreichs von 1871-1918. Studien zur Sozial- und Verfassungsgeschichte, Göttingen 1970; ders., Das Deutsche Kaiserreich 1871-1918, 4. Aufl., Göttingen 1980; M. Stürmer, Das ruhelose Reich 1866-1918, Berlin 1983.

waltungsrechtsmaterien von 25 Einzelstaaten, die ihre Eigentümlichkeiten über Jahrhunderte entwickelt hatten, war nicht weniger schwierig als die heutige Herstellung einer deutsch-deutschen Staatlichkeit und der entsprechende Prozeß auf EU-Ebene.

Insofern sind die Beobachtungen zur Rechtsvereinheitlichung durch Gesetzgebung im 19. Jahrhundert auf spannende Weise aktuell, und zwar, wie ich meine, gerade auch die trivial erscheinenden Alltagsdinge des Verwaltungsrechts, wenn man hinter ihnen die bewegenden Kräfte des Jahrhunderts sichtbar machen kann: den politischen und ökonomischen Liberalismus sowie die fortwirkenden und revitalisierten Kräfte des Wohlfahrtsstaates, die Industrielle Revolution und die Soziale Frage, den heraufziehenden Imperialismus der konsolidierten Nation ab 1890 – alles dies spiegelt sich in den Gesetzblättern des Norddeutschen Bundes und des Reiches.

II. Rechtsvereinheitlichung vor der Reichsgründung

1. Ältere Motive

Bestrebungen zur Rechtsvereinheitlichung sind allerdings kein Spezifikum des 19. Jahrhunderts. Sie sind so alt wie die bewußte Gestaltung der Lebensverhältnisse durch hoheitlich gesetztes Recht überhaupt. Sie setzen ein instrumentelles Verständnis von Recht voraus, sind also mit der Entstehung zentralistischer, rationaler und bürokratischer Herrschaft im Bereich von Anstaltskirche und »modernem Staat« der Neuzeit verbunden.[9] Bekanntlich hat der absolutistische Staat besondere Anstrengungen zur Rechtsvereinheitlichung unternommen, um »uniformes leges« (J. A. v. Ickstatt) zu erreichen[10] und so das angestrebte staatliche Gewaltmonopol durch Recht abzusichern. Die im 18. Jahrhundert anlaufende Kodifikationswelle ist

9 S. Gagnér, Studien zur Ideengeschichte der Gesetzgebung, Uppsala 1960; A. Wolf, Die Gesetzgebung der entstehenden Territorialstaaten, in: H. Coing (Hrsg.), Handbuch der Quellen und Literatur der neueren europäischen Privatrechtsgeschichte, 1. Bd., München 1973, 517- 800.

10 M. Stolleis, Condere leges et interpretari. Gesetzgebungsmacht und Staatsbildung in der frühen Neuzeit, in: ders., Staat und Staatsräson in der frühen Neuzeit, Frankfurt/M. 1990, 167 ff.

denn auch, wie hier nicht belegt werden muß, ein großer Ordnungs- und Vereinheitlichungsversuch, weniger im Interesse des Bürgers unternommen als im Bestreben, die Kosten der Justiz zu senken, das Land zentral regierbar zu machen und Provinzen miteinander zu verklammern. Nicht umsonst sind »Uhrwerk« und »Maschine« die leitenden Staatsmetaphern.[11]

Mit dem Bruch durch die Revolution von 1789 wechseln dann auch die Motive. Die allenthalben betriebene Rechtsvereinheitlichung zieht ihre Energien nun aus revolutionären beziehungsweise reformerischen Absichten, aus der Aufhebung von feudalen und korporativen Ungleichheiten und aus der Wegräumung von Hindernissen für eine freie, marktorientierte Verkehrswirtschaft. Die Zwänge territorialer Neugliederung, die nahezu alle Staaten des Alten Reiches betreffen, kommen hinzu. Rechtsvereinheitlichung ist hier eines der wichtigsten Mittel der Integration neuer Landesteile oder der Ausbildung neuer Staatsidentitäten mit dem Kristallisationskern der neuen, in der Bundesakte von 1815 sorgfältig gehüteten Souveränität. Wo man nicht auf Gesetzbücher hoffen konnte, erwartete man jedenfalls Rechtsvereinheitlichung durch Wissenschaft.[12] Dieter Grimm hat in diesem Sinne geschrieben: »Das frühe 19. Jahrhundert ist eine der großen Epochen der Rechtsvereinheitlichung in Europa.«[13]

2. 1848-1866

Dies könnte man freilich mit noch größerem Recht von der zweiten Hälfte des 19. Jahrhunderts sagen. Denn nachdem die punktuellen Versuche, während des Vormärz zu einer Vereinheitlichung des Zivilrechts zu gelangen, gescheitert waren,[14] konzentrierten sich die Anstrengungen im Vorfeld von 1848 auf das doppelte Ziel der Reichseinheit und der Einheitlichkeit des Wirtschaftsgebietes.[15] So fordern die

11 B. Stollberg-Rilinger, Der Staat als Maschine. Zur politischen Metaphorik des absoluten Fürstenstaates, Berlin 1986.

12 H. Getz, Die deutsche Rechtseinheit im 19. Jahrhundert als rechtspolitisches Problem, Bonn 1966, 37 ff.

13 Grimm (Anm. 4), 61.

14 Getz (Anm. 12), 37 ff. (zu Baden), 42 ff. zu Hessen, Bayern und Baden 1842-1848; S. Buchholz, Zur Rechtsvereinheitlichung in Deutschland in der zweiten Hälfte des 19. Jahrhunderts, in: Rabels Z, 50 (1986), 77-110 (81).

15 So die Absicht der ersten deutschen (verbotenen) Anwaltsversammlung, Mainz 1844 (Getz, a. a. O., 63 ff., 79 ff.).

Liberalen eine allgemeine deutsche Wehrverfassung, ein deutsches Bundesgericht, Heimatrecht und Freizügigkeit für alle, Zolleinheit, gleichen Münzfuß und ein »gleiches deutsches Handelsrecht«.[16] »Allgemeine Heimatsberechtigung und Freizügigkeit« fordert übrigens auch die nun entstehende Arbeiterbewegung, während ihr die Rechtseinheit nichts bedeutete.[17]

In der Paulskirche selbst wurde zwar gleich zu Anfang über den Wunsch nach einer »möglichst gleichförmigen Gesetzgebung für Deutschland« beraten,[18] aber die Arbeit des Gesetzgebungsausschusses kam nicht voran, man konzentrierte sich auf die Verfassung, in deren § 64 es dann hieß: »Der Reichsgewalt liegt es ob, durch die Erlassung allgemeiner Gesetzbücher über bürgerliches Recht, Handels- und Wechselrecht, Strafrecht und gerichtliches Verfahren die Rechtseinheit im deutschen Volke zu begründen.«[19]

Aber neben diesem Ziel der Begründung der »Rechtseinheit im deutschen Volke« gab es auch noch jene zweite, öffentlichrechtliche Spur derjenigen vereinheitlichenden Gesetzgebungsakte, die aus der Souveränität des neu zu gründenden Bundesstaates entsprangen. Das Reich sollte völkerrechtlich mit einer Stimme sprechen, allein über Krieg und Frieden entscheiden, den Reichsfrieden wahren und die Militärgewalt innehaben. Es sollte ein Reichs- und Staatsbürgerrecht geben, und die Reichsgewalt sollte die Grundrechte der Bürger sichern. Weiter sollte ihm die Fülle der Ordnungsaufgaben obliegen, die vom modernen Staat zweckmäßigerweise »einheitlich« erledigt werden, so die Kontrolle der See- und Flußschiffahrt, das Eisenbahnwesen, die Zölle und Verbrauchssteuern, Patente und Urheberrechte, das Heimatrecht, das Assoziationswesen, das Gesundheitswesen,[20] Post- und Münzwesen sowie die dem Wirtschaftsliberalismus so wichtige Aufgabe, »über das Gewerbewesen Reichsgesetze zu erlassen und die Ausführung derselben zu überwachen«.[21]

16 So das Patent des preußischen Königs wegen beschleunigter Einberufung des Vereinigten Landtags v. 18. 3. 1848 (E. R. Huber, Dokumente zur deutschen Verfassungsgeschichte, Bd. 1, 3. Aufl., Stuttgart 1978, 445 f.).

17 Manifest des Berliner Arbeiterkongresses an die Deutsche Nationalversammlung v. 2. September 1848, in: Huber, Dokumente (Anm. 16), Bd. 1, Nr. 159.

18 Getz (Anm. 12), 102 ff. (113).

19 Reichsverfassung v. 28. 3. 1849, RGBl. 1849, 101, in: Huber, Dokumente (Anm. 16), Bd. 1, 375 ff.

20 M. Rodenstein, »Mehr Licht, mehr Luft«, Gesundheitskonzepte im Städtebau seit 1750, Frankfurt/M.–New York 1988, 65.

21 Reichsverfassung 1849, Art. 1, §§ 6-54, zum Gewerbewesen § 39.

An eine uns heute selbstverständlich erscheinende Homogenisierung der einzelstaatlichen Verfassungen etwa derart, daß man die konstitutionelle Monarchie, das Repräsentativsystem, Grundrechte und Garantien des Rechtsstaats und vielleicht ein einheitliches Wahlrecht vorgeschrieben hätte, war in der prekären Situation von 1848/49 nicht zu denken. Schon die Erfahrungen mit dem zweideutigen Art. 13 Deutsche Bundesakte waren schlecht gewesen. Eine Reichsgründung durch verfassungsrechtliche Homogenisierung der Bundesglieder hätte nun die Kräfte der Einigung vollends überfordert. Außerdem hatten ja die von der 1848er Revolution ausgelösten einzelstaatlichen Verfassungsänderungen schon de facto eine weitgehende Homogenisierung herbeigeführt. Vor allem Preußen und Österreich waren nun in den Kreis der konstitutionellen Staaten eingetreten. Nur wenige Außenseiter blieben »konstitutionslos«.

Mit dem Scheitern der Paulskirche und des Erfurter Unionsversuchs von 1849[22] trat der Komplex öffentlichrechtlicher Normen, die notwendig mit dem Nationalstaat verbunden waren, zurück. Er war ohne einen souveränen Zentralstaat nicht realisierbar.

Das schloß jedoch nicht aus, daß die bisherigen Protagonisten der Rechtsvereinheitlichung ihre Ziele auf den Feldern des bürgerlichen Rechts, Handelsrechts, Verfahrensrechts und Strafrechts weiterverfolgten, nachdem wenigstens die Wechselordnung von der Nationalversammlung verabschiedet worden war.[23] Ganz im Gegenteil, es scheint so, als ob der politisch enttäuschte Liberalismus seine Energien hier konzentrierte und »Rechtsstaat« samt ökonomischer Handlungsfreiheit gewissermaßen kompensatorisch für die verweigerte politische Mitsprache verlangte. Die literarischen Aktivitäten (Christ, Marschner, Arndts, Bornemann, Noellner, Ahrens, Stobbe, Trieps)[24]

22 § 64 der Frankfurter Reichsverfassung zur Rechtsvereinheitlichung blieb in der Erfurter Unionsverfassung vom 28. 5. 1849 als § 61 unverändert.

23 Entstehungsgeschichte bei Getz (Anm. 12), 106 ff.; Buchholz (Anm. 14), 83. Die Wechselordnung wurde trotz der Nichtigkeit ihres Zustandekommens als Reichsgesetz als »allgemeines« deutsches Recht akzeptiert. Durch Gesetz vom 5. 6. 1869 ist sie im Norddeutschen Bund eingeführt worden, BGBl. 1869, 379-602.

24 A. Christ, Über Deutsche Nationalgesetzgebung, Karlsruhe 1842; ders., Verwirklichung der deutschen Nationalgesetzgebung, in: Deutsche Vierteljahresschrift 1850, Heft 2, Nr. 50, 76 ff.; F. Noellner, Die deutschen Juristen und die deutsche Gesetzgebung seit 1848, zugleich als Prognose für nationale Rechtsreform, Cassel 1854, 2. Aufl., Cassel 1855; E. Trieps, Über Nationalität und Einheit des bürgerlichen Rechts, Hamburg 1860.

zielten sämtlich auf das bürgerliche Recht. Daß hier etwas getan werden müsse, fand breiten Konsens, besonders nachdem ab 1860 der Deutsche Juristentag in Berlin und die Deutsche Gerichtszeitung sich energisch für diese Aufgabe engagierten.[25] Die Statuten des Deutschen Juristentags nannten als Ziel die »Einigung der deutschen Nation auf dem Gebiete des Rechts«, wobei »Recht« primär bürgerliches Recht bedeutete, oder, noch enger, Obligationenrecht, da man Sachenrecht, Familien- und Erbrecht mit ihren erheblichen Restbeständen altständischer Sozialordnung für vorläufig noch nicht vereinheitlichungsfähig hielt.[26]

In diesem Sinne wurde auch der Deutsche Bund wieder aktiv[27] und brachte immerhin das besonders dringende Handelsgesetzbuch voran (1861).[28] 1862 beschloß er weitere Schritte, nämlich die Kodifikation eines gemeindeutschen Zivilprozeßrechts und des Obligationenrechts, woraus dann der Dresdner Entwurf von 1865 entstanden ist. Die politischen Bedingungen waren freilich nicht günstig. Die Schleswig-Holstein-Frage und der preußisch-österreichische Dualismus trieben auf eine Krise zu, und Bismarck hatte kein Interesse an legislatorischen Beweisen der Funktionsfähigkeit des Deutschen Bundes.[29]

III. Norddeutscher Bund

1. Bürgerliches Recht, Handelsrecht, Prozeß- und Strafrecht

Nachdem auf diese Weise zwischen 1850 und 1866 die Perspektive der Rechtsvereinheitlichung wieder auf diejenigen Materien begrenzt war, die für Zoll- und Wirtschaftseinheit samt einheitlicher Justiz we-

25 H. Conrad, Der Deutsche Juristentag 1860-1960, in: Hundert Jahre deutsches Rechtsleben, Festschrift z. hundertjährigen Bestehen des Deutschen Juristentages 1860-1960, hg. v. E. v. Caemmerer, E. Friesenhahn, R. Lange, Bd. I, Karlsruhe 1960, 1-36; G. Dilcher, Der Deutsche Juristentag 1960 bis 1980. Zeitgeschichte und Rechtspolitik, München 1980.

26 Getz (Anm. 12), 142; Buchholz (Anm. 14), 84.

27 F. Laufke, Der deutsche Bund und die Zivilgesetzgebung, Festschr. d. Rechts- und Staatswissenschaftlichen Fakultät d. Julius-Maximilians-Universität Würzburg z. 75. Geb. v. H. Nottarp, hg. v. P. Mikat, Karlsruhe 1961, 1-57.

28 Entstehungsgeschichte bei Getz (Anm. 12), 136-140; Buchholz (Anm. 14), 83 f.

29 Getz (Anm. 12), 147.

sentlich waren, so öffnete sie sich in dem Augenblick, in dem die Verfassung des Norddeutschen Bundes beraten wurde.

Sosehr diese Verfassung nach Bismarcks unnachahmlichem Ausdruck »mit elastischen, unscheinbaren, aber weitgreifenden Ausdrücken« ausgearbeitet werden sollte,[30] um die Bündnispartner nicht zu verprellen, so deutlich war bei dem Thema der Rechtsvereinheitlichung die Fortsetzung der Linie von 1848.[31] Wie in der Frankfurter Reichsverfassung und der Erfurter Unionsverfassung wurde dem Bund die Kompetenz über »die gemeinsame Gesetzgebung über das Obligationenrecht, Strafrecht, Handels- und Wechselrecht und das gerichtliche Verfahren« zugesprochen. Laskers kompromißhafte Beschränkung auf das Obligationenrecht wurde schon 1869 wieder auf das gesamte bürgerliche Recht erweitert und ist dann bekanntlich 1873 durch eine berühmte Verfassungsänderung akzeptiert worden.[32]

2. Herstellung der Staatseinheit

Aber neben diesem Kernbereich des bürgerlichen Rechts, Verfahrensrechts und Strafrechts trat auch sofort wieder das nationalstaatliche, »öffentlichrechtliche« Muster der Rechtsvereinheitlichung hervor, also diejenigen Momente an Einheitlichkeit, die man braucht, um einen Staat, und sei es auch nur den Bund eines Bundesstaats, zu errichten. Der konstitutionelle Bundesstaat mußte (und muß) gewisse Essentialia erfüllen, um nach außen und innen handlungsfähig zu sein, und es muß die Rechtsquellenhierarchie innerhalb des Bundesstaates geklärt sein: »Bundesrecht geht vor Landesrecht.«[33] Er muß einheitliche Regelungen der völkerrechtlichen Vertretung nach außen schaffen,[34] den Handelsschiffen eine Flagge

30 E. R. Huber, Deutsche Verfassungsgeschichte seit 1789, Bd. III, Stuttgart 1963, 650.

31 Verfassung des Norddeutschen Bundes vom 26. Juli 1867, BGBl. 1867, 1-23, Art. 4, Ziff. 13.

32 Gesetz betr. die Abänderung der Nr. 13 des Art. 4 der Verfassung des Deutschen Reiches vom 20. Dezember 1873 (...) Einziger Paragraph. »An die Stelle der Nr. 13 des Art. 4 der Verfassung des Deutschen Reichs tritt die nachfolgende Bestimmung: Die gemeinsame Gesetzgebung über das gesammte bürgerliche Recht, das Strafrecht und das gerichtliche Verfahren.«

33 Verfassung Norddt. Bund (Anm. 31), Art. 2.

34 Verfassung Norddt. Bund (Anm. 31), Art. 56; Gesetz betr. die Bundeskonsulate sowie die Amtsrechte und Pflichten der Bundeskonsuln v. 8. Nov. 1867, BGBl. 1867, 137-156.

zuteilen,[35] ein Zollgebiet errichten,[36] das gemeinsame Indigenat begründen,[37] er muß Maße und Gewichte[38] sowie die einheitliche Währung regeln, das Post-, Telegraphen- und Eisenbahnwesen vereinheitlichen[39] und, aus Gründen der Selbsterhaltung, das Militärwesen in die Hand nehmen. »Jeder Norddeutsche ist wehrpflichtig«, hieß es nun.[40] Damit alles dies ordnungsgemäß veröffentlicht werden konnte, bedurfte es schließlich eines eigenen Bundesgesetzblattes.[41]

Unschwer ist in diesen Punkten der traditionelle Katalog der Souveränitätsrechte erkennbar, wie er sich von seinem Ausgangspunkt bei Bodin entwickelt hatte (Gesetzgebung, Straf- und Begnadigungsrecht, Steuerhoheit, Münzhoheit, Krieg und Frieden, Gesandtschaftsrecht, Ämterhoheit).[42] Die hier versammelte »Einheit der Staatsgewalt« mußte, um zu entstehen und zu funktionieren, einheitliches Recht verwenden.

Wie 1848/49, so war auch im Einigungsprozeß von 1866 und 1870/71 keine Zeit, die Homogenisierung des einzelstaatlichen Verfassungsrechts voranzutreiben. Im Gegenteil: Gerade der Verzicht auf derartige Absichten, mit anderen Worten die Garantie der einzelstaatlichen Souveränität, war die Voraussetzung für schnelles Gelin-

35 Bundesgesetz betr. die Nationalität der Kauffarteischiffe und ihre Befugniß zur Führung der Bundesflagge v. 25. Okt. 1867, BGBl. 1867, 35; VO betr. die Bundesflagge für Kauffarteischiffe v. 25. Okt. 1867, BGBl. 1867, 39.

36 Verfassung Norddt. Bund (Anm. 31), Art. 33-40; Vertrag über die Fortsetzung des Zoll- und Handelsvereins vom 8. Jul. 1867, BGBl. 1867, 81 ff.

37 Verfassung Norddt. Bund (Anm. 31), Art. 3; Gesetz über das Paßwesen vom 12. Okt. 1867, BGBl. 1867, 33; Gesetz über die Erwerbung und den Verlust der Staatsangehörigkeit v. 1. Jun. 1870, BGBl. 1870, 355-360.

38 Maß- und Gewichtsordnung für den Norddeutschen Bund vom 17. Aug. 1868, BGBl. 1868, 473-478; Bekanntm. betr. die Errichtung einer Normal Eichungs-Kommission vom 16. Febr. 1869, BGBl. 1869, 46; Eichordnung für den Norddeutschen Bund vom 16. Jul. 1869, I-XXXIX.

39 Verfassung Norddt. Bund (Anm. 31), Art. 48-52; Gesetz über das Postwesen vom 2. Nov. 1867, BGBl. 1867, 61.

40 Verfassung Norddt. Bund (Anm. 31), Art. 57-68; Gesetz betr. die Verpflichtung zum Kriegsdienste vom 9. Nov. 1867, BGBl. 131. Siehe auch VO betr. die Einführung preußischer Militairgesetze im ganzen Bundesgebiete vom 7. Jan. 1867, BGBl. 125.

41 Verfassung Norddt. Bund (Anm. 31), Art. 2, S. 2; Verordnung vom 26. Juli 1867, BGBl. 1867, 24.

42 M. Stolleis, Geschichte des öffentlichen Rechts in Deutschland, Bd. 1, 1600-1800, München 1988, 170-186.

gen. Die Vereinheitlichung der einzelstaatlichen Verfassungen wurde bewußt nicht zum Thema gemacht, und selbst, wenn man es gewollt hätte, der letzte Nachzügler der Verfassungsbewegung, die beiden Mecklenburg, lohnte die Mühe nicht, wenn man die von Preußen dominierte Schaffung des Nationalstaats damit verglich.

3. Sicherung der liberalen Errungenschaften

Die dem Souveränitätskern angelagerten weiteren Verfassungsgarantien des Norddeutschen Bundes weisen jedoch noch eine zweite wesentliche Komponente auf, nämlich die mit dem Norddeutschen Bund verbundene »Sicherung der liberalen Errungenschaften«. Bismarck, der gerade seinen Frieden mit den (National-) Liberalen gemacht hatte, war auf deren Unterstützung angewiesen. Zwar fürchtete er aus außenpolitischen Gründen eine Debatte über einen Grundrechtskatalog, die sich 1848 in die Länge gezogen hatte, aber er war doch bereit, eine Liste von liberalen Forderungen in die Verfassung aufzunehmen, wenn auch an versteckter Stelle. Wo von der gemeinsamen Staatsbürgerschaft die Rede war, wurde gleichzeitig deren »Wirkung« fixiert: Freizügigkeit für alle, das Recht der freien Begründung eines Wohnsitzes, gleiches Recht auf Zulassung zum Gewerbebetrieb und auf Zugang zu öffentlichen Ämtern, Gleichheit beim Erwerb von Grundstücken sowie generelle staatsbürgerliche Gleichheit.

Die Gesetzgebung des Norddeutschen Bundes[43] hat diesen Ansatz dann entfaltet und hat vor allem im sogenannten Freizügigkeitsgesetz von 1867 die Niederlassungs- und Bewegungsfreiheit, das Paßwesen, die Bodenfreiheit, die Gewerbefreiheit und die Judenemanzipation in materieller Hinsicht verankert sowie entgegenstehende Partikulargesetze und Privilegien, Anzugs- und Abzugsgelder und dergleichen Hindernisse abgeschafft.[44]

43 K. E. Pollmann, Der Parlamentarismus im Norddeutschen Bund, 1867-1870, Düsseldorf 1985; ders., Parlamentseinfluß während der Nationalstaatsbildung 1867-1871, in: G. A. Ritter (Hrsg.), Regierung, Bürokratie und Parlament in Preußen und Deutschland von 1848 bis zur Gegenwart, Düsseldorf 1983, 56-75.

44 Gesetz über die Freizügigkeit v. 1. 11. 1867, BGBl. 1867, 55 (auch bei Huber, Dokumente, Bd. 2, 3. Aufl. 1986, Nr. 207), § 1, Nr. 3: »Keinem Bundesangehörigen darf um des Glaubensbekenntnisses willen ... der Aufenthalt, die Niederlassung, der Gewerbebetrieb oder der Erwerb von Grundeigenthum verweigert werden.«

Weitere Schritte in dieser Richtung waren die Aufhebung alter »öffentlichrechtlicher« Beschränkungen der Eheschließung durch ein Gesetz von 1868,[45] die bürgerliche und staatsbürgerliche Gleichberechtigung der Konfessionen,[46] dann vor allem aber die Aufhebung altständischer zünftischer Beschränkungen bei Gewerbebetrieben[47] und der Erlaß der Gewerbeordnung für den Norddeutschen Bund von 1869.[48] Dieser Überblick soll deutlich machen: Öffentlichrechtliche Rechtsvereinheitlichung aus dem Gedanken der Souveränität war die eine Seite, rechtsvereinheitlichende Erfüllung liberaler Wünsche die andere. Gewiß mag man streiten, ob die Einführung einer einheitlichen Währung als Teilaspekt der Souveränität oder als Grundlage eines einheitlichen Binnenmarktes zu gelten habe, aber in der Tendenz können beide Richtungen doch unschwer voneinander unterschieden werden.

IV. Reichsgründung 1870/71

Gehen wir einen Schritt weiter zur Gründung des Deutschen Reiches von 1870/71,[49] dann finden wir auch hier das 1848 und 1866 beobachtete Muster der Rechtsvereinheitlichung: Für die Vereinheitlichung des bürgerlichen Rechts und Strafrechts blieb es zunächst bei der bisherigen Formulierung der Bundeskompetenz, begrenzt auf das Obligationenrecht, freilich nur bis 1873.[50] Für das öffentliche Recht zeigt sich wiederum die notwendige Zweiteilung der Rechtsvereinheitlichung. Einmal ging es um die Errichtung des neuen Staates selbst, dann aber um die gezielte Gestaltung einheitlicher Lebensverhältnisse durch öffentliches Recht, eben um jene »innere Reichsgründung«, die der äußeren nachfolgen mußte.

45 Gesetz v. 4. 5. 1868, BGBl. 1868, 149 f.

46 Gesetz betr. die Gleichberechtigung der Konfessionen in bürgerlicher und staatsbürgerlicher Beziehung vom 3. Juli 1869, BGBl. 1869, 292.

47 Gesetz v. 8. 7. 1868, BGBl. 1868, 406 f.

48 Gesetz vom 21. 6. 1869, BGBl. 1869, 245-282. Einen Überblick bietet F. Thudichum, Verfassungsrecht des Norddeutschen Bundes und des Deutschen Zollvereins, Tübingen 1870, 517-580 (554 ff. zur Gewerbefreiheit).

49 Verfassung des Deutschen Bundes v. 31. 12. 1870, BGBl. 1870, 627 ff.

50 »[D]ie gemeinsame Gesetzgebung über das Obligationenrecht, Strafrecht, Handels- und Wechselrecht und das gerichtliche Verfahren« (Art. 4, Ziff. 13).

1. Herstellung der Staatseinheit und Reichsverwaltung

Was zur Errichtung des neuen Staates beim Norddeutschen Bund gesagt wurde, gilt naturgemäß auch 1871. Wieder werden die Außenbeziehungen geregelt (Art. 11, 56),[51] wird eine gemeinsame Staatsbürgerschaft »für ganz Deutschland« geschaffen (Art. 3), werden Staatssymbolik, Handelsflotte, Zoll- und Handelswesen sowie Eisenbahnwesen,[52] Post- und Telegrafenwesen[53] einheitlich, wenn auch mit vielen Ausnahmen durchsetzt, geordnet (Art. 33-40, 41-47, 48-52). Das gleiche gilt für das Militärwesen samt dem Militärstrafrecht,[54] für Maße und Gewichte,[55] für die Währung[56] und andere in Art. 4 der Reichsverfassung genannte Materien.

Einen ganz eigenen, notwendig »einheitlich« geregelten Bereich

51 Gesetz über die Konsulargerichtsbarkeit v. 10. 7. 1879, RGBl. 1879, 197-206.

52 Betriebs-Reglement für die Eisenbahnen Deutschlands v. 22. 12. 1871, RGBl. 473; abgeänd. durch Bekanntm. v. 5. 8. 1872, RGBl. 1872, 360; und Bekanntm. v. 11. 5. 1874, RGBl. 1874, 1884. Am 27. Mai 1878 wird ein Reichsamt für die Verwaltung der Reichseisenbahnen errichtet (RGBl. 1879, 193).

53 Telegraphen-Ordnung für das Deutsche Reich v. 21. Jun. 1872, RGBl. 1872, 213-228. 1875 verselbständigte sich die Post- und Telegrafenverwaltung und wurde dem General-Postmeister unterstellt (VO v. 22. Dez. 1875, RGBl. 1875, 379).

54 Reichs-Militärgesetz v. 2. 5. 74, RGBl. 1874, 45-64; Einführungsgesetz zum Militärstrafgesetzbuch für das Deutsche Reich v. 20. 6. 1872, RGBl. 1872, 173 f., und Militär-Strafgesetzbuch für das Deutsche Reich v. 20. 6. 1872, RGBl. 1872, 174-204.

55 Gesetz v. 7. 12. 1873, betr. die Abänderung der Maaß- und Gewichtsordnung für den Norddeutschen Bund v. 17. August 1868, RGBl. 1873, 377; Einführung in Elsaß-Lothringen 19. 12. 1874, RGBl. 1875, 1-4.

56 K. Helferich, Die Reform des deutschen Geldwesens nach der Gründung des Reiches, 2 Bde., Leipzig 1898; H. G. Schachtschabel, Die Entwicklung der deutschen Währungsgesetzgebung seit der Reichsgründung, in: H. Frank (Hrsg.), Deutsche Geldpolitik (Schr. d. Akademie für Deutsches Recht, Gruppe Wirtschaftswissenschaft, Bd. Nr. 4), Berlin 1941, 51-62, mit allen Nachw. Vgl. insbes. Ges. betr. die Ausprägung von Reichsgoldmünzen v. 4. Dez. 1871, RGBl. 404; Münzgesetz v. 9.7. 1873, RGBl. 1873, 233-240: Art. 1: »An die Stelle der in Deutschland geltenden Landeswährungen tritt die Reichsgoldwährung.« (...); Allerhöchster Erlaß, betr. die einheitliche Benennung der Reichsgoldmünzen v. 17. 2. 1875, RGBl. 1875, 72. Auf einen Nachweis der zahlreichen Bestimmungen zur Außerkurssetzung der bisher geltenden Münzen, die Einführung von Papiergeld, die Ausdehnung der Vorschriften auf Elsaß-Lothringen etc. wird hier verzichtet. In der VO v. 22. Sept. 1875, RGBl. 1875, 303, hieß es dann abschließend: »Die Reichswährung tritt im gesammten Reichsgebiete am 1. Januar 1876 in Kraft.«

bildet nun die langsam wachsende Reichsverwaltung.[57] Ihre einzelnen Wachstumsstufen vom Bundeskanzleramt des Norddeutschen Bundes bis zu den Reichsministerien[58] zogen ein entsprechendes Wachstum des Reichsbeamtenrechts nach sich.[59] Daneben mußten Fragen des Reichseigentums geregelt werden,[60] und die Schaffung des institutionellen Unterbaues zog notwendig eine Fülle weiterer spezieller Normen nach sich.

2. »Innere Reichsgründung« durch öffentliches Recht

Was nun »innere Reichsgründung« durch ein vereinheitlichtes öffentliches Recht bedeutet, muß durch einen Blick auf die politische Konstellation nach der äußeren Reichsgründung erläutert werden.

Bismarck hat die Reichsgründung nie als gesicherten Besitz betrachtet, auch wenn er zunächst von einer breiten Zustimmung der politischen Kräfte ausgehen konnte. Die innere Konsolidierung des Reichs und die Integration der Einzelstaaten in den bundesstaatlichen Verfassungsrahmen brauchten Zeit. Aber diese Zeit war knapp; denn bald häuften sich die kritischen Symptome. 1871 begann der sog. Kulturkampf mit der katholischen Kirche, in dem sich die protestantische Reichsregierung und der politische Katholizismus gegenüberstanden, in dem Elsässer und preußische Polen »ultramontanen« Einflüssen entzogen und das Recht des Staates gegen die Kirche als »Staat im Staate« durchgesetzt werden sollte.[61] Eine lange Ket-

57 R. Morsey, Die Zentralverwaltung des Reiches (1871-1914), in: Deutsche Verwaltungsgeschichte, hg. v. K. G. A. Jeserich, H. Pohl, Chr. v. Unruh, Bd. 3 (Stuttgart 1984), 147 ff., m. w. Nachw.

58 E. v. Vietsch, Die politische Bedeutung des Reichskanzleramtes für den inneren Aufbau des Reiches von 1867 bis 1880, phil. Diss., Leipzig 1936; grundlegend R. Morsey, Die Oberste Reichsverwaltung unter Bismarck, 1867-1890, Münster 1957; ders., in: Die Erfüllung von Aufgaben des Norddeutschen Bundes und des Reiches durch Behörden des Bundes und des Reiches, in: Deutsche Verwaltungsgeschichte (Anm. 57), Bd. 3 (1984), 138 ff.

59 Gesetz betr. die Rechtsverhältnisse der Reichsbeamten v. 31. März 1873, RGBl. 1873, 61-90.

60 VO betr. den Diensteid der unmittelbaren Reichsbeamten v. 29. 6. 1871, RGBl. 1871, 303; Gesetz über die Rechtsverhältnisse der zum dienstlichen Gebrauche einer Reichsverwaltung bestimmten Gegenstände v. 25. Mai 1873, RGBl. 1873, 113-116.

61 E. R. Huber, Deutsche Verfassungsgeschichte seit 1789, Bd. 4, Stuttgart 1969, 637-831; E. R. Huber – W. Huber, Staat und Kirche im 19. und 20. Jahrhundert. Dokumente zur Geschichte des deutschen Staatskirchenrechts, Bd. 2,

te von Kampfgesetzen samt deren teilweiser Rücknahme (1880-1885) war die Folge. 1873 begann der »Gründerkrach«, mit dem der Stern des Liberalismus zu sinken begann.[62] Auch hier folgten staatliche Maßnahmen, insbesondere die Rückkehr zum staatlichen Schutz durch Getreide- und Eisenzölle 1879.[63] 1875 schlossen sich die Flügel der Arbeiterbewegung unter dem Gothaer Programm zusammen und wurden so aus bürgerlicher Perspektive gefährlich. Mit dem Reichspreßgesetz von 1874,[64] der Novelle zum Strafgesetzbuch von 1875[65] und der Gesetzgebung zur Unterdrückung der Sozialdemokratie[66] setzt ein repressiver (und im Ergebnis mißlungener) Gesetzgebungsstrang zur »inneren Reichsgründung« ein.

Jenseits dieser spektakulären Aktionen, in deren Verlauf das innenpolitische Fundament der bismarckschen Politik eher schmaler als breiter wurde,[67] gibt es jedoch einen äußerlich ruhigen, umfangreichen und keineswegs unwichtigen Komplex von Vereinheitlichungsgesetzgebung, mit dem – in aller Stille – die eigentlichen Integrationsleistungen vollbracht wurden. An erster Stelle sind hier die *Reichsjustizgesetze*[68] zu nennen, die eine jahrzehntealte Forderung

Berlin 1976, 395-928; R. Morsey, in: A. Rauscher (Hrsg.), Der soziale und politische Katholizismus 1, München 1981, 72 ff.; M. Heckel, Kulturkampfaspekte. Der Kulturkampf als Lehrstück modernen Staatskirchenrechts, in: D. Schwab u. a. (Hrsg.), Staat, Kirche, Wissenschaft in einer pluralistischen Gesellschaft, Festschrift z. 65. Geb. von P. Mikat, Berlin 1989, 545-563.

62 H. Rosenberg, Große Depression und Bismarckzeit. Wirtschaftsablauf, Gesellschaft und Politik in Mitteleuropa, Berlin 1967.

63 I. N. Lambi, Free Trade and Protection in Germany 1868-1879, Wiesbaden 1963; K. W. Hardach, Die Bedeutung wirtschaftlicher Faktoren bei der Wiedereinführung der Eisen- und Getreidezölle in Deutschland 1879, Berlin 1967.

64 Gesetz über die Presse v. 7. 5. 1874, RGBl. 1874, 65-72.

65 Strafgesetzbuch v. 26. 2. 1876, RGBl. 1876, 25.

66 Gesetz gegen die gemeingefährlichen Bestrebungen der Sozialdemokratie v. 21. 10. 1878, RGBl. 1878, 351-358, und Ges. v. 31. 5. 1880, RGBl. 1880, 117. – Hierzu V. L. Lidtke, The Outlawed Party. Social Democracy in Germany 1878-1890, Princeton, New Jersey 1966, 70 ff.; W. Pack, Das parlamentarische Ringen um das Sozialistengesetz Bismarcks 1878-1890, Düsseldorf 1961; L. Gall, Sozialistengesetz und innenpolitischer Umschwung. Baden und die Krise des Jahres 1878, in: ZGO 73 (1963), 504-577.

67 L. Gall, Bismarck. Der weiße Revolutionär, Frankfurt/M. 1980, 526 ff.

68 Gerichtsverfassungsgesetz v. 27. 1. 1877, RGBl. 1877, 41-76; Civilprozeßordnung v. 30. 1. 1877, RGBl. 1877, 83-243; Strafprozeßordnung v. 1. 2. 1877, RGBl. 1877, 253-346; Konkursordnung v. 10. 2. 1877, RGBl. 1877, 351-389; Gesetz über den Sitz des Reichsgerichts v. 11. 4. 1877, RGBl. 1877, 415; Gerichtskostengesetz v. 18. 6. 1878, RGBl. 1878, 141-165; Gebührenordnung für Gerichtsvollzieher v.

nach Vereinheitlichung erfüllten und insofern wesentlich zur »inneren Reichsgründung« beitrugen.

Aus der Perspektive des öffentlichen Rechts aber nicht weniger wichtig sind die Bereiche des *Gewerbe- und Wirtschaftsrechts*, des *Gesundheitswesens* und der *Sozialversicherung* sowie des nun entstehenden reichseinheitlichen *Technikrechts*. Einige Andeutungen müssen hier genügen, während von der Gewerbeordnung etwas eingehender die Rede sein kann.

Der preußische und deutsche Staat bis etwa 1875 war – obwohl jene Epoche »Hochliberalismus« genannt wird – zu keiner Zeit ein bis in die Wurzeln liberaler Staat. Eine stets lebendig gebliebene wohlfahrtsstaatliche Tradition ließ die gesetzliche Regulierung der Wirtschaft und Förderung bestimmter Branchen als selbstverständlich erscheinen. So regelte das Reich nunmehr einheitlich den Markenschutz,[69] das Urheberrecht,[70] das Patentrecht,[71] das Bankwesen[72] und die statistische Erfassung des Warenverkehrs mit dem Ausland.[73] Weiter wurden erlassen das Genossenschafts- und das GmbH-Gesetz, das Börsengesetz und das Hypothekenbankgesetz,[74] später kamen hinzu die Gesetzgebung zum Versicherungswesen,[75] das Abzahlungsgesetz, das Scheckgesetz sowie die Gesetzgebung gegen den unlauteren Wettbewerb.[76] In dieser langen Reihe von Gesetzen mar-

24. 6. 1878, RGBl. 1878, 166-172; Gebührenordnung für Zeugen und Sachverständige v. 30. 6. 1878, RGBl. 1878, 173-176; Rechtsanwaltsordnung v. 1. 7. 1878, RGBl. 1878, 177-198 (u. Gebührenordnung v. 7. 7. 1879, RGBl. 1879, 176-192).

69 Gesetz über Markenschutz v. 30. 11. 1874, RGBl. 1874, 143-146.

70 Gesetz vom 11. 6. 1870, erweitert auf Elsaß-Lothringen durch Ges. v. 27. 1. 1873, RGBl. 1873, 42. – Gesetz betr. das Urheberrecht an Werken der bildenden Künste v. 9. 1. 1876, RGBl. 1876, 4-8; Gesetz betr. den Schutz der Photographien gegen unbefugte Nachbildung v. 9. 1. 1876, RGBl. 1876, 8-10; Gesetz betr. das Urheberrecht an Mustern und Modellen v. 11. 1. 1876, RGBl. 1876, 11-14; E. Wadle, Neuere Forschungen zur Geschichte des Urheber- und Verlagsrechts, ZNR 1990, 51-67.

71 Gesetz v. 25. 5. 1877, RGBl. 1877, 501-510.

72 Bankgesetz v. 14. 3. 1875, RGBl. 1875, 177-198.

73 RGBl. 1879, 261-265.

74 Gesetz betr. die Erwerbs- und Wirtschaftsgenossenschaften vom 1. Mai 1889, RGBl. 1889, 55; Gesetz betr. die Gesellschaften mit beschränkter Haftung vom 20. 4. 1892, RGBl. 1892, 477; Hypothekenbankgesetz vom 13. Juli 1899, RGBl. 1899, 375.

75 Gesetz über die privaten Versicherungsunternehmungen vom 12. Mai 1901, RGBl. 1901, 139; Gesetz über den Versicherungsvertrag vom 30. 5. 1908, RGBl. 1908, 263.

76 Ges. betr. die Abzahlungsgeschäfte v. 15. Mai 1894, RGBl. 1894, 450; ScheckG

kiert wohl das 1880 erlassene kleine Gesetz gegen den Wucher[77] den Übergang von liberaler Ordnungspolitik zu sozialstaatlicher Fürsorge für den wucherisch ausgebeuteten schwächeren Vertragspartner.

Seit der Reichsgründung war es nun auch möglich, das bislang in Landesregie gebliebene *Gesundheitswesen* so weit zu vereinheitlichen, wie es wegen der grenzüberschreitenden Wirkungen von Krankheiten nötig erschien.[78] Zum erstenmal gab es reichseinheitliches Apothekenrecht,[79] Ärzterecht[80] und Gesundheitsrecht[81] und konnte der Verkehr mit Arzneimitteln, Lebensmitteln und Genußmitteln reichseinheitlich geregelt werden.[82] Dies war die Basis, auf der dann auch die ab 1883 geschaffene Sozialversicherung für den Krankheitsfall aufbauen konnte.

Was die *Sozialversicherung* angeht, so sollen hier – unter Verweisung auf separate Darstellungen[83] – einige Thesen genügen: Die we-

v. 1. 3. 1908, RGBl. 1908, 71; Reichsgesetz zur Bekämpfung des unlauteren Wettbewerbs v. 27. 5. 1896, RGBl. 1896, 145; Gesetz gegen den unlauteren Wettbewerb v. 7. 6. 1909, RGBl. 1909, 499.

77 Gesetz betr. den Wucher v. 24. 5. 1880, RGBl. 1880, 109-111.

78 M. Rodenstein (Anm. 20), insbes. 105 ff.

79 VO betr. den Verkehr mit Apothekerwaren v. 25. 3. 1872, RGBl. 1872, 85 ff., und Bekanntm. betr. die Anwendung von Präzisionswaagen in den Offizinen der Apotheken v. 1. 5. 1872, RGBl. 1872, Beil. zu Nr. 14; Bekanntm. betr. die Pharmacopoea Germanica v. 1. 6. 1872, RGBl. 1872, 172; Bekanntm. v. 4. 7. 1873, RGBl. 1873, 200; Bekanntm. betr. die Prüfung der Apotheker v. 15. 7. 1873, RGBl. 1873, 299.

80 Bekanntm. betr. die Prüfung der Ärzte, Zahnärzte, Thierärzte und Apotheker v. 25. 9. 1869, BGBl. 1869, 635, abgeändert m. Bekanntm. v. 28. 6. 1872, RGBl. 1872, 243-244. Vgl. auch Gesetz betr. die Einführung des § 29 der Gewerbeordnung in Elsaß-Lothringen v. 15. 7. 1872, RGBl. 1872, 350 f.; Bekanntm. betr. die Approbationen für Ärzte, Zahnärzte, Thierärzte und Apotheker v. 19. 7. 1872, RGBl. 1872, 351.

81 Impfgesetz v. 8. 4. 1874, RGBl. 1874,31-34; vgl. auch Ges. betr. die Abwehr und Unterdrückung von Viehseuchen v. 23. 6. 1880, RGBl. 1880, 153-168.

82 VO v. 4. 1. 1875, betr. den Verkehr mit Arzneimitteln, RGBl. 1875, 5-10; Gesetz betr. den Verkehr mit Nahrungsmitteln, Genußmitteln und Gebrauchsgegenständen v. 14. 5. 1879, RGBl. 1879, 145-148; VO betr. den Verkehr mit künstlichen Mineralwässern v. 9. 2. 1880, RGBl. 1880, 13.

83 M. Stolleis, Die Sozialversicherung Bismarcks. Politisch-institutionelle Bedingungen ihrer Entstehung, in: H. F. Zacher (Hrsg.), Bedingungen für die Entstehung und Entwicklung von Sozialversicherung, Berlin 1979, 387-411 (in diesem Band Nr. 9); ders., 100 Jahre Sozialversicherung in Deutschland. Rechtsgeschichtliche Entwicklung, ZVersWiss 69 (1980), 155-175; ders., Die Geschichtlichkeit des Sozialrechts, in: Sozialgerichtsbarkeit 1984, 378-392; H. J. Henning, Aufbau der Sozialverwaltung, in: Deutsche Verwaltungsgeschich-

sentlich unter Mitwirkung Bismarcks geschaffene staatliche Zwangsversicherung für die Risiken Krankheit, Unfall, Alter und Invalidität war sowohl Reaktion auf die Soziale Frage und Kampfmittel gegen die Sozialdemokratie als auch ein Versuch der »inneren Reichsgründung« durch Integration der Arbeiterschaft. Kurzfristig konnte dies nicht gelingen, aber langfristig hat die Sozialversicherung (speziell die Krankenversicherung) integrative Wirkungen gehabt und dazu beigetragen, daß die Sozialdemokratie sich in eine Partei der sozialen Reform verwandelte. Ermöglicht wurde der Übergang zu diesem Zwangssicherungssystem durch die erwähnte wohlfahrtsstaatliche Tradition, an die Bismarck durch den mit dem Jahr 1878 vollzogenen Übergang zum Interventionsstaat bewußt wieder anknüpfte (»Staatssozialismus«).[84] Erstmals in der Geschichte staatlicher sozialer Hilfen gab es nun eine reichseinheitliche Lösung, eine entsprechende Reichsverwaltung und ein von da an sich unaufhaltsam ausbreitendes Sozialrecht. Der von hier ausgehende Vereinheitlichungs- bzw. Nivellierungseffekt, der vor allem in der Konvertierung von Arbeit in transportable und unverfallbare Versicherungsansprüche besteht, kann kaum überschätzt werden.

Grenzüberschreitend, wenn auch aus anderen Gründen als im Gesundheitswesen, war naturgemäß das *Technikrecht*. Es drängte nach Einheitlichkeit, nach Standardisierung und Normung, zum einen aus technischer und ökonomischer Zweckmäßigkeit im Zeitalter der industriellen Massenproduktion, zum anderen, weil es unzweckmäßig schien, identische Gefahrenlagen landesrechtlich unterschiedlich zu bekämpfen. Die Überprüfung der gefährlichen Dampfkessel in Lokomotiven und Schiffen etwa wurde am besten nach einem Muster vorgenommen.[85] Das neue Telegrafenwesen,[86] die Schiffahrt,[87]

te (Anm. 57), Bd. 3 (1984), 275 ff.; J. Rückert, Entstehung und Vorläufer der gesetzlichen Rentenversicherung, in: F. Ruland (Hrsg.), Handbuch der gesetzlichen Rentenversicherung, Neuwied und Frankfurt/M. 1990, 1-50, m. umfass. Nachw.

84 M. Stolleis, Die Entstehung des Interventionsstaates und das öffentliche Recht, ZNR 1989, 129-147 (in diesem Band Nr. 10).

85 Bekanntmachung betr. allgemeine polizeiliche Bestimmungen über die Anlegung von Dampfkesseln v. 29. 5. 1871, RGBl. 1871, 122-126.

86 E. Schilly, Nachrichtenwesen, in: Deutsche Verwaltungsgeschichte (Anm. 57), Bd. 2 (1983), 277 f. (Der Staatstelegraf als neuer Verwaltungszweig); ders., in: Deutsche Verwaltungsgeschichte, Bd. 3 (1984), 385 ff., 393 ff.

87 Seemannsordnung v. 27. 12. 1872, RGBl. 1872, 409-432; Strandungsordnung v. 17. 5. 1874, RGBl. 1874, 73-83.

die Verlegung von Gas- und Elektrizitätsleitungen,[88] schließlich das neu aufkommende Automobil erzwangen eigene Gesetzgebungen, die offenbar nur dann sinnvoll erschienen, wenn sie einheitlich waren. So war für das Telegrafenwesen schon in der Frankfurter Reichsverfassung von 1849 eine Reichskompetenz anvisiert worden (Art. VIII, § 44); danach behalf man sich mit Verträgen, bis die Verfassungen des Norddeutschen Bundes und des Reichs bestimmten, das Post- und Telegrafenwesen würde »für das gesammte Gebiet« als »einheitliche Staatsverkehrs-Anstalten eingerichtet und verwaltet«.[89] Ebenso drängend wirkten die Bedürfnisse des enorm anwachsenden Verkehrs, der gewissermaßen naturhaft nach Reglementierung verlangte, etwa im Eisenbahnrecht[90] oder in der Verordnung zur Verhütung des Zusammenstoßens von Schiffen auf See von 1880.[91] 1909 erschien dann das erste Gesetz zur Regelung des Automobilverkehrs.[92] Dahinter tauchte bereits das Luftverkehrsrecht auf.

3. Zwischenbilanz

Drei Wurzeln dieser Intensivierung einer reichseinheitlichen verwaltungsrechtlichen Gesetzgebung lassen sich also bezeichnen. Die *erste* liegt im Anspruch des souveränen Nationalstaates, bestimmte Kernbereiche in der Hand zu behalten, so etwa das militärisch wichtige Telegrafenwesen oder die Eisenbahnen. Die *zweite* liegt in der ökonomischen Rationalität des Industriezeitalters, die bei der Produktion von Massengütern auf Normung nicht verzichten kann. Die *dritte* Wurzel ist die alte polizeiliche Gefahrenabwehr, intensiviert nunmehr durch den grenzüberschreitenden Charakter neuer Techniken.[93]

Aus diesen Wurzeln entsprang eine dynamisierte Gesetzgebung, die ständiger Anpassung bedurfte. Die zeitgenössische Lehre hat dies

88 W. Hofmann, in: Deutsche Verwaltungsgeschichte (Anm. 57), Bd. 3 (1984), 587 ff.

89 Verfassung Norddt. Bund (Anm. 31), Art. 48; RV 1871, Art. 48.

90 H. S. Seidenfus, Eisenbahnwesen, in: Deutsche Verwaltungsgeschichte (Anm. 57), Bd. 2 (1983), 227 ff.; ders., in: Bd. 3 (1984), 538 ff.

91 VO zur Verhütung des Zusammenstoßens von Schiffen auf See v. 7. 1. 1880, RGBl. 1880, 1-8.

92 Gesetz v. 3. 5. 1909, RGBl. 1909, 437.

93 V. Götz hat mit Recht darauf hingewiesen, daß das Verwaltungsrecht im 19. Jh. von Anfang an (auch) »Technikrecht« gewesen sei (VVDStRL 48, 1990, 282).

durchaus gesehen und nicht für illegitim gehalten. Paul Laband sprach 1888 sogar ganz offen von »Verwaltungsakten in Gesetzesform«.[94] Daß also der ideale, festgefügte Gesetzesbegriff des 19. Jahrhunderts erst im 20. Jahrhundert zerfallen, gewissermaßen zum »Maßnahmegesetz« verkommen sei, wie man oft hören kann, ist nicht zutreffend. Vielmehr ist charakteristisch, daß der zugrundeliegende *Zweck* sich quer durch die Rechtsgebiete geltend machte (Gewerbeaufsicht, Ausgliederung von Spezialinstitutionen zur Anlagen- oder Materialprüfung sowie zur Normung (DIN),[95] Haftungsrecht, Privatversicherungsrecht und gesetzliche Unfallversicherung, Berufsausbildungs- und Zulassungsrecht und so weiter). Die Gesetzgebung wird zunehmend komplexer, kurzatmiger und unübersichtlicher. Dementsprechend schieben sich literarisch auch die schnell aktualisierbaren Textausgaben und Referentenkommentare in den Vordergrund, und am Horizont ahnt man schon das moderne Übel der Loseblattausgaben.

V. Gewerberecht

1. Die Installierung der Gewerbefreiheit

Ein klassisches Beispiel für Vereinheitlichung von öffentlichem Recht unter dem Aspekt der »inneren Reichsgründung« ist das Gewerberecht.[96] Wir können auf diesem Gebiet – insbesondere in Preußen – genau verfolgen, wie die in den ersten beiden Jahrzehnten des 19. Jahrhunderts durchgesetzte Gewerbefreiheit[97] noch vor 1848 kodifi-

94 P. Laband, Das Staatsrecht des Deutschen Reiches, 2. Aufl., Freiburg 1888, Bd. 1, 513; Beispiele bei E. R. Huber, Deutsche Verfassungsgeschichte, Bd. 3, Stuttgart 1963, 919.

95 Das Deutsche Institut für Normung ist 1917 gegründet worden.

96 K. H. Kaufhold, Gewerbefreiheit und gewerbliche Entwicklung in Deutschland im 19. Jahrhundert, in: Bl. f. Dt. Landesgeschichte 118 (1982), 73-114; ders., in: Deutsche Verwaltungsgeschichte (Anm. 57), Bd. 3 (1984), 215 ff.; T. Miritz, Geschichte des Gewerberechts von 1869 bis zur Gegenwart unter besonderer Berücksichtigung des Kaiserreichs und der Weimarer Republik, Diss. rer. pol. Erlangen–Nürnberg 1983.

97 Repräsentativ der Artikel von R. Mohl und K. Mathy, Gewerbe- und Fabrikwesen, in: C. Rotteck/C. Welcker, Staats-Lexikon, Bd. 5, 2. Aufl., Altona 1847, 738-780. Zur Gesamtentwicklung siehe als zeitgenössische Darstellung E. Loening, Lehrbuch des Deutschen Verwaltungsrechts, Leipzig 1884, 474-527, so-

ziert wurde,[98] welche Hoffnungen dann die Nationalversammlung auf die reichseinheitliche Regelung des Gewerbewesens setzte[99] und welches politische Kalkül nun Bismarck bewog, in der Verfassung des Norddeutschen Bundes den Forderungen der Liberalen auf Niederlassungs- und Gewerbefreiheit, Abschaffung zünftischer und lokaler Hemmnisse sowie allgemeiner Rechtsgleichheit im Gewerbewesen großzügig entgegenzukommen.[100]

Bereits im Herbst 1867 wurden Aufenthalts- und Niederlassungsfreiheit, freier Grunderwerb, Rechtsgleichheit im Gewerbewesen für alle Bundesangehörigen und Beseitigung konfessioneller Diskriminierungen durch Gesetz festgeschrieben.[101] Ein Jahr später fiel dann durch das sogenannte Notgewerbegesetz[102] eine ganze Reihe alter Handwerksschutzbestimmungen, so das Zunftmonopol, also das »Recht, Andere vom Betriebe eines Gewerbes auszuschließen«, der Befähigungsnachweis für die allermeisten Gewerbe, »die Unterscheidung von Stadt und Land in Bezug auf den Gewerbebetrieb«, die »Beschränkung der Handwerker auf den Verkauf der selbstverfertigten Waaren«, das Verbot, mehrere Gewerbe oder Gewerbebetriebe zu haben, und die Beschränkung der Zahl der Arbeitnehmer.[103] Damit drängte sich unübersehbar die industrielle Fertigung in den Bereich des alten Handwerks.[104] Es waren ein Sieg der Liberalen und eine Durchsetzung dessen, was Preußen erfolgreich praktizierte. Was

wie den monographieartigen Artikel »Gewerbegesetzgebung« von A. Köttgen, in: L. Elster u. a. (Hrsg.), Handwörterbuch der Staatswissenschaften, 4. Aufl., Bd. IV, Jena 1927, 1000-1054. Zu Preußen nunmehr vor allem B. Vogel (Hrsg.), Preußische Reformen 1807-1820, Königstein/Ts. 1980; dies., Allgemeine Gewerbefreiheit. Die Reformpolitik des preußischen Staatskanzlers Hardenberg (1810-1820), Göttingen 1983; J. Ziekow, Staatseinnahmen, Liberalismus und Polizei – die Einführung der Gewerbefreiheit in Preußen, GewA 85, 313; W. Mössle, Gewerberecht und allgemeines Sicherheitsrecht, GewA 84, 8.

98 Preußische GewO v. 17. 1. 1845, GS 41.

99 § 39 Frankfurter Reichsverfassung (Reichskompetenz für das Gewerbewesen); H. Scholler, Die Grundrechtsdiskussion in der Paulskirche, Darmstadt 1973, 190-202.

100 Verfassung Norddt. Bund Art. 3, 4, Ziff. 1.

101 Gesetz über die Freizügigkeit vom 1. 11. 1867, BGBl. 1867, 55-58.

102 Antrag Lasker/Miquel, Drucks. Nr. 118, 129, 183; Stenogr. Ber. I, 346, 525 ff., 573.

103 Gesetz betr. den Betrieb der stehenden Gewerbe vom 8. 7. 1868, BGBl. 1868, 406 f.

104 M. Stürmer, Handwerk und höfische Kultur. Europäische Möbelkunst im 18. Jahrhundert, München 1982; ders. (Hrsg.), Herbst des Alten Handwerks. Zur Sozialgeschichte des 18. Jhs., München 1979.

während des ganzen Vormärz gefordert und 1848 vergeblich versucht worden war,[105] galt nun wenigstens einheitlich für ganz Norddeutschland. Freilich war das Gesetz noch unpräzise und erfaßte mit seinem fast doktrinären Liberalismus nur die stehenden Gewerbe, also lediglich einen Teil des Problems.

2. Gewerbeordnung 1869

Deshalb betrieb man die umfassende Regelung des Komplexes mit Eile und Nachdruck. Die liberale Grundlinie blieb nun bei den Beratungen im Reichstag des Norddeutschen Bundes erhalten, wurde sogar gegenüber dem Entwurf verstärkt und erfuhr lediglich gewisse Modifikationen im Sinne der polizeilichen Gefahrenabwehr. Insgesamt entstand eine wirkliche Kodifikation des Gewerbewesens. Die Gewerbeordnung des Norddeutschen Bundes vom 21. Juni 1869[106] ist neben dem Strafgesetzbuch wohl die herausragende Leistung des Reichstages vor 1871, »eine der ersten der großen Rechtskodifikationen der zweiten Hälfte des 19. Jahrhunderts ... eines der bedeutendsten Dokumente des wirtschaftlichen Liberalismus in Deutschland«.[107] Sie räumt nun endgültig mit den Zwangs- und Bannrechten, Privilegien und lokalen Besonderheiten, den Monopolen für Bäcker und Metzger, den Mahl- und Brauzwängen auf, und – bedeutsam genug – sie stellt Männer und Frauen gewerberechtlich gleich. Insgesamt verfolgt sie die Linie einer möglichst weitgehenden Liberalisierung, begrenzt lediglich durch Rücksichten der polizeilichen Gefahrenabwehr bei gefährlichen Anlagen und bei einer Reihe von Gewerben, bei denen man sich über besondere Qualifikationen einig war. Die Innungen (Zünfte) blieben zwar erhalten, waren aber Einrichtungen ohne Zwangscharakter, deren Binnenordnung der Gesetzgeber mit wenigen Strichen meinte regeln zu können.[108]

105 Die Opposition gegen die Gewerbefreiheit kumulierte 1848 im sog. Handwerkerparlament (Frankfurt/M. 15. 7.-18. 8. 1848).

106 Gewerbeordnung für den Norddeutschen Bund v. 21. 6. 1869, BGBl. 1869, 245-282. Zur Diskussion im Reichstag Köttgen (Anm. 97), 1011.

107 Kaufhold, in: Deutsche Verwaltungsgeschichte (Anm. 96), 215.

108 P. John, Handwerk im Spannungsfeld zwischen Zunftordnung und Gewerbefreiheit, Köln 1987, 277 ff. Zum Auftakt der antikorporativen Bewegung in der französischen Revolution S. Simitis, Die Loi le Chapelier: Bemerkungen zur Geschichte und möglichen Wiederentdeckung des Individuums, Krit. Justiz 1989, 157-175.

Die liberale Linie kam auch besonders im gewerblichen Arbeitsrecht zum Ausdruck. Die Arbeitsverhältnisse waren, wie es programmatisch hieß, »Gegenstand freier Übereinkunft« (§ 105), der Arbeitgeber konnte frei gewählt werden, die »Verpflichtung zum Wandern« war abgeschafft (§ 114).

Das auf dem Gedanken der sozialen Fürsorge beruhende Arbeitsschutzrecht, mit dem sich Liberale stets schwer anfreunden konnten, ganz abgesehen von Bismarcks persönlicher Aversion gegen dieses Gebiet, war schwach ausgebildet. Gewiß gab es Vorschriften über Kinderarbeit und Ruhepausen, das Verbot des Naturallohns und andere Begrenzungen der Vertragsfreiheit. Auch die gewerblichen Hülfskassen waren geregelt, blieben aber ganz energielos: Für die Arbeitgeber bestand kein Versicherungszwang, für die Arbeitnehmer nur dann, wenn Ortsstatuten es vorsahen.

3. Fortentwicklung 1871-1900

Mit der Reichsgründung stellte sich das Problem der Rechtsvereinheitlichung erneut. Die Gewerbeordnung des Norddeutschen Bundes wurde 1871-1873 schrittweise auf die süddeutschen Staaten ausgedehnt.[109] Außerdem folgte man der technischen Entwicklung, indem man die Liste der gefährlichen Anlagen (§ 16) gelegentlich erweiterte[110] und auf bestimmten Gebieten die gewerbepolizeilichen Eingriffsbefugnisse verstärkte.[111] Im Prinzip blieb die Gewerbeordnung als liberales Kerngesetz unverändert.

Erst als in der Rezession ab 1873 die Opposition gegen die Gewerbefreiheit aus dem Kreis der Kleinunternehmer und Handwerker wieder laut wurde, als die Sozialdemokratie ihre Forderungen an das gewerbliche Arbeitsrecht formulierte, nahm die Gewerbeordnung stufenweise eine neue Richtung auf, und es liefen von nun an die liberale und die »staatssozialistische« Linie nebeneinander her.[112] So er-

109 Ausdehnung auf Hessen – Darmstadt (BGBl. 1870, 650), Württemberg, Baden (RGBl. 1871, 392) und Bayern (RGBl. 1872, 170), letzteres mit kleinen Modifikationen im Gaststättenwesen; ab 1. 1. 1889 Geltung in Elsaß-Lothringen.

110 Gesetz v. 2. 3. 1874, RGBl. 1874, 19; Gesetz v. 26. 7. 1881, RGBl. 1881, 251. Nachweise bei Miritz (Anm. 96), 94 ff.

111 So etwa im Bereich der Privatkrankenhäuser, Entbindungsanstalten, Irrenhäuser, Gast- und Schankwirtschaften, des Pfandleihgewerbes, der Schauspielunternehmen, des Wandergewerbes.

112 Köttgen (Anm. 97), 1011 ff.

ging 1876 das Hilfskassengesetz, das eine halbherzige Zwischenstufe auf dem Weg zur gesetzlichen Krankenversicherung bildete,[113] die konzessionierten Gewerbe wuchsen wieder an, das arbeits- und arbeitsschutzrechtliche Kapitel der Gewerbeordnung wurde 1878 ganz neu formuliert,[114] wobei das Arbeitsbuch für jugendliche Arbeiter eingeführt, zugleich aber auch soziale Verbesserungen erreicht wurden.[115]

Die innenpolitische Wende von 1878 brachte hier nicht nur den Übergang zu aktiver Sozialpolitik, sondern auch die Zurücknahme liberaler Positionen im Handwerk. Das 1869 noch gerade geduldete Innungswesen erstand mit der Novelle von 1881 wieder neu,[116] traditionell gegliedert und durchorganisiert mit Zugriff insbesondere auf das Prüfungswesen, so daß man von der liberalen Vorstellung von 1848, jeder könne an jedem Ort, ohne sich besonders ausweisen zu müssen, ein Gewerbe beginnen, weit entfernt war. Konsequenterweise wurde dann auch der Befähigungsnachweis Schritt für Schritt wieder installiert, und die Fälle der Erlaubnispflichtigkeit wurden für Gewerbe vermehrt. Zwischen 1869 und 1900 gibt es insgesamt 31, zum Teil ganz erhebliche Änderungen der Gewerbeordnung. Von ihnen gehen diejenigen, die nach 1878 liegen, durchweg auf Beschränkung der Gewerbefreiheit, also auf eine Verstärkung staatlicher Kontrolle aus technisch-polizeilichen oder sozialpolitischen Motiven[117] sowie um des Handwerks willen, dem es gelang, den alten Zunftschutz in mo-

113 Gesetz über die eingeschriebenen Hülfscassen v. 7. 4. 1876, RGBl. 1876, 125-133, und die entsprechende Änderung der Gewerbeordnung durch Gesetz v. 8. 4. 1876, RGBl. 1876, 134 ff. Siehe auch F. Tennstedt, Sozialgeschichte der Sozialversicherung, in: Handbuch der Sozialmedizin, Bd. 3, Stuttgart 1976, 385 ff.

114 Gesetz betr. die Abänderung der Gewerbeordnung vom 17. 7. 1878, RGBl. 1878, 199-212.

115 Einführung der Fabrikinspektion, Unterbindung des Trucksystems bei allen gewerblichen Arbeitern, Schutzvorschriften bei jugendlichen Arbeitern.

116 Gesetz betr. die Abänderung der GewO v. 18. 7. 1881, RGBl. 1881, 233-244 (Innungsgesetz), im wesentlichen übernommen in die Novelle vom 26. 7. 1897, RGBl. 1897, 663 (Handwerkergesetz). Mit Gesetz v. 26. 7. 1897 wurden die Handwerkskammern in öffentlichrechtlicher Form eingerichtet. Umfassend hierzu John (Anm. 108), 290-352, sowie H. A. Winkler, Der rückversicherte Mittelstand: Die Interessenverbände von Handwerk und Kleinhandel im deutschen Kaiserreich, und ders., Pluralismus oder Protektionismus? Verfassungspolitische Probleme des Verbandswesens im Deutschen Kaiserreich, in: ders., Liberalismus und Antiliberalismus, Göttingen 1979, 83 ff., 163 ff.

117 Gesetz betr. Abänderung der Gewerbeordnung (Arbeiterschutzgesetz) v. 1. 6. 1891, RGBl. 1891, 261-290.

dernisierter Form wieder aufzubauen.[118] Instruktiv ist dabei die Änderung des § 35 GewO von 1883:[119] Die Betreiber von Badeanstalten wurden nun ebenso reglementiert wie Personen, die mit Sprengstoffen hantierten, außerdem Rechtskonsulenten, Grundstücksmakler, Darlehen-, Heirats- und Stellenvermittler, Gesindevermieter und Auktionatoren. 1896 kam der Handel mit Drogen und chemischen Präparaten hinzu. Kurzum, die moderne Massen- und Dienstleistungsgesellschaft schob sich hier in die ältere »gewerbliche« Struktur und gestaltete sie um. Zugleich zeigt sich der polizeirechtlich gewandete Geist bürgerlicher Prüderie bei der gewerblichen Kontrolle von Schauspielunternehmen,[120] von »Singspielhallen« (Tingeltangel)[121] sowie bei den erwähnten Badeanstalten.

Nimmt man noch die zahlreichen Beschränkungen der Gewerbefreiheit durch sonstiges öffentliches Recht hinzu (Lebensmittelrecht, Landwirtschaftsrecht, Polizeirecht, Gesundheitsrecht, Arbeitsrecht, Urheberrecht und anderes mehr),[122] dann ist evident: Die Gewerbefreiheit von 1869 ist mit derjenigen von 1900 kaum mehr zu vergleichen. Was im Hochliberalismus als Befreiung von partikularer Zersplitterung und von zünftischen Restbeständen des 18. Jahrhunderts begonnen hatte, wurde mit der Reichsgründung stufenweise auf ganz Deutschland ausgedehnt. Es war ein Sieg der Rechtsvereinheitlichung und des Liberalismus, und für kurze Zeit (um 1876) schien es so, als sei hier eine umfassende Kodifikation des Gewerberechts entstanden, in der die große Gewerbefreiheit durch Elemente der polizeilichen Gefahrenabwehr, des Arbeitsschutzes, des Arbeitsrechts und der sozialen Fürsorge (Hülfskassen) im notwendigen Umfang begrenzt und insgesamt harmonisch verbunden sei.

Aber die zentrifugalen Tendenzen waren sofort stärker. Das Sozialversicherungsrecht und das Arbeitsrecht verselbständigten sich. Das Innungswesen wanderte ab in die Handwerksordnung, Spezialmaterien wurden ausgegliedert, etwa das Gaststättengesetz und andere technische Sondermaterien. Der soziale und technische Interventionsstaat hatte sich gegen den Liberalismus durchgesetzt; die berühm-

118 John (Anm. 108), 300 ff., m. umfass. Nachw.

119 Gesetz betr. Abänderung der Gewerbeordnung vom 1. 7. 1883, RGBl. 1883, 159 ff. Hierzu Miritz (Anm. 96), 108 ff.

120 Änderungsgesetz vom 15. 7. 1880, RGBl. 1880, 179 (§ 32 GewO, Zuverlässigkeit in sittlicher, artistischer und finanzieller Hinsicht).

121 § 33a II GewO i. d. F. d. Gesetzes vom 1. 7. 1883 (Anm. 119).

122 Vgl. R. Landmann / G. Rohmer, Gewerbeordnung (Losebl.), München 1976 ff., § 1, Rd. Nr. 51, m. w. Nachw.

te Proklamation »Der Betrieb eines Gewerbes ist jedermann gestattet« (§ 1 GewO) war gewissermaßen die Erinnerung an 1848, während die soziale und technische Wirklichkeit des ausgehenden 19. Jahrhunderts sich bereits grundlegend gewandelt hatte.

VI. Die Rolle der Dogmatik

Die bisher beschriebenen Vorgänge spielten sich auf der Bühne des Reichstages ab. Dieser wiederum bildete ein allen Einflüssen offenes System. Neben die Interventionen der Parteien und Verbände traten vor allem die mächtige Ministerialbürokratie, der Deutsche Juristentag, der Verein für Socialpolitik und die sog. Kathedersozialisten. Außerdem sind unzählige direkte Fäden zwischen Regierung, Industrie, Bankwesen, Mittelstand, Landwirtschaft und anderen Zentren gesponnen worden.

Ob in diesem Geflecht die vereinheitlichende Wirkung der Wissenschaft durch Ausbildung einer staats- und verwaltungsrechtlichen Dogmatik eine wesentliche Rolle spielte, ist nicht ohne weiteres zu beantworten. Gewiß hat der staatsrechtliche Positivismus die Entwicklung nach 1866 »in Form gebracht« und der staatsrechtlichen Debatte nach 1871 jenen ruhigen und präzisen Ton gegeben, den wir vor allem bei Laband finden. Ihm lag das Wissenschaftsprogramm zugrunde, das geltende Recht zu logisch kohärenten Begriffspyramiden zu verarbeiten und auf diese Weise die Aufgabe der Wissenschaft auf ihrem Feld zu erfüllen und somit indirekt an der Reichsgründung mitzuwirken.

Das war im Grunde die Fortsetzung jener Haltung, die auch die Staatsrechtler des Vormärz geeint hatte, nämlich der Wunsch, durch Ausbildung eines »gemeinen deutschen Staatsrechts« die damals noch fehlende staatliche Einheit zu ersetzen und möglichst ihre Schaffung vorzubereiten.[123] Ähnlich war auch bei allen Anstrengungen der Vereinheitlichung des Zivilrechts die Existenz eines gemeindeutschen »allgemeinen Rechtsbewußtseins« als Grundlage vorausgesetzt worden.

Als die Reichseinheit erreicht war, wurde das »gemeine deutsche Staatsrecht«, gleichviel, ob es naturrechtlich oder historisch oder kumulativ begründet worden war, funktionslos und fiel in sich zusam-

123 M. Friedrich, Die Erarbeitung eines allgemeinen deutschen Staatsrechts seit der Mitte des 18. Jahrhunderts, in: JöR NF 34 (1985), 1 ff.

men. An seine Stelle trat die Ansicht, nun sei es an der dicht am positiv-rechtlichen Material arbeitenden Dogmatik, die erreichte Einheit zu fundamentieren und auszubauen. Nach 1871 erschienen weder Lehrbücher des gemeinen deutschen Staatsrechts noch Allgemeine Staatslehren. Bis zur Jahrhundertwende wirkt dieses Feld wie verödet.

Mit einem charakteristischen Zeitrückstand gilt dies auch für das Verwaltungsrecht.[124] Erst in den sechziger Jahren tauchte das Fach an süddeutschen Universitäten auf, ab 1881 dann in Preußen. Die der Verwaltungsrechtswissenschaft gestellte Aufgabe lag auf der Hand, je mehr auch das positiv-rechtliche Material wuchs, vor allem durch die Verwaltungsreformen der siebziger und achtziger Jahre, je mehr die ab 1875 arbeitende Verwaltungsgerichtsbarkeit wissenschaftliche Hilfe suchte: Es fehlte eine die zersplitterten Landesmaterien übergreifende Dogmatik, die das allen Verwaltungsvorgängen zugrundeliegende juristische Element isolierte, nach rechtsstaatlichen Gesichtspunkten ordnete und kontrollierbar machte. Dieser wissenschaftliche Prozeß ist jedoch erst um die Jahrhundertwende mit Otto Mayers Deutschem Verwaltungsrecht (1895)[125] zu einem gewissen Abschluß gekommen.[126] Zu diesem Zeitpunkt konnte jedoch von »innerer Reichsgründung« in dem hier verwendeten Sinne keine Rede mehr sein.

Ich möchte daraus als Ergebnis festhalten, daß die die »innere Reichsgründung« tragende Dynamik der Rechtsvereinheitlichung im öffentlichen Recht nahezu ausschließlich aus der *Gesetzgebung* kam. Weder die Wissenschaft noch die Rechtsprechung (auf die hier nicht eingegangen werden konnte) waren zu so schneller und wirkungsvoller Reaktion in der Lage. Innovationen kamen aus der Gesetzgebung. »In der Wissenschaft sind wir historisch, in der praktischen Gesetzgebung aber revolutionär. Das Recht von Heute«, schrieb 1880 Rudolf Sohm bewundernswert klar, »ruht nicht im Corpus Iuris, noch in der Wissenschaft, noch in den Gewohnheiten der Nation, sondern in den Falten des Mantels unserer Gesetzgeber.«[127]

124 M. Stolleis, Verwaltungsrechtswissenschaft und Verwaltungslehre 1866-1914, in: Dt. Verwaltungsgeschichte (Anm. 57), Bd. 3 (1984), 90-108.

125 E. V. Heyen / Otto Mayer, Studien zu den geistigen Grundlagen einer Verwaltungsrechtswissenschaft, Berlin 1981; A. Hueber/Otto Mayer, Die »juristische Methode« im Verwaltungsrecht, Berlin 1981.

126 P. Badura, Das Verwaltungsrecht des liberalen Rechtsstaates, Tübingen 1967.

127 R. Sohm, Fränkisches und römisches Recht. Prolegomena zur deutschen Rechtsgeschichte, ZRG GA 1(1880), 80.

VII. Antriebskräfte und Wirkungen

Überblickt man noch einmal zusammenfassend die *Antriebskräfte* und die *Wirkungen* der durch Gesetz betriebenen Rechtsvereinheitlichung nach 1850, dann lassen sich einige verallgemeinerbare Beobachtungen gewinnen, die man vielleicht mit der gebotenen Vorsicht auch auf gegenwärtige Fragen der Rechtsvereinheitlichung anwenden kann.

Die Antriebskräfte kommen, wie gezeigt wurde, aus mehreren Richtungen. Zunächst einmal sieht man an den verfassungsgeschichtlichen Wendepunkten von 1848/49, 1866 und 1871, wie ein ganz bestimmter Katalog von Gegenständen dem Kernbereich zentralstaatlicher Kompetenzen zugewiesen wird. Dieser Katalog ist zwar in gewissem Umfang variabel, bleibt aber letztlich deshalb stabil, weil sich in ihm die Grundelemente des Souveränitätsbegriffs verbergen. Diese Grundelemente, ursprünglich für einen monistisch aufgebauten Staat konzipiert, mußten in der Staatsrechtslehre des späten 19. Jahrhunderts mit der Bundesstaatstheorie verbunden werden.[128] Die verfassungspolitische Aufgabe lautete demnach, dem Bund an Gesetzgebungs- und Verwaltungskompetenzen geben zu müssen, was des Bundes war, den Einzelstaaten hingegen den »Rest« und Konflikte über die Regel »Bundesrecht bricht Landesrecht«[129] zu lösen. Die drei Verfassungen haben das Problem zwar unterschiedlich, aber im Kernbereich eben doch übereinstimmend gelöst. Der Zentralstaat konstituierte sich auf Verfassungsebene als juristische Person, souverän nach außen und innen, mit einem »Bundesgebiet«, mit gemeinsamen Staatsbürgern von gleichem Status sowie mit genauer Angabe der Materien, auf denen der Zentralstaat eine »einheitliche« Gesetzgebung und Verwaltung betreiben dürfe.[130] Diese Materien sind die auswärtigen Beziehungen, einschließlich Krieg und Frieden, das Militärwesen, die Handelsflotte, Währung, Maße

128 S. Brie, Der Bundesstaat. Eine historisch-dogmatische Untersuchung. Erste Abth., Geschichte der Lehre vom Bundesstaate, Leipzig 1874; M. Seydel, Der Bundesstaatsbegriff. Eine staatsrechtliche Untersuchung, ZgStW 28 (1872), 185 ff.; P. Laband, Das Staatsrecht des Deutschen Reiches, Bd. 1, 2. Aufl., Freiburg 1888, §§ 7-10. Siehe hierzu W. Pauly, Anfechtbarkeit und Verbindlichkeit von Weisungen in der Bundesauftragsverwaltung, Berlin 1989, 36 ff., 140 ff.

129 »Reichsrecht bricht Landesrecht«, Reichsverfassung 1871, Art. 2 S. 1.

130 R. Morsey, in: Deutsche Verwaltungsgeschichte (Anm. 57), Bd. 3 (1984), 138 ff.

und Gewichte, Zölle und Reichssteuern und zentrale Bereiche des Verkehrswesens (Post, Telegraf, Eisenbahnen, Schiffahrt, Wasserwege). Die zu diesen Bereichen notwendige Reichsverwaltung ergab sich aus dem Sachzusammenhang.

Eine zweite Gruppe von Materien läßt sich weniger aus der staatsrechtlichen Konstruktion des souveränen Bundesstaates erklären als aus dem politischen und ökonomischen *Liberalismus* zwischen 1848 und 1877. Wenn der Zentralstaat Freizügigkeit, Gleichberechtigung der Konfessionen, Schutz des geistigen Eigentums, Schutz der Patente, Marken und Muster, vor allem aber Gewerbefreiheit herstellte, dann handelte er in der sogenannten »Liberalen Ära« (1866-1877)[131] konform mit der politischen Hauptströmung des Bürgertums und konnte auf diese Weise werbend die »innere Reichsgründung« betreiben.

Der innenpolitische Frontenwechsel von 1878 brachte dann die wohlfahrtsstaatlich-staatssozialistische Motivlinie wieder zum Vorschein. »Innere Reichsgründung« beziehungsweise »Umgründung des Reiches« bedeutete nun Abbau der Kulturkampfgesetzgebung, Übergang zum Schutzzollsystem und Schaffung der Sozialversicherung in der Hoffnung, die Arbeiterschaft an den Staat binden zu können. Ernst Rudolf Huber konnte in diesem Sinne die liberale und die sozialstaatliche Linie zusammenfassen und über diese »Reichsverwaltungsgesetze« schreiben, sie seien »zumeist von betont sozialem Charakter« gewesen. »Sie trugen nicht nur den Erfordernissen der sich allseitig frei entfaltenden bürgerlichen Gesellschaft, sondern auch den wirtschaftlichen und sozialen Bedürfnissen der modernen Industriegesellschaft Rechnung.«[132]

Neben den Antriebskräften aus der Staatsgründung selbst, aus dem Wirtschaftsliberalismus bis 1877 und aus dem sozialen Interventionsstaat ab 1878 ist noch eine weitere Kraft sichtbar geworden, die zur Vereinheitlichung durch Gesetzgebung drängte: die Industrielle Revolution. Nicht nur der Staat selbst war hier am vereinheitlichenden Zugriff auf das Technikrecht interessiert, auch die Industrie und die Verbraucher. Die Widerstände gegen die Vereinheitlichung scheinen hier gering gewesen zu sein, zumal sich bei neuen Materien (Elektrizität, großindustriellen Anlagen, Autoverkehr, in den zwanzi-

131 J. J. Sheehan, Der deutsche Liberalismus. Von den Anfängen im 18. Jh. bis zum Ersten Weltkrieg 1770-1914, München 1983, 145 ff.; D. Langewiesche, Liberalismus in Deutschland, Frankfurt/M. 1988, 104 ff.

132 E. R. Huber, Deutsche Verfassungsgeschichte, Bd. 3, Stuttgart 1963, 911.

ger Jahren dann Flugzeugverkehr und Rundfunkwesen) ohnehin die einheitliche Lösung durch das Reichsgesetz aufdrängte.

Die Frage, ob die »innere Reichsgründung« durch das Mittel der vereinheitlichenden Gesetzgebung die erwünschten Wirkungen erzeugt habe, ist mit den üblichen rechtshistorischen Methoden kaum zu beantworten; denn »Wirkung« in diesem Sinne kann nur die Integrationswirkung auf die Gruppen, Schichten und Klassen des Kaiserreichs meinen. Derartige kollektivpsychische Vorgänge sind ohnehin kaum meßbar, jedenfalls in Zeiten vor Erfindung der Meinungsumfragen; erst recht nicht feststellbar ist der Kausalzusammenhang zwischen der (zweifellos stattgefundenen) »inneren« Konsolidierung des Reichs und den einzelnen Gesetzgebungsakten. Die Motivbündel, die etwa zu Wahlentscheidungen geführt haben, sind nicht mehr aufzuschnüren – ganz davon abgesehen, daß die Hälfte der Bevölkerung gar nicht wählen durfte und sich auch sonst wenig artikulierte.

Lassen wir die Frage in ihrer globalen Form also fallen. Auf spezieller formulierte Fragen, also etwa nach der Einstellung der Arbeiterschaft oder der Großindustrie zur Sozialversicherung, nach Wünschen des Mittelstands an die Veränderung der Gewerbeordnung oder nach Meinungen der ostdeutschen Landwirtschaft in Sachen der Getreidezölle, lassen sich Antworten durchaus geben, auch wenn es vor allem Antworten aus der Sicht der nun neu entstehenden Verbände sind. In ihnen sprach nicht mehr das Volk, sondern die Macht organisierter Interessen bestimmter Kreise. Mit der Entstehung fester Parteien und fortschreitender Parlamentarisierung »mußte« die Gesellschaft Organe ausbilden, um die durch Gesetzgebung zugeteilten Chancen ergreifen zu können. Parteien konnten diesen Dienst nicht leisten, weil sie von einer gewissen Größe an sich von der direkten Interessenverfolgung für eine bestimmte Klientel lösen und breitere Einzugsbereiche pflegen mußten. Die Verbände hingegen, unabhängig von Wahlen, konnten ungescheut Interessenpolitik betreiben und ihre Verbindungen zur Bürokratie, die Mobilisierung der öffentlichen Meinung und das volkswirtschaftliche Gewicht ihrer Mitglieder einsetzen.[133] Erfolgskriterium für diese direkt an der Gesetzgebung

133 H. Kaelble, Industrielle Interessenverbände vor 1914, in: W. Rüegg u. a. (Hrsg.), Zur soziologischen Theorie und Analyse des 19. Jahrhunderts, Göttingen 1971; H. A. Winkler, Pluralismus oder Protektionismus? Verfassungspolitische Probleme des Verbandswesens im deutschen Kaiserreich, Wiesbaden 1972; F. Blaich, Staat und Verbände in Deutschland zwischen 1871 und

ansetzenden gesellschaftlichen »Organe« war, nach einem Wort von Friedrich Naumann,[134] »wem die Gesetzgebungsmaschine die meisten Früchte in den Schoß wirft«. Dieses Kriterium ist freilich keines mehr, das auf die Frage nach der »inneren Reichsgründung« Antwort geben konnte, sondern ein offenbar universelles Kriterium der Gesetzgebung in modernen parlamentarischen Demokratien, die zugleich Parteien- und Verbändestaaten sind.

Rechtsvereinheitlichung durch Gesetzgebung ist, wie wir gesehen haben, eine historische Kategorie von großer, ja allzu großer Allgemeinheit. Es handelt sich um eine permanente gesetzgeberische Aufgabe, die freilich ihre besonderen Konjunkturen hat. Staatliche Umwälzungen und Neuordnungen geben ihr regelmäßig enormen Auftrieb. Das gleiche gilt dann, wenn einheitliche Wirtschafts- und Technikräume hergestellt werden sollen oder wenn versucht wird, gesellschaftliche Spannungen und Verwerfungen durch vereinheitlichende Gesetzgebung zu mildern.

Die Aktualität all dessen liegt auf der Hand. Die lang erwartete Herstellung der staatlichen Einheit Deutschlands nach 1989/90 erforderte einen unerwarteten Aufwand an west-östlicher Rechtsvereinheitlichung. Die gleichzeitige Integration der größeren Bundesrepublik in das Zivil- und Verwaltungsrecht Europas ist eine noch größere Aufgabe. Der Zeit- und Erfolgsdruck für diese Vereinheitlichungsvorgänge ist allerdings groß. Zu historischer Reflexion darüber, wie das 19. Jahrhundert mit der Schaffung eines einheitlichen Wirtschaftsraums, mit der Reichsgründung, der Sozialen Frage und der technischen Revolution fertig geworden sind, wird gegenwärtig keine Zeit sein, jedenfalls nicht im hektischen Betrieb der Ministerien und Verbände. Dazu gibt es andere Orte – etwa die Akademien.

1945, Wiesbaden 1979; zusammenfassend L. Gall, Europa auf dem Weg in die Moderne 1850-1890, München 1984, 120 f., 194 f.

134 F. Naumann, Der Niedergang des Liberalismus, in: Werke, Bd. 4, Köln/Opladen 1964, 215-236.

9. Die Sozialversicherung Bismarcks

I.

Die Frage nach den »politisch-institutionellen Bedingungen« der Entstehung von Sozialversicherung kann sehr verschieden verstanden und beantwortet werden. Deshalb sei vorweg der Rahmen bezeichnet, innerhalb dessen eine Antwort versucht werden soll: Zunächst einmal kann die Begrenzung auf die »Sicht der Verfassungs- und Verwaltungsgeschichte« nicht bedeuten, daß Wirtschafts-, Sozial- und allgemeine Rechtsgeschichte ausgeblendet bleiben. Es ist inzwischen allgemein anerkannt, daß befriedigende Antworten auf verfassungsgeschichtliche Fragen ohne Einbeziehung etwa der Wirtschafts- und Sozialgeschichte kaum möglich sind, ebenso wie umgekehrt am Ertrag einer von der Verfassungs- und Wirtschaftsgeschichte abgekoppelten privat- oder öffentlichrechtlichen Dogmengeschichte gezweifelt wird. Die hiermit angedeutete methodische Position soll nicht weiter vertieft werden; es geht lediglich darum, die verfassungs- und verwaltungsgeschichtliche Problematik der Sozialversicherung in den Zusammenhang auch der anderen Disziplinen zu rücken. Zweitens soll im folgenden nicht »Sozialversicherung« generell oder in Europa, sondern nur das naheliegende konkrete Beispiel der Sozialgesetzgebung Bismarcks behandelt werden. Drittens wird die Entlassung Bismarcks den zeitlichen Endpunkt bilden. 1890 ist verfassungsrechtlich eine bedeutende Zäsur, innen- und außenpolitisch das Ende einer Epoche, und es ist in der Sozialpolitik der Beginn eines neuen, allerdings kurzlebigen Abschnitts.[1] Aber bis 1890 sind die Grundlagen gelegt; alles Weitere ist Ausbau bzw. Anpassung an veränderte Verhältnisse.

Die Literatur zur Entstehung der Sozialversicherung ist bekanntlich reich, von der unübersehbaren Bismarck-Literatur ganz abgesehen.[2] Neben der Würdigung von Beiträgen bedeutender einzelner –

1 K. E. Born, Staat und Sozialpolitik seit Bismarcks Sturz, Wiesbaden 1957; K. Saul, Staat, Industrie, Arbeiterbewegung im Kaiserreich. Zur Innen- und Sozialpolitik des Wilhelminischen Deutschland 1903-1914, Düsseldorf 1974.

2 K. E. Born (Hrsg.) / W. Hertel (Bearb.), Bismarck-Bibliographie. Quellen und Literatur zur Geschichte Bismarcks und seiner Zeit, Köln–Berlin 1966. Dazu W. Schochow, HZ 210 (1970), 440-442.

außer Bismarck[3] etwa Lohmann, Bödiker, Schmoller, Wagner, Wagener, Windthorst, v. Hertling, Bamberger, v. Stumm, Krupp und so weiter – sind die Anregungen oder Lenkungsversuche der Industrie, der Agrarier, der Privatversicherungen, des Vereins für Socialpolitik, weiter das Verhalten der Parteien, die Rolle der Kirchen, der öffentlichen Meinung, der Bürokratie in Preußen und im Reich untersucht worden. Man übersieht inzwischen ein kompliziertes Netzwerk von Personen und Positionen, das freilich mit unterschiedlicher Akzentsetzung interpretiert wird. Was den einen nur als raffinierte bourgeoise Doppelstrategie gegen eine sozialrevolutionäre Bewegung erscheint, ist für andere die souveräne Wendung vom hochkapitalistischen Manchestertum zum »Organisierten Kapitalismus« (Hilferding) oder zum Neomerkantilismus, vom liberalen Rechtsstaat zum Interventions- und Sozialstaat.[4] Diese angeblich bourgeoise Sozialpolitik wurde allerdings im wesentlichen gegen die »Bourgeoisie« durchgesetzt, weshalb es anderen scheint, als müsse man in dieser Politik einen – letztlich unausgeführten – Ansatz zur Gewinnung cäsaristischer Legitimität,[5] einen bonapartistisch inspirierten, aber doch typisch preußischen »Staatssozialismus« (A. Wagner), sehen. Andere halten den Versuch, »die Mehrzahl der Arbeiter mit der bestehenden Staatsordnung auszusöhnen«[6], also die innere Stabilisierung der neuen Verfassungsordnung mit Mitteln der Sozialverwaltung, für das we-

3 L. Zeitlin, Fürst Bismarcks sozial-, wirtschafts- und steuerpolitische Anschauungen, 1902; E. Hunkel, Fürst Bismarck und die Arbeiterversicherung, 1909; K. Thieme, Bismarcks Sozialpolitik, Arch. f. Pol. u. Gesch. 99 II, 1927, 382 ff.; Fr. Lütge, Die Grundprinzipien der Bismarckschen Sozialpolitik, in: Conrads Jahrb. 134 I, 1931, 580 ff.; R. Pense, Bismarcks Sozialversicherungspolitik, Diss. Greifswald 1934; P. Simon, Bismarcks Kampf gegen eine Mediatisierung des Staates durch die Sozialpolitik, Diss. Köln 1935; K. Wefelscheid, Untersuchungen über den lutherischen Gehalt von Bismarcks innerer und sozialer Politik, Diss. Köln 1937; O. Vossler, Bismarcks Sozialpolitik, HZ 167, 1943, 336 ff.; W. Vogel, Bismarcks Arbeiterversicherung. Ihre Entstehung im Kräftespiel der Zeit, Braunschweig 1951; K. E. Born, Die Motive der Bismarckschen Sozialgesetzgebung, in: Arbeiterversorgung 62, 1960, 33 ff.

4 E. R. Huber, Deutsche Verfassungsgeschichte seit 1789, Bd. 4, Stuttgart 1969, 1125 ff., 1132; H. U. Wehler, Der Aufstieg des Organisierten Kapitalismus und Interventionsstaates in Deutschland, in: Krit. Studien zur Geschichtswissenschaft, Bd. 9, Göttingen 1974, 36-57.

5 H. Hofmann, Das Problem der cäsaristischen Legitimität im Bismarckreich, in: K. Hammer/P. C. Hartmann (Hrsg.), Der Bonapartismus (Beihefte der Francia, Bd. 6), München 1977, 77 ff.

6 Bismarck am 17. II. 1871 an Itzenplitz, bei M. Stürmer (Hrsg.), Bismarck und die preußisch-deutsche Politik, 3. Aufl., München 1978, 45 f.

niger bedeutende innenpolitische Problem und sehen das sozialgeschichtlich Säkulare der Sozialversicherung darin, daß durch sie – vorläufig unwiderruflich – die unzureichend gewordenen klassischen Versorgungssysteme »Stadtgemeinde« und »Familie« ersetzt wurden.

Die Entstehungsgeschichte der Sozialversicherung soll allerdings hier nicht noch einmal in ihren Details dargestellt werden. Vielmehr ist es wegen des Vergleiches mit außerdeutschen parallelen Entwicklungen wohl wichtiger, die hauptsächlichen Faktoren zu bezeichnen, die in Deutschland etwa ab 1878 intensiver auf eine einheitlich konzipierte Gesamtlösung der Sozialen Frage drängten und die dieser Lösung dann ihre konkrete Gestalt gaben. Ich hebe dabei vor allem Faktoren heraus, die mit Mitteln der allgemeinen und der Verfassungsgeschichte erfaßt werden können.

Wann und warum wird also die »Arbeiterfrage« zur Verfassungsfrage, und umgekehrt: Wie wird die Lösung der »Arbeiterfrage« von der Verfassungslage determiniert, das heißt, welche Rahmenbedingungen der »Gesamtverfassung« beeinflußten den Zeitpunkt (II) und die schließlich gewählte Form der Arbeiterversicherung (III)?

II.

Um das Jahr 1878 häuften sich die Indizien für eine innenpolitische Wende.[7] Auf dem Hintergrund der »Großen Depression«[8] seit 1873 geriet der bis dahin axiomatisch geltende Liberalismus ins Wanken. Das Umkippen der überhitzten Hochkonjunktur mit Lohn-, Preis- und Zinsverfall, verlangsamten oder stagnierenden Wachstumsraten markierte das Ende der Expansionsphase des Hochkapitalismus in Deutschland. Was seit der Überwindung des Pauperismus um 1850 das Bild geprägt hatte, nämlich die Wanderungsbewegung in die

7 L. Gall, Sozialistengesetz und innenpolitischer Umschwung. Baden und die Krise des Jahres 1878, ZGO 72 (1963), 504 ff.; ders., Zu Ausbildung und Charakter des Interventionsstaats, in: HZ 227 (1978), 552-570.

8 H. Rosenberg, Political and Social Consequences of the Great Depression of 1873-1896 in Central Europe, Econ. Hist. Rev. 13 (1943); ders., Große Depression und Bismarckzeit. Wirtschaftsablauf, Gesellschaft und Politik, Berlin 1967; W. Zorn, Wirtschafts- und sozialgeschichtliche Zusammenhänge der deutschen Reichsgründungszeit 1850-1879, in: H. U. Wehler (Hrsg.), Moderne deutsche Sozialgeschichte, 5. Aufl., Köln 1976; H. Böhme, Deutschlands Weg zur Großmacht. Studien zum Verhältnis von Wirtschaft und Staat während der Reichsgründungszeit, 1848-1879, 2. Aufl., Köln 1972.

Städte, der Bevölkerungsanstieg, das Wachstum des Bruttosozialprodukts durch die Industrie und die damit verbundene Überrundung der Landwirtschaft, hörte nach 1873 zwar nicht auf, geriet aber unter neue außenwirtschaftliche und innenpolitische Bedingungen.[9] Hieraus folgte die bekannte Wendung Bismarcks zur Schutzzollpolitik etwa ab 1874/75, um einerseits den betroffenen Produktionszweigen (Textil-, Schwerindustrie, Landwirtschaft) zu helfen, andererseits das Reich durch Zölle und erhöhte Verbrauchssteuern von den Matrikularbeiträgen der Bundesstaaten unabhängig zu machen.[10] Die Querverbindungen dieser Politik zu den gerade jetzt entstehenden Verbänden,[11] insbesondere zum Centralverband deutscher Industrieller (ab 1876),[12] die Beseitigung der liberalen Spitzen in der Bürokratie,[13] die Benutzung der »Attentatswahlen« von 1878 auch für die Schutzzollpolitik, schließlich die publizistische Bekämpfung der »Freihändler«[14] sind die eine Seite der Wendung von 1878.

Die andere Seite ist der vom Wahlrecht der Reichsverfassung begünstigte Aufstieg der Arbeiterbewegung seit 1871. Spätestens seit dem Zusammenschluß der internationalistisch-marxistischen Richtung mit den Lassalleanern (Gothaer Programm 1875) wurde sie als bedrohlich empfunden.[15] Bismarck trug sich mit Verbotsplänen und

9 K. Borchardt, Die Industrielle Revolution in Deutschland, München 1972; F. W. Henning, Die Industrialisierung in Deutschland 1800-1914, Paderborn 1973; H. U. Wehler, Das deutsche Kaiserreich 1871-1918, Göttingen 1973.

10 W. Treue, in: B. Gebhardt, Handbuch der deutschen Geschichte, Bd. 3, 9. Aufl., Stuttgart 1970, § 88, m. w. Nachw.

11 Th. Nipperdey, Interessenverbände und Parteien in Deutschland vor dem ersten Weltkrieg, in: H. U. Wehler (Anm. 8), 369 ff.; W. Fischer, Staatsverwaltung und Interessenverbände im Deutschen Reich 1871-1914. Festg. G. v. Eynern, Berlin 1967, 431-456; H. J. Puhle, Parlament, Parteien und Interessenverbände 1890-1914, in: M. Stürmer (Hrsg.), Das kaiserliche Deutschland, Düsseldorf 1970, 340-377.

12 H. A. Bueck, Der Centralverband deutscher Industrieller 1876-1901, 3 Bde., Leipzig 1905; H. Kaelble, Industrielle Interessenpolitik in der Wilhelminischen Gesellschaft. Centralverband deutscher Industrieller 1895-1914, Berlin 1967.

13 Delbrück (1875), Eulenburg, Camphausen, Achenbach (1878).

14 I. N. Lambi, Free Trade und Protection in Germany 1869-1879, VSWG-Beih. 44, Wiesbaden 1963; V. Hentschel, Die deutschen Freihändler und der volkswirtschaftliche Kongreß 1858 bis 1885, Stuttgart 1975.

15 Charakteristisch R. v. Mohl, Lebenserinnerungen, Bd. II, Stuttgart u. Leipzig 1902, 169: »Manchmal drohten sie (die Sozialdemokraten) mit künftigem Siege und sprachen offen von ihren Wühlereien ... Mir waren sie eine unheimliche Erscheinung.« Vgl. auch Bismarck am 13. 2. 1889: »Das Wesen der Sozial-

machte schon mit dem Pressegesetz (1874) und der Novelle zum Strafgesetzbuch (1875) Anläufe zu aktiver Bekämpfung. 1877 erreichten die Sozialdemokraten rund 500 000 Stimmen (12 Mandate) und wurden damit endgültig ernsthafter Gegner. Die Durchpeitschung des Sozialistengesetzes, die Spaltung der Liberalen, die Verdrängung der freihändlerischen Minister und der Übergang zum Schutzzoll sind die miteinander verkoppelten Vorgänge des Jahres 1878, das zugleich Bismarck auf dem Höhepunkt seiner außenpolitischen Macht zeigte.[16]

Nun handelte es sich dabei zweifellos um mehr als nur ein wirtschaftspolitisches Problem derart, daß Industrie und Landwirtschaft vom Konkurrenzdruck des Auslandes und vom sozialpolitischen Druck durch die Arbeiterschaft entlastet werden sollten.[17] Die verfassungspolitischen Dimensionen dieser Vorgänge sind unübersehbar. Nationale und Soziale Frage trafen in einem halbfertigen Staatsgebilde zusammen[18] und nötigten zur intensiven Koppelung von Innen- und Außenpolitik. Mit Recht sagt man, die »Unfertigkeit und Unsicherheit, die fortwährende Problematik des neuen Reiches, seine Gefährdung im Innern wie nach außen«[19] hätten zu der für Bismarck typischen »Risikopolitik nach außen, Stiftung von Bündnissen heterogener Kräfte durch Verfemung einer Minderheit im Innern« geführt.[20] Bismarck ist sich trotz der breiten Zustimmung des Bürgertums zur Reichsgründung und der dadurch vermittelten Legitimität

demokratie besteht darin, daß sie die staatliche Ordnung negiert. Daraus ergibt sich für den Staat das Recht und die Pflicht, seinerseits die Sozialdemokratie nicht nur in ihren Wirkungen, sondern in ihrer Berechtigung zur Existenz im Staate zu bekämpfen. Dieselbe befindet sich mit dem Staate im Kriegszustand ...« (bei Stürmer, Anm. 6, 266).

16 Siehe hierzu den Katalog der Ausstellung des Geheimen Staatsarchivs Preußischer Kulturbesitz, zur 100. Wiederkehr der Eröffnung des Berliner Kongresses am 13. Juni 1978, Berlin 1978 (m. Bibliographie).

17 I. N. Lambi, The Agrarian-Industrial Front in Bismarckian Politics 1873 bis 1879, Journal of Central Europ. Affairs 20 (1961), 378 ff.; ders., The Protectionist Interests of the German Iron and Steel Industry 1873-1879, Journal of Econ. Hist. 22 (1962), 39 ff.

18 Vgl. J. C. Rodbertus, Briefe und sozialpolitische Aufsätze, Berlin 1880, 84, die Pariser Kommune sei ein »Finger der Vorsehung, daß der deutsche Staat berufen ist, sich auch der Sozialen Frage anzunehmen, nachdem er die nationale Frage gelöst hat«.

19 H. Rothfels, Prinzipienfragen der Bismarckschen Sozialpolitik, in: ders., Bismarck, der Osten und das Reich, Darmstadt 1962, 166.

20 H. Hofmann (Anm. 5), 100.

stets der Brüchigkeit der Konstruktion von 1871 bewußt geblieben. Die Grundprobleme des deutschen Reiches, die 1878 konzentriert nebeneinander sichtbar wurden, nämlich »die innere Dynamik des unvollendeten Nationalstaats, die Diskrepanz zwischen ökonomisch-staatlicher Modernisierung und mangelnder Demokratisierung und die Belastung der europäischen Politik, die aus der deutschen Großmachtrolle erwuchs«,[21] hat er am Ende ungelöst hinterlassen.

Kulturkampf, Schutzzoll und Soziale Frage sind drei Hauptstücke dieser allgemeinen Problematik. Der Kulturkampf war sowohl eine nach innen verlängerte außenpolitische Front als auch Systemstabilisierung nach innen durch Disziplinierung von »Reichsfeinden« (Zentrum, Polen, Welfen, Elsässer). Kaum wurde er, trotz des Widerspruchs der Nationalliberalen, als aussichtslos beiseite gelegt – auch dies geschah von dem hier ins Auge gefaßten Jahr 1878 an[22] –, wandte sich Bismarck gegen den »Reichsfeind« Sozialdemokratie, zunächst rein repressiv, aber doch von Anfang an mit der Absicht, die »positive« Ergänzung folgen zu lassen.

Die Taktik ging auf Spaltung von Sozialdemokratie und Arbeiterschaft durch Kriminalisierung der Parteiarbeit sowie durch Verheißung materieller Sicherungen. Doch da die positive Ergänzung naturgemäß langsamer in Gang kam, standen die ersten Jahre nach 1878 unter dem belastenden Eindruck einer die Arbeiterschaft erbitternden Repression, unter deren Druck die Partei zusammengeschweißt wurde und ihren Stimmenanteil steigern konnte (1887: 763 000; 1890: 1,4 Millionen).

Weder Kulturkampf noch Teilunterdrückung der Sozialdemokratie waren unter dem Aspekt »innere Reichsgründung« erfolgreich. Die Gegner Bismarcks waren am Ende innerlich und äußerlich gestärkt, und die Parlamentsmehrheit Bismarcks zerbröckelte. Allenfalls der Übergang zum Schutzzoll, die »Allianz von Roggen und Eisen«, war auf der ökonomischen Seite ein Beitrag zur inneren Stabilisierung, indem auch hier eine »Internationale«, die der Freihändler, durch den Übergang zum Wirtschaftsnationalismus verdrängt wurde. »Die absteigende Konjunkturwelle«, so Wolfgang Zorn, »preßte den neuen Reichsraum gewissermaßen enger zusammen, ließ

21 M. Stürmer (Anm. 6), 234.

22 J. Heckel, Die Beilegung des Kulturkampfes in Preußen, ZRG (Kan. Abt.) 50 (1930), 215-353; H. Bornkamm, Die Staatsidee im Kulturkampf, München 1950; G. Franz, Staat und katholische Kirche in Mitteleuropa, München 1954; E. Schmidt-Volkmar, Der Kulturkampf in Deutschland, Göttingen 1962.

die binnenwirtschaftliche Verdichtung und nord-süd-deutsche Verflechtung noch zunehmen und beschleunigte die Ausbildung eines kleindeutschnationalen Marktes mit immer einheitlicheren Preisen.«[23]

Der Abbau des Kulturkampfes, das aktive Vorgehen gegen den Sozialismus und der Bruch mit dem Wirtschaftsliberalismus im Jahre 1878 sind gewiß »eigenständige« Vorgänge. Doch sind die gemeinsame Frontstellung gegen (vermeintlich oder tatsächlich) desintegrierende Einflüsse von außen (Katholizismus, Sozialismus, Welthandel) und die Wendung zu einem nationalen Aktivismus und Interventionismus unverkennbar. Das neue Reich, immer noch eine Kriegsgründung und überlastet mit Problemen der inneren Konsolidierung, griff zum Interventionismus wie zu einem Rettungsanker. Landwirtschaft, Industrie und Arbeiterschaft wurden, mit jeweils eigenen Mitteln, »befriedet« und an den Staat anzubinden versucht.

Die Sozialgesetzgebung ist ein Teil dieser groß angelegten Konsolidierungs- und Integrationsbemühungen, und sie setzte sofort ein, nachdem die Sozialdemokratie sich 1875 als ernsthafter politischer Faktor etabliert hatte. Beendigung des Kulturkampfs und Sozialgesetzgebung stehen dabei in einem Abhängigkeitsverhältnis; denn mit einem feindlichen Zentrum war keine Sozialpolitik zu machen, ein innenpolitischer Zweifrontenkrieg verbot sich also. Den äußeren Anstoß bildete dann im September 1878 die parlamentarische Initiative der Schwerindustrie zugunsten von Altersversorgungs- und Invalidenkassen nach dem Vorbild der Knappschaftsvereine (Antrag Stumm). Seither, sagt Rothfels, »fanden in den preußischen Ressorts lebhafte Erörterungen über den einzuschlagenden Weg statt«.[24] Daß dieser Weg in irgendeiner Weise ein »antiliberaler« sein würde, war angesichts der Vorreiterfunktion der Schutzzollpolitik für eine insgesamt interventionistische Linie des Staates nicht mehr zweifelhaft.

Während der Vorbereitungsphase der Sozialgesetzgebung von 1878 an änderten sich die politisch-institutionellen Rahmenbedingungen noch einmal einschneidend. Mit den Wahlen von 1881 verlor Bismarck die ihn stützende Reichstagsmehrheit. Da er nunmehr auf taktische Bündnisse angewiesen war, verstärkte sich seine ohnehin vorhandene Neigung, den Reichstag zu umgehen, um eine noch wei-

23 Zorn (Anm. 8), 226.

24 H. Rothfels, Theodor Lohmann und die Kampfjahre der staatlichen Sozialpolitik, Berlin 1927, 49.

tergehende Parlamentarisierung des öffentlichen Lebens zu verhindern.

Die Gewichtverschiebung auf den politisch entmachteten Bundesrat,[25] der Versuch der Auslagerung der Wirtschafts- und Sozialpolitik auf einen »Volkswirtschaftsrat«,[26] die Hoffnung auf ein berufsständisches (Neben-)Parlament auf dem Weg über die Berufsgenossenschaften[27] und die immer wieder aufflackernden und als Drohung eingesetzten Staatsstreichpläne[28] sind insgesamt der verfassungsrechtliche Ausdruck dafür, daß Verfassungstext und Verfassungswirklichkeit sich schon in den wenigen Jahren seit 1871 erheblich auseinanderentwickelt hatten.

Die vom Vertrauen des Monarchen und von Bürokratie und Armee getragene Kanzler-Regierung hatte es zunehmend schwerer, die in Parteien und Interessenverbänden tiefgestaffelten Antagonismen auf ein Gesetzgebungsprogramm zu koordinieren. Insbesondere die mit dem Interventionsstaat auftauchenden Interessenverbände, die die staatlichen Leistungen gewissermaßen als Greifarme der Gesellschaft an sich zogen, unterliefen die Parlamentarisierung und verschärften damit das Problem.[29] Gleichzeitig verblaßte das einheitsstiftende Erlebnis der Reichsgründung, und die »Große Depression« intensivierte den Klassenkampf. Die Sozialgesetzgebung entsprach also auch und insbesondere der veränderten Verfassungslage nach 1878. Die zweite Weltwirtschaftskrise und die aufsteigende Arbeiterbewegung provozierten mehrere Reaktionen: den Abbruch des Kulturkampfes aus taktischen Erwägungen, den Übergang zur Schutzzollpolitik, um Landwirtschaft und Industrie zu beschwichtigen und zu binden, die polizeiliche Unterdrückung der organisierten Arbeiterbewegung und die Inangriffnahme einer seit Jahren von konservativer Seite, von Unternehmern, Kathedersozialisten und den Kirchen geforderten konstruktiven Sozialpolitik. Mit der Wendung von 1878 ist in Deutschland nicht nur die Ideologie des Manchestertums am Ende, auch die kaum entfaltete Doktrin des rechtsstaatli-

25 H.-O. Binder, Reich und Einzelstaaten während der Kanzlerschaft Bismarcks 1871-1890. Eine Untersuchung zum Problem der bundesstaatlichen Organisation, Tübingen 1971, m. w. Nachw.

26 Huber (Anm. 4), 1031 ff.

27 Rothfels (Anm. 24), 63 f.

28 M. Stürmer, Staatsstreichgedanken im Bismarckreich, HZ 209 (1969), 566-615.

29 W. M. Frhr. v. Bissing, Autoritärer Staat und pluralistische Gesellschaft in den ersten Jahrzehnten des Bismarckschen Reiches, Schmollers Jahrb. 83 (1963), 17-45.

chen Liberalismus und der Trennung von Staat und Gesellschaft, von öffentlichem und privatem Recht deutete die Wirklichkeit nur noch teilweise zutreffend. Es beginnt mit dieser Wendung – wie immer man es nennen mag – der Neomerkantilismus, der organisierte Kapitalismus oder der Interventions- und Sozialstaat, Bezeichnungen, die aus unterschiedlicher wirtschafts-, sozial- und verfassungsgeschichtlicher Perspektive auf das gleiche Phänomen zielen.

Damit ist die Antwort auf die Frage nach dem Zeitpunkt der Bismarckschen Sozialpolitik wenigstens skizziert. Die Zwangsversicherungslösung mit Selbstverwaltung und teilweisem Staatszuschuß liegt im europäischen Vergleich »früh«.[30] Sie erwächst aber nicht aus einer besonderen »Modernität« des Bismarckreiches, sondern aus der spezifischen und andauernden Labilität der Reichsgründung sowie älteren Schichten von Staatsverständnis und Verwaltungstradition. So war es allenfalls die Modernität des vorliberalen Denkens, zu welchem man in Deutschland mit der »konservativen Wendung« von 1878 leichter als anderswo zurückkehrte. Es ist das Fesselnde an dieser konservativen Wendung, daß sie – als Reaktion auf die innere Krise – zugleich »progressive« Ergebnisse hervorbrachte.

III.

Die Frage nach dem Zeitpunkt der deutschen Sozialgesetzgebung endete mit dem Paradox, daß die Nation, der die bürgerliche Revolution fehlgeschlagen war, die sowohl bei der Industrialisierung als auch bei der nationalen Einigung und der Verteilung der Kolonien »die verspätete Nation« war,[31] am frühesten und intensivsten zum Interventionismus gegriffen und »das erste große sozialpolitische Gesamtwerk der modernen industriekapitalistischen Gesellschaft« errichtet hat.[32] Es ist freilich nur ein scheinbarer Widerspruch zwischen Ver-

30 Th. Lohmann, Die Fabrikgesetzgebungen der Staaten des europäischen Kontinents, Berlin 1878; T. Boediker, Die Arbeiterversicherung in den europäischen Staaten, Leipzig 1895. Eng sind – seit der gemeinsamen Konferenz über die Soziale Frage v. 7.-29. November 1872 – die Beziehungen zu Österreich. Vgl. dazu K. Ebert, Die Anfänge der modernen Sozialpolitik in Österreich – Die Taaffsche Sozialgesetzgebung im Rahmen der Gewerbeordnungsreform (1879 bis 1885), Wien 1975; ders., Die Anfänge des modernen Arbeitnehmerschutzes beim Bergbau in Österreich, FS. H. Baltl, Innsbruck 1978, 135.

31 H. Plessner, Die verspätete Nation, 5. Aufl., Stuttgart 1969.

32 W. Treue, in: Gebhardt (Anm. 10), 529.

spätung und Modernität, und man kommt seiner Auflösung näher, wenn man fragt, warum die Sozialgesetzgebung gerade in dieser Form verwirklicht worden ist, nämlich als öffentlichrechtliche Zwangsversicherung, mit »Selbstverwaltung« und mit einer Finanzierung weder ganz durch Beiträge noch ganz durch Steuermittel. Warum ist es zu dieser halbautoritären Mischung von obrigkeitlicher Fürsorge und Selbsthilfe gekommen, warum war gerade der Staatszuschuß so heftig umkämpft? War die Sozialversicherung nur in dieser, den deutschen Traditionen und der aktuellen politischen Lage angepaßten Form durchsetzbar? Wenn man dies annimmt – alles andere würde in unhistorische Spekulationen führen –, worin bestanden dann diese Traditionen, und in welcher Weise wirkte die »politische Lage«?

Ich beschränke mich im folgenden auf fünf Punkte, an denen ich Besonderheiten der deutschen Entwicklung zu sehen glaube. Es sind dies

1. die lebendige Tradition der älteren deutschen Staats- und Verwaltungslehre, die einen speziellen Typus ethisch gebundener »Wohlfahrtsverwaltung« vermittelte und weniger dem Staat als der konkreten Verwaltungspraxis verpflichtet war,

2. die Kontinuität interventionistischer Verwaltungspraxis, die den Liberalismus überstand und den Übergang zum Modell der Zwangsversicherung erleichterte,

3. das für die preußischen Reformen insgesamt bezeichnende Übergewicht der Bürokratie,

4. die Tradition der Idee korporativer Selbstverwaltung und

5. die Auseinandersetzung um den Staatszuschuß, in der Liberalismus und katholische Soziallehre sich gegen den »Staatssozialismus« verbündeten.

1. Der schon mehrfach verwendete Begriff des »Neomerkantilismus« verweist auf die merkantilistische Theorie und Praxis des 17. und 18. Jahrhunderts, aber in einem weiteren Sinne auch auf die ältere deutsche Staats- und Verwaltungslehre (Polizeiwissenschaft).[33] Deren Differenzen zur westlichen Tradition, Hans Maier hat dies herausgear-

33 H. Maier, Die ältere deutsche Staats- und Verwaltungslehre (Polizeiwissenschaft), Neuwied–Berlin 1966 (2. Aufl., München 1980); Zum Merkantilismus zusammenfassend F. Blaich, Die Epoche des Merkantilismus, Wiesbaden 1974; E. Dittrich, Die österreichischen und deutschen Merkantilisten, Darmstadt 1976.

beitet,[34] bestehen vor allem im ausgeprägt christlichen Amts- und Dienstverständnis, in der Zuordnung der Konkretisierung von »Glückseligkeit« und »guter Polizei« an die »christliche Obrigkeit« in der aristotelischen Politik-Tradition von Melanchthon bis Christian Wolff[35] und in der Konzentration auf die Reform der konkreten Verwaltung, während der abstrakte Staat eher eine blasse, »vorgegebene, undiskutierte Ordnungsform« bleibt.[36] Gerade letzteres scheint mir hier wichtig, wie auch der Hinweis, deutsche »Staatsdenker« wie etwa Osse, Obrecht, Seckendorff, Justi, Sonnenfels, Mohl, Lorenz von Stein und Gneist seien »eigentlich allesamt Verwaltungslehrer, Wohlfahrtstheoretiker gewesen«.[37]

Gewiß wird diese Traditionslinie am Ende des Ancien Régime durch die Aufklärung und durch die Verfassungsbewegung beeinflußt,[38] aber sie behält ihre Charakteristika insofern, als die rigide Reduzierung der Staatsaufgaben auf Rechtsgewährung in Deutschland weder theoretisch voll akzeptiert noch gar praktiziert worden ist. Polizeiwissenschaft wurde zwar »nach den Grundsätzen des Rechtsstaates« dargestellt (R. v. Mohl),[39] doch sie blieb weiter der Rahmen für die »Wohlfahrtspflege«, wahrte den Zusammenhang mit der Politik und den allgemeinen Staatswissenschaften und zeigte eine besondere Offenheit für soziale Fragen, jedenfalls bis zum Sieg des Gerber-La-

34 H. Maier, Ältere deutsche Staatslehre und westliche politische Tradition, Tübingen 1966 (2. Aufl., München 1980); H. Lübbe, Politische Philosophie in Deutschland, Basel–Stuttgart 1963.

35 H. Maier, Die Lehre der Politik an den deutschen Universitäten vornehmlich vom 16.-18. Jahrhundert, in: D. Oberndörfer (Hrsg.), Wissenschaftliche Politik, Freiburg 1962, 59-116; M. Stolleis (Hrsg.), Staatsdenker im 17. und 18. Jahrhundert, Frankfurt/M. 1977 (3. Aufl. 1995), 15 ff., sowie M. Thomann, Christian Wolff, ebenda 248 ff.

36 H. Maier (Anm. 34), 18.

37 H. Maier (Anm. 34), 24.

38 J. Schlumbohm, Freiheit. Die Anfänge der bürgerlichen Emanzipationsbewegung in Deutschland im Spiegel ihres Leitwortes (ca. 1760-ca. 1800), Düsseldorf 1975; D. Klippel, Politische Freiheit und Freiheitsrechte im deutschen Naturrecht des 18. Jahrhunderts, Paderborn 1976; M. Stolleis, Untertan – Bürger – Staatsbürger. Bemerkungen zur juristischen Terminologie im späten 18. Jahrhundert, in: ders., Staat und Staatsräson in der frühen Neuzeit, Frankfurt/M. 1990, 299-339.

39 R. v. Mohl, Die Polizeiwissenschaft nach den Grundsätzen des Rechtsstaats, Tübingen 1832-34; U. Scheuner, Robert von Mohl, Die Begründung einer Verwaltungslehre und einer staatswissenschaftlichen Politik, in: FS 500 Jahre Eberhard-Karls-Universität Tübingen, Tübingen 1977, 515 ff., 527.

bandschen Positivismus.[40] In dem Maße, in dem dann im letzten Drittel des 19. Jahrhunderts die Jurisprudenz aus der sozial- und rechtspolitischen Diskussion ausschied[41] – der positivistische Jurist »als solcher« (Windscheid) sah bekanntlich seine Kompetenz hier enden –, trat die Nationalökonomie, ab 1870 die Schlüsselwissenschaft unter den Geisteswissenschaften,[42] an ihre Stelle.

In der Nationalökonomie des 19. Jahrhunderts sind die Verbindungslinien zum Merkantilismus des 18. Jahrhunderts nie ganz abgerissen.[43] Adam Smith wurde zwar in den ersten beiden Jahrzehnten des 19. Jahrhunderts rezipiert (Chr. J. Kraus, G. Sartorius, A. F. Lueder, G. Hufeland, F. E. Lotz, K. H. Rau),[44] und der Liberalismus galt als »herrschende Lehre«, doch zeigen sich überall staatswirtschaftliche Abwandlungen der Smithschen Position, mit denen man der Tradition, den kleinstaatlichen Bedingungen und der unverändert starken Rolle des Staates im Wirtschaftsgeschehen Rechnung zu tragen suchte. Auch im liberalen, preußisch geführten Zollverein setzten sich die Vertreter des Freihandels (Deutscher Freihandelsverein 1847, Kongreß Deutscher Volkswirte 1857) nie ganz durch.[45] Die Praktiker, auch soweit sie als Smithianer gelten können, wie etwa P. Ch. W. Beuth in Preußen, betrieben intensive staatliche Gewerbeförderung.[46] Theorie und Praxis der Schutzzölle blieben leben-

40 Für Mohl siehe bei Scheuner (Anm. 39), 529, m. w. Nachw.; für L. v. Stein die Beiträge von Schiera, Kästner und Pankoke, in: R. Schnur (Hrsg.), Staat und Gesellschaft. Studien über Lorenz von Stein, Berlin 1978.

41 Treffend G. Dilcher, Das Gesellschaftsbild der Rechtswissenschaft und die soziale Frage, in: K. Vondung (Hrsg.), Das wilhelminische Bildungsbürgertum, Göttingen 1976, 53 ff., 62: »Der Rechtsgedanke des sozialen Schutzes, in der ehemaligen altständischen Gesellschaft stark verankert, jetzt in der Industriegesellschaft von neuer Bedeutung, war über die positivistisch-juristische Methode weitgehend aus dem Rechtssystem und dem durch die Ausbildung vermittelten Bewußtsein der Juristen verbannt.« Vgl. auch W. Bleek, Von der Kameralausbildung zum Juristenprivileg, Berlin 1972.

42 W. Treue, Wirtschaftsgeschichte der Neuzeit, Bd. 1, 3. Aufl., Stuttgart 1973, 582.

43 Zum folgenden H. Winkel, Die deutsche Nationalökonomie im 19. Jahrhundert, Darmstadt 1977.

44 H. C. Recktenwald, Adam Smith, München 1976, 280 ff.

45 V. Hentschel (Anm. 14).

46 C. Matschoss, Preussens Gewerbeförderung und ihre großen Männer, Berlin 1921; W. O. Henderson, The State and the Industrial Revolution in Prussia, Liverpool 1958; U. P. Ritter, Die Rolle des Staates in den Frühstadien der Industrialisierung, Berlin 1961; I. Mieck, Preußische Gewerbepolitik in Berlin 1806-

dig.[47] Die ursprünglich romantische Kritik am aufklärerischen Liberalismus endete teils in theologischen Entwürfen (A. Müller, F. X. v. Baader), setzte sich teils aber auch, unterstützt durch die Nationalstaatsidee, in ein nationalwirtschaftliches Programm um, das Freihandel, Gewerbeförderung und Wirtschaftseinheit zu verbinden suchte (F. List). Selbst in den Jahren von 1860 bis 1873, auf dem Höhepunkt des Liberalismus, fanden sich gemeinwirtschaftliche Vorstellungen, und die Vertreter der Historischen Schule der Nationalökonomie (W. G. F. Roscher, F. Knies, G. v. Schmoller) unterstrichen die Bedeutung der merkantilistischen Wirtschaftstheorie. Schließlich bedeutete die auf breiter Front ab 1848 einsetzende sozialistische Literatur eine wesentliche Korrektur der Vorstellung, in der Nationalökonomie des 19. Jahrhunderts habe der Liberalismus »geherrscht«. Insbesondere die Staatssozialisten und die Vertreter des Gedankens vom »sozialen Königtum«, so unterschiedliche Geister also wie Rodbertus, Victor Aimée Huber, Hermann Wagener, Lassalle, Lorenz v. Stein oder Albert Schäffle, bildeten ein bedeutendes Gegengewicht. Sie haben indirekt – über den staatssozialistischen Flügel der Sozialdemokratie – und direkt über den Verein für Sozialpolitik und in der Bürokratie die Sozialgesetzgebung auf den Weg gebracht.

Diese Kontinuität ist gemeint, wenn von der besonderen »staatswirtschaftlichen Überlieferung« Deutschlands gesprochen wird.[48] Sie erscheint im geschichtsphilosophischen Gewand der Historischen Schule, der Rechts- und Linkshegelianer, als christliche Philosophie Stahls und der Gerlachs. Immer behält der Staat und nicht die Gesellschaft die Letztverantwortung für das wirtschaftliche Geschehen und die sozialen Zustände. Der Staat wird (säkularisiert) der »irdische Gott«, das »großartigste sittliche Institut zur Erziehung des Menschengeschlechts« (G. v. Schmoller), der Gipfel der kulturellen Entwicklung. Er ist nicht nur Sicherheitsgarant oder Verteiler materieller Wohltaten, sondern christlich-sittlicher Staat. Angesichts dieser Traditionen enthält die zunächst so unvermittelt scheinende Wendung Bismarcks zum »Staatssozialismus« deutliche Elemente der Rückkehr zu keineswegs vergessenen Prinzipien.

2. Die für die deutsche Tradition offenbar typische »Staatsorien-

1844, Berlin 1965; W. Fischer, Der Staat und die Anfänge der Industrialisierung in Baden 1800-1850, Bd. 1, Berlin, 1962.

47 Schutzzoll auf Eisen 1844.

48 W. Treue, in: Gebhardt (Anm. 10), 529.

tierung«, gemildert und erträglich gemacht durch ethische Bindungen christlicher oder transzendentalphilosophischer Herkunft, legte für Krisensituationen den Ruf nach dem »Staat« nahe. »Staat« meinte unter den Bedingungen des Konstitutionalismus primär das Königtum, »wenn es sich nur eben entschließen könnte, soziales Königtum zu werden« (Lassalle).[49] Staat beziehungsweise Königtum sollten ihren sozialen Beruf wahrnehmen, sollten vor allem der entfesselten Privatautonmie Schranken setzen. Der Industrielle Harkort schrieb 1844: »... der Staat muß einschreiten, um fernerem Verderben zu wehren, damit der Strom des Pauperismus nicht unaufhaltsam wachsend die gesegneten Auen des Vaterlandes unheilbringend überschwemme ... Vom Staate verlangen wir, daß er nicht allein gebietend, sondern auch helfend und fördernd einschreite«,[50] und vier Jahrzehnte später klang es wie ein Echo, wenn Bismarck sagte: »Der Staat muß die Sache in die Hand nehmen.«[51] Über das Prinzip war man sich also auf der Linie von den Konservativen bis zu den Lasalleanern, in der (um ihre liberalen Spitzen gekappten) Bürokratie und in weiten Teilen des Bürgertums einig, während sich der orthodoxe Liberalismus, der revolutionäre Flügel der Sozialdemokraten, Großunternehmer und Teile des Zentrums aus jeweils eigenen Gründen ablehnend verhielten.

Offen blieb aber immer noch, ob diese Anrufung des Staates notwendig auch zu einer *Zwangsversicherung* führen müsse. Die hierüber geführte Debatte zeigt das Dilemma der Liberalen, den sozialen Schutzzweck zu bejahen, den zu seiner Erreichung notwendigen Zwang aber abzulehnen. Charakteristischerweise konnte man sich

49 Brief v. 24. Febr. 1864 an V. A. Huber, in: G. Mayer, Lassalleana, Arch. f. d. Gesch. d. Sozialismus, I, 181 ff. Zur Idee des sozialen Königtums vor allem bei Stein vgl. E. R. Huber, Lorenz von Stein und die Grundlegung der Idee des Sozialstaats; E. W. Böckenförde, Lorenz von Stein als Theoretiker der Bewegung von Staat und Gesellschaft zum Sozialstaat.; D. Blasius, Lorenz von Steins Lehre vom Königtum der sozialen Reform und ihre verfassungspolitischen Grundlagen, alle in: E. Forsthoff (Hrsg.), Lorenz von Stein, Frankfurt/M. 1972.

50 F. Harkort, Die Industrie, 1844, bei E. Schraepler, Quellen z. Geschichte der sozialen Frage in Deutschland, Bd. 1, 3. Aufl., Göttingen 1964, 87 f.

51 O. v. Bismarck, Deutscher Staat. Ausgewählte Dokumente, eingel. v. H. Rothfels, München 1925, 398; Bismarck im Reichstag v. 15. März 1884: »Hat der Staat die Pflicht, für seine hilflosen Mitbürger zu sorgen, oder hat er sie nicht? Ich behaupte, er hat diese Pflicht, und zwar nicht bloß der christliche Staat, wie ich mir mit den Worten ›praktisches Christentum‹ einmal anzudeuten erlaubte, sondern jeder Staat an und für sich.«

hierüber im Verein für Sozialpolitik nicht einig werden.[52] Nachdem schon 1873 um den Zwang bei der Fabrikinspektion (§ 139 f GewO) gekämpft worden war,[53] sprachen die Liberalen nun erneut von »Staatsomnipotenz« und »Staatsbureaukratismus«[54] und wiesen auf den Widerspruch zwischen liberaler »Erwerbsordnung« und zwangsweiser Sicherung hin,[55] ja sie sahen Bismarck und die Ministerialbürokratie »bereits bis an die Schultern im Sozialismus stecken«.[56] Mit den Worten des Liberalen Hirsch hieß dies: »Die Zwangskasse ist der direkte Weg zum Kommunismus.«[57]

Bismarck hat dieses Stichwort bewußt aufgenommen und ins Positive gewendet: »Sozialistisch sind viele Maßnahmen, die wir getroffen haben, und etwas mehr Sozialismus wird sich der Staat bei unserm Reiche überhaupt angewöhnen müssen.«[58] Er erinnerte daran, »daß das sozialistische Element nichts Neues ist und der Staat gar nicht ohne einen gewissen Sozialismus bestehen kann«[59], sowie an die Alltäglichkeit und die positiven Wirkungen von Zwang in der Vergangenheit, so bei der Bauernbefreiung, der Gesetzgebung zum Grundeigentum, der Armenpflege, beim Schulzwang. Er suchte seine historischen Anknüpfungspunkte bei der friderizianischen Schutzzollpolitik und beim Freiherrn vom Stein. Staatlicher Zwang erschien als das historisch dauerhaftere und erfolgreichere politische Mittel.[60] Vom Verein für Socialpolitik sekundierte ihm Albert Schäffle mit dem ebenfalls historischen Hinweis auf die Grundlastenablösung. Zwang (zur Erhaltung von Freiheit im übrigen) sei »keine neue unerhörte Intervention des öffentlichen Rechts«;[61] denn die »Freiwil-

52 D. Lindenlaub, Richtungskämpfe im Verein für Sozialpolitik, Wiesbaden 1967, Bd. I, 85 ff.

53 Bismarck, entgegen seiner sonstigen Befürwortung von Zwang bei der Sozialversicherung, war hier gegen Zwang, Lohmann dagegen, der sonst Zwang eher ablehnte, war aufgrund der bisherigen Erfahrungen dafür, womit er sich in der Regierungsvorlage von 1878 und im Ergebnis durchsetzte.

54 Vgl. etwa H. v. Treitschke, Der Socialismus und seine Gönner, Preuß. Jahrb. 34 (1874), 67-110, 248-301.

55 L. Brentano, Der Arbeiter-Versicherungszwang, Berlin 1881.

56 L. Bamberger am 12. Mai 1884 im Reichstag, Verh. RT, Bd. 75, 546.

57 M. Hirsch, Die gegenseitigen Hilfskassen und die Gesetzgebung, Berlin 1874, 11, 38.

58 Bismarck am 12. Juni 1882 im Reichstag; vgl. auch seine Grundsatzrede zum Sozialismus vom 15. März 1884, Verh. d. RT, Bd. 75, 72 ff.

59 Bismarck im Reichstag v. 15. März 1884 (Anm. 58).

60 Bismarck im Reichstag v. 14. 6. 1882, Sten. Ber. V. Leg.per. II. Sess., 437.

61 A. Schäffle, Der korporative Hülfskassenzwang, 2. Aufl., Tübingen 1884, 112.

ligkeit allein ist ein Zopf, an welchem gerade die hülfsbedürftige Masse nicht aus dem Sumpfe der wirthschaftlichen Noth sich emporzuheben vermag«.[62]

Geht man diesen historischen Hinweisen nach und fragt nach der Praxis der Verwaltung, so ergibt sich ein ganz ähnliches Bild wie das soeben von Verwaltungslehre und Nationalökonomie skizzierte: Der Liberalismus hat sich nur partiell durchgesetzt.

Der deutsche Absolutismus brach – anders als der französische – am Ende des Ancien Régime nicht zusammen, sondern er paßte sich den Forderungen der öffentlichen Meinung nach Gerichtsöffentlichkeit, Pressefreiheit, Gewerbefreiheit und Bodenfreiheit an, soweit es unumgänglich war. Im übrigen blieb die Verwaltung, die »Freiheit und Eigentum« nicht unmittelbar tangierte, weitgehend in den gewohnten Bahnen. Sie verfügte weiter, so Franz Wieacker, über »eine Rechtsmasse nicht liberaler, nämlich feudaler, obrigkeits- oder wohlfahrtsstaatlicher Struktur ... das gesamte öffentliche Bodenrecht, das Wasser-, Jagd- und Fischereirecht und das landwirtschaftliche Boden-, Kredit- und Vererbungsrecht ... In fast allen diesen Bereichen gingen die alten Traditionen der Landesverwaltungen oft ohne sichtbaren Einschnitt unmittelbar in die kommende sozialrechtliche Entwicklung unseres Jahrhunderts über.«[63] Die modellhafte Entgegensetzung von liberalem Rechts- und modernem Sozialstaat findet sich nicht in dieser Schärfe in der historischen Wirklichkeit. Außerhalb der Eingriffsverwaltung herrscht Kontinuität.

Zu den im Mittelalter herkömmlichen Armen- und Waisenhäusern, Spitälern, Friedhöfen, Schulen treten im 19. Jahrhundert – unter Druck und Förderung von Bevölkerungsvermehrung und Industrieller Revolution – die modernen Daseinsvorsorgeeinrichtungen wie Gasanstalten (1828 ff.), Wasserleitungen (1853 ff.), Wasserwerke (1856 ff.), Pferdebahnen (1865 ff.), Schlachthöfe (1880 ff.) und Elektrizitätswerke (1887 ff.).[64] Rechtlich faßte man diese Phänomene, soweit kein »Zwang« vorlag, mit Mitteln des gemeinen Rechts. Die Verdrängung des Wohlfahrtszwecks aus der Staatszwecklehre, die Konzentration der Rechtsstaatsdoktrin auf die Figur des »Eingriffs«

62 Schäffle (Anm. 61), 10.

63 F. Wieacker, Privatrechtsgeschichte der Neuzeit, 2. Aufl., Göttingen 1967, 545.

64 P. Badura, Das Verwaltungsrecht des liberalen Rechtsstaates, Göttingen 1967; W. Rüfner, Formen öffentlicher Verwaltung im Bereich der Wirtschaft, Berlin 1967, beide m. w. Nachw.

ließen die nichtbefehlende Leistungsverwaltung außerhalb des Blickfeldes des öffentlichen Rechts.

Deutliche Kontinuität zum 18. Jahrhundert herrschte auch da, wo der Staat ganz im merkantilistischen Sinne Wirtschaftsförderung betrieb. Zwar richtete sich die Stoßkraft des politisch aufgeladenen Wirtschaftsliberalismus auf Handel und Gewerbe: die Zunftverfassung wurde abgetragen, die Judenemanzipation machte Fortschritte, der Zollabbau begann. In die gleiche Richtung gingen der Verkauf der Staatsdomänen und im Ruhrgebiet die Entlassung der Zechen aus der Staatsaufsicht, die Bauernbefreiung, die Auflösung des Lehensrechts und der Grundlasten, die Aufteilung der Allmenden und der Verzicht auf staaatliche Getreidemagazine. Doch kann von einem eigentlichen Rückzug des lenkenden und leistenden Staates nicht gesprochen werden. Die verbreitete These, der Staat des 19. Jahrhunderts habe »die Art und Weise des Wirtschaftens prinzipiell der privatautonomen Disposition der Wirtschaftssubjekte« überlassen[65] und habe lediglich durch Schaffung eines Handels- und Wechselrechts, durch Gewährung von Rechtsschutz, durch Ordnung der Maße und Gewichte, Geldwesen, Hypotheken- und Grundbuchsystem sowie durch Gewährung innerer und äußerer Sicherheit (Polizei und Armee) einen »Rahmen« für die gesellschaftliche Entfaltung geboten, ist noch nicht einmal im wirtschaftlichen Bereich durchzuhalten. Erinnert sei nur an die breiten Aktivitäten zur Wirtschaftsförderung im Vormärz (Beuth in Preußen) und zur Förderung der Landwirtschaft durch Ausbildungsstätten (Thaer). Ebenso blieb das Geldwesen als Staatsdomäne erhalten, und zwar nicht nur in der Garantie der Währung, sondern auch in der Errichtung eigenwirtschaftlicher Staatsbanken. Viele der im aufgeklärten Absolutismus errichteten Witwen-, Waisen-, Krankheits-, Invaliditäts-, Alters- und Sterbefallkassen blieben in staatlicher Regie.[66] Daneben können speziell die Brand- und Hagelversicherungen als konstante Elemente staatlicher Leistungsverwaltung hervorgehoben werden. Schließlich ist das Verkehrswesen (Straßen, Kanäle) stets innerhalb der Staatsverwaltung geblieben, wenn sich auch die Finanzierung (vom Wege- und Stromzoll auf die Steuern) änderte. Gleiches gilt für die Post. Die Eisenbahn war zum Teil sofort in Staatsregie (unter anderem in Bay-

65 P. Badura, Wirtschaftsverwaltungsrecht, in: I. v. Münch (Hrsg.), Besonderes Verwaltungsrecht, 4. Aufl., Berlin 1976, 261.

66 F. W. Ponfick, Geschichte der Sozialversicherung im Zeitalter der Aufklärung, jur. Diss., Leipzig 1940.

ern), zum Teil begann sie als privatkapitalistisches Unternehmen, ausgestattet mit öffentlich-rechtlichen Zwangsrechten (Enteignung), wurde dann aber durch Aktienübernahme, Dividendengarantien in den staatlichen Bereich hineingezogen. Nach einer teilweise privatwirtschaftlichen Gründungsphase erfolgte also auch hier die Einordnung in die staatliche Leistungsverwaltung.[67] Übrigens hat Lassalle bei seinem leidenschaftlichen Ruf nach dem Staat und nach staatlicher Intervention in der Sozialen Frage gerade an jene Dividendengarantien erinnert,[68] während andererseits etwa die Versicherungsgesellschaften auf Bismarcks Eisenbahnverstaatlichung als Symptom eines »staatssozialistischen« Kurses hinwiesen.

Überblickt man dies alles, dann spricht vieles für die Betonung der Kontinuität staatlicher Intervention.

Der neue Zwang ließ sich in den traditionellen Mechanismus von Unterordnung und Fürsorge, Kompensation des Freiheitsverlustes durch materiellen Schutz einordnen. Gegenüber dem schwach fundamentierten Liberalismus blieb die grundsätzliche Bereitschaft des konservativen Denkens zur Überlagerung der Vertragsfreiheit durch ethische und öffentlich-rechtliche Bindungen die beherrschende Tendenz.

Bei der Krankenversicherung wurde der vorhandene organisatorische Unterbau durch das Zwangsprinzip komplettiert, und die Zustimmung hierzu reichte weit in das liberale Lager hinein, weil die bis dahin geltende Freiwilligkeit sich ganz offensichtlich nicht bewährt hatte.[69] Bei der Unfallversicherung kam es gerade wegen des Zwangsmoments zum Bruch zwischen dem eher liberalen Lohmann und Bismarck, der eine andere vage Idee verfolgte. »Die Unfallversicherung an sich sei ihm Nebensache, die Hauptsache sei ihm«, so sagte er 1883 zu Lohmann, »bei dieser Gelegenheit zu korporativen Genossenschaften zu gelangen, welche nach und nach für alle produktiven Volksklassen durchgeführt werden müßten, damit man eine Grund-

67 Rüfner (Anm. 64), m. w. Nachw.

68 F. Lassalle, Offenes Antwortschreiben, Zürich 1863, II, 432 ff. Selbstverständlich kritisierte Lassalle gleichzeitig, daß diese Garantien nur den Eisenbahnaktionären zugute gekommen seien. Die staatliche Intervention zugunsten der Arbeiterschaft hielt er nur zugleich mit der politischen Emanzipation der Arbeiterschaft für möglich. »Darum scheint mir, daß das allgemeine Wahlrecht so zu unsern sozialen Forderungen gehört, wie der Stiel zu der Axt« (Brief an Rodbertus v. 30. April 1863).

69 So die Begründung zum Entwurf d. KrankenversG durch Lohmann. Vgl. Rothfels (Anm. 24), 54.

lage für eine künftige Volksvertretung gewinne, welche anstatt oder neben dem Reichstag ein wesentlich mitbestimmender Faktor der Gesetzgebung werde, wenn auch äußerstenfalls durch das Mittel eines Staatsstreichs.«[70] Was immer man diesem Hintergedanken an Ernsthaftigkeit zuschreiben mag, es zeigt sich, daß speziell die Zwangsfrage in der Bürokratie kontrovers blieb. Die »Staatssozialisten« und Bismarck setzten auf Zwang,[71] während sich die Gegenpartei nur zum »indirekten Zwang« durchringen konnte. Ähnlich waren die Fronten im Parlament.[72] Deshalb setzte sich auch in der Rentenversicherung das Zwangsprinzip mit einer knappen Mehrheit durch, die nur durch Aufspaltung des Zentrums zustande kam.[73]

Für die schließlich erfolgreiche Durchsetzung des Zwangsprinzips genügt als Erklärung der Hinweis auf die schlechten Erfahrungen mit der Freiwilligkeit nicht; denn wäre Freiwilligkeit wirklich unumstößlicher Glaubenssatz gewesen, hätte man wohl intensiver über positive Anreize nachgedacht, um die Arbeiterschaft zum Eintritt in die Versicherung zu bewegen. Ein Axiom war die Freiwilligkeit aber aufgrund der geschilderten historischen Entwicklung nicht, und so sieht man auch hinter dem Zwangsmoment – um die Gründe noch einmal zusammenzufassen – die Kontinuität der Verwaltungspraxis zum friderizianischen Preußen (1),[74] begleitet von jener »staatswirtschaftlichen Überlieferung« (2) und der lutherischen Amtsethik (3), wie sie sich etwa in der Person Theodor Lohmanns verdichtete. Insofern ist die öffentlichrechtliche Zwangsversicherung wohl nur in Deutschland so früh und relativ problemlos durchgegangen, weil die liberale Epoche kaum mehr als ein Jahrzehnt gedauert und nicht in die Tiefe gewirkt hatte. Die liberalen Kräfte waren zersplittert und aufgrund der Verfassungslage benachteiligt. Der Liberale Bamberger konnte deshalb mit einem resignierten Unterton im Reichstag sagen, »daß, wenn irgendwo in der Welt dieser Gedanke durchführbar wäre, so wäre es in Deutschland. Das, was man die soziale Monarchie nennt,

70 Rothfels (Anm. 24), 63 f.

71 Siehe etwa A. Wagner, Der Staat und das Versicherungswesen, ZgStW 37, 171 ff. Zu Bismarcks Motivation Vogel, 154 f., sowie Born (Anm. 3).

72 Vgl. die Debatten um die Unfall- und Krankenversicherungsvorlagen am 15./16. Mai 1882 im Reichstag.

73 1. Lesung am 6. Dezember 1888, Verh. RT Bd. 105, Entwurf Bd. 108, Aktenst. Nr. 10.

74 Die klassische Argumentation zugunsten der Sozialreform aus der preußischen Tradition bei Schmoller, Die soziale Frage und der preußische Staat, Preuß. Jahrb. 1874, 342.

die Verbindung mit einer starken obersten, auf eine starke Armee gestützten Gewalt mit sozialistischen Anschauungen und Veranstaltungen, wenn sie irgendwo in der Welt durchführbar ist, das gebe ich zu, dann ist es in Deutschland.«[75]

3. Diese Gründe deuten auf einen dritten Punkt, den ich hier akzentuieren möchte, nämlich den gerade bei der Sozialgesetzgebung zutage tretenden »Führungsanspruch der *Ministerialbürokratie* gegenüber der bürgerlichen Gesellschaft«.[76] Die Beamtenschaft, vielfach beeinflußt von der Wissenschaft, könne »im ganzen genommen ... als eigentliche Trägerin der sozialen Gesetzgebung angesehen werden«,[77] so resümiert Walter Vogel. Dieser Führungsanspruch, gewachsen mit der Entstehung des Berufsbeamtentums und auf einen ersten Höhepunkt gelangt im aufgeklärten Absolutismus und in der Reformwelle nach 1806, konnte sich mit dem kontinuierlichen Wachstum und dem steigenden Selbstbewußtsein der Reichsbehörden nach 1871[78] wieder aktivieren. Die von Bismarck ständig praktizierte Umgehung von Reichstag und Bundesrat[79] steigerte indirekt den Machtzuwachs der Ministerialbürokratie. Diese hatte ihren Rückhalt, wie der Kanzler selbst, wie das Heer und in gewisser Weise auch die Aristokratie, beim Monarchen und dessen Anspruch, über den Klassen und Parteien zu stehen. Was im Parlament »unversöhnt« war, konnte sie versuchen, in einer »Sozialpolitik der Versöhnung« (Th. Lohmann) wieder zusammenzubringen.

Wenn auch die Parteien, wie das Zentrum, die preußischen Konservativen, der Verein für Sozialpolitik und andere Gruppen, ganz wesentliche Anstöße gegeben haben, so ist es insgesamt doch zutreffend zu sagen: »Träger der gesamten sozialpolitischen Reformen war – wie in Preußen zu Beginn des 19. Jahrhunderts – das hohe Beamtentum«,[80] allerdings ein von Bismarck recht gewaltsam in eine neue Richtung dirigiertes Beamtentum. Zunächst dominierte das preußische Handelsministerium, seit 1880 unter Bismarcks Führung, um den direkten Zugriff des Kanzlers auf die neue Politik zu sichern, spä-

75 70. Sitzung v. 18. Mai 1889, Prot. 1839.
76 W. Treue, in: Gebhardt (Anm. 10), 515.
77 W. Vogel, Bismarcks Arbeiterversicherung, Braunschweig 1951, 117.
78 R. Morsey, Die oberste Reichsverwaltung unter Bismarck, 1867-1890, Münster 1957.
79 Für den Bundesrat Beispiele bei Binder (Anm. 25): Stellvertretergesetz, Zollgesetze, Sozialistengesetz, Tabakmonopol.
80 Treue (Anm. 10), 586.

ter das Reichsamt des Innern. Indirekter Hinweis auf die Führungsrolle der Bürokratie sind auch die Einflußnahmen von Industrie und Privatversicherungen, die eben dort und nicht beim Reichstag erfolgreich ansetzen konnten.[81] So skizzierte der Schwerindustrielle Louis Baare in einem Promemoria von 1880 die Grundlagen des Unfallversicherungsgesetzes, so setzte Tonio Bödiker, der erste Präsident des Reichsversicherungsamtes, seine Karriere als Generaldirektor bei Siemens & Halske fort, und so wurde die Gestalt der Rentenversicherung im preußischen Volkswirtschaftsrat maßgeblich von dem Krupp-Generaldirektor und sozialpolitischen Fachmann im Zentralverband deutscher Industrieller, Johann Friedrich Hencke, beeinflußt.[82] Gewiß liefen auch zwischen den Parteien im Reichstag und der Bürokratie zahlreiche Fäden hin und her. Dies gilt vor allem für die Konservativen, die Christlich-Sozialen unter Stoecker, den konservativen Flügel des Vereins für Socialpolitik (A. Wagner, G. v. Schmoller, A. Schäffle, G. Schönberg) und die dort vertretene Variante des »Staatssozialismus«.[83] Dies gilt, mit starken Abstrichen, auch für die Nationalliberalen und das Zentrum. Besonders vom Zentrum sind frühe und eigenständige Impulse zur Sozialpolitik ausgegangen, und sie haben sich in modifizierter Form auch im Gesetzgebungswerk Bismarcks durchsetzen können.[84] Entschieden ablehnend blieb

81 Vogel (Anm. 77), 34 ff., 49 f.

82 Zu Baare und Bödiker vgl. Vogel (Anm. 77), 39 f., 106 ff.; zu Jencke vgl. H. Althoff, Erinnerungen aus den Anfängen der Invalidenversicherung, Zentralbl. f. Reichsversicherung und Reichsversorgung 1940, 181.

83 »Die Gesellschaft, vom Staat geformt und der Rahmen des Staates ausgefüllt durch einen wohlgegliederten sozialen Körper, das sind die Grundgedanken des sog. Staatssozialismus«, Rothfels, Prinzipienfragen der Bismarckschen Sozialpolitik, Königsberg 1935, 59. – Siehe daneben E. Stock, Wirtschafts- und sozialpolitische Bestrebungen der deutsch-konservativen Parteien unter Bismarck 1876-90, Diss., Breslau 1928; A. Hahn, Die Berliner Revue. Beitrag zur Geschichte der konservativen Partei zwischen 1855 und 1875, Berlin 1934; Lindenlaub (Anm. 52), insbes. 94 f. Zu Wagener W. Saile, Hermann Wagener und sein Verhältnis zu Bismarck, Tübingen 1958.

84 Siehe etwa den Antrag Graf v. Galens v. 19. März 1877, RT Drucks. Nr. 74, 274, zum Arbeiterschutz (Sonntagsruhe, Schutz des Handwerks, »Fabrikarbeiterschutz, Beschränkung der Jugend- und Frauenarbeit u. a. m.), zur Freizügigkeit und zum Haftungsrecht. Über die Position der Kirchen informiert knapp Vogel (Anm. 77), 58 ff. Zum Zentrum im übrigen M. Moenning, Die Stellung der deutschen katholischen Sozialpolitiker des 19. Jahrhunderts zur »Staatsintervention« in der sozialen Frage, Diss., Münster 1927; A. F. Eickhoff, G. v. Hertling als Sozialpolitiker, Diss., Jena 1933; E. Reiss-Vaseck, Zentrum und Sozialpolitik zur Zeit Bismarcks, Gelbe Hefte 10 (1934), 590; O. Quandt, Die An-

allerdings die Sozialdemokratie, soweit damals noch die Richtung um Bebel und Liebknecht und nicht die reformistische Gruppe (Auer, v. Vollmar, Grillenberger, Bernstein) herrschend war. Sozialpolitik war für sie der Versuch der Bourgeoisie, das zu tun, was Lassalle empfohlen hatte, nämlich »zeitig die Ventile zu schaffen, um einer Explosion vorzubeugen«. Damit sollte – dies lag offen zutage – die Arbeiterschaft von ihrer politischen Führung getrennt werden. Noch die Staatssozialismusresolution der SPD von 1892 war ganz entschieden: »Die Sozialdemokratie ist ihrem Wesen nach revolutionär, der Staatssozialismus konservativ. Sozialdemokratie und Staatssozialismus sind unversöhnliche Gegensätze.«[85] Aus anderen Motiven, aber im Ergebnis ebenso ablehnend verhielten sich die Linksliberalen, geführt von Richter und Bamberger.[86]

Wichtiger wohl als die direkten Kontakte zwischen Bürokratie und Parteien ist die Tatsache, daß die Ministerialbürokratie ihre Gesetzentwürfe schon im vorhinein auf die Positionen der Parteien abstimmte, um ihnen die Chance der Durchsetzbarkeit zu erhalten. Die Parteien bildeten sozusagen das verfassungsrechtliche Nadelöhr der Sozialgesetzgebung, und sie haben diese Funktion insbesondere bei der Unfallversicherung intensiv genutzt. In der Debatte um die Selbstverwaltung und den Staatszuschuß kam dabei dem Zentrum eine Schlüsselstellung zu.

fänge der Bismarckschen Sozialgesetzgebung und die Haltung der Parteien, Diss., Marburg 1938; F. J. Stegmann, Von der ständischen Sozialreform zur staatlichen Sozialpolitik. Der Beitrag der Historisch-Politischen Blätter zur Lösung der sozialen Frage, München–Wien 1965 (= Pol. Studien, Beih. 4).

85 P. Domann, Sozialdemokratie und Kaisertum unter Wilhelm II. Die Auseinandersetzung der Partei mit dem monarchistischen System, seinen gesellschafts- und verfassungspolitischen Voraussetzungen, Diss., Frankfurt/M. 1971 (Frankf. Hist. Abhandl. Bd. 3), 116. Zur SPD siehe daneben Vogel (Anm. 77), 51 ff., sowie H. Wolff, Die Stellung der Sozialdemokratie zur deutschen Arbeiterversicherungsgesetzgebung von ihrer Entstehung an bis zur Reichsversicherungsordnung, Diss., Freiburg 1933; L. F. Labusch, Die Entwicklung der deutschen Sozialdemokratie zur »konstitutionellen Oppositionspartei«, Diss., Göttingen 1956 (M. Schr.); G. Ritter, Die Arbeiterbewegung im wilhelminischen Reich 1890-1900, 2. Aufl., Berlin 1963; M. Martiny, Integration oder Konfrontation? Studien zur Geschichte der sozialdemokratischen Rechts- und Verfassungspolitik, Bonn–Bad Godesberg 1976.

86 W. Kelsch, Ludwig Bamberger als Sozialpolitiker, Diss., Jena 1933; R. Mueller, Die Stellung der liberalen Parteien im deutschen Reichstag zu den Fragen der Arbeiterversicherung und des Arbeiterschutzes bis zum Ausgang des 19. Jahrhunderts, Diss., Jena 1952 (M. Schr.).

Auf diese Weise relativiert sich die Behauptung von der Dominanz der Bürokratie: Sie selbst bleibt nicht unangetastet, da ihre wichtigsten liberalen Führungskräfte von Bismarck entfernt werden, und sie ist in mehreren Richtungen offen für Beeinflussungen durch das Unternehmertum, den Verein für Socialpolitik und die Parteien. Aber der Kern dieser Behauptung bleibt, zumal vor dem Hintergrund der traditionell bedeutenden Rolle der Verwaltung in Deutschland und der im 19. Jahrhundert nicht abgerissenen theoretischen und praktischen Kontakte zum friderizianischen Preußen.

4. Das eigentliche Gegengewicht zum Einsatz öffentlichrechtlichen Zwangs in der *Sozialversicherung* sollte die Idee der Selbstverwaltung bilden. Im Kampf um das Zwangsprinzip wurde vielfach »zum Ausgleich« auf sie verwiesen. Nationalliberale und Zentrum empfanden die Selbstverwaltung als freiheitliches, »gesellschaftliches« Korrelat zum Zwang, so wie umgekehrt Bismarck dieses Korrelat im Staatszuschuß sah. Seine Einstellung zum Gedanken der Selbstverwaltung ist nicht sehr entschieden. Einerseits bewegte ihn der Gedanke der Integration der Arbeiterschaft, aber schon bei der Unfallversicherung kam es – auf Anregung von Schäffle und gegen Lohmann[87] – nur zu einer Selbstverwaltung der Unternehmer (»Berufsgenossenschaften«). Der dabei verfolgte antiparlamentarische Hintergedanke wurde bereits angedeutet. Bei der Krankenversicherung ist die Übernahme der stark dezentralisierten Selbstverwaltungseinrichtungen (1885: 17 511 Kassen) eher vom Gedanken der Praktikabilität und von der Hoffnung auf Zustimmung des Zentrums motiviert als von einem originären Engagement für Selbstverwaltung. Weiter mögen Rücksichten gegenüber der liberalen Sorge vor »Staatsomnipotenz« und »Bureaukratismus«, aber auch eine spezifisch preußische Tradition der Selbstverwaltungsidee des Freiherrn vom Stein[88] und die über Rudolf von Gneist vermittelte Vorstellung des englischen »selfgovernment«[89] gewirkt haben. Jedenfalls behielt die Sozialverwaltung durch ihre Stellung außerhalb der hoheitlichen

87 A. Schäffle, Aus meinem Leben, Berlin 1905, Bd. II, 143 ff.; Rothfels (Anm. 24), 57. Zu der insgesamt recht begrenzten Mitwirkung Schäffles siehe auch H. Oncken, HZ 96 (1906), 254 ff.

88 D. Schwab, Die Selbstverwaltungsidee des Freiherrn vom Stein und ihre geistigen Grundlagen, Frankfurt/M. 1971; H. Heffter, Die deutsche Selbstverwaltung im 19. Jh. Geschichte der Ideen und Institutionen, Stuttgart 1950.

89 H. Ridder, Art. v. Gneist, HRG Bd. I, 1971, Sp. 1719 ff.; K. Walcker, Rudolf v. Gneist, Berlin 1888.

Verwaltung den historischen Zusammenhang zur organisierten gesellschaftlichen Selbsthilfe.[90]

Schon das zeitgenössische Urteil über die Selbstverwaltung in der Sozialversicherung lautete allerdings nicht günstig, wohl auch deshalb, weil man bewußt oder unbewußt mit anderen Selbstverwaltungsmodellen verglich. Das aufklärerisch-freiheitliche und zugleich nationale Pathos der Reformer von 1806 sucht man am Ende des 19. Jahrhunderts vergebens. Weder waren die Arbeiter gesonnen und in der Lage, in dieser idealistischen Weise die vom Staat gewährte Selbstverwaltung ihrer eigenen materiellen Versorgung anzunehmen, noch war Bismarck, »wie er seit 1862 vielfach bewiesen hatte, ein Reformer aus Steins Geist«.[91] Deshalb stand die Selbstverwaltung im Sinne echter Beteiligung der Arbeiterschaft von Anfang an auf schwachen Füßen. Der erhoffte Integrationseffekt ist zu Bismarcks Enttäuschung nicht eingetreten, und er konnte es wohl auch nicht, da der spätromantische Gedanke, durch Selbstverwaltung »das liberale Resterbe vor der völligen Entpolitisierung zu bewahren«,[92] die Klassengegensätze nicht zu überbrücken vermochte. In der anbrechenden Massengesellschaft war Selbstverwaltung durch einen mechanischen gesetzgeberischen Akt offenbar nicht mehr herstellbar. Die Selbstverwaltungsidee Steins zielte, halbwegs erfolgreich, auf Revitalisierung alter Taditionen in einem neuen politischen Kontext, die Selbstverwaltung der Sozialversicherung konnte dagegen nur auf dem Gebiet der Krankenversicherung an frühere Zustände anknüpfen, und es ist deshalb kein Zufall, daß sie nur dort auch wirklich »angenommen« wurde. Nicht ganz im Sinne ihrer Schöpfer entstand dort die sogenannte »Herrschaft der Sozialdemokratie in der Krankenversicherung«.[93]

5. Aufschlußreich für die »politisch-institutionellen Rahmenbedingungen« der Sozialgesetzgebung ist schließlich die Auseinandersetzung um den *Staatszuschuß*. Bismarck trat »mit einer fast dok-

90 Zur Organisation der Sozialversicherung in den Formen der öffentlichrechtlichen Körperschaft (Krankenkassen, Berufsgenossenschaften) und der öffentlichrechtlichen Anstalt mit körperschaftlichen Elementen (Rentenversicherungsanstalten) im historischen Zusammenhang vgl. K.-J. Bieback, Die öffentliche Körperschaft, Berlin 1976.

91 W. Treue (Anm. 42), 585.

92 H. Ridder (Anm. 89).

93 F. Tennstedt, Sozialgeschichte der Sozialversicherung, in: Handbuch der Sozialmedizin, Bd. III, Stuttgart 1976, 390.

trinär wirkenden Entschiedenheit« für Staatszuschüsse ein,[94] ganz eindeutig deshalb, um der Arbeiterschaft die positive Hilfe des Staates vor Augen zu führen. Er wollte, wie er es in Frankreich beobachtet hatte, »Staatsrentner«, die im Zweifel für Fortzahlung der Rente, also konservativ votierten.[95]

Die Arbeiter sollten, wie Hermann Wagener in einer frühen Denkschrift für Bismarck formuliert hatte, »durch die Leistungen des Reiches für die Reichsidee gewonnen und an diese gekettet werden«.[96]

Konsequenterweise bekämpften Liberale und Zentrum den Staatszuschuß als Kernstück des Bismarckschen »Staatssozialismus« und erreichten seine Streichung bei der Kranken- und Unfallversicherung. Der Staatszuschuß wurde zum Symbol des heraufziehenden Interventionsstaates, in den Augen des Zentrums ein »sehr gefährliches Stück Kommunismus« (F. Hitze), in den Augen der Industrie ein »Danaergeschenk«, ein »Rechtstitel für das Übermaß an Polizei«.[97] Lujo Brentano sah mit dem Interventionsstaat den »Untergang der politischen Freiheit und der nationalen Gesittung«, letztlich den »Ruin der Cultur« kommen.[98]

Heute, da das gesamte politische System seine Legitimation aus der Funktionsfähigkeit des »Leistungsstaates« gewinnt und »Staatszuschüsse« zu praktisch allen menschlichen Aktivitäten selbstverständlich geworden sind, scheint der Energieaufwand zur Verhinderung des Staatszuschusses übertrieben. Doch war dies für den dogmatischen Liberalismus und für den politischen Katholizismus, der den gerade abgeklungenen Kulturkampf nicht vergessen hatte, eine prinzipielle Frage. Die Sachargumente, wie sie etwa Schäffle dargelegt hatte,[99] verfingen deshalb nicht mehr, nicht einmal das ökonomische Argument, der Staatszuschuß senke im Interesse der Konkurrenzfähigkeit der deutschen Industrie deren Soziallasten.

Rückblickend kann man sagen, daß Bismarck den Integrationseffekt eines Staatszuschusses ebenso überschätzte wie seine Gegner

94 Huber (Anm. 4), 1194.

95 Bismarck im Reichstag, 70. Sitzung v. 18. Mai 1889, Prot. 1835; siehe auch W. Bußmann, Das Zeitalter Bismarcks, 3. Aufl., Konstanz 1956, 211.

96 Wagener, Denkschrift, bei Schraepler, Quellen zur Geschichte der sozialen Frage in Deutschland, Bd. II, Göttingen 1964, 49.

97 So der Verband deutscher Müller 1882, bei Vogel (Anm. 77), 42.

98 L. Brentano (Anm. 55), 108 f.

99 A. Schäffle (Anm. 61), 100-106.

den Effekt eines solchen Zuschusses als »Schrittmacher in den Staatssozialismus«. Immerhin zeigt die Schärfe der Auseinandersetzung – am prägnantesten wohl in den Reichstagsdebatten vom 1.-4. April 1881 und vom 13.-15. März 1884 – noch einmal den Kern des Problems. Das liberale Bürgertum bejahte im Grundsatz staatliche Hilfe für die Arbeiterschaft, wollte aber an seiner eigenen materiellen und politischen Position ohne Abstriche festhalten und gleichzeitig einen Machtzuwachs des Staates verhindern. Der revolutionäre Flügel der Arbeiterführung verhielt sich feindlich oder jedenfalls mißtrauisch gegenüber den »materiellen Konzessiönchen« durch die Bourgeoisie.[100] Der preußische Konservativismus, der die staatliche Lösung der Sozialen Frage vorantrieb, wäre nach seiner sozialen Struktur kaum für einen bonapartistischen Pakt mit der Arbeiterschaft gegen das Bürgertum zu haben gewesen. Derartige Pläne waren realitätsfern. Auch Bismarck hat sie offenbar eher als Denkmodelle und als Erpressungsmittel benutzt.[101]

Verfassungsgeschichtlich ist die Wende nach 1878 mit der Formel »vom liberalen Rechtsstaat zum Rechts- und Sozialstaat« (E. R. Huber) grundsätzlich richtig bezeichnet, wenn man sich auch hüten sollte, jene Zustände aus der Perspektive des Art. 20 GG zu interpretieren. Die in der Präambel der Reichsverfassung von 1871 genannte »Wohlfahrt« erhielt ihre Konkretisierung, und zwar in einer Weise, die seltsam zwiegesichtig blieb. Die Wohlfahrtspolizei des 18. Jahrhunderts ist dabei ebenso sichtbar wie der bewußte Einstieg in die interventionistische Sozialverwaltung des 20. Jahrhunderts. Daß die Wendung zum Interventionismus so früh und so entschieden vollzogen wurde, liegt letztlich wohl daran, daß das Bürgertum 1848 politisch unterlegen ist. Der Liberalismus zwischen 1866 und 1873 war wesentlich ökonomisch fundiert und geriet folglich bei der ersten ökonomischen Krise ins Wanken. Deutschland ist deshalb bei der Sozialversicherung »früh«, so könnte man pointiert sagen, weil es den Liberalismus nur an der Oberfläche wirken ließ und so früher als andere Staaten die Trennung von Staat und Gesellschaft hinter sich lassen und die soziale Verantwortung des Staates aus älteren Traditionen wiederbeleben konnte.

Innenpolitisch verschob die Sozialgesetzgebung die verfassungspolitischen Gewichte. Sie verstärkte den ohnehin vorhandenen Trend zur Reichsverwaltung (Reichsamt des Innern, Reichsversicherungs-

100 A. Bebel, bei Domann (Anm. 85), 120.
101 M. Stürmer (Anm. 28), m. w. Nachw.

amt), und sie verstärkte Bismarcks Neigung zur Steuerung der Gesetzgebung am Reichstag vorbei. Bürokratie und Interessenverbände, nicht Reichstag und Parteien, haben bei diesem Großprojekt der Gesetzgebung die Initiative. Weitere Folgen der Sozialversicherungsgesetze sind die Entstehung des bedeutenden Blocks der Sozialverwaltung, die künftig im föderalistischen Gefüge Deutschlands eine gewissermaßen »querliegende« Spezialbürokratie bilden sollte. Die Anfänge einer eigenen Sozialgerichtsbarkeit im Reichsversicherungsamt gehören hierher.[102] Schließlich aktivierte sie die »Staatsverantwortung« für die Soziale Frage, die bis heute ein wesentlicher Zug deutscher Staatstheorie und Innenpolitik geblieben ist.

102 W. Bogs, Sozialrechtspflege vor Einführung der Sozialgerichtsbarkeit, insbesondere die Rechtsprechung des Reichsversicherungsamtes, in: FS Bundessozialgericht, Kassel 1979, 1 ff.

10. Die Entstehung des Interventionsstaates und das öffentliche Recht*

I. Ancien Régime und Industrielle Revolution

In der zweiten Hälfte des 19. Jahrhunderts setzt sich in Deutschland die Industrielle Revolution durch, beginnt mit dem allgemeinen Wahlrecht und der Entstehung von Parteien das Zeitalter der egalitären Demokratie, und es etabliert sich seit den achtziger Jahren der sogenannte Interventionsstaat. Diese drei Vorgänge sind aufeinander bezogen, und sie bringen gemeinsam ein viertes Phänomen hervor: das Verwaltungsrecht und die Verwaltungsrechtswissenschaft.

1. Fragestellung

Im folgenden geht es um die wechselseitig wirksamen Energien innerhalb dieses magischen Vierecks. Ziel ist eine plausible Erklärung für das rasche, aus mancherlei Gründen auch beunruhigende Wachstum des öffentlichen Rechts. Dieses Wachstum ließ sich nicht nur an der sprunghaften Vermehrung des öffentlichrechtlichen Normbestands, der Zeitschriften, Entscheidungssammlungen und Lehrbücher ablesen, die Zeitgenossen beobachteten um die Jahrhundertwende auch Gewichtverschiebungen der Rechtsordnung insgesamt, nämlich »eine immer stärkere öffentlichrechtliche Beimischung« im bürgerlichen Recht, »einen beträchtlichen Abbau an bürgerlichem Recht zugunsten der Publizistik« und »eine bedeutende Zunahme an Zwang«.[1] Heute wird von einer »gewaltigen Steigerung der Staats-

* Vortrag auf dem 27. Deutschen Rechtshistorikertag (15.-29. September 1988) in Bielefeld. Die Vortragsform wurde beibehalten.
Folgende Abkürzungen werden verwendet:

HZ	=	Historische Zeitschrift
DJZ	=	Deutsche Juristenzeitung
ZStW	=	Zeitschrift für die gesamte Strafrechtswissenschaft
RGZ	=	Entscheidungen des RG in Zivilsachen

1 J. W. Hedemann, Das bürgerliche Recht und die neue Zeit, 1919, 11 f. Vgl. auch R. Kahn, Rechtsbegriffe der Kriegswirtschaft, München 1918, 154: »Das öffentliche Recht erweiterte auf Kosten des Privatrechts seinen Bereich.«

tätigkeit seit Beginn der Industrialisierung«[2] und von der »Machtergreifung des öffentlichen Rechts« beziehungsweise von einer »Abschwächung des Vorrangs des bürgerlichen Rechts, die sich in diesem einen Jahrhundert meist lautlos, aber beharrlich und entschieden vollzog«,[3] gesprochen. Was steckt dahinter, und inwiefern hängt dies mit dem Machtverlust des Liberalismus um 1878, mit der Industrialisierung, mit dem allgemeinen Wahlrecht und dem Hineingleiten in den Interventions-, Parteien- und Verbändestaat zusammen? Gibt es einen Zusammenhang der Entstehung der neuen verwaltungsrechtlichen Gebiete des kommunalen Daseinsvorsorgerechts, des Technikrechts, des Rechts der Wirtschaftsverwaltung, der Sozialversicherung, des Arbeitsschutzrechts, des Städtebau- und Planungsrechts? Warum setzt sich gleichzeitig im Verwaltungsrecht die sogenannte »juristische Methode« durch und führt zu einem »Allgemeinen Teil«? Gibt es einen Punkt, an dem sich die Entwicklungslinien so bündeln lassen, daß der Übergang vom liberalen Rechtsstaat zum Interventionsstaat[4] verständlich wird? Gibt es plausible Hypothesen zur Erklärung jener »Machtergreifung«?

2. Sieben Jahrzehnte

Den zeitlichen Rahmen bilden die Jahrzehnte zwischen 1850 und 1920. In diesen siebzig Jahren wird die Agrargesellschaft in Deutschland zur Industriegesellschaft, verdoppelt sich die Bevölkerung und verändern sich Altersaufbau und geographische Verteilung grundlegend.[5] Bis 1913 verdreifacht sich das Volkseinkommen, Nettoinlands-

2 H. A. Winkler, Organisierter Kapitalismus? Versuch eines Fazits, in: ders., Liberalismus und Antiliberalismus, Göttingen 1979, 264-271 (269).

3 F. Wieacker, Industriegesellschaft und Privatrechtsordnung, Frankfurt/M. 1974, 36, 39.

4 H. A. Winkler (Hrsg.), Organisierter Kapitalismus. Voraussetzungen und Anfänge, Göttingen 1974; L. Gall, Zu Ausbildung und Charakter des Interventionsstaats, in: HZ 227, 1978, 552-570; Th. Nipperdey, Organisierter Kapitalismus, Verbände und die Krise des Kaiserreichs, in: Geschichte und Gesellschaft 5, Göttingen 1979, 418; Winkler, wie Fn. 2; J. Kocka, Organisierter Kapitalismus im Kaiserreich?, in: HZ 230, 1980, 613-631, als Rezension u. a. von V. Hentschel, Wirtschaft und Wirtschaftspolitik im wilhelminischen Deutschland. Organisierter Kapitalismus und Interventionsstaat?, Stuttgart 1978; zusammenfassend L. Gall, Europa auf dem Weg in die Moderne 1850-1890, München 1984, 102 ff.

5 W. Köllmann, Bevölkerungsgeschichte 1800-1970, in: H. Aubin/W. Zorn

produkt und Kapitalstock verfünffachen sich. Ab 1880 übertreffen die Wachstumsraten der Schwerindustrie die der westlichen Konkurrenten Frankreich und England; Chemie und Elektroindustrie rücken in den neunziger Jahren nach vorne, ab 1910 beginnt der Aufstieg der Automobilindustrie.[6]

Gleichzeitig vollziehen sich soziale Umschichtungen größten Ausmaßes.[7] Adel und Bürgertum durchdringen einander auf komplizierte Weise, die Arbeiterbewegung formt sich als gesellschaftliche und politische Kraft, sie wird – nach vergeblichen Unterdrückungsversuchen – akzeptiert, und sie selbst akzeptiert zunehmend den politischen Rahmen, innerhalb dessen sie sich bewegt.[8] Als neue Schicht zwischen Arbeiterschaft und Beamtentum treten die Angestellten (»Privatbeamte«) auf und organisieren sich politisch.[9] Überallhin dringt die industrielle Welt, verändert das häusliche Leben, den Arbeitsplatz, die gesellschaftliche Kommunikation, das Bildungswesen und insgesamt die kollektive psychische Befindlichkeit der Gesellschaft.

Die altständische Ordnung einer agrarisch-militärischen Feudalgesellschaft und die egalitäre moderne Industriegesellschaft schoben sich auf diese Weise wie tektonische Platten übereinander, ohne sich organisch miteinander zu verbinden. Gleichwohl – dies meine These

(Hrsg.), Handbuch der deutschen Wirtschafts- und Sozialgeschichte 2, Stuttgart 1976, 9-50.

6 W. G. Hoffmann, Das Wachstum der deutschen Wirtschaft seit der Mitte des 19. Jahrhunderts, Berlin 1965; K. Borchardt, Die Industrielle Revolution in Deutschland, München 1972; F. W. Henning, Die Industrialisierung in Deutschland 1800-1914, Paderborn 1973, 214 ff.; Borchardt, in: Aubin/Zorn (Hrsg.), wie Fn. 5, 2, 198-275; W. Fischer, Bergbau, Industrie und Handwerk 1850-1914, ebenda 527-562; speziell zum »Elektroboom 1895-1900« Hentschel, wie Fn. 4, 212-226.

7 H. Pohl (Hrsg.), Sozialgeschichtliche Probleme in der Zeit der Hochindustrialisierung (1870-1914), Paderborn 1979; zusammenfassend Gall, Europa (wie Fn. 4), 1984, 111 ff.; J. Kocka (Hrsg.), Bürgertum im 19. Jahrhundert, 3 Bde., München 1988.

8 W. Conze/U. Engelhardt (Hrsg.), Arbeiter im Industrialisierungsprozeß, Stuttgart 1979; dies., Arbeiterexistenz im 19. Jahrhundert: Lebensstandard und Lebensgestaltung deutscher Arbeiter und Handwerker, Stuttgart 1981; K. Tenfelde/G. A. Ritter (Hrsg.), Bibliographie zur Geschichte der deutschen Arbeiterschaft und Arbeiterbewegung 1863-1914, Bonn 1981.

9 J. Kocka, Die Angestellten in der deutschen Geschichte 1850-1980. Vom Privatbeamten zum angestellten Arbeitnehmer, Göttingen 1981.

für die Entstehung des Interventionsstaats – waren das ganz Alte und das ganz Neue antiliberale Verbündete.[10] Sie konnten, sozusagen über den Liberalismus hinweg, miteinander kooperieren. Das Ancien Régime blieb in Gestalt des Privatfürstenrechts, des Fideikommiß- und Majoratsrechts, des Lehenrechts, der Regalien, der Zwangs- und Bannrechte, des Sonderarbeitsrechts für Hausgesinde, Knechte und Mägde[11] in mehr oder weniger großen Restbeständen bis 1918 erhalten. Erst 1848 waren Patrimonialgerichtsbarkeit und Jagdrechte abgeschafft worden.[12] Die patrimoniale Polizeigewalt blieb in Preußen bis zur Kreisordnung von 1872 und zur Landgemeindeordnung von 1891 unangetastet, ebenso die persönliche Kreisstandschaft der Eigentümer von Rittergütern.[13] Noch schwerwiegender waren die Konservierung des Dreiklassenwahlrechts und der Sonderstellung des preußischen Herrenhauses. Von der Durchsetzung einer umfassenden staatsbürgerlichen Gleichheit zwischen Adel und Bürgertum einerseits, Bürgertum und Unterschicht andererseits kann bis 1918 nicht gesprochen werden, vom fehlenden Frauenstimmrecht ganz abgesehen. Auch was die Karrieren und die gesellschaftlichen Konventionen angeht, blieben die Schranken hoch. Militär, Verwaltung und Diplomatie öffneten ihre Führungspositionen nur zögernd für bürgerliche Anwärter.[14]

Wenn auch diese Relikte des 18. Jahrhunderts allmählich zerfielen, soweit sie funktionslos waren, oder, soweit sie störten, beseitigt wurden, so ist es doch jedenfalls unrichtig, das 19. Jahrhundert in

10 Wieacker, wie Fn. 3; M. Stolleis, Sozialversicherung und Interventionsstaat 1881-1981, in: 100 Jahre Deutsche Sozialversicherung, Wiesbaden 1982. Vgl. dazu auch Gall, Europa (wie Fn. 4), 126-128.

11 A. Nußbaum, Die Reform des Gesinderechts, in: DJZ 6, 1901, 520; J. W. Hedemann, Zur Reform des Gesinderechts, in: DJZ 11, 1906, 1338. Th. Vormbaum, Politik und Gesinderecht im 19. Jahrhundert (vornehmlich Preußen 1810-1918), Berlin 1980. – Zu den übrigen genannten Materien vgl. Art. 55-59, 73 EGBGB, und die Kommentierung von Th. Keidel im Kommentar von Staudinger, 9. Aufl., 1929.

12 A. Erler, Patrimonialgerichtsbarkeit, in: HRG III, 1984, 1547 ff.

13 H. Rosenberg, Die Pseudodemokratisierung der Rittergutsbesitzerklasse, in: ders., Probleme der deutschen Sozialgeschichte, Frankfurt/M. 1969,18 f.

14 E. Kehr, Zur Genesis des Königlich Preußischen Reserveoffiziers, in: ders., H. U. Wehler (Hrsg.), Der Primat der Innenpolitik, 2. Aufl., Berlin 1970, 53-63; N. v. Preradovich, Die Führungsschichten in Österreich und Preußen 1804-1918, Wiesbaden 1955; A. J. Mayer, Adelsmacht und Bürgertum. Die Krise der europäischen Gesellschaft 1848-1914, München 1984, 98 ff.; H. Kaelble, Französisches und deutsches Bürgertum, in: Kocka, wie Fn. 7, 1, 107-140 (111 ff.).

Deutschland uneingeschränkt das »bürgerliche« zu nennen. Die alten Führungsschichten hatten sich ökonomisch umgestellt[15] und durch Nobilitierungen ergänzt, und sie drückten dem Bürgertum politisch und gesellschaftlich mindestens ebensosehr den Stempel auf, wie sie selbst bürgerliche Verhaltensweisen annahmen.[16]

3. Die Schwäche des Liberalismus

Die Verquickung patrimonial-agrarischer mit industriell-egalitären Elementen prägte das gesamte politische System. Weder war dem Bürgertum der Zugang zur politischen Macht wirklich eröffnet worden, noch wurde die Durchsetzung des liberalen Rechtsstaats, wie er idealtypisch beschrieben wurde, jemals ohne Vorbehalte betrieben. Gewiß richtete sich die Stoßkraft des Wirtschaftsliberalismus seit 1800 auf Handel und Gewerbe: die Zunftverfassung wurde zunächst abgetragen, die Judenemanzipation machte Fortschritte, ebenso die Grundlastenablösung, die Bodenmobilisierung und die Abtragung der Binnenzölle. Dennoch zog sich der Staat keineswegs auf einen Laissez-faire-Standpunkt zurück. Er betrieb intensive Wirtschaftsförderung[17] bis hin zur staatlich unterstützten Industriespionage in Belgien und England, er gründete Fördervereine, staatliche Kreditinstitute, schuf Realschulen, Gewerbeschulen und Technische Universitäten,[18] er kontrollierte die Berufsausübung vergleichsweise in-

15 H. Gollwitzer, Die Standesherren. Die politische und gesellschaftliche Stellung der Mediatisierten 1815-1918, 2. Aufl., Göttingen 1964; H. Reif, Westfälischer Adel 1770-1860. Vom Herrschaftsstand zur regionalen Elite, Göttingen 1979.

16 H. Henning, Das westdeutsche Bürgertum in der Epoche der Hochindustrialisierung 1860-1914. Soziales Verhalten und soziale Strukturen, Wiesbaden 1972; L. Gall, »ich wünschte ein Bürger zu sein«. Zum Selbstverständnis des deutschen Bürgertums im 19. Jh., in: HZ 245, 1987, 601-623; H. U. Wehler, Wie »bürgerlich« war das Deutsche Kaiserreich?, in: J. Kocka (Hrsg.), Bürger und Bürgerlichkeit im 19. Jh., Göttingen 1987, 243-280.

17 O. Simon, Die Fachbildung des Preussischen Gewerbe- und Handelsstandes im 18. und 19. Jahrhundert, Berlin 1902, insbes. 726 ff.; C. Matschoss, Preußens Gewerbeförderung und ihre großen Männer, Berlin 1921; W. O. Henderson, The State and the Industrial Revolution in Prussia, 1740-1870, Liverpool 1958; U. P. Ritter, Die Rolle des Staates in den Frühstadien der Industrialisierung. Die preußische Industrieförderung in der ersten Hälfte des 19. Jahrhunderts, Berlin 1961.

18 G. Moellei; Die preußischen Kunstgewerbeschulen, in: E. Mai/H. Pohl/S. Waetzold (Hrsg.), Kunstpolitik und Kunstförderung im Kaiserreich, Berlin

tensiv, er organisierte Ausstellungen, vergab Preise und Medaillen.[19] Ebenso blieben Transportwege und Post in Staatsregie; die Eisenbahnen mit ihrem bedeutenden Einfluß auf das Enteignungsrecht[20] gelangten stufenweise dorthin.

Auf vielen Gebieten wurden während des 19. Jahrhunderts die Liberalisierungen der napoleonischen Zeit wieder zurückgenommen, so etwa die Bodenmobilisierung durch Schaffung bäuerlicher Erbgüter und Erhaltung des Anerbenrechts, durch die Wiederzulassung der Fideikommisse und durch die Eindämmung der Güterzertrümmerung,[21] so auch im Handwerk, das sich stufenweise den öffentlichrechtlichen Status der Innungen und die alten öffentlichrechtlichen Zugangsschranken wieder erkämpfte.[22]

Ich möchte freilich die etatistisch-autoritäre Tradition nicht überzeichnen. Es gab Gegengewichte, auch nach 1850, und zwar in der Freihandelsbewegung,[23] im Vereins-[24] und Genossenschafts-

1982, 113-129; E. Konter, »Architekten-Ausbildung« im Deutschen Reich, a. a. O., 285-308; M. Stürmer, Das ruhelose Reich. Deutschland 1866-1918, Berlin 1983, 120 ff.; L. Burchardt, Wissenschaft und Wirtschaftswachstum: Industrielle Einflußnahmen auf die Wissenschaftspolitik im Wilhelminischen Deutschland, in: U. Engelhardt/V. Sellin/H. Stuke (Hrsg.), Soziale Bewegung und politische Verfassung, Stuttgart 1976, 770-797.

19 Exemplarisch U. Haltern, Die Londoner Weltausstellung von 1851. Ein Beitrag zur Geschichte der bürgerlich-industriellen Gesellschaft im 19. Jahrhundert, Münster 1971; B. Mundt, Die deutschen Kunstgewerbemuseen im 19. Jahrhundert, München 1974.

20 D. Grimm, Die Entwicklung des Enteignungsrechts unter dem Einfluß der Industrialisierung, in: ders., Recht und Staat der bürgerlichen Gesellschaft, Frankfurt/M. 1987, 264 ff.

21 H. Coing/W. Wilhelm (Hrsg.), Wissenschaft und Kodifikation des Privatrechts im 19. Jahrhundert 3, Frankfurt/M. 1976, m. w. Nachw., sowie die ältere Darstellung von J. W. Hedemann, Die Fortschritte des Zivilrechts im XIX. Jahrhundert, 2. Teil/1. Hälfte (Das materielle Bodenrecht), Köln 1930.

22 W. Fischer, Wirtschaft und Gesellschaft im Zeitalter der Industrialisierung, Göttingen 1972, 338 ff. (zum Kleingewerbe); W. Abel (Hrsg.), Handwerksgeschichte in neuer Sicht, 2. Aufl., Göttingen 1978; H. Sedatis, Liberalismus und Handwerk in Südwestdeutschland, Stuttgart 1979, insbes. 177 ff. zur Entwicklung bis 1882.

23 G. Mayer, Die Freihandelslehre in Deutschland. Ein Beitrag zur Gesellschaftslehre des wirtschaftlichen Liberalismus, Jena 1927; V. Hentschel, Die deutschen Freihändler und der volkswirtschaftliche Kongreß 1859-1885, Stuttgart 1975; knappe Zusammenfassung bei H. Winkel, Die deutsche Nationalökonomie im 19. Jahrhundert, Darmstadt 1977, 38-49.

24 Th. Nipperdey, Verein als soziale Struktur in Deutschland im späten 18. und frühen 19. Jahrhundert, in: Geschichtswissenschaft und Vereinswesen im 19.

wesen[25] sowie in der Idee der Selbstverwaltung,[26] vor allem im kommunalen Bereich. Dennoch bleibt der Eindruck beherrschend, daß die Industrielle Revolution in Deutschland in einer halbfeudalen, staatsorientierten und nie bis an die Wurzel liberalisierten Gesellschaft stattfand. Das »liberale Grundwasser«, sagte Friedrich Naumann 1901, »das unterhalb aller politischen Strömungen ruhen sollte, ist in Deutschland nicht vorhanden«.[27]

In der Tat: Weder die Reformgesetzgebung der napoleonischen Zeit noch die Liberalisierungsimpulse von 1830 und 1848/49 haben die älteren Fundamente wohlfahrtsstaatlichen Denkens wirklich zu erschüttern vermocht. Zu keinem Zeitpunkt war die Gesellschaft stark und selbstbewußt genug oder auch nur willens, den Staat auf »Sicherheitspolizei« zu reduzieren und ihm die Sorge für die »Wohlfahrt« der Bürger zu verbieten. Durchweg wurde der Rechtsstaat nicht nur formal, sondern auch material verstanden,[28] wurden von ihm nicht nur »Aufrechterhaltung der Rechtsordnung« erwartet, wie Robert von Mohl sagte, sondern auch »die Unterstützung vernünftiger menschlicher Zwecke, wo und inwieweit die eigenen Mittel der einzelnen oder bereits zu kleineren Kreisen vereinigten, Betheiligten nicht ausreichen«.[29] Das war in säkularisierter Form die alte, in Deutschland besonders intensiv ausgeprägte Traditionslinie obrigkeitlicher christlicher Wohlfahrtspflege.[30] Schon 1844 verlangte der

Jahrhundert, Göttingen 1972, 1-44; Th. Vormbaum, Die Rechtsfähigkeit der Vereine im 19. Jahrhundert. Ein Beitrag zur Entstehungsgeschichte des BGB, Berlin 1976.

25 H. Faust, Geschichte der Genossenschaftsbewegung, 3. Aufl., Frankfurt/M. 1977.

26 H. Müthling, Die Geschichte der deutschen Selbstverwaltung, Köln 1966; H. Heffter, Die Deutsche Selbstverwaltung im 19. Jahrhundert, 2. Aufl., Stuttgart 1969; H. Croon/W. Hofmann/G. Chr. v. Unruh, Kommunale Selbstverwaltung im Zeitalter der Industrialisierung, Stuttgart 1971.

27 F. Naumann, Der Niedergang des Liberalismus, in: Werke 4, Köln 1964, 215-236.

28 E. W. Böckenförde, Entstehung und Wandel des Rechtsstaatsbegriffs, in: FS A. Arndt, Frankfurt/M. 1969, 53-76 (60-62).

29 R. v. Mohl, Encyklopädie der Staatswissenschaften, Tübingen 1859, 324 f. Hierzu U. Scheuner, Der Rechtsstaat und die soziale Verantwortung des Staates. Das wissenschaftliche Lebenswerk von Robert von Mohl, in: Der Staat 18, 1979, 1-30.

30 H. Maier, Die ältere Staats- und Verwaltungslehre, 2. Aufl., München 1980; U. Scheuner, Die Staatszwecke und die Entwicklung der Verwaltung im deutschen Staat des 18. Jahrhunderts, in: Beiträge zur Rechtsgeschichte, Gedenk-

Industrielle Harkort: »der Staat muß einschreiten, um fernerem Verderben zu wehren, damit der Strom des Pauperismus nicht unaufhaltsam wachsend die gesegneten Auen des Vaterlandes unheilbringend überschwemme ... Vom Staate verlangen wir, daß er nicht allein gebietend, sondern auch helfend und fördernd einschreite.«[31]

Deshalb richteten sich die liberalen Forderungen des Vormärz auch primär auf Begrenzungen des monarchischen Prinzips, auf Grundrechte, Gewaltenteilung und parlamentarische Repräsentation des Besitz- und Bildungsbürgertums, nie jedoch gegen wohlfahrtsstaatliche Intervention. Nachdem dann die politischen Hoffnungen des Bürgertums 1849 geknickt waren, dominierten die ökonomischen Elemente des Liberalismus.[32] Diese waren freilich anfällig gegen Konjunkturschwankungen. Sobald Importe drohten, rief man den »Staat« zu Hilfe und verlangte nach Schutzzöllen. Insgesamt erwiesen sich so die »wohlfahrtsstaatlichen« Traditionselemente »unterhalb« des offiziellen, immer stärker ökonomisch interpretierten Liberalismus zwischen 1850 und 1878 als die eigentlich tragenden.

Dies wurde deutlich, als die ehemals oppositionellen Liberalen nach 1866 ihren Frieden mit dem Staat gemacht hatten. Sie waren jetzt »nationalliberal«, ebenso wie umgekehrt die alten Führungsschichten sich mit dem Wahlrecht und mit den bürgerlichen Erwerbsprinzipien abgefunden hatten. Letzteres fiel ihnen um so leichter, als das allgemeine Klima nicht wirklich bürgerlich war. Die im Kaiserreich zu beobachtende »Neufeudalisierung« ergriff weite Teile des Besitz- und Bildungsbürgertums. Der »Königlich Preußische Reserveoffizier« und das Corpsstudententum bildeten, wie Max Weber und Eckart Kehr gezeigt haben, die Hebel, um die Verwaltung von Liberalen zu säubern und so eine Brücke zwischen Bürgertum und Militärmonarchie zu bilden.[33]

schr. H. Conrad, Paderborn 1979, 467-489; D. Baum, Bürokratie und Sozialpolitik. Zur Geschichte staatlicher Sozialpolitik im Spiegel der älteren deutschen Staatsverwaltungslehre, Berlin 1988.

31 F. Harkort, Die Industrie, 1844, in: E. Schraepler, Quellen zur Geschichte der sozialen Frage in Deutschland 1, 3. Aufl., Göttingen 1964, 87 f.

32 H. A. Winkler, Vom linken zum rechten Nationalismus. Der deutsche Liberalismus in der Krise von 1878/79, in: ders., Liberalismus und Antiliberalismus, Göttingen 1979, 36-51; Gall, Europa (wie Fn. 4), 70 ff.; D. Langewiesche, Liberalismus und Bürgertum in Europa, in: Kocka, wie Fn. 7, 360 ff.

33 W. Schücking, Neue Ziele der staatlichen Entwicklung, Festg. L. Eneccerus, Marburg 1913, 1-98; K. Vondung (Hrsg.), Das wilhelminische Bildungsbürgertum. Zur Sozialgeschichte seiner Ideen, Göttingen 1976; siehe auch oben

Je enger das Besitzbürgertum und die alten Eliten zusammenrückten, desto größer war die Bereitschaft, sich in Krisensituationen staatlicher Hilfe zu versichern und auf liberale Prinzipien zu verzichten, die sich jetzt als hinderlich erwiesen.

II. Der Übergang zum »Interventionsstaat«

1. Vier Ursachen

Die Krisen, die als Auslöser für die Reaktivierung des Interventionsstaates dienten, zeigten sich schon kurz nach der Reichsgründung. 1873 begann der Kulturkampf, jene von sehr unterschiedlichen Motiven bewegte Konfrontation zwischen protestantischer Reichsregierung und politischem Katholizismus. Elsaß- und Polenfrage, innere Reichsgründung durch Abwehr »ultramontaner« Einflüsse, Durchsetzung des staatlichen Ausbildungsmonopols und der Zivilehe, Fortschrittsoptimismus versus »klerikale Rückständigkeit« und anderes vermengten sich hier miteinander.[34]

1873 setzte gleichzeitig die sogenannte »Große Depression« ein.[35] Sie ist hier weniger wegen ihrer wirtschaftlichen als wegen der psychologischen Folgen bedeutsam, weil sie das Hochgefühl des Gründerbooms brach und den ökonomischen Liberalismus verunsicherte. Bald danach begann der vielbesprochene Übergang Bismarcks zur Schutzzollpolitik, um einerseits der gefährdeten Schwerindustrie und der Landwirtschaft zu helfen und andererseits das Reich durch erhöhte Zoll- und Verbrauchssteuereinnahmen von den Matrikularbeiträgen der Bundesstaaten unabhängiger zu machen.[36]

Mit dem Gothaer Programm von 1875 wuchs auch die Arbeiterbewegung zu einem für das Bürgertum bedrohlichen Faktor heran.

Fn. 16 sowie W. Conze/J. Kocka (Hrsg.), Bildungsbürgertum im 19. Jh., Teil I-IV, Stuttgart 1985-1989.

34 Zusammenfassend R. Morsey, in: A. Rauscher (Hrsg.), Der soziale und politische Katholizismus 1, München 1981, 72 ff.

35 H. Rosenberg, Große Depression und Bismarckzeit. Wirtschaftsablauf, Gesellschaft und Politik in Mitteleuropa, Berlin 1967.

36 I. N. Lambi, Free Trade and Protection in Germany, 1868-1879, Wiesbaden 1963; K. W. Hardach, Die Bedeutung wirtschaftlicher Faktoren bei der Wiedereinführung der Eisen- und Getreidezölle in Deutschland 1879, Berlin 1967, insbes. 139 ff., 144 ff.; H. O. Binder, Reich und Einzelstaaten während der Kanzlerschaft Bismarcks 1871-1890, Tübingen 1971, 113 ff.

Seit man die Herrschaft der Pariser Commune vor Augen hatte, war man bereit, repressive Mittel einzusetzen. Bismarck trug sich mit Verbotsplänen und machte schon mit dem Pressegesetz (1874) und der Novelle zum Strafgesetzbuch (1875) Anläufe zu aktiver Bekämpfung. 1877 erreichte die Sozialdemokratie rund 500 000 Stimmen (12 Mandate) und wurde damit endgültig ernsthafter Gegner.[37]

Die Durchpeitschung des Sozialistengesetzes mit den »Attentatswahlen« (1878),[38] die Spaltung der Liberalen, die Entfernung der freihändlerischen Minister und der Übergang zum Schutzzoll sind die miteinander gekoppelten Vorgänge des Jahres 1878. Um hierfür die Kräfte zu konzentrieren und die Zustimmung des Zentrums zu gewinnen, wurde der Kulturkampf beigelegt. Gemeinsam ist diesen Vorgängen die Stoßrichtung gegen die internationalistischen Kräfte (Freihandel, Weltkirche, Sozialismus), die Schaffung von »Außenfronten«, um die »innere Reichsgründung« zu vollenden. Landwirtschaft und Industrie, Arbeiterschaft und politischer Katholizismus sollten so mit je eigenen Mitteln befriedet und an den neuen Staat angebunden werden.

Die 1878 eingeleitete und 1881 wirklich in Gang gesetzte Sozialgesetzgebung[39] markiert den Übergang zu einer neuen Qualität des Staates besonders deutlich. Zum erstenmal fiel das Wort »Staatssozialismus«, als Vorwurf gemeint, aber von Bismarck nachdrücklich aufgenommen und mit positivem Akzent versehen. Ludwig Bamberger sah den Staat »bereits bis an die Schultern im Sozialismus stecken«, der Liberale Hirsch sah in der Sozialversicherung den »direkten Weg zum Kommunismus«, ebenso das Zentrum, die Industrie, sprach von einem »Danaergeschenk«, Lujo Brentano vom »Untergang der politischen Freiheit und der nationalen Gesittung«, der

37 V. L. Lidtke, The Outlawed Party. Social Democracy in Germany 1878-1890, Princeton 1966, 70 ff. (zu 1878) und 291 ff. (zu 1889/90).

38 W. Pack, Das parlamentarische Ringen um das Sozialistengesetz Bismarcks 1878-1890, Düsseldorf 1961; L. Gall, Sozialistengesetz und innenpolitischer Umschwung. Baden und die Krise des Jahres 1878, in: Zs. f. d. Gesch. d. Oberrheins 73, 1963, 504-577.

39 W. Vogel, Bismarcks Arbeiterversicherung. Ihre Entstehung im Kräftespiel der Zeit, Braunschweig 1951; M. Stolleis, Die Sozialversicherung Bismarcks, in: H. F. Zacher (Hrsg.), Bedingungen für die Entstehung und Entwicklung von Sozialversicherung, Berlin 1979, 387-411; J. Alber, Vom Armenhaus zum Wohlfahrtsstaat. Analysen zur Entwicklung der Sozialversicherung in Westeuropa, Frankfurt/M.–New York 1982; G. A. Ritter, Sozialversicherung in Deutschland und England. Entstehung und Grundzüge im Vergleich, München 1983.

Verband deutscher Müller schließlich von einem »Rechtstitel für das Übermaß an Polizei«.[40] Mit anderen Worten: Der Bruch war zu spüren, und es breitete sich eine Ahnung davon aus, was dies künftig bedeuten könnte. Der Mechanismus von Wohlfahrt und Zwang, Massenloyalität und allgemeinem Wahlrecht wurde erkennbar.

Gleichzeitig konnte man sehen – und Bismarck hat es selbst hervorgehoben –, daß diese neugeschaffene Sozialversicherung als Zwangseinrichtung mit Staatszuschuß den wohlfahrtsstaatlichen Geist des aufgeklärten Absolutismus atmete. Sie ist das Hauptbeispiel dafür, »wie sehr in den sozialen und sozialistischen Institutionen des modernen Staats die Autorität des alten obrigkeitsstaatlichen Ordnungsstaates weiterlebt. Aus der Stärke dieser Tradition erklärt sich, warum gerade in Deutschland die staatssozialistische Komponente der heutigen sozialen Reform so stark ist.«[41]

Das Jahr 1878 bedeutet also weniger einen Bruch als eine Revitalisierung dessen, was längst bereitlag. Die vorliberale Grundlinie war wieder da, aber die Bedingungen der Industrialisierung und des beginnenden Parteien- und Verbändestaates waren neu.

2. Zwischenbilanz

Auf der Grundlage der bisherigen Beobachtungen empfiehlt es sich, eine Zwischenbilanz zu ziehen und über das mehrfach verwendete Wort »Interventionsstaat« im rechtshistorischen Kontext Klarheit zu schaffen. Da in einem sehr weiten Sinn jeder Staat der Neuzeit Interventionsstaat ist, weil er unablässig durch Setzung und Durchsetzung von Normen sowie durch administrative Regulierung von Einzelfällen gesellschaftliche Prozesse begrenzt, anregt oder unterdrückt, sollte man von »Interventionsstaat« sinnvollerweise nur reden, wenn eine bestimmte Dichte und Planmäßigkeit rechtlicher Einflußnahmen erreicht werden. Es müßte sich also »um strukturelle und qualitative Veränderungen ... und nicht lediglich um eine quantitative Aufblähung schon immer nachweisbarer Aufgaben« handeln.[42] Man

40 Nachw. bei Vogel und Stolleis, wie Fn. 39.

41 Wieacker, wie Fn. 3, 21; ebenso nunmehr D. Baum, Bürokratie und Sozialpolitik. Zur Geschichte staatlicher Sozialpolitik im Spiegel der älteren deutschen Staatsverwaltungslehre, Berlin 1988.

42 H. J. Puhle, Vom Wohlfahrtsausschuß zum Wohlfahrtsstaat. Entwicklungstendenzen staatlicher Aufgabenstellung und Verwaltungsprobleme im Zei-

könnte deshalb jeweils mit anderen Gründen die Neuartigkeit staatlicher Aufgaben, die Expansion des öffentlichen Dienstes, die Steigerung der Staatsausgaben,[43] den Grad der Industrialisierung oder der Interaktion der Wirtschaftssektoren untereinander und mit dem Staat als Indikatoren wählen.[44] Für die Rechts- und Verfassungsgeschichte ist jedoch entscheidend, ob die »hochgradig kartellierte und konzentrierte, bürokratisierte und in Verbänden organisierte Industriewirtschaft«[45] von einem bestimmten Punkt an der ständigen staatlichen Intervention in Form neugesetzten Rechts zwingend bedarf, weil sie keine selbsttragende Konstruktion mehr ist. Sobald dieser Punkt erreicht ist, muß der Staat intervenieren, um sich selbst in seiner Doppelrolle als Garant der Spielregeln und als Mitspieler halten zu können; er interveniert nicht aus Stärke, sondern aus Schwäche. Die Inhalte der Intervention werden zunehmend im Arrangement des politisch-administrativen Systems mit den gesellschaftlichen Gruppen festgelegt. Dies hat weitreichende Folgen, nicht nur für den Stil der Gesetzgebung und der Rechtsprechung, für die politische Willensbildung und letztlich für die Zuschreibung des Begriffs der Souveränität. Die seit dem Ende des 19. Jahrhunderts diskutierte Frage, ob die Epoche der (inneren) Souveränität zu Ende gehe, hat hier ihren Ursprung.

Was Gesetzgebung und Rechtsprechung angeht, so werden sie von der Dynamik, die dem Interventionsstaat eigen ist, unmittelbar erfaßt. Dauerintervention bedeutet permanente Novellierungsarbeit des Gesetzgebers beziehungsweise der Exekutive als Verordnungsgeber, also entschiedene Vermehrung der Normproduktion, zugleich aber auch einen Dauerimpuls zur Flexibilisierung der Rechtsprechung, weil anders zwischen dem schwerfälligen Normapparat und der rasch sich wandelnden Wirklichkeit nicht mehr vermittelt werden kann. Lange vor der Freirechtsschule, und zwar ziemlich genau 1885/86, zeigen sich Lockerungen der Gesetzesbindung und ein Übergang von der subjektiven auf die objektive Theorie der Geset-

chen von Industrialisierung und Demokratisierung, in: G. A. Ritter (Hrsg.), Vom Wohlfahrtsausschuß zum Wohlfahrtsstaat. Der Staat in der modernen Industriegesellschaft, Köln 1973, 29-68 (30 f.).

43 W. Gerloff, Die Finanz- und Zollpolitik des Deutschen Reiches, Jena 1913.

44 H. J. Puhle, Historische Konzepte des entwickelten Industriekapitalismus, in: Geschichte und Gesellschaft 10, Göttingen 1984, 165-184 (166).

45 F. Blaich, Staat und Verbände in Deutschland zwischen 1871 und 1945, Wiesbaden 1979, m. w. Nachw.; siehe auch oben Fn. 4.

zesauslegung,[46] Vorgänge, die mit dem hier besprochenen Wandel zusammenhängen.

III. Wachstum des öffentlichen Rechts

Von 1871 an beginnt eine intensive Gesetzgebungsarbeit. Dies ist zunächst eine Folge der Reichsgründung selbst. Auf den klassischen Gebieten des Rechtsstaats mußte die Reichseinheit erst einmal hergestellt werden.[47] Gleichzeitig entstand eine Reichsverwaltung, die sich allmählich auch in der Normproduktion bemerkbar machte. Die sogenannten Reichsämter wurden – noch unter Bismarck – allmählich zu echten Reichsministerien.[48] Auch die nach 1850 begonnenen Verwaltungsreformen der Länder kamen jetzt in den achtziger Jahren zum Abschluß und brachten einen weiteren erheblichen Zuwachs an materiellem Verwaltungsrecht.[49] Und schließlich stimulierte die neue Verwaltungsgerichtsbarkeit, um die seit 1850 in den Ländern gerungen wurde,[50] die Produktion von Verwaltungsrecht, indem sie die rechtliche Seite der Verwaltung akzentuierte, für eingreifende Verwaltungsakte Rechtsgrundlagen verlangte und die Rechtsvergleichung mit anderen Bundesstaaten nahelegte.[51]

46 J. Schröder, Gesetzesauslegung und Gesetzesumgehung. Das Umgehungsgeschäft in der rechtswissenschaftlichen Doktrin von der Spätaufklärung bis zum Nationalsozialismus, Paderborn 1985, 68-92; R. Ogorek, Richterkönig oder Subsumtionsautomat? Zur Justiztheorie im 19. Jahrhundert, Frankfurt/M. 1986, 257-268. Zum Strafrecht vgl. K. Binding, Handbuch des Strafrechts I, Leipzig 1885, S. VIII, 17 ff., 213 ff., 450 ff., 454 f., 469 ff.

47 P. Landau, Die Reichsjustizgesetze von 1879 und die deutsche Rechtseinheit, in: Vom Reichsjustizamt zum Bundesministerium der Justiz, Köln 1977, 161-211; B. Diestelkamp, Die deutsche Reichsgesetzgebung im 19. und 20. Jahrhundert. Probleme und Forschungslage, in: Rättshistoriska studier (Serien II) 7, 1982, 210.

48 R. Morsey, Die Erfüllung von Aufgaben des Norddeutschen Bundes und des Reiches durch Behörden des Bundes und des Reiches, in: K. G. A. Jeserich/H. Pohl/G. Ch. v. Unruh (Hrsg.), Deutsche Verwaltungsgeschichte 3, Stuttgart 1984, 147 ff., m. w. Nachw.

49 Nachweise in: Deutsche Verwaltungsgeschichte 3 (wie Fn. 48), 689-865.

50 W. Rüfner, Die Entwicklung der Verwaltungsgerichtsbarkeit, in: Deutsche Verwaltungsgeschichte 3 (wie Fn. 48), 909-930; R. Ogorek, Individueller Rechtsschutz gegenüber der Staatsgewalt. Zur Entwicklung der Verwaltungsgerichtsbarkeit im 19. Jahrhundert, in: Kocka (wie Fn. 7), 372-405.

51 M. Stolleis, Verwaltungsrechtswissenschaft und Verwaltungslehre 1866-1914, in: Deutsche Verwaltungsgeschichte 3 (wie Fn. 48), 90 ff.

Neben diesen immer noch herkömmlich zu erklärenden Zuwächsen an Verwaltungsrecht bildete sich jedoch eine neue weitere Rechtsmasse. Sie kam aus der Satzungsautonomie öffentlichrechtlicher Körperschaften und aus der Privatautonomie von Verbänden und Monopolunternehmen. Sie wurde hervorgebracht unter dem Druck der Industrialisierung, der neuen Techniken, der neuen Marktumstände und Werbemethoden, der großen Kapitalanhäufung und der Expansion in eine koloniale und vermeintlich imperiale Zukunft.

Zunächst sah es freilich noch wie eine Ausweitung traditioneller Aufgaben aus. In den städtischen und industriellen Ballungszentren gab es ab 1828 Gasanstalten, seit den fünfziger Jahren Wasserleitungen und Wasserwerke, ab 1865 Pferdebahnen, ab 1880 Schlachthöfe und ab 1887 Elektrizitätswerke.[52] Diese Einrichtungen bedienten sich des Gemeinen Rechts, wurden der nichteingreifenden »Wohlfahrtspolizei« zugerechnet und blieben so außerhalb der Debatte um Rechtsstaat und Rechtsschutz. Immerhin wurde allmählich erkennbar, daß sich hier über die Sachzwänge von Städtebau, Gesundheitsvorsorge und überörtlicher Vernetzung der Energieversorgung ein ganz neuer Bereich künftigen öffentlichen Rechts erhob. Die Dominanz des Privatrechts und die Zersplitterung des Kommunal- und Länderrechts verdeckten den eigentlichen Umfang und die funktionale Einheitlichkeit dieser Rechtsmasse noch bis in die dreißiger Jahre des 20. Jahrhunderts.

Daß der sprunghafte Anstieg des Regelungsbedarfs der jungen Industriegesellschaft auch den Stil der parlamentarischen Gesetzgebung veränderte, wurde bereits angedeutet. Waren Gesetze zunächst von der Ministerialbürokratie ausgearbeitet und zwischen Kanzler, Bundesrat, Parteispitzen und Monarch abgestimmt worden, so schoben sich seit den achtziger Jahren die Verbände nach vorne. Sie entstanden überwiegend nach 1880 als mit Einschränkung untrügliche Indizien des »Interventionsstaates«, weil die interessierten Kreise begriffen, wie wichtig es war, präsent zu sein, wenn der Staat Chancen zuteilte oder blockierte.[53] Den Parteien war (und ist) diese direkte

52 W. Rüfner, Formen öffentlicher Verwaltung im Bereich der Wirtschaft, Berlin 1967, m. w. Nachw.

53 W. Fischer, Staatsverwaltung und Interessenverbände im Deutschen Reich 1871-1914, in: C. Böhret u. a. (Hrsg.), Interdependenzen von Politik und Wirtschaft. Beiträge zur Politischen Wirtschaftslehre, Berlin 1967; H. Kaelble, Industrielle Interessenverbände vor 1914, in: W. Rüegg u. a. (Hrsg.), Zur soziologischen Theorie und Analyse des 19. Jahrhunderts, Göttingen 1971; H. A. Winkler, Pluralismus oder Protektionismus? Verfassungspolitische Probleme

Art der Interessenverfolgung versagt, weil sie sich von einer gewissen Größe an nicht mehr auf eine bestimmte Klientel festlegen können und wenigstens verbal ihre Legitimation aus der Berufung auf das Gemeinwohl beziehen. Den Verbänden, insbesondere den agrarischen, gelang es jedoch, ganze Parteien und Parteiengruppen an sich zu ketten. Erfolgskriterium hierbei war, wie Friedrich Naumann sagte, »wem die Gesetzgebungsmaschine die meisten Früchte in den Schoß wirft«.[54] Hierüber entschieden die Mitgliederzahlen, gute Verbindungen zur Ministerialbürokratie, geschickte Mobilisierung der öffentlichen Meinung und das volkswirtschaftliche »Gewicht« der vertretenen Interessen.

Reichsgründung, Verwaltungsreformen, Verwaltungsgerichtsbarkeit und Industrialisierung wirkten also in eine Richtung, die da lautete: rechtliche Ordnung der technischen Neuerungen, der neuen Energieträger und Transportmittel, rechtliche Bewältigung der Bevölkerungsvermehrung und der Wanderung in die industriellen und städtischen Zentren, Bewältigung der Sozialen Frage mit Hilfe einer neuen Großbürokratie, Bewältigung des über herkömmliche Wirtschafts- und Unternehmensformen hinauswachsenden Industriekapitalismus, und dies alles durch neues öffentliches Recht. So schrieb ein Beobachter schon 1880 im ersten Band einer neuen Zeitschrift für Verwaltungsrecht: »Im ganzen System des Rechtes giebt es kein Gebiet, das in den letzten Jahrzehnten so jähe und tiefgreifende Wandlungen erfahren hat, als das Verwaltungsrecht. Der gewaltige Umschwung unserer Erwerbs- und Wirtschaftsverhältnisse, der sich in Folge der großen Erfindungen der Neuzeit auf dem Gebiete der Naturwissenschaften und der Mechanik vollzogen, und der einen ebenso vollkommenen Umsturz unserer gesellschaftlichen Beziehungen hervorgerufen hat«, zwinge zu einer »durchgreifenden Revision und Umarbeitung der bestehenden Verwaltungsgesetze«.[55]

Beispiele aus der Zeit bis zum Weltkrieg bieten etwa das Eisenbahnrecht, einschließlich der Eisenbahnreglements als Wegbereiter der allgemeinen Geschäftsbedingungen,[56] die rechtliche Neugestal-

des Verbandswesens im deutschen Kaiserreich, Wiesbaden 1972; Blaich (wie Fn. 45); zur neueren Forschung Gall, Europa (wie Fn. 4), 120 f., 194 f.

54 Naumann (wie Fn. 27).

55 H. Waentig, Justiz und Verwaltung im Königreich Sachsen, in: Zs. f. Praxis und Gesetzgebung der Verwaltung (FischersZ) 1, 1880, 2.

56 R. Pohlhausen, Zum Recht der allgemeinen Geschäftsbedingungen im 19. Jahrhundert, Ebelsbach 1978.

tung des Post- und Telegrafenwesens,[57] das Recht der Elektrizitätsversorgung,[58] das erste Gesetz über den Verkehr mit Kraftfahrzeugen,[59] alles dies begleitet von einer Kette entsprechender internationaler Abkommen. Auf der Ebene der Kommunen kommen ein qualitativ völlig neues Städtebau- und Planungsrecht[60] hinzu sowie das bereits erwähnte Rechtsgebiet der städtischen Daseinsvorsorge.[61] Die vor allem mit dem Städtebaurecht verbundenen Erweiterungen des Enteignungsrechts stießen übrigens auf erhebliche Widerstände, die der Frankfurter Oberbürgermeister Franz Adickes auf die Formel »Eigennutz von schreienden Grundbesitzern in Verbindung mit der Angst der privat-rechtlichen Juristen vor öffentlichrechtlichen Eingriffen« brachte.[62]

Einen weiteren großen Komplex bilden diejenigen Normen, mit denen der Staat die Privatwirtschaft umgrenzte, ihr Schutz gewährte, regulierend eingriff und den Ordre public als Schranke der (im Prinzip selbstverständlich gewahrten) Handlungsfreiheit aufrichtete. Dies spielte sich noch in herkömmlich liberal-rechtsstaatlichen Formen ab, war aber in der Sache doch auch eine verstärkte inhaltliche Steuerung der Wirtschaftsabläufe. Beispielhaft seien genannt das Wuchergesetz von 1880,[63] die Gesetze über Urheberrechte, über das Verlagsrecht, die Gesetze über Patente, Gebrauchsmuster und Warenzeichen;[64] weiter das Genossenschafts- und das GmbH-Gesetz,

57 H. Chr. Caro, Der Fortschritt des deutschen Rechts unter Kaiser Wilhelm II., Hannover 1913, 31 ff., 36, m. w. Nachw.

58 H. U. Evers, Entstehungsgeschichte, Ziele, Konzeption, Grundsätze und Änderungen des Energiewirtschaftsgesetzes, in: Das Energiewirtschaftsgesetz im Wandel von fünf Jahrzehnten (= Veröff. d. Instituts f. Energierecht a. d. Univ. Köln 57), Baden-Baden 1987, 18 ff., m. w. Nachw.

59 Gesetz vom 3. Mai 1909, RGBl, S. 437.

60 R. Breuer, Expansion der Städte, Stadtplanung und Veränderung des Baurechts im Kaiserreich, in: Mai/Pohl/Waetzold (Hrsg.) (wie Fn. 18), 225-243; ders., Zur Entstehungsgeschichte eines modernen Städtebaurechts in Deutschland, in: Die Verwaltung 1986, 305; S. Fisch, Stadtplanung im 19. Jahrhundert. Das Beispiel München bis zur Ära Theodor Fischer, München 1988.

61 Oben wie Fn. 52.

62 Brief v. 17. März 1894, in: E. Adickes, Franz Adickes als Mensch, in: Franz Adickes. Sein Leben und sein Werk, Frankfurt/M. 1929, 1-232 (178f.). Die »Lex Adickes« kam dann später zustande (Gesetz betr. die Umlegung von Grundstücken in Frankfurt/M. v. 28. Juli 1902, PrGS 1902, 273-291).

63 Gesetz vom 24. Mai 1880, RGBI, S. 109, aufgehoben durch Art. 47 EGBGB.

64 B. Dölemeyer, Urheber- und Verlagsrecht/Patentrecht und Musterschutz, in: H. Coing (Hrsg.), Handbuch der Quellen und Literatur der neueren europäischen Privatrechtsgeschichte III/3, 5. und 6. Abschn., München 1986.

das Börsengesetz und das Hypothekenbankgesetz,[65] die Gesetzgebung zum Versicherungswesen,[66] das Abzahlungsgesetz, das Scheckgesetz sowie die Gesetzgebung gegen unlauteren Wettbewerb.[67]

In gleicher Weise Wahrnehmung des Ordre public versus vertragliche Handlungsfreiheit war die nachbismarcksche, die große Sozialversicherung ergänzende Arbeitsschutzgesetzgebung, die sich zunächst um die Gewerbeordnung von 1869 herum bildete.[68] Sie zielte auf Schutz der Arbeitskraft vor Ausbeutung durch Überstunden, Nacht- und Sonntagsarbeit, auf Schutz der Jugendlichen und der Frauen sowie auf Verbesserungen des Unfallschutzes. Letzteres wurde allerdings mehr und mehr eine in die Selbstverwaltung der Berufsgenossenschaften der Unfallversicherung verlagerte Aufgabe.[69]

Wichtigstes Kennzeichen dieser Gesetze ist die schrittweise Grenzverwischung zwischen Privatrecht und öffentlichem Recht. Die Vertragsfreiheit wird zurückgedrängt, und zwar nicht nur durch den Staat, sondern auch durch die öffentlichrechtlichen Körperschaften und marktbeherrschenden Unternehmen. Dadurch entstehen breite Misch- und Übergangszonen zwischen Freiwilligkeit und Zwang, etwa auch im Recht der kommunalen Daseinsvorsorge und der Beförderungsbedingungen. »Verwaltungsprivatrecht« ist die dafür geschaffene Verlegensheitsformel.[70] Je mehr sich die Sozialkon-

65 Gesetz betr. die Erwerbs- und Wirtschaftsgenossenschaften vom 1. Mai 1889, RGBl, S. 55; Gesetz betr. die Gesellschaften mit beschränkter Haftung vom 20. April 1892, RGBl, S. 477; Hypothekenbankgesetz vom 13. Juli 1899, RGBl, S. 375.

66 Gesetz über die privaten Versicherungsunternehmungen vom 12. Mai 1901, RGBl, S. 139; Gesetz über den Versicherungsvertrag vom 30. Mai 1908, RGBl, S. 263.

67 Gesetz betr. die Abzahlungsgeschäfte vom 15. Mai 1894, RGBl, S. 450, hierzu H. P. Benöhr; Konsumentenschutz vor 80 Jahren. Zur Entstehung des Abzahlungsgesetzes vom 16. Mai 1894, in: Zsfdg Handelsrecht und Wirtschaftsrecht 138, 1974, 292; W. Schubert, Das Abzahlungsgesetz von 1894 (...), in: ZRG/GA 102, 1985, 130; Scheckgesetz vom 1. März 1908, RGBl, S. 71; Reichsgesetz zur Bekämpfung des unlauteren Wettbewerbs vom 27. Mai 1896, RGBl, S. 145; Gesetz gegen den unlauteren Wettbewerb vom 7. Juni 1909, RGBl, S. 499.

68 Gesetz betr. Kinderarbeit in gewerblichen Betrieben vom 30. März 1903, RGBl, S. 113; Hausarbeitsgesetz vom 20. Dezember 1911, RGBl, S. 976. – Zu den Änderungen der Gewerbeordnung vom 21. Juni 1869, RGBl, S. 245, vgl. den Kommentar von Landmann/Rohmer (Loseblatt, Neubearbeitung, Stand v. 1. 2. 1988) I, Einl., RdNr. 23.

69 E. Wickenhagen, Geschichte der gewerblichen Unfallversicherung 1, München 1980, insbes. 63 ff.

70 D. Ehlers, Verwaltung in Privatrechtsform, Berlin 1984; K. A. Schachtschnei-

takte verdichteten, desto eher wurden die Verträge schematisiert und desto mehr ging die Vertragsfreiheit von den Individuen auf die großen Kollektive über, die sich den Zwängen der allgemeinen Rechtsordnung zu entziehen vermochten.[71] Großunternehmen, die schon in die Hunderte gehenden Kartelle und die Verbände schufen sich ihre eigenen Institutionen: »überall«, so sagte ein Zeitgenosse, »sehen wir Einigungsämter, Schlichtungsausschüsse, Schiedkommissionen auftauchen.«[72] Es handelte sich also schon in dieser frühen Phase des Interventionsstaates nicht einfach um die Vermehrung öffentlichrechtlicher Zwangsgewalt, sondern um die Durchdringung von öffentlichem und privatem Recht mit der Folge, daß beide Seiten Charakterzüge der anderen übernahmen.

Der eigentliche Schlüssel für die Veränderung der gesamten Rechtsordnung im Interventionsstaat ist das Vordringen des Zweckmoments. Intervention bedeutet gezielte, zweckgeleitete Einflußnahme durch Recht. Das Recht ist insoweit Mittel, nicht Selbstzweck. Der Richter wird in diesen Jahren, wie es Jan Schröder ausgedrückt hat, vom »Diener« zum »Hüter« des Gesetzes,[73] indem er die intendierten Zwecke ermittelt und im Rahmen der Norm zur Geltung bringt. Daß das Recht »Zwecken« dienen müsse und nicht zweckfreie »Konstruktion« sei, hatte Jhering im ersten Band von »Der Zweck im Recht« (1877) temperamentvoll verfochten, und Franz von Liszt hatte dies 1882 auf das Strafrecht übertragen[74] – beide noch idealistisch grundiert und ohne Vorahnung, wohin politisch schwankende und beliebig auffüllbare Zweckprogramme das Recht noch führen könn-

der, Staatsunternehmen und Privatrecht, Berlin 1986; letzterer i. S. einer klassisch strengen Trennung von Staat und Privatunternehmen, was ihm freilich den Vorwurf der Realitätsferne eingetragen hat (G. Püttner, in: NVwZ 1988, 813).

71 M. Pappenheim, Die Vertragsfreiheit und die moderne Entwicklung des Verkehrsrechts, in: FS G. Cohn, Zürich 1915; Wieacker (wie Fn. 3), 45, und passim.

72 Hedemann (wie Fn. 1), 14. Zur Vermehrung der Kartelle (1875: 4; 1890: 106; 1896: 205; 1905: 385; 1925: 1500; 1930: 2100) vgl. J. Kocka, Unternehmer in der deutschen Industrialisierung, Göttingen 1975, 98. Zu der epochemachenden Entscheidung vom 4. 2. 1897 »sächsisches Holzstoffkartell« (RGZ 38, 155) W. Möschel, 70 Jahre Deutsche Kartellpolitik, Tübingen 1972.

73 Schröder (wie Fn. 46), 125.

74 F. v. Liszt, Der Zweckgedanke im Strafrecht (1882), in: ders., Strafrechtliche Aufsätze und Vorträge 1, Berlin 1905, 126 ff. Hierzu W. Naucke, Die Kriminalpolitik des Marburger Programms 1882, in: ZStW 94, 1982, 525-564. Zu Jhe-

ten.[75] Man kann diese Wiedereinführung des Zweckmoments philosophisch als Zurückverwandlung der formalen kantischen Freiheitsethik in die materiale Ethik sozialer Verantwortung interpretieren (Wieacker),[76] man kann aber auch historisch dahinter das heraufziehende Massenzeitalter und die zweckhafte Steuerung des Individuums durch technische, soziale und politische Rahmenbedingungen sehen. Insofern sind das Auftauchen des Zweckgedankens und die Umorientierung des Richterbildes sichere Indizien für den Interventionsstaat, der eine flexibel steuerbare Rechtsordnung braucht, dem die Unterscheidung von Staat und Gesellschaft, von öffentlichem und privatem Recht immer weniger bedeutet, sofern nur bestimmte »Zwecke« erreicht werden. Im Ergebnis heißt dies Zunahme von Zwang und Verwaltungsrecht; denn zweckgeleitete Intervention bedeutet Lenkung oder Einbindung von Privatautonomie durch öffentliches Recht. Die sozialen und wirtschaftspolitischen Zwecke, der Arbeiterschaft, dem Mittelstand, der Schwerindustrie oder der Landwirtschaft zu Hilfe zu eilen, schlüpften notwendig ins Gewand des öffentlichen Rechts. Savigny konstatierte 1840, die »Hülfe, die (gegen die Folgen der harten Privatautonomie, M. St.) Statt findet, entspringt nicht auf dem Boden des Privatrechts, sondern dem des öffentlichen Rechts«, und 1889 prophezeite Anton Menger, freilich als einen von ihm erwünschten Zustand: »Das Ende dieses geschichtlichen Prozesses wird allerdings darin bestehen, daß das Eigentum und damit das ganze Privatrecht vollständig von dem öffentlichen Recht überflutet wird.«[77]

ring siehe nunmehr W. Pleister, Persönlichkeit, Wille und Freiheit im Werke Jherings, Ebelsbach 1982, 221 ff.

75 Vgl. E. Landsberg, Geschichte der deutschen Rechtswissenschaft III, Aalen 1910, 820: »Wie durch die Zeitläufte diese Gefahr übermäßig verstärkt werden sollte, konnte aber offenbar Jhering unmöglich vorhersehen.«

76 Wieacker (wie Fn. 3), 24.

77 C. F. v. Savigny, System I, Leipzig (1840), 371; Hinweis auf dieses Zitat bei J. Rückert, Autonomie des Rechts in rechtshistorischer Perspektive, Hannover 1988, 51. – A. Menger, Das bürgerliche Recht und die besitzlosen Volksklassen (1889), 4. Aufl., Tübingen 1908, 132. D. Willrodt/D. v. Westernhagen, Recht und soziale Frage. Die Sozial- und Rechtsphilosophie Anton Mengers, Hamburg 1975; E. Müller, Anton Mengers Rechts- und Gesellschaftssystem, Berlin 1975.

IV. Die Entstehung des »Allgemeinen Teils« des Verwaltungsrechts

Das rasche Wachstum des Verwaltungsrechts während des Kaiserreichs bereitete in der Praxis zunehmend Schwierigkeiten und schuf einen Markt für die nun schlagartig auftretenden Zeitschriften, Archive, Jahrbücher und Entscheidungssammlungen.[78] An den juristischen Fakultäten setzten sich allmählich verwaltungsrechtliche Vorlesungen durch (in Preußen ab 1881), und es erschienen die ersten Lehrbücher.[79] Was aber fehlte, war eine ausgearbeitete Dogmatik, und die wurde je länger, desto mehr vermißt, weil man das Leitbild des Rechtsstaats auf der einen und die musterhafte Dogmatik der Zivilistik auf der anderen Seite vor Augen hatte. »Wenn der Begriff des Rechtsstaats«, sagte Carl Friedrich von Gerber 1865, »irgend eine reelle Bedeutung hat, so ist sie gerade die, daß mehr und mehr auch auf dem Gebiete der Verwaltung feste rechtliche Bestimmungen gegeben werden, welche der Willkür den Boden entziehen.«[80] Eine Generation später hat dann Otto Mayer kurz und knapp gesagt: »Der Rechtsstaat ist der Staat des wohlgeordneten Verwaltungsrechts.«[81] Schon aus diesem Grund mußte ein »Allgemeiner Teil« ausgebildet werden, mußte man entsprechende zivilistische Institute ins öffentliche Recht übertragen oder umformen,[82] um einen Bestand dogmatischer Grundfiguren zu erhalten, mit denen das länderweise aufgehäufte verwaltungsrechtliche Material geistig durchdrungen, rechtsstaatlich geordnet und durch Verwaltungsgerichte kontrollierbar gemacht werden konnte.

Die alte Ordnung, nach der man das sogenannte Administrativrecht bis in das zweite Drittel des 19. Jahrhunderts einteilte, war das Ressortprinzip gewesen, das heißt, man gliederte »staatswissenschaftlich« nach Außen- und Innenministerium, Justiz-, Kriegs- und Finanzministerium. Diese Ordnung behielt zwar ihren Sinn für sam-

78 M. Stolleis/J. Schmitt, Zur Entstehung der Zeitschriften des öffentlichen Rechts seit 1848, in: Quaderni Fiorentini 13, 1984, 747-761.

79 Stolleis (wie Fn. 84), m. w. Nachw. insbes. 93 ff.

80 F. C. v. Gerber, Grundzüge eines Systems des deutschen Staatsrechts, Leipzig 1865, 233.

81 O. Mayer, Deutsches Verwaltungsrecht I, 2. Aufl., München–Leipzig 1914, 60.

82 F. Fleiner, Über die Umbildung zivilrechtlicher Institute durch das öffentliche Recht, Tübingen 1906.

melnde Handbücher, aber sie war nicht »wissenschaftlich«, sie vermittelte keine Leitlinien zur Ordnung des Materials, etwa die Gesetzesbindung bei Eingriffen in Privatrechte, das Rückwirkungsverbot und den Vertrauensschutz, die Abgrenzung von Verwaltungs- und Kriminalunrecht, Zuständigkeitsregeln und so weiter. Vor allem aber bedurfte man einer Grundform administrativen Handelns, die so allgemein war wie im Zivilrecht der Vertrag. Diese Grundform war der Verwaltungsakt.

Die Ausbildung eines »Allgemeinen Teils« des Verwaltungsrechts durch die Wissenschaft ist ein Vorgang, der sich ähnlich wie im Zivilrecht von Heises »Grundriß« (1807)[83] bis zum BGB über das ganze 19. Jahrhundert hinzog.[84] Er begann später als im Zivilrecht im Umfeld des süddeutschen Frühkonstitutionalismus, verstärkte sich dann nach 1850 und reichte – wiederum über mehrere süddeutsche Zwischenstufen – bis zu dem epochemachenden »Deutschen Verwaltungsrecht« Otto Mayers von 1895.[85] Es ist in diesem Rahmen nicht möglich, den Vorgang nachzuzeichnen. Aber die Antriebskräfte, die zu jener abstrahierenden Herausarbeitung einer verwaltungsrechtlichen »Dogmatik« führten und die wiederum mit unserem Thema zusammenhängen, können genannt werden: Zwei Vorbilder schwebten den Verwaltungsrechtlern vor Augen, wenn sie in den siebziger und achtziger Jahren über den Allgemeinen Teil eines gemeindeutschen Verwaltungsrechts nachdachten. Zum einen das »allgemeine deutsche Staatsrecht«,[86] die Fortsetzung des alten »ius publicum universale«;[87] es wurde bis 1871 als Beitrag der Staatsrechtslehre zur Reichsein-

83 G. A. Heise, Grundriß eines Systems des gemeinen Zivilrechts, Heidelberg 1807.

84 Zusammenfassend, m. Nachw. der älteren Literatur, M. Stolleis, Verwaltungslehre und Verwaltungswissenschaft 1803-1866/Verwaltungsrechtswissenschaft und Verwaltungslehre 1866-1914, in: Deutsche Verwaltungsgeschichte 2 (wie Fn. 48), Stuttgart 1983, 83-94, und 3, Stuttgart 1984, 90-108.

85 E. V. Heyen, Otto Mayer. Studien zu den geistigen Grundlagen seiner Verwaltungsrechtswissenschaft, Berlin 1981; A. Hueber, Otto Mayer. Die »juristische Methode« im Verwaltungsrecht, Frankfurt/M. 1981.

86 M. Friedrich, Die Erarbeitung eines allgemeinen deutschen Staatsrechts seit der Mitte des 18. Jahrhunderts, in: JöR/NF 34, 1985, 1; ders., Robert von Mohls Auseinandersetzung mit dem Allgemeinen deutschen Staatsrecht des 19. Jahrhunderts, in: Hans Maier (Hrsg.), Politik, Philosophie, Praxis, FS W. Hennis, Stuttgart 1988, 116-127.

87 M. Stolleis, Geschichte des öffentlichen Rechts 1, München 1988, 291-297. Eingehender hierzu Ch. Link, Herrschaftsordnung und Bürgerliche Freiheit, Wien 1979, 60 ff.

heit verstanden und forderte gewissermaßen ein verwaltungsrechtliches Pendant. Zum anderen wirkte die zivilistische Dogmatik vorbildhaft bei den Verwaltungsrechtlern, die nach klarer Begrifflichkeit, logischer Konstruktion und nach möglichster Isolierung des rechtlichen Elements strebten.[88] Freilich nagten auch hier die Jheringschen Zweifel am Methodenideal Puchtas, und es zeigten sich immer wieder polizeiwissenschaftliche Erdenreste (sprich: Zweckmomente!) in den »reinen« Konstruktionen. Dennoch: Der Rechtsstaat forderte »scharfe Begriffe« und soweit wie möglich die »Reinheit« des juristischen Elements. Letztere zielte nach 1850 auf Ausklammerung des »Politischen« und »Polizeilichen« zugunsten des »Wissenschaftlichen«, an dem der jungen Disziplin des Verwaltungsrechts besonders gelegen war.

Damit zielten die Ausbildung eines verwaltungsrechtlichen »Allgemeinen Teils« und die Durchsetzung des Rechtsstaats im Verwaltungsrecht (und mit dessen Hilfe) auf eine Domestizierung des für überwunden erklärten »Polizeistaats«. Verwaltungshandeln, das sich nicht als »Eingriff« in Freiheit oder Eigentum deuten ließ, zog nur geringes Interesse auf sich. Das bedeutete, daß die im letzten Drittel des Jahrhunderts beginnende staatliche Interventionstätigkeit weitgehend außerhalb des Blickfelds bleiben mußte; denn Zoll- und Steuerpolitik, kommunale Daseinsvorsorge und staatliche Sozialversicherung wurden zwar in unterschiedlichen Rechtsformen, aber doch durchweg so abgewickelt, daß sie jedenfalls nicht als verwaltungsgerichtlich angreifbare Einzelakte auftraten. Die für den Interventionsstaat typischen Schutz- und Umverteilungseffekte wurden von Anfang an über das gerichtlich unangreifbare allgemeine Gesetz erreicht. Wo begünstigende Verwaltungsakte eingesetzt wurden, versagte der Rechtsschutz ebenfalls, weil »Konkurrentenklagen« nach damaligem Verständnis nicht möglich waren. Wo schließlich das Privatrecht herrschte, wie in der Daseinsvorsorge oder im »Verwaltungsprivatrecht«, war das Feld des Verwaltungsrechts ohnehin verlassen.

Entpolitisierung und Verwissenschaftlichung des Verwaltungs-

88 E. W. Böckenförde, Gesetz und gesetzgebende Gewalt. Von den Anfängen der deutschen Staatsrechtslehre bis zur Höhe des staatsrechtlichen Positivismus, 2., erg. Aufl., Berlin 1981; W. Wilhelm, Zur juristischen Methodenlehre im 19. Jahrhundert. Die Herkunft der Methode Paul Labands aus der Privatrechtswissenschaft, Frankfurt/M. 1958; P. v. Oertzen, Die soziale Funktion des staatsrechtlichen Positivismus (1953), Frankfurt/M. 1974; M. Fioravanti, Giuristi e Costitutione politica nell'ottocento tedesco, Milano 1979.

rechts besetzten also paradoxerweise gerade dasjenige Feld der Verwaltungstätigkeit, auf dem sich der Interventionsstaat nicht entfaltete. Interventionsstaat und »Allgemeiner Teil« des Verwaltungsrechts stehen deshalb nicht in einem Verhältnis der Kausalität, wohl aber hängen sie als parallele Phänomene eng miteinander zusammen: Indem sich das Rechtsstaatspostulat auf die eingreifende Seite der Staatstätigkeit erstreckte, bewahrte die intervenierende Seite ihre Aktionsfähigkeit und ihren durch die Parlamente gelenkten politischen Charakter. Die Domestizierung der einen Seite entlastete die andere. Das bewirkte auch eine gewisse Binnentrennung der Rechtsliteratur des öffentlichen Rechts; denn die Universitätswissenschaft konzentrierte sich immer stärker auf die dogmatische Feinarbeit des rechtsstaatlichen Verwaltungsrechts, während die Verwaltungspraxis nach wie vor an schneller und präziser Information über das aktuell geltende Recht – ohne Rücksicht auf seinen rechtsstaatlichen Standard und seine dogmatische Einordnung – interessiert war.

Insofern beruhte die Zufriedenheit, mit der die junge Wissenschaftsdisziplin des Verwaltungsrechts sich um 1900 betrachtete, auf einer Verengung des Blicks. Man glaubte, auf der von Otto Mayer vorgegebenen Linie fortfahrend, das gesamte Gelände erfaßt zu haben, und man glaubte vor allem, mit dem Sprung aus den sammelnden, erzählenden und zweckbestimmten Disziplinen herüber in die wissenschaftliche Konstruktion endgültig festen Boden erreicht zu haben. Ruhige Fortentwicklung war nun die Parole, es gab wissenschaftlichen Nachwuchs, die literarische Produktion und die Zeitschriften blühten.[89] Fritz Fleiner konstatierte in diesem Sinne 1906: »Aus einer Mischlehre, welche Geschichte, Politik und Nationalökonomie bunt vermengte, ist die Wissenschaft des deutschen Verwaltungsrechts zum Range einer juristischen Disziplin herangewachsen, die mit derselben strengen juristischen Methode, durch welche die Wissenschaft des Zivilrechts groß geworden ist, es unternommen hat, die Rechtsgrundsätze für die Beurteilung der Verhältnisse der öffentlichen Verwaltung zu gewinnen.«[90]

89 Vgl. die zusammenfassenden Darstellungen von A. Arndt, Verfassungs- und Verwaltungsrecht, in: H. Th. Soergel (Hrsg.), Fünfundzwanzig Jahre Deutsches Rechtsleben, Freiburg i. Br. 1913; E. Kaufmann, Verwaltung, Verwaltungsrecht, in: v. Stengel/Fleischmann, Wörterbuch des Deutschen Staats- und Verwaltungsrechts 3, 2. Aufl., Tübingen 1914, 717 f. Zu den Zeitschriften vgl. Fn. 78.

90 Fleiner (wie Fn. 82), 8.

V. Der Kriegsinterventionisrnus

Die Erwartung einer ruhigen Entwicklung des Verwaltungsrechts erwies sich jedoch als Illusion. Der Weltkrieg, auf den Deutschland unter anderem auch administrativ nicht vorbereitet war, verlangte eine enorme kurzfristige Kräftesteigerung. Dies war nicht anders möglich als durch weitere »Intervention«. Staat, Industrie, Arbeiterschaft und Wissenschaft mußten in bisher unbekannter Intensität zur Kooperation gezwungen werden, zumal es sich auch um einen Krieg der Rohstoffreserven und der technischen Innovationen handelte.[91]

Der sogenannte Kriegsinterventionismus war, wie Ernst Rudolf Huber vorsichtig formuliert, »nichts absolut Neues. Aber der der deutschen Wirtschaftsverfassung seit Bismarcks Abkehr vom liberalen Wirtschaftsmodell eigentümliche Gedanke der Staatsintervention gewann im System der ›Gemeinwirtschaft‹ doch eine neue Dimension.«[92] Sie zeigt sich natürlich primär in der Rüstungsindustrie, in Rohstoff- und Energiewirtschaft, im Ernährungswesen und in der Sozialpolitik. Je nach den dort vorliegenden Rechtsstrukturen änderten sich auch die Interventionsinstrumente. Es begann mit Einzelmaßnahmen, dann wurden allgemeine Meldepflichten eingeführt und Büchereinsichts- und Betriebsbesichtigungsrechte geschaffen.[93]

91 G. D. Feldmann, Der deutsche Organisierte Kapitalismus während der Kriegs- und Inflationsjahre 1914-1923, in: Winkler (wie Fn.4), 150-171; H. Fenske, Die Verwaltung im Ersten Weltkrieg, in: Deutsche Verwaltungsgeschichte 3 (wie Fn. 48), 866-908. Die Rechtsnormen finden sich in G. Güthe – F. Schlegelberger (Hrsg.), Kriegsbuch. Die Kriegsgesetze mit der amtlichen Begründung und der gesamten Rechtsprechung und Rechtslehre, 12 Bde., Berlin 1915-1921; H. Jünger, Die Kriegsgesetze, Hannover 1915.

92 E. R. Huber, Deutsche Verfassungsgeschichte seit 1787, Bd. 5, Stuttgart–Berlin 1978, 77; H. Dörmer, Erster Weltkrieg und Privatrecht, in: Rechtstheorie 17, 1986, 385 ff.

93 H. Frhr. v. d. Goltz, Die Wohnungsinspektion und ihre Ausgestaltung durch das Reich, Göttingen 1900; Kahn (wie Fn. 1), 128 ff.; E. Heymann, Die Rechtsformen der militärischen Kriegswirtschaft als Grundlage des neuen deutschen Industrierechts, Marburg 1921, 82. Zum grundrechtlichen Aspekt der Aufsichts- und Besichtigungsrechte der Behörden K. Amelung, Grundrechtstheoretische Aspekte der Entwicklung des Grundrechts auf Unverletzlichkeit der Wohnung, in: G. Birtsch (Hrsg.), Grund- und Freiheitsrechte von der ständischen zur spätbürgerlichen Gesellschaft, Göttingen 1987, 324 f. Amelung weist darauf hin, daß die VO über die Auskunftspflicht vom 12. 7. 1917 (RGBl, S. 604) 1923 erneuert und sogar nach dem 2. Weltkrieg als fortgeltend angesehen wurde (BVerwGE 8, 78 ff.).

Es folgten Ablieferungspflichten und Beschlagnahmen, Zwangskäufe mit diktiertem Preis sowie Massenenteignungen durch öffentliche Bekanntmachung und unter Ausschluß des Rechtswegs.[94] Schließlich wurden Kriegsgesellschaften gegründet, die entweder industrielle Binnenorganisationen waren (Kriegs-Garn- und Tuchverband e.V.; Kriegsfilzverband e.V.; Verband der deutschen Putzwollfabrikanten, Putzlappenhersteller e.V.; Deutsche Wattefabrikanten e.V.) oder Formen des Gesellschaftsrechts mit öffentlichrechtlicher Führung verbanden (Kriegsphosphat-GmbH; Kriegsflachsbau-GmbH; Kriegs-FellGmbH; Kammwoll-AG; Kriegs-LederAG; Kriegs-SchmierölGmbH usw.). Daneben gab es sogenannte Abrechnungsstellen, die in Großbanken residierten, aber faktischen Behördencharakter angenommen hatten, sowie die rein behördlich konstruierten sogenannten Kriegsausschüsse.

Innerhalb dieses Netzes der Kriegsbürokratie wurde ein breitgefächertes Instrumentarium eingesetzt. Die Behörden steuerten die Produktion, indem sie die zwangsweise durch Ablieferungspflichten gewonnenen Rohstoffe zuteilten oder indem sie Prämien, Sondervergünstigungen und hohe Gewinnspannen verhießen. Sie legten aber auch Betriebe still, sofern nicht Abmachungen oder Zwangssyndikate zur Produktionslenkung ausreichten. Die damals entstandenen zahlreichen Zwangssyndikate sind übrigens in der Weimarer Zeit nur zum Teil wiederaufgehoben worden. Insofern konnte Ernst Heymann 1921 mit Recht von der faktischen Aufhebung der Gewerbefreiheit und der Installierung einer »obrigkeitlich geleiteten Industrie, jedoch unter Wahrung des Gedankens des Privatunternehmertums« sprechen.[95]

Unausweichlich ergaben sich dadurch auch Eingriffe in die einzelnen Arbeitsverhältnisse, übrigens mit Zustimmung der Industrie, wie die Kriegsdenkschrift des Frankfurter Unternehmers Richard Merton »Über die Notwendigkeit staatlicher Eingriffe in die Unternehmergewinne und die Arbeitslöhne« zeigt.[96] Die von der obersten

94 Kahn (wie Fn. 1), 119 ff.; L. Waldecker, Die Kriegsenteignung, München 1919; H. C. Nipperdey, Kontrahierungszwang und diktierter Vertrag, Jena 1920; H. Lehmann, Die Kriegsbeschlagnahme als Mittel der Organisation der Rohstoff- und Lebensmittelversorgung, Jena 1916; O. Wilhelm, Der Einfluß des Krieges auf Privatverträge, Würzburg 1916; G. Buch, Der Krieg und die Vertragsfreiheit, Breslau 1918.

95 Heymann (wie Fn. 93), 30.

96 Zitiert bei Huber (wie Fn. 92), 90.

Heeresleitung gewünschte totale Zwangsarbeitsverwaltung kam zwar nicht zustande, wohl aber gingen die arbeits- und sozialrechtlichen Eingriffe sowie die Einführung des Pflichthilfsdienstes für Männer in kriegswichtigen Betrieben in diese Richtung.[97] Daß gleichzeitig mit der Einengung des einzelnen die Gewerkschaften bei der betrieblichen Mitbestimmung und im Schlichtungswesen Fortschritte erzielten,[98] widerspricht der Tendenz zur staatlichen Inpflichtnahme der Gesellschaft keineswegs.

Rechtlich war nun eingetreten, was seit der Installierung des »Zwecks« im Recht als Gefahr gewittert worden war: die Durchbrechung rechtsstaatlicher Schranken, der Verlust der für die Freiheitsrechte des einzelnen notwendigen Distanz zwischen Staat und Gesellschaft und damit die Auflösung der Unterscheidung von öffentlichem und privatem Recht. Theodor Heuss nannte das 1915 »Kriegssozialismus«, während Rudolf Hilferding die Formel »organisierter Kapitalismus« vorschlug. Wie auch immer es genannt werden mochte, es war ein System, das rechtliche Sperren beseitigt hatte. Was dies moralisch bedeutete, schildert Max Weber mit den Worten: »Ein wilder Tanz um das goldene Kalb, ein hasardierendes Haschen nach jenen Zufallschancen, welche durch alle Poren dieses bürokratischen Systems quellen, ein Verlust jedes Maßstabes für irgendwelche wie immer gearteten geschäftsethischen Unterscheidungen und Hemmungen und – ein eherner Zwang für jeden, auch den gewissenhaftesten, Geschäftsmann, bei Strafe ökonomischen Untergangs mit den Hyänen dieser beispiellosen Schädelstätte mitzutun ...«[99] So wurde, wie sich Hedemann 1919 ausdrückte, »nur zehnfach überboten, was sich im Frieden langsam angebahnt und Schritt vor Schritt entwickelt hatte«.[100]

Die während des Krieges und kurz danach entstandene juristische Literatur[101] ist sich uneinig darüber, wie die Phänomene des »Kriegs-

97 G. D. Feldman, Army, Industry and Labor in Germany 1914-1918, Princeton 1966.

98 W. Kaskel, Das neue Arbeitsrecht, Berlin 1920.

99 M. Weber, Wahlrecht und Demokratie in Deutschland, in: Ges. politische Schriften, 5. Aufl., Tübingen 1988, 254.

100 Hedemann (wie Fn. 1), 6.

101 Th. Heuss, Der Kriegssozialismus, Stuttgart 1915; B. Mayer, Das Privatrecht des Krieges in materieller und formeller Beziehung, München u. a. 1915; O. Wilhelm, Der Einfluß des Krieges auf Privatverträge, Würzburg 1916; W. v. Moellendorff, Deutsche Gemeinwirtschaft, Berlin 1916; K. Renner, Marxismus, Krieg und Internationale, Stuttgart 1917; Kahn (wie Fn. 1); W. Rathenau,

sozialismus« in ihren Auswirkungen auf die ganze Rechtsordnung zu bewerten seien. Dies liegt nicht an der Ungewißheit über die Tatsachen, sondern an tieferliegenden politischen Vorentscheidungen über die Erwünschtheit einer »Gemeinwirtschaft« und über deren Auswirkungen auf die Güterverteilung. Einige Autoren halten unbeirrt am liberalen Modell fest und deuten den Kriegssozialismus als zeitlich befristete, zweckgebundene Ausnahme;[102] es sind überwiegend Zivilrechtler, welche die Rolle des öffentlichen Rechts möglichst kleinzuhalten wünschen, aber auch eine öffentlichrechtliche Autorität wie Bill Drews, der Bürokratie und Parlamente aufforderte, »sich des Rechtsstaatsgedankens wieder in demselben Maße bewußt (zu) werden, wie das in Vorkriegszeiten der Fall war. Die getanen Seitensprünge vom Wege des Rechtsstaats müssen baldigst redressiert, neue dürfen keinesfalls mehr gemacht werden.«[103] Andere Autoren akzeptierten die Ausweitung der Staatsaufgaben im Prinzip, standen ihr sogar wohlwollend gegenüber, weil sie hofften, der Staat könne so zu einer starken Rolle »über« der Gesellschaft, zur alleinigen Definitionskompetenz des Gemeinwohls und zu einer Zurückdrängung partikulärer gesellschaftlicher Kräfte kommen. Dieses Denkmuster war politisch sowohl von rechts als auch von links besetzbar; nicht nur die Gewerkschaften, die Sozialdemokratie und die Spitzen in den Reichsministerien sympathisierten mit gemeinwirtschaftlichen Überlegungen, auch die antiliberalen, »staatsautoritären« (alten und neuen) Konservativen wünschten die »Durchstaatlichung« der Wirtschaft.

Keine dieser Strömungen konnte sich nach 1919 voll durchsetzen. Ein Teil des Kriegsverwaltungsrechts wurde aufgehoben, aber die Rückkehr zu einem wirklich liberalen Modell war längst unmöglich geworden. Doch stellte sich so viel Marktwirtschaft wieder her, daß es auch zu einer geschlossenen autoritären Staatswirtschaft nicht kommen konnte. Immerhin stellte Alfred Müller-Armack fest: »Der nationalökonomischen Wissenschaft erwächst hier die Aufgabe, diese Theorie des Interventionsstaates als zentrale Aufgabe in Angriff zu

Die neue Wirtschaft, Berlin 1918; Hedemann (wie Fn. 1); Heymann (wie Fn. 93); A. Nußbaum, Das neue deutsche Wirtschaftsrecht. Eine systematische Übersicht über die Entwicklung des Privatrechts und der benachbarten Rechtsgebiete seit Ausbruch des Weltkrieges, Berlin 1920.

102 Kahn (wie Fn. 1), 155: »Die Losung wird im wesentlichen heißen: Abbau und Rückkehr.«

103 B. Drews, Verwaltungsstandrecht, in: DJZ 1929, Sp. 265 (269).

nehmen. Nachdem die Tatsache der Durchstaatlichung des Wirtschaftsprozesses unverrückbar feststeht, ist eine Theorie der Wirtschaftspolitik, die die optimale Gestaltung dieses Eingriffssystems zu ermitteln hat und die sich voll auf die neue Situation einstellt, nicht mehr zu entbehren.«[104]

Die Bilanz jener »Durchstaatlichung« in den Kriegsjahren lautet jedenfalls, daß der Krieg offen zutage treten ließ, was seit etwa 1880 an Verschiebungen zu beobachten war, nämlich das besonders schnelle Wachstum des öffentlichen Rechts, das offenkundige Ende der vermeintlich kategorialen Zweiteilung der Rechtsordnung in öffentliches und Privatrecht und die dramatische Senkung rechtsstaatlicher Standards angesichts übermächtiger Lenkung der Rechtsordnung durch »Zwecke«. Die Beobachtung dieser Entwicklungen schon seit dem letzten Drittel des 19. Jahrhunderts einerseits und die fast ungebrochene Fortsetzung nach dem Ende des Weltkriegs sprechen deutlich dafür, die historische Zäsur insoweit nicht auf den Weltkrieg zu setzen, sondern in ihm nur eine ungewöhnliche Energiesteigerung des politischen Systems zu sehen, durch welche die bisherigen Tendenzen schnell und scheinbar unvermittelt zum Ausbruch kamen.

VI. Bilanz

Was sich da angebahnt und entwickelt hatte, läßt sich in seiner Kompliziertheit nicht in Kurzformeln fassen, deren Wert ohnehin eher auf der heuristischen als auf der explikativen Seite liegt. Unausweichlich kommen die beteiligten historischen Teildisziplinen zu unterschiedlichen Zäsuren. Die Verfassungsgeschichte und die Wissenschaftsgeschichte werden wohl weiterhin das Jahr 1866 als besonders folgenreich ansehen. Es markiert nicht nur das Ende des Deutschen Bundes und des preußisch-österreichischen Dualismus, den Beginn der Reichsgründung, die Einführung des allgemeinen Wahlrechts und die nationale Wendung der Liberalen, sondern auch den Beginn des staatsrechtlichen Positivismus. Daß mit dem allgemeinen Wahlrecht der Keim für die spätere langsame Parlamentarisierung und den stil-

104 A. Müller-Armack, Entwicklungsgesetze des Kapitalismus. Ökonomische, geschichtstheoretische und soziologische Studien zur modernen Wirtschaftsverfassung, Berlin 1932, 218.

len Verfassungswandel des Kaiserreichs gelegt war, sieht man aus der Retrospektive.[105]

Rechtsgeschichtlich, sozial- und wirtschaftsgeschichtlich müßte man, wie ich zu zeigen versucht habe, 1878 als das eigentliche Schwellenjahr bezeichnen. Hier wird der Staat wieder in aller Offenheit, was er während des Hochliberalismus nur versteckt sein konnte, nämlich ein an den Krisenherden der Gesellschaft intervenierender Staat, der um der eigenen Stabilität willen darauf angewiesen ist, die ökonomischen und sozialen Prozesse zu koordinieren. Dabei ändert er nicht nur sein eigenes Profil, auch die Gesellschaft verändert sich und bildet mit Parteien und Verbänden Organe aus, mit denen die staatliche Intervention gesteuert wird. Unversehens ändert sich auch der Typus des Politikers: Die Honoratioren, Großgrundbesitzer, Geheimräte, Kommerzienräte und Professoren verschwinden; an ihre Stelle treten die Angestellten, die Manager, die Verbands- und Parteifunktionäre, kurzum die Berufspolitiker.

Daß dieser »Interventionsstaat« öffentliches Recht in weit höherem Maße benötigt als der liberale Rechtsstaat, leuchtet ein. Kommt hierzu noch der durch die Industrialisierung ausgelöste und von den mächtiger werdenden Parlamenten befriedigte Normbedarf, dann ist hinreichend erklärt, warum nach 1878 das Verwaltungsrecht das am raschesten wachsende und »modernste« Rechtsgebiet ist. Die innerhalb dieser Disziplin gleichzeitig vollzogene Wendung von der »polizeiwissenschaftlichen« zur »juristischen Methode« hatte nicht nur die Aufgabe, den Rechtsstaat zu vollenden und das Politische scheinbar auszuscheiden, sondern auch den Effekt, die Masse des neuen Verwaltungsrechts besser faßbar und begreifbar zu machen.

Im übrigen liegen die Wachstumsspitzen der Rechtsordnung seit der Jahrhundertwende im öffentlichen Wirtschaftsrecht, im Arbeits- und vor allem im Sozialrecht, das von nun an den egalisierenden Sockel der Industriegesellschaft bilden sollte. Nicht übersehen werden sollte dabei auch – gewissermaßen auf der »Rückseite« des Interventionsstaates – das entsprechende Wachstum des Nebenstrafrechts, des Polizeistraf- und Ordnungswidrigkeitenrechts.[106] Ohne vermehr-

105 K. G. Faber, Realpolitik als Ideologie. Die Bedeutung des Jahres 1866 für das politische Denken in Deutschland, in: HZ 203, 1966, 1-45; F. P. Kahlenberg, Das Epochenjahr 1866 in der deutschen Geschichte, in: M. Stürmer (Hrsg.), Das kaiserliche Deutschland, Düsseldorf 1970, 54-74.

106 M. Stenglein, Kommentar zu den strafrechtlichen Nebengesetzen des Deutschen Reiches, 4. Aufl., bearb. v. L. Ebemayer/F. Galli/G. Lindenberg, 3 Bde.,

te Repression sind offenbar die positiven Seiten des Leistungsstaats nicht zu haben.

Die Neuere Rechtsgeschichte sollte sich den hier skizzierten Veränderungen der Rechtsordnung intensiver widmen als bisher und dabei vor allem auch den Austauschvorgängen zwischen den einzelnen Rechtsgebieten Aufmerksamkeit schenken; denn möglicherweise verhält es sich bei relativ gleichbleibendem normativem Bedarf des gesamten politischen Systems wie mit kommunizierenden Röhren. Was dem Privatrechtsverkehr entzogen wird, findet sich in verwandelter Gestalt und Benennung als »öffentlichrechtlich« wieder, und anstelle freiwilliger Selbstregulierung stehen dann Verwaltungsakte, Bußgelder und strafrechtliche Sanktionen.

Hierzu müßte auch die der Rechtsgeschichte aus Traditionsgründen eingeprägte »Zivilrechtslastigkeit« überwunden werden.[107] Nur die Einbeziehung des Verwaltungsrechts, des Wirtschafts-, Arbeits- und Sozialrechts sowie der enge Kontakt mit der Sozial- und Wirtschaftsgeschichte ermöglichen Beobachtungen derartiger interner Umschichtungen.

Berlin 1911-1913. Die den Bänden vorangestellten chronologischen Tafeln zeigen die hier behauptete Beschleunigungstendenz seit den achtziger Jahren deutlich. Die Zahl von ca. 120 strafrechtlichen Nebengesetzen ist inzwischen auf rd. 300 angewachsen. Vgl. W. Naucke, Strafrecht. Eine Einführung, 9. Aufl., Neuwied 2000, 125, sowie P. A. Albrecht, Prävention als problematische Zielbestimmung im Kriminaljustizsystem, in: KritV, 1986, 55-82, insbes. 67.

107 M. Stolleis, Aufgaben der Neueren Rechtsgeschichte, oder: Hic sunt leones, in: D. Simon (Hrsg.), Rechtshistorisches Journal 4, 1985, 251-264.

Nachweise

Einleitung

Verfassungsideale der Bürgerlichen Revolution, in: Högsta domsmakten; Sverige under 200 ar, Lund 1990, 79-91.

Die Historische Schule und das öffentliche Recht, in: M. Stolleis u. a. (Hrsg.), Die Bedeutung der Wörter. Studien zur europäischen Rechtsgeschichte. Festschrift für Sten Gagnér zum 70. Geburtstag, München 1991, 495-508.

Die bayerische Gesetzgebung zur Herstellung eines frei verfügbaren Grundeigentums, in: H. Coing / W. Wilhelm (Hrsg.), Wissenschaft und Kodifikation des Privatrechts im 19. Jahrhundert, Bd. III: Die rechtliche und wirtschaftliche Entwicklung des Grundeigentums und Grundkredits, Frankfurt/M. 1976, 44-117.

Junges Deutschland, jüdische Emanzipation und liberale Staatsrechtslehre, Bd. XXXII, Nr. 3, der Sitzungsberichte der Wissenschaftlichen Gesellschaft an der Johann-Wolfgang-Goethe-Universität Frankfurt am Main, Stuttgart 1994.

1848 – ein Knotenpunkt der europäischen Geschichte, in: Państwa i Prawa Polskiego V, Łódź-Kraków 2000, 199-210.

Nationalität und Internationalität: Rechtsvergleichung im öffentlichen Recht des 19. Jahrhunderts, Abhandlungen der Geistes- und Sozialwissenschaftlichen Klasse 1998, Nr. 4, der Akademie der Wissenschaften und der Literatur zu Mainz, Stuttgart 1998.

»Innere Reichsgründung« durch Rechtsvereinheitlichung, in: Chr. Starck (Hrsg.), Rechtsvereinheitlichung durch Gesetze. Bedingungen, Ziele, Methoden (Abhandlungen der Akademie der Wissenschaften zu Göttingen. Phil. Hist. Kl., 3., Folge, Nr. 197), Göttingen 1992, 15-41.

Die Sozialversicherung Bismarcks. Politisch-institutionelle Bedingungen ihrer Entstehung, in: H. F. Zacher (Hrsg.), Bedingungen für die Entstehung und Entwicklung von Sozialversicherung, Berlin 1979, 387-411.

Die Entstehung des Interventionsstaates und das öffentliche Recht, in: Zeitschrift für Neuere Rechtsgeschichte 1989, 129-147.

Namenregister